"101 计划"核心课程
实践教材

数据结构实验指导
——C 语言版

陈 越 编著

中国教育出版传媒集团
高等教育出版社·北京

内容简介

"数据结构"是计算机类专业最重要的专业基础课之一,主要教授数据的有效组织方法以及解决实际问题的各种经典算法。而经典算法的威力,往往是在处理大规模数据量时才真正体现。只有让学生动手解决规模较大的问题,才能帮助学生建立感性认识,更好地理解数据结构和算法存在的意义。

本书是计算机"101计划"核心课程"数据结构"的实践教材,与主教材《数据结构》(俞勇等主编,高等教育出版社出版)配套使用。书中给出了主教材中全部198段算法伪代码的C语言实现源代码;此外,围绕主教材中的主要知识点,本着循序渐进、由浅入深的原则,设计了47道基础练习题和71道进阶实验题,并提供详细解答,为不同层次的读者提供帮助。希望有兴趣的读者能在精读基础练习的基础上,自己动手实现一部分进阶实验,达到充分锻炼分析问题、解决问题能力的目的,使数据结构与算法成为用计算机解决实际问题的有效工具。

本书覆盖计算机及相关专业、电类各专业"数据结构"课程的教学大纲要求,可作为该课程的实验教材或参考用书。

数据结构实验指导
——C 语言版

1. 计算机访问 https://abooks.hep.com.cn/188232 或手机微信扫描下方二维码进入新形态教材网。
2. 注册并登录后,计算机端进入"个人中心",点击"绑定防伪码",输入图书封底防伪码(20位密码,刮开涂层可见),完成课程绑定;或手机端点击"扫码"按钮,使用"扫码绑图书"功能,完成课程绑定。
3. 在"个人中心"→"我的学习"或"我的图书"中选择本书,开始学习。

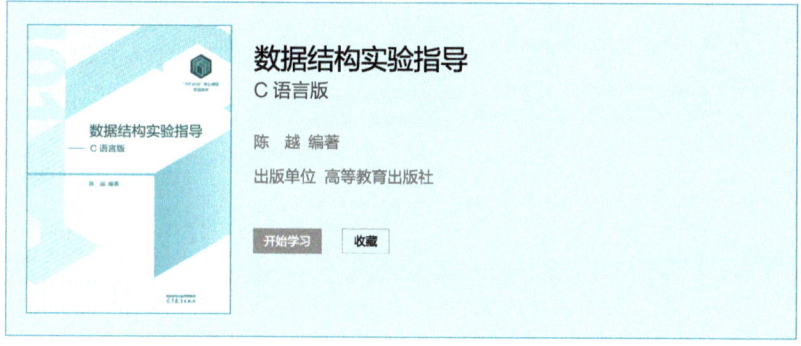

受硬件限制,部分内容可能无法在手机端显示,请按照提示通过计算机访问学习。如有使用问题,请直接在页面点击答疑图标进行咨询。

扫描二维码
访问新形态教材网
小程序

https://abooks.hep.com.cn/188232

出版说明

为深入实施新时代人才强国战略，加快建设世界重要人才中心和创新高地，教育部在2021年底正式启动实施计算机领域本科教育教学改革试点工作（简称"101计划"）。"101计划"以计算机类专业教育教学改革为突破口与试验区，从教育教学的基本规律和基础要素着手，充分借鉴国际先进资源和经验，首批改革试点工作以33所计算机类基础学科拔尖学生培养基地建设高校为主，探索建立核心课程体系和核心教材体系，提高课堂教学质量和水平，引领高校人才培养质量的整体提升。

核心教材体系建设是"101计划"的重要组成部分。"101计划"系列教材基于核心课程体系的建设成果，以计算概论（计算机科学导论）、数据结构、算法设计与分析、离散数学、计算机系统导论、操作系统、计算机组成与系统结构、编译原理、计算机网络、数据库系统、软件工程、人工智能引论等12门核心课程的知识体系为基础，充分调研国际先进课程和教材建设经验，汇聚国内具有丰富教学经验与学术水平的教师，成立本土化"核心课程建设及教材写作团队"，由12门核心课程负责人牵头，组织教材调研、确定教材编写方向以及把关教材内容。工作组成员高校教师协同分工，一体化建设教材内容、课程教学资源和实践教学内容，打造一批具有"中国特色、世界一流、101风格"的精品教材。

在教材内容上，"101计划"系列教材确立了如下的建设思路和特色：坚持思政元素的多元性，积极贯彻《习近平新时代中国特色社会主义思想进课程教材指南》，落实立德树人根本任务；坚持知识体系的系统性，构建核心课程的知识图谱，系统规划教学内容；坚持融合出版的创新性，规划"新形态教材+网络资源+实践平台+案例库"等多种出版形态；坚持能力提升的导向性，借助"虚拟教研室"组织形式、"导教班"培训方式等多渠道开展师资培训，提升课堂教学水平，提高学生综合能力；坚持产学协同的实践性，遴选一批领军企业参与，为教材的实践环节及平台建设提供技术支持。总体而言，"101计划"系列教材将探索适应专业知识快速更新的融合教材，在体现爱国精神、科学精神和创新精神的同时，推进教学理念、教学内容和教学手段方面的有效提升，为构建高质量教材体系提供建设经验。

本系列教材在教育部高等教育司的精心指导下，由高等教育出版社牵头，联合机械工业出版社、清华大学出版社、北京大学出版社等共同完成系列教材出版任务。"101

计划"工作组从项目启动实施至今，联合参与高校、教材编写组、参与出版社，经过多次协调研讨，确定了教材出版规划和出版方案。同时，为保障教材质量，工作组邀请23所高校的33位院士和资深专家完成了规划教材的编写方案评审工作，并由21位院士、专家组成了教材主审专家组，对每本教材的撰写质量进行把关。

感谢"101计划"工作组33所成员高校的大力支持，感谢教育部高等教育司的悉心指导，感谢北京大学郝平书记、龚旗煌校长和学校教师教学发展中心、教务部等相关部门对"101计划"从酝酿、启动到建设全过程给予的悉心指导和大力支持。感谢各参与出版社在教材申报、立项、评审、撰写、试用等出版环节的大力投入与支持，也特别感谢12位课程建设负责人和各位教材编写教师的辛勤付出。

"101计划"是一个起点，其目标是探索适合中国本科教育教学的新理念、新体系和新方法。"101计划"系列教材将作为计算机类专业12门核心课程建设的一个里程碑，与"101计划"建设中的课程体系、知识点教案、课堂提升、师资培训等环节相辅相成，有力推动我国计算机领域本科教育教学改革，全面促进课堂教学效果的进一步提升。

"101计划"工作组

前 言

"数据结构"是计算机类专业最重要的专业基础课之一,主要教授数据的有效组织方法以及解决实际问题的各种经典算法。计算机"101 计划"核心教材《数据结构》以 16 章篇幅全面涵盖了计算机及相关专业、电类各专业"数据结构"课程的教学大纲要求。

本书是计算机"101 计划"核心教材《数据结构》(俞勇等主编,高等教育出版社出版)的配套实验指导教材之一,内容与主教材逐章对应,给出了主教材中全部 198 段算法伪代码的 C 语言实现源代码;此外,围绕主教材的主要知识点,本着循序渐进、由浅入深的原则,设计了 47 道基础练习题和 71 道进阶实验题(其中带 * 号的题目难度较高,适合能力较强的读者练习),并提供详细解答,为不同层次的读者提供帮助。

对于使用主教材实施教学的教师,本书及配套资源的使用建议如下:

① 主教材中的所有算法均以伪代码描述,方便教师将讲解的重点放在算法的核心思想上,忽略与编程语言特性相关的实现细节。本书提供了每一段伪代码的 C 语言实现,同时在"拼题 A"(PTA)实践支撑平台上设计了可通过自动判题系统来验证算法的题目,方便学生在学习中进行验证性的实操练习。

② 每一章的基础练习题均配有解题思路分析、源代码和测试数据,可供教师在习题课上给学生做详细讲解。在 PTA 实践支撑平台上也设计了可通过自动判题系统进行验证的题目,方便学生在学习中进行验证性的实操练习。

③ 每一章的进阶实验题大部分是基础练习题的延伸和提高,可以在基础练习题已经提供的解答程序基础上完成。这部分题目供教师布置作业,所以给出了解题思路,但没有给出源代码。PTA 实践支撑平台上给出了相应的题目,可通过自动判题系统来验证学生作业的正确性。

④ 本书中所有题目均在 PTA 实践支撑平台对全体教师免费公开,书中全部代码亦可在平台上免费下载。使用本书进行教学的教师,在 PTA 实践支撑平台申请获得教师权限后,可任意选择题目组合,发布给自己的学生进行练习或测试。

对于使用本教材的一般读者,可在 PTA 实践支撑平台找到对应的练习集。在 PTA

平台注册登录后，输入封底防伪码（刮开涂层可见）即可自由练习。

希望读者能通过本书的学习提高实践能力，使数据结构与算法成为用计算机解决实际问题的有效工具。

特别感谢上海交通大学俞勇老师在本书编写过程中给出的重要指导和大力支持。感谢不同语言版本的实践教材编写小组的所有老师们对本书的斧正。

由于作者水平所限，书中不当之处在所难免，敬请广大读者批评指正（作者email: chenyue@zju.edu.cn）。

作　者

2025 年 7 月

目 录

第 1 章　绪论　1

1.1　算法实现　3

算法 0-0：求两个正整数的最大公约数 GCD(x, y)　3

算法 1-1：求数组与整数乘积的最大值 MaxProduct1(*array, m*)　3

算法 1-2：求数组与整数乘积的最大值 MaxProduct2(*array, m*)　5

算法 1-3：将数组中元素反转存放 ReverseArray1(*array*)　5

算法 1-4：将数组中元素反转存放 ReverseArray2(*array*)　6

算法 1-5：计算 1~n^2 的和加上 1~n 的和 SumUp(n)　7

算法 1-6：计算 1~n 与 1~m 每一项相互乘积的和 SumProducts(n, m)　8

算法 1-7：连续子序列最大和的 $O(n^3)$ 算法 MaxSubsequenceSum1(*s*)　9

算法 1-8：连续子序列最大和的 $O(n^2)$ 算法 MaxSubsequenceSum2(*s*)　10

算法 1-9：连续子序列最大和的 $O(n)$ 算法 MaxSubsequenceSum3(*s*)　11

算法 1-10：输出 1~n 的递归算法 RecursivePrint(n)　11

算法 1-11：输出 1~n 的循环算法 IterativePrint(n)　12

1.2　基础练习　13

练习 1-1　二分查找　13

练习 1-2　两枚硬币　16

1.3　进阶实验　19

实验 1-1　有序数组的插入　19

实验 1-2　爆气球　21

第 2 章　线性表　25

2.1　算法实现　27

算法 2-1：在顺序表 *list* 中查找元素 *x*　Search(*list, x*)　27

算法 2-2：在顺序表 *list* 的第 *i* 个位置上插入元素 *x*　Insert(*list, i, x*)　28

算法 2-3：从顺序表 *list* 中删除第 *i* 个元素　Remove(*list, i*)　29

算法 2-4：求单链表 *list* 中的元素个数，即表长　Length(*list*)　30

算法 2-5：返回单链表 *list* 中第 *i* 个元素的值　Get(*list*, *i*)　31

算法 2-6：在单链表 *list* 中查找元素 *x* 所在的结点　Search(*list*, *x*)　33

算法 2-7：在单链表 *list* 的第 *i* 个位置上插入元素 *x*　Insert(*list*, *i*, *x*)　34

算法 2-8：从单链表 *list* 中删除第 *i* 个元素　Remove(*list*, *i*)　36

算法 2-9：一元多项式加法运算　PolynomialAdd(*p*1, *p*2)　37

算法 2-10：大整数加法运算　BigIntAdd(*a*, *b*)　41

算法 2-11：大整数乘法运算　BigIntMultiply(*a*, *b*)　44

2.2　基础练习　45

练习 2-1　带空头结点的单链表操作　45

练习 2-2　线性表循环右移　47

练习 2-3　一元多项式求导　48

练习 2-4　最长连续递增子序列　50

2.3　进阶实验　52

实验 2-1　求链式线性表的倒数第 *m* 项　52

实验 2-2　一元多项式的乘法运算　53

实验 2-3　线性表元素的区间删除　54

实验 2-4　单链表分段逆转　56

*实验 2-5　约瑟夫问题　58

*实验 2-6　判断两个广义表是否相等　59

*实验 2-7　稀疏矩阵的链式结构构建　62

第 3 章　栈与队列　65

3.1　算法实现　67

算法 3-1：顺序栈的入栈操作 Push(*stack*, *x*)　67

算法 3-2：顺序栈的取顶操作 Top(*stack*)　69

算法 3-3：顺序栈的出栈操作 Pop(*stack*)　70

算法 3-4：链式栈的入栈操作 Push(*stack*, *x*)　70

算法 3-5：链式栈的取顶操作 Top(*stack*)　72

算法 3-6：链式栈的出栈操作 Pop(*stack*)　73

算法 3-7：顺序存储的循环队列的入队操作 EnQueue(*queue*, *x*)　73

算法 3-8：顺序存储的循环队列的查看队首操作 GetFront(*queue*)　76

算法 3-9：顺序存储的循环队列的出队操作 DeQueue(*queue*)　76

算法 3-10：链式队列的入队操作 EnQueue(*queue*, *x*)　77

算法 3-11：链式队列的查看队首操作 GetFront(*queue*) 79

算法 3-12：链式队列的出队操作 DeQueue(*queue*) 80

算法 3-13：后缀表达式求值 PostFixEval(*expr*) 80

算法 3-14：阶乘的递归实现 Factorial(*n*) 85

算法 3-15：火车车厢重排 TrainCarriageScheduling(*in_track*, *out_track*, *n*, *k*) 85

3.2 基础练习 89

  练习 3-1 仅有头指针的队列 89

  练习 3-2 栈操作的合法性 91

  练习 3-3 用两个栈实现队列 93

  *练习 3-4 符号配对 95

3.3 进阶实验 98

  实验 3-1 在一个数组中实现两个栈 98

  实验 3-2 出栈序列的合法性 101

  实验 3-3 简单计算器 102

  实验 3-4 取行李 104

  实验 3-5 双端队列 106

  *实验 3-6 滑动窗口的极值 108

第 4 章 字符串 111

4.1 算法实现 113

  算法 4-1：顺序存储字符串的插入操作 StrInsert(*s*, *pos*, *t*) 113

  算法 4-2：顺序存储字符串的删除操作 StrRemove(*s*, *pos*, *len*) 115

  算法 4-3：顺序存储字符串的截取子串操作 SubString(*s*, *pos*, *len*) 116

  算法 4-4：顺序存储字符串的连接操作 StrConcat(*s*, *t*) 116

  算法 4-5：顺序存储字符串的比较操作 StrCompare(*s*, *t*) 117

  算法 4-6：链式存储字符串的插入操作 StrInsert(*s*, *pos*, *t*) 118

  算法 4-7：链式存储字符串的删除操作 StrRemove(*s*, *pos*, *len*) 121

  算法 4-8：链式存储字符串的截取子串操作 SubString(*s*, *pos*, *len*) 122

  算法 4-9：链式存储字符串的连接操作 StrConcat(*s*, *t*) 124

  算法 4-10：链式存储字符串的比较操作 StrCompare(*s*, *t*) 124

  算法 4-11：朴素字符串模式匹配算法 PatternMatchBF(*s*, *t*) 125

  算法 4-12：字符串替换算法 Replace(*s*, *sub_s*, *t*) 126

  算法 4-13：求解字符串 *t* 的 *next* 数组 GetNext(*t*, *next*) 127

  算法 4-14：字符串模式匹配的 KMP 算法 PatternMatchKMP(*s*, *t*) 128

算法 4-15：字符串模式匹配的 KR 算法 PatternMatchKR(*s*, *t*) 129

算法 4-16：字符串模式匹配的 Sunday 算法 PatternMatchSunday(*s*, *t*) 131

4.2 基础练习 132

练习 4-1 字符串匹配算法比较 132

练习 4-2 剪切粘贴 133

4.3 进阶实验 136

实验 4-1 吃火锅 136

实验 4-2 猜近似数字 138

实验 4-3 出院 140

第 5 章 树与二叉树 143

5.1 算法实现 145

算法 5-1：构造二叉树 CreateBinaryTree(*value*, *left_tree*, *right_tree*) 145

算法 5-2：前序遍历二叉树 PreOrder(*tree*) 146

算法 5-3：中序遍历二叉树 InOrder(*tree*) 147

算法 5-4：后序遍历二叉树 PostOrder(*tree*) 147

算法 5-5：计算二叉树高度 Height(*tree*) 148

算法 5-6：将表达式树转换成中缀表达式 PrintInfixExpression(*tree*) 148

算法 5-7：非递归前序遍历二叉树 PreOrder(*tree*) 150

算法 5-8：非递归中序遍历二叉树 InOrder(*tree*) 151

算法 5-9：非递归后序遍历二叉树 PostOrder(*tree*) 152

算法 5-10：层序遍历二叉树 LevelOrder(*tree*) 153

算法 5-11：二叉树前序序列化 PreOrderSerialize(*tree*) 154

算法 5-12：根据前序序列重构二叉树 PreOrderDeSerialize(*preorder*, *n*) 154

算法 5-13：二叉树层序序列化 LevelOrderSerialize(*tree*) 156

算法 5-14：根据层序序列重构二叉树 LevelOrderDeSerialize(*levelorder*, *n*) 157

算法 5-15：创建 Huffman 树 CreateHuffmanTree(*w*) 158

算法 5-16：对二进制字符串解码 Decoding(*tree*, *binary_code*) 162

算法 5-17：查找根结点 FindRoot(*tree*, *x*) 164

算法 5-18：查找树中带有指定数据的结点 Search(*tree*, *x*) 165

算法 5-19：前序遍历树 PreOrder(*tree*) 166

算法 5-20：后序遍历树 PostOrder(*tree*) 167

算法 5-21：创建 Trie 树结点 CreateTrieNode(*k*) 168

算法 5-22：Trie 树中插入字符串 Insert(*trie*, *k*, *s*) 170

算法 5-23：判断给定字符串是否在 Trie 树中 IsIn(*trie*, *k*, *s*)　170

算法 5-24：构建后缀树 BuildSuffixTree(*s*, *k*)　171

5.2 基础练习　172

练习 5-1　顺序存储的二叉树的遍历　172

练习 5-2　列出叶结点　174

练习 5-3　还原二叉树　177

* 练习 5-4　转换树的表示法　179

5.3 进阶实验　181

实验 5-1　树的同构　181

实验 5-2　树的宽度　185

实验 5-3　二叉树直径　186

实验 5-4　根据后序和中序遍历输出前序遍历　188

实验 5-5　顺序存储的二叉树的最近公共祖先问题　190

* 实验 5-6　修理牧场　191

* 实验 5-7　家谱处理　193

* 实验 5-8　我爱背单词　196

第 6 章　优先级队列　199

6.1 算法实现　201

算法 6-1：二叉堆的上调操作 SiftUp(*h*, *i*)　201

算法 6-2：二叉堆的下调操作 SiftDown(*h*, *i*)　203

算法 6-3：二叉堆的插入操作 Insert(*h*, *x*)　203

算法 6-4：二叉堆的删顶操作 ExtractMin(*h*)　204

算法 6-5：二叉堆的朴素建堆操作 MakeHeapUp(*h*)　204

算法 6-6：二叉堆的快速建堆操作 MakeHeapDown(*h*)　206

算法 6-7：多叉堆的上调操作 SiftUpD(*h*, *d*, *i*)　206

算法 6-8：多叉堆的下调操作 SiftDownD(*h*, *d*, *i*)　209

算法 6-9：左堆的合并操作 LeftistMerge(*h*1, *h*2)　209

算法 6-10：斜堆的合并操作 SkewMerge(*h*1, *h*2)　212

6.2 基础练习　213

练习 6-1　堆中的路径　213

练习 6-2　Huffman 树的实现　214

6.3 进阶实验　216

实验 6-1　是不是堆　216

实验 6-2　关于堆的判断　218

实验 6-3　Windows 消息队列　220

实验 6-4　D 度完全树　221

*实验 6-5　对顶堆维护中位数　223

*实验 6-6　堆的合并操作比较　225

第 7 章　图　227

7.1　算法实现　229

算法 7-1：获取图的顶点个数 NumberOfVerts(*graph*)　229

算法 7-2：判断边是否存在 ExistEdge(*graph, u, v*)　232

算法 7-3：找顶点的第一个邻接顶点 FirstAdjVert(*graph, v*)　232

算法 7-4：向图中插入边 InsertEdge(*graph, u, v, weight*)　233

算法 7-5：从图中删除边 RemoveEdge(*graph, u, v*)　233

算法 7-6：从图中删除顶点及所有邻接于该顶点的边 RemoveVert(*graph, v*)　234

算法 7-7：返回图中顶点的第一个邻接顶点 FirstAdjVert(*graph, v*)　235

算法 7-8：判断边是否存在 ExistEdge(*graph, u, v*)　238

算法 7-9：向图中插入边 InsertEdge(*graph, u, v, weight*)　239

算法 7-10：从图中删除顶点及所有邻接于该顶点的边 RemoveVert(*graph, v*)　240

算法 7-11：深度优先遍历图中顶点 DFS(*graph*)　241

算法 7-12：从指定顶点开始深度优先遍历 DFSv(*graph, v, visited*)　242

算法 7-13：广度优先遍历图中顶点 BFS(*graph*)　243

算法 7-14：从指定顶点开始广度优先遍历 BFSv(*graph, v, visited*)　243

算法 7-15：图的连通性判断 IsConnected(*graph*)　244

算法 7-16：验证六度空间理论 SixDegreesOfSeparation(*graph, v*)　245

算法 7-17：获取图的强连通分量 StronglyConnectedComponents(*graph*)　247

算法 7-18：后序深度优先遍历记录顶点 PostOrderDFS(*graph, v, visited, dfs_seq, dfs_num*)　251

算法 7-19：后序深度优先遍历输出顶点 PrintV(*graph, v, visited*)　251

算法 7-20：从给定顶点出发获得一条回路 GetCircuit(*graph, start*)　252

算法 7-21：求欧拉回路 EulerCircle(*graph*)　254

算法 7-22：利用深度优先遍历计算 *dfn* 和 *low* 的值 DfnAndLow(*graph, v, parent*)　256

算法 7-23：求割点的 Tarjan 算法 ArticulationPoint(*graph, start*)　257

算法 7-24：求割边的 Tarjan 算法 ArticulationEdge(*graph, start*)　258

7.2　基础练习　259

练习 7-1　哥尼斯堡七桥问题　259

练习 7-2　判断两点是否连通　261

练习 7-3　判断广度优先遍历序列　263

7.3　进阶实验　265

实验 7-1　Hamilton 回路　265

实验 7-2　列出连通集　268

实验 7-3　诈骗电话检测　269

实验 7-4　是否有回路　272

实验 7-5　社交网络图中顶点的"重要性"计算　274

第 8 章　图应用　279

8.1　算法实现　281

算法 8-1：求单源最短路径的 Dijkstra 算法 Dijkstra(*graph*, *s*, *path*, *dist*)　281

算法 8-2：求单源最短路径的 Bellman-Ford 算法 BellmanFord(*graph*, *s*, *dist*)　283

算法 8-3：求所有点对间最短路径的 Floyd-Warshall 算法 Floyd Warshall(*graph*, *path*, *dist*)　284

算法 8-4：求最小生成树的 Prim 算法 Prim(*graph*)　285

算法 8-5：拓扑排序 TopSort(*graph*, *top_s*)　287

算法 8-6：求图中关键活动 CriticalAnalysis(*graph*)　289

算法 8-7：求解二部图最大匹配的匈牙利算法 MaximumMatch(*bigraph*, *match*)　291

算法 8-8：找二部图匹配的增广路径 FindAugmentingPath(*bigraph*, *match*, *u*, *visited*)　294

8.2　基础练习　295

练习 8-1　旅游规划　295

练习 8-2　哈利·波特的考试　296

练习 8-3　公路村村通　299

练习 8-4　任务调度的合理性　301

8.3　进阶实验　304

实验 8-1　城市间紧急救援　304

实验 8-2　最短路径的交点　306

实验 8-3　打怪升级　309

实验 8-4　最小生成树的唯一性　312

*实验 8-5　拆积木　314

*实验 8-6　爱之匹配　317

第 9 章 不相交集 319

9.1 算法实现 321

算法 9-1：初始化不相交集 InitSet(*set*, *n*) 321

算法 9-2：查找元素所在的集合 Find(*set*, *x*) 322

算法 9-3：合并两个元素所在的集合 Union(*set*, *x*, *y*) 323

算法 9-4：初始化采用按秩合并策略的不相交集 InitSet(*set*, *n*) 323

算法 9-5：利用按秩合并策略合并两个元素所在的集合 Union(*set*, *x*, *y*) 325

算法 9-6：以路径压缩策略查找元素所在的集合 Find(*set*, *x*) 325

算法 9-7：Tarjan 算法求解最近公共祖先 LCA(*P*, *u*, *set*, *ancestor*, *visited*) 326

9.2 基础练习 328

练习 9-1 文件传输 328

*练习 9-2 团结就是力量 330

9.3 进阶实验 335

实验 9-1 部落 335

*实验 9-2 两个序列的故事 337

第 10 章 内排序 341

10.1 算法实现 343

算法 10-1：插入排序 InsertionSort(*a*, *l*, *r*) 343

算法 10-2：Shell 排序 ShellSort(*a*, *l*, *r*) 344

算法 10-3：简单选择排序 SelectionSort(*a*, *l*, *r*) 345

算法 10-4：堆排序 HeapSort(*a*, *l*, *r*) 345

算法 10-5：冒泡排序 BubbleSort(*a*, *l*, *r*) 346

算法 10-6：序列拆分 Partition(*a*, *l*, *r*) 346

算法 10-7：快速排序 QuickSort(*a*, *l*, *r*) 347

算法 10-8：二路归并 TwoWayMerge(*a*, *l_x*, *r_x*, *l_y*, *r_y*) 348

算法 10-9：归并排序 MergeSort(*a*, *l*, *r*) 348

算法 10-10：自底向上的归并排序 MergeSortBottomUp(*a*, *l*, *r*) 349

算法 10-11：改进的二路归并 TwoWayMergeImproved(*a*, *t*, *l*, *m*, *r*) 350

算法 10-12：改进的自底向上归并排序 MergeSortBottomUpImproved(*a*, *l*, *r*) 351

算法 10-13：二路归并求逆序对减量 TwoWayInversionCount(*a*, *l*, *m*, *r*) 352

算法 10-14：归并排序兼求逆序对数量 InversionCount(*a*, *l*, *r*) 352

算法 10-15：计数排序 CountingSort(*a*, *l*, *r*, *k*) 353

算法 10-16：基数排序中使用的计数排序 CountingSort2(*a*, *l*, *r*, *radix*, *k*, *d*) 354

算法 10-17：MSD 基数排序 MSDRadixSort(*a*, *l*, *r*, *radix*, *k*, *d*) 355

算法 10-18：LSD 基数排序 LSDRadixSort(*a*, *l*, *r*, *radix*, *d*) 356

算法 10-19：基于插入排序的索引排序 IndexedInsertionSort(*a*, *idx*, *l*, *r*) 356

算法 10-20：元素顺序调整 ElementAdjust(*a*, *idx*, *l*, *r*) 357

算法 10-21：内省排序 IntroSort(*a*, *l*, *r*, *d*) 358

算法 10-22：Tim 排序 TimSort(*a*, *l*, *r*) 359

10.2 基础练习 366

练习 10-1 排序 366

练习 10-2 正负数分类 367

练习 10-3 模拟 Excel 排序 368

练习 10-4 插入排序还是归并排序 370

练习 10-5 与零交换 373

10.3 进阶实验 375

实验 10-1 分类排序 375

实验 10-2 德才论 377

实验 10-3 插入排序还是堆排序 379

实验 10-4 统计工龄 380

实验 10-5 清点代码库 382

第 11 章 查找 385

11.1 算法实现 387

算法 11-1：顺序表的顺序查找 SequentialSearch(*record*, *n*, *key*) 387

算法 11-2：二分查找 BinarySearch(*record*, *low*, *high*, *key*) 388

算法 11-3：索引表的顺序查找 IndexSequentialSearch(*record*, *idx*, *m*, *l*, *key*) 389

算法 11-4：二叉查找树的查找 SearchBST(*bstree*, *key*) 391

算法 11-5：二叉查找树的插入 InsertBST(*bstree*, *x*) 393

算法 11-6：二叉查找树的删除 DeleteBST(*bstree*, *key*) 393

算法 11-7：AVL 树的插入 InsertAVL(*tree*, *x*) 394

算法 11-8：AVL 树的左单旋转（RR 型）RRSingleRotation(*root*) 397

算法 11-9：AVL 树的先左后右双向旋转（LR 型）LRDoubleRotation(*root*) 398

算法 11-10：英文字典的散列 StringHash(*string*, *table_size*) 399

算法 11-11：开放定址法散列查找 SearchHash(*htable*, *key*) 400

算法 11-12：开放定址法散列插入 InsertHash(*htable*, *x*) 403

11.2 基础练习 403

练习 11-1　垃圾分类　403

练习 11-2　是否二叉查找树　405

练习 11-3　AVL 树的根　407

练习 11-4　整型关键字的散列映射　408

11.3　进阶实验　410

实验 11-1　集合相似度　410

实验 11-2　查找树判断　412

实验 11-3　树种统计　414

*实验 11-4　笛卡儿树　415

*实验 11-5　新浪微博热门话题　418

第 12 章　高级查找　421

12.1　算法实现　423

算法 12-1：构建最小值线段树 BuildSegTree(*seg_tree*, *array*, *l*, *r*, *p*)　423

算法 12-2：求最小值线段树的单点更新 Update(*seg_tree*, *l*, *r*, *p*, *idx*, *value*)　423

算法 12-3：求最小值线段树的区间查询 Query(*seg_tree*, *l*, *r*, *p*, *ql*, *qr*)　424

算法 12-4：求最小值线段树的区间增值更新 RangeUpdate(*seg_tree*, *lazy*, *l*, *r*, *p*, *ql*, *qr*, *c*)　425

算法 12-5：树状数组区间求前缀和 GetPrefixSum(*c*, *k*)　425

算法 12-6：树状数组单点更新 Update(*c*, *n*, *k*, *d*)　427

算法 12-7：红黑树中的右旋 RRotate(*rbtree*, *x*)　427

算法 12-8：红黑树中插入结点后的调整 InsertAdjust(*rbtree*, *x*)　428

算法 12-9：删除黑结点及颜色调整 DeleteAdjust(*rbtree*, *x*)　428

算法 12-10：树堆的插入 InsertTreap(*treap*, *x*)　428

12.2　基础练习　429

练习 12-1　是否红黑树　429

*练习 12-2　三逆序组　431

12.3　进阶实验　435

实验 12-1　树种统计　435

*实验 12-2　染成红黑树　435

*实验 12-3　逆序对　437

第 13 章　外排序　441

13.1　算法实现　443

算法 13-1：初始化败者树 InitLoserTree(tree, array, size)　443

算法 13-2：从内部结点到根结点的路径上进行比赛 Play(tree, p, left, right)　443

算法 13-3：重构时从外部结点到根结点的路径上重新进行比赛 RePlay(tree, i)　444

算法 13-4：利用败者树进行多路归并排序 MultiMerge(tree, racer, buffer_pool, f, size)　444

算法 13-5：置换选择算法 ReplacementSelection(ram_array, m, file_in, file_out)　444

13.2　基础练习　444

*练习 13-1　数据去重　444

13.3　进阶实验　446

*实验 13-1　文件排序　446

第 14 章　索引　449

14.1　基础练习　451

*练习 14-1　B+ 树的查找　451

*练习 14-2　基于词频的文件相似度　454

14.2　进阶实验　457

*实验 14-1　3 阶 B+ 树　457

*实验 14-2　迷你搜索引擎　459

第 15 章　算法设计基础　463

15.1　算法实现　465

算法 15-1：小规模分书问题的嵌套循环算法 BookAssignment(T)　465

算法 15-2：枚举法的嵌套循环实现 IterBruteForce(T)　467

算法 15-3：枚举法的递归实现 RecBruteForce(T, s, i, n)　470

算法 15-4：分书问题的递归枚举算法 BookAssignmentBF(table, s, i, n, m)　471

算法 15-5：回溯法的通用伪代码 Backtracking(i, n)　472

算法 15-6：点集重构问题回溯算法的伪代码 PointSetReconstruction(x, D, n, left, right)　473

算法 15-7：分治法的伪代码描述 DivideAndConquer(n)　474

算法 15-8：第 n 项斐波那契数的递归计算 RecFib(n)　474

算法 15-9：第 n 项斐波那契数的循环计算 Fib(n)　475

算法 15-10：计算 $m_{1,n}$ 的动态规划算法 OptimalMatrixOrdering(m, p, r, n)　475

算法 15-11：活动安排问题的贪心算法 ActivitySelection(a, k, n)　476

算法 15-12：连续背包问题的贪心算法 Knapsack(W, s, x, n)　477

算法 15-13：离散背包（0-1 背包）问题的递归分治解法 Knapsack01(W, s, x, f, n, i)　479

算法 15-14：整数重量限制下离散背包问题的动态规划解法 Knapsack01(W, s, opt, n)　481

15.2 基础练习　483

　　练习 15-1　分书问题　483

　　练习 15-2　n 皇后问题　485

*　练习 15-3　旅行商问题　487

　　练习 15-4　最长公共子序列　490

　　练习 15-5　带权的活动安排问题　491

　　练习 15-6　教室安排问题　493

15.3 进阶实验　496

　　实验 15-1　0-1 背包问题的回溯剪枝解　496

　　实验 15-2　0-1 背包问题的分支限界解　497

　　实验 15-3　拼题 A 打卡奖励　498

　　实验 15-4　有多少红黑树　500

*　实验 15-5　代金券　501

第 16 章　高级算法设计　505

16.1 算法实现　507

　　算法 16-1：顶点覆盖问题的近似算法 VertexCoverApproximation(E)　507

　　算法 16-2：基于贪心策略的离散背包问题近似算法 KnapsackGreedyApproximation

　　　　　　　(W, s, x, n)　507

　　算法 16-3：基于动态规划的离散背包问题近似算法 KnapsackDPApproximation

　　　　　　　(W, s, x, n, eps)　507

　　算法 16-4：A 算法 A($h, init\_state, goal\_state$)　508

　　算法 16-5：爬山算法 HillClimbing($f, init\_solution, E$)　508

　　算法 16-6：模拟退火算法 SimulatedAnnealing($init\_solution, E, T, alpha, k, iter\_num,$

　　　　　　　eps)　509

　　算法 16-7：计算 a^i mod n 的幂取模算法 PowMod(a, i, n)　509

　　算法 16-8：Miller-Rabin 素数测试算法 MillerRabin_IsPrime(n, k)　509

16.2 进阶实验　510

　　实验 16-1　0-1 背包问题的近似解　510

*　实验 16-2　旅行商问题　510

*　实验 16-3　九宫数独　511

*　实验 16-4　五子棋　512

*　实验 16-5　最小生成树　513

　　参考文献　514

第 1 章

绪 论

计算机"101 计划"核心教材《数据结构》(以下简称"主教材")的第 1 章介绍了数据结构的基本概念,以及算法的时间复杂度、空间复杂度分析。具体如下:

① 数据结构是一组具有特定关系的同类数据元素的集合,包含三个要素:数据的逻辑结构、存储结构及其操作实现。

② 算法是指对问题求解方案的准确而完整的描述。算法分析是对一个算法的时间复杂度和空间复杂度做定量分析,以此衡量算法的优劣。

③ 通常采用渐近表示法分析算法复杂度的增长趋势。

本章将首先给出主教材中 12 个算法的具体实现,然后围绕二分查找算法给出 2 道基础练习题和 2 道进阶实验题,以训练学生进行算法时空复杂度分析的能力。本章实现的算法和习题涉及的知识内容见表 1-1。

表 1-1　第 1 章实验清单

类型	序号	标题	内容	知识点
算法	0-0	GCD (*x*, *y*)	求两个非负整数的最大公约数	算法示例
	1-1	MaxProduct1 (*array*, *m*)	求数组与整数乘积的最大值	时间复杂度
	1-2	MaxProduct2 (*array*, *m*)	求数组与整数乘积的最大值	时间复杂度优化
	1-3	ReverseArray1 (*array*)	将数组中元素反转存放	空间复杂度
	1-4	ReverseArray2 (*array*)	将数组中元素反转存放	空间复杂度
	1-5	SumUp (*n*)	计算 $1\sim n^2$ 的和加上 $1\sim n$ 的和	时间复杂度
	1-6	SumProducts (*n*, *m*)	计算 $1\sim n$ 与 $1\sim m$ 每一项相互乘积的和	时间复杂度
	1-7	MaxSubsequenceSum1 (*s*)	连续子序列最大和的 $O(n^3)$ 算法	时间复杂度
	1-8	MaxSubsequenceSum2 (*s*)	连续子序列最大和的 $O(n^2)$ 算法	时间复杂度优化
	1-9	MaxSubsequenceSum3 (*s*)	连续子序列最大和的 $O(n)$ 算法	时间复杂度优化
	1-10	RecursivePrint (*n*)	输出 $1\sim n$ 的递归算法	空间复杂度
	1-11	IterativePrint (*n*)	输出 $1\sim n$ 的循环算法	空间复杂度
基础练习	1-1	二分查找	分别用递归和非递归方法实现二分查找	时空复杂度分析与比较
	1-2	两枚硬币	找两个数字，使得两数之和正好等于给定的数字	时空复杂度分析与比较
进阶实验	1-1	有序数组的插入	将给定整数插入有序数组，使得结果依然有序	二分查找的应用、时空复杂度分析
	1-2	爆气球	给定直线上非均匀分布的 *n* 个点，求固定长度的线段能覆盖的最多的点数	时间复杂度优化

1.1 算法实现

算法 0-0：求两个正整数的最大公约数 GCD(x, y)

代码 1-1 中，主函数 main 读入两个正整数 x 和 y，然后输出调用 GCD(x,y) 后的结果。

代码 1-1　求两个正整数的最大公约数

```c
#include <stdio.h>
/* 算法0-0: 求两个正整数的最大公约数GCD(x, y) */
int GCD(int x, int y)
{
    int r;
    if (x < y) { /*若x<y则交换二者，保证开始计算时x≥y*/
        r = x; x = y; y = r;
    }
    while (y > 0 && x % y) {  /* 当y不能整除x时 */
        r = x % y;     /* 计算x/y的余数 */
        x = y;         /* 更新 x */
        y = r;         /* 更新 y */
    }
    return y;          /* 能整除x的y即为最大公约数 */
}
/* 算法0-0 结束 */
int main(void)
{
    int x, y;
    scanf("%d %d", &x, &y);
    printf("%d\n", GCD(x,y));
    return 0;
}
```

算法 1-1：求数组与整数乘积的最大值 MaxProduct1(array, m)

代码 1-2 定义了算法中 *array* 的结构，即一个存储数据的数组 *data* 和该数组的大小

$size$。主函数main首先读入元素的个数n和将要计算乘积的正整数m，随后为$array$声明了n个整数空间并依次读入数据，最后输出函数计算的结果。需要注意的是，C语言数组下标从0开始，所以函数中的循环变量是从0循环到$n-1$。

代码1-2 求数组与整数乘积的最大值

```c
#include <stdio.h>
#include <stdlib.h>
typedef struct ArrNode *ArrPtr;
struct ArrNode {
    int *data; /*存储数据的数组*/
    int size;  /*数组的大小*/
};
/* 算法1-1: 求数组与整数乘积的最大值 MaxProduct1(array, m) */
int MaxProduct1(ArrPtr array, int m)
{
    int i, n, p, max_p;
    max_p = 0;
    n = array->size;
    for (i=0; i<n; i++) {
        p = array->data[i] * m; /* 计算每个元素与m的乘积 */
        if (p > max_p) { /* 如果当前乘积更大 */
            max_p = p;   /* 更新最大值 */
        }
    }
    return max_p;
}
/* 算法1-1 结束 */
int main(void)
{
    int i, n, m;
    ArrPtr array;
    array = (ArrPtr)malloc(sizeof(struct ArrNode));
    scanf("%d %d", &n, &m);
    array->size = n;
    array->data = (int *)malloc(sizeof(int)*array->size);
    for (i=0; i<n; i++) {
        scanf("%d", &array->data[i]);
    }
    printf("%d\n", MaxProduct1(array, m));
    return 0;
}
```

算法 1-2：求数组与整数乘积的最大值 MaxProduct2(*array*, *m*)

此算法为算法1-1的优化版本，通过先找最大元素再计算乘积，从而将乘法次数从$O(n)$降低到$O(1)$。此算法中*array*的结构和用于测试的主函数main与代码1-2完全一致（当然调用的函数名需要改变）。代码1-3仅给出了算法1-2对应的核心函数代码。

代码1-3 求数组与整数乘积的最大值（优化版）
```c
/* 算法1-2: 求数组与整数乘积的最大值 MaxProduct2(array, m) */
int MaxProduct2(ArrPtr array, int m)
{
    int i, n, max_a, max_p;

    max_a = 0;
    n = array->size;
    for (i=0; i<n; i++) {
        if (array->data[i] > max_a) {/* 如果当前元素更大 */
            max_a = array->data[i];    /* 更新最大元素值 */
        }
    }
    max_p = max_a * m; /* 计算最大元素与m的乘积 */
    return max_p;
}
/* 算法1-2 结束 */
```

算法 1-3：将数组中元素反转存放 ReverseArray1(*array*)

代码1-4中对*array*的定义不变，主函数main在声明了数组空间后，读入数据，调用ReverseArray1(*array*)并输出反转后的数组元素。需要注意的是，由于C语言数组下标从0开始，代码中的循环范围和循环体中的数组下标与算法伪代码中略有不同。伪代码中元素序号从1到*n*，所以是将第一个元素与第*n*个元素交换，第二个元素与第*n*-1个元素交换，以此类推，直到最后第*n*/2个元素与第*n*/2+1个元素交换。而代码1-4中是将第0个元素与第*n*-1个元素交换，第一个元素与第*n*-2个元素交换，直到最后第*n*/2-1个元素与第*n*/2个元素交换，所以左边元素的下标*i*从0到*n*/2-1，右边元素的下标则是*n*-*i*-1。

代码1-4 反转数组（额外空间为$O(1)$）
```c
#include <stdio.h>
#include <stdlib.h>

typedef struct ArrNode *ArrPtr;
```

```c
struct ArrNode {
    int *data; /*存储数据的数组*/
    int size;  /*数组的大小*/
};
/* 算法1-3: 将数组中元素反转存放 ReverseArray1(array) */
void ReverseArray1(ArrPtr array)
{
    int i, n, t;
    n = array->size;
    for (i=0; i<n/2; i++) {/* 交换第i个和第n-i-1个元素的位置 */
        t = array->data[i];
        array->data[i] = array->data[n-i-1];
        array->data[n-i-1] = t;
    }
}
/* 算法1-3 结束 */
int main(void)
{
    int i, n;
    ArrPtr array;
    array = (ArrPtr)malloc(sizeof(struct ArrNode));
    scanf("%d", &n);
    array->size = n;
    array->data = (int *)malloc(sizeof(int)*array->size);
    for (i=0; i<n; i++) {
        scanf("%d", &array->data[i]);
    }
    ReverseArray1(array);
    for (i=0; i<n; i++) {
        printf("%d ", array->data[i]);
    }
    return 0;
}
```

算法 1-4: 将数组中元素反转存放 ReverseArray2(*array*)

此算法为算法1-3的另一个版本,不同的是使用了一个额外的数组 b,因此额外空间复杂度为 $O(n)$,其中 n 为数组元素个数。这里 *array* 的结构和用于测试的主函数 main 与代码1-4完全一致(当然调用的函数名需要改变)。代码1-5仅给出了算法1-4对应的核心函数代码,其中对数组下标的处理与代码1-4同理,不再赘述。

代码 1-5　反转数组（额外空间为 $O(n)$）

```
/* 算法1-4: 将数组中元素反转存放 ReverseArray2(array) */
void ReverseArray2(ArrPtr array)
{
    int i, n;
    int *b;
    n = array->size;
    b = (int *)malloc(sizeof(int)*n); /* 声明临时数组 */
    b->data = (int *)malloc(sizeof(int)*array->size);
    for (i=0; i<n; i++) { /* 将第n-i-1个元素存到b的第i个位置 */
        b[i] = array->data[n-i-1];
    }
    for (i=0; i<n; i++) { /* 将反转的b中的元素存回array */
        array->data[i] = b[i];
    }
    free(b);
}
/* 算法1-4 结束 */
```

算法 1-5：计算 $1 \sim n^2$ 的和加上 $1 \sim n$ 的和 SumUp(n)

代码 1-6 中，主函数 main 读入正整数 n，然后输出调用 SumUp(n) 后的结果。

注意：在第一个 for 循环中，每次判断循环持续条件"i<=(n*n)"时，都需要计算一次乘法。这个问题在代码 1-4 中同样存在，以"i<n/2"作为循环持续条件时，每次循环需要做一次除法。如果将 i 循环由递增改为递减，就可以解决这个问题。即将循环语句

```
for (i=1; i<=(n*n); i++)
```

修改为

```
for (i=(n*n); i>=1; i--)
```

就只需要在循环开始时计算一次乘法了。代码 1-4 也可以做类似的修改。

但递增循环与算法伪代码对应，更方便读者理解，所以本书在实现算法时，会尽量尊重伪代码的形式。读者可以自行考虑对代码做进一步细节优化。

代码 1-6　计算 $1 \sim n^2$ 的和加上 $1 \sim n$ 的和

```
#include <stdio.h>

/* 算法1-5: 计算1~n^2的和加上1~n的和 SumUp(n) */
int SumUp( int n )
{
    int i, sum;
```

```
      sum = 0;
      for (i=1; i<=(n*n); i++) {  /* 计算1~n^2的和 */
         sum += i;
      }
      for (i=1; i<=n; i++) {   /* 累计计算1~n的和 */
         sum += i;
      }
      return sum;
   }
   /* 算法1-5 结束 */
   int main(void)
   {
      int n;
      scanf("%d", &n);
      printf("%d\n", SumUp(n));
      return 0;
   }
```

算法 1-6：计算 1~n 与 1~m 每一项相互乘积的和 SumProducts(n, m)

代码1-7中，主函数 main 读入两个正整数 n 和 m，然后输出调用 SumProducts(n,m) 后的结果。

代码1-7　计算1~n与1~m每一项相互乘积的和

```
#include <stdio.h>
/* 算法1-6: 计算1~n与1~m每一项相互乘积的和 SumProducts(n,m) */
int SumProducts(int n, int m)
{
   int i, j, sum;
   sum = 0;
   for (i=1; i<=n; i++) {       /* 对1~n的每一项   */
      for (j=1; j<=m; j++) {    /* 对1~m的每一项   */
         sum += (i*j);          /* 计算相互乘积的和 */
      }
   }
   return sum;
}
/* 算法1-6 结束 */
int main(void)
{
   int n, m;
```

```
        scanf("%d %d", &n, &m);
        printf("%d\n", SumProducts(n, m));
        return 0;
}
```

算法 1-7：连续子序列最大和的 $O(n^3)$ 算法 MaxSubsequenceSum1(s)

代码 1-8 中定义了序列 s 的结构，其中数据存放在数组 *array* 中，数组的大小为 n，连续子序列的最大和存放在 *max_sum* 中，该子序列左右两端点的数组下标分别存放在 *start* 和 *finish* 中。

主函数 main 首先读入序列中数据元素的个数，随后声明数组空间并逐一读入数据。在调用函数 MaxSubsequenceSum1(s) 后，输出结果，同时输出该最大和子序列的两个端点的数组下标。需要注意的是数组下标从 0 开始。

代码 1-8　连续子序列最大和的 $O(n^3)$ 算法

```
#include <stdio.h>
#include <stdlib.h>
typedef struct SeqNode *SeqPtr;
struct SeqNode {
    int *array;   /* 存储数据的数组 */
    int n;        /* 数组的大小 */
    int max_sum;  /* 最大和 */
    int start, finish;  /*最大连续子序列左右两端点的数组下标 */
};
/* 算法1-7: 连续子序列最大和的O(n^3)算法 MaxSubsequenceSum1(s) */
int MaxSubsequenceSum1(SeqPtr s)
{
    int i, j, k, this_sum;
    s->max_sum = 0;
    s->start = s->finish = -1;
    for (i=0; i<s->n; i++) {        /*当前子序列的起始位置*/
        for (j=i; j<s->n; j++) {    /*当前子序列的终止位置*/
            this_sum = 0;
            for (k=i; k<=j; k++) {  /* 计算当前子序列的和 */
                this_sum += s->array[k];
            }
            if (this_sum > s->max_sum) {  /*若当前和更大*/
                s->max_sum = this_sum;  /* 更新最大和 */
                s->start = i;  /*更新最大连续子序列起始位置*/
                s->finish = j; /*更新最大连续子序列终止位置*/
```

```c
            }
        }
    }
    return s->max_sum;
}
/* 算法1-7 结束 */
int main(void)
{
    int i;
    SeqPtr s;

    s = (SeqPtr)malloc(sizeof(struct SeqNode));
    scanf("%d", &s->n);
    s->array = (int *)malloc(sizeof(int)*s->n);
    for (i=0; i<s->n; i++) {
        scanf("%d", &s->array[i]);
    }
    printf("%d\n", MaxSubsequenceSum1(s));
    printf("%d %d\n", s->start, s->finish);
    return 0;
}
```

算法 1-8：连续子序列最大和的 $O(n^2)$ 算法 MaxSubsequenceSum2(s)

此算法为算法 1-7 的优化版本。这里 s 的结构和用于测试的主函数 main 与代码 1-8 完全一致（当然调用的函数名需要改变）。代码 1-9 仅给出了算法 1-8 对应的核心函数代码。

代码 1-9　连续子序列最大和的 $O(n^2)$ 算法

```c
/* 算法1-8: 连续子序列最大和的O(n^2)算法 MaxSubsequenceSum2(s) */
int MaxSubsequenceSum2(SeqPtr s)
{
    int i, j, this_sum;

    s->max_sum = 0;
    s->start = s->finish = -1;
    for (i=0; i<s->n; i++) {            /*当前子序列的起始位置*/
        this_sum = 0;
        for (j=i; j<s->n; j++) {  /*当前子序列的终止位置*/
            this_sum += s->array[j];   /* 计算当前子序列的和 */
            if (this_sum > s->max_sum) {  /*若当前和更大*/
                s->max_sum = this_sum;   /* 更新最大和 */
                s->start = i;     /*更新最大连续子序列起始位置*/
                s->finish = j;    /*更新最大连续子序列终止位置*/
```

```
            }
        }
    }
    return s->max_sum;
}
/* 算法1-8 结束 */
```

算法 1-9：连续子序列最大和的 $O(n)$ 算法 MaxSubsequenceSum3(s)

此算法为算法 1-7 的又一个优化版本。这里 s 的结构和用于测试的主函数 main 与代码 1-8 完全一致（当然调用的函数名需要改变）。代码 1-10 仅给出了算法 1-9 对应的核心函数代码。

代码 1-10 连续子序列最大和的 $O(n)$ 算法

```
/* 算法1-9: 连续子序列最大和的O(n)算法 MaxSubsequenceSum3(s) */
int MaxSubsequenceSum3(SeqPtr s)
{
    int j, this_sum, this_start;

    s->max_sum = 0;
    s->start = s->finish = -1;
    this_sum = 0;
    this_start = 0; /*初始化最大连续子序列起始位置*/
    for (j=0; j<s->n; j++) {
        this_sum += s->array[j]; /* 计算当前子序列和 */
        if (this_sum > s->max_sum) { /*若当前和更大*/
            s->max_sum = this_sum;   /* 更新最大和 */
            s->start = this_start;   /*更新最大连续子序列起始位置*/
            s->finish = j;   /*更新最大连续子序列终止位置*/
        }
        else if (this_sum < 0) {/* 若当前和为负数 */
            this_sum = 0; /* 则不可能让后继的和更大，抛弃之*/
            this_start = j + 1; /*重新开始一段连续子序列，更新起始位置*/
        }
    }
    return s->max_sum;
}
/* 算法1-9 结束 */
```

算法 1-10：输出 1~n 的递归算法 RecursivePrint(n)

代码 1-11 中，主函数 main 读入正整数 n，然后调用 RecursivePrint(n)。

代码 1-11　输出 1~n 的递归算法

```c
#include <stdio.h>

/* 算法1-10: 输出1~n的递归算法 RecursivePrint(n) */
void RecursivePrint( int n )
{
    if (n > 0) {
        RecursivePrint(n-1); /* 递归打印前面 1~n-1个数字 */
        printf("%d\n", n);    /* 然后打印n */
    }
}
/* 算法1-10 结束 */

int main(void)
{
    int n;
    scanf("%d", &n);
    RecursivePrint(n);
    return 0;
}
```

算法 1-11：输出 1~n 的循环算法 IterativePrint (n)

代码 1-12 中，主函数 main 读入正整数 n，然后调用 IterativePrint(n)。

代码 1-12　输出 1~n 的循环算法

```c
#include <stdio.h>

/* 算法1-11 : 输出1~n的循环算法 IterativePrint (n) */
void IterativePrint( int n )
{
    int i;
    for (i=1; i<=n; i++) {
        printf("%d\n", i); /* 从1到n逐个打印 */
    }
}
/* 算法1-11 结束 */
int main(void)
{
    int n;
    scanf("%d", &n);
    IterativePrint(n);
    return 0;
}
```

1.2 基础练习

练习 1-1 二分查找

1. 实验目的

① 熟练掌握一般时空复杂度分析技巧。

② 熟练掌握递归程序的时空复杂度分析技巧。

2. 实验要求

（1）题目描述

查找算法中的"二分法"是这样定义的：给定 n 个从小到大排好序的整数序列 *data*，以及某待查找整数 x，我们的目标是找到 x 在 *data* 中的位置。

具体来说，不妨假设整数序列存储为一个序列 *array*，这个序列的结构定义在代码 1-2 中给出，数据存放在数组 *data* 中。若有 *array->data*[i]=x，则返回 i；否则返回失败标记"NotFound"，表示没有找到。

二分法是先找到序列的中点 *array->data*[*middle*]，与 x 进行比较，若 *array->data*[*middle*] > x，则在中点左边的子序列中查找 x；若 *array->data*[*middle*]<x，则在中点右边的子序列中查找 x；否则两者相等，则返回中点下标 *middle*。试用一个函数实现二分查找的功能，并分析最坏、最好情况下的时间复杂度和空间复杂度。

（2）函数接口定义

Position BinarySearch (ArrPtr array, ElemSet x);

其中，各种数据类型的定义如下：

```
typedef int Position;  /* 整型下标，表示元素的位置 */
typedef struct ArrNode *ArrPtr;
struct ArrNode {
    ElemSet *data;  /*存储数据的数组；ElemSet是用户定义的数据类型*/
    int size;   /*数组的大小*/
};
```

函数接口定义中，ElemSet 是用户定义的数据类型，例如 int、double 或者 char 等，要求可以通过 >、==、< 进行比较，并且题目保证传入的数据是**递增有序**的。

（3）测试用例（此处 ElemSet 定义为 int）（见表 1-2）

表 1-2　练习 1-1 测试用例

序号	传入参数值			返回值	说明
	data	size	x		
0	12 31 55 89 101	5	31	1	小规模一般情况
1	26 78 233	3	31	NotFound	查找失败
2	11 15 18 22 23	5	18	2	奇数个，正中间找到
3	2 3 5 8 12 25	6	5	2	偶数个，正中间找到
4	略	$>10^4$	略	0	大数据，在头部找到
5	略	$>10^4$	略	$size-1$ 的值	大数据，在尾部找到
6	略	$>10^4$	略	NotFound	大数据，查找失败

3. 实现要点

二分查找可以用不同的方法实现。以下分别讨论递归和非递归的实现方法及其复杂度分析。

方法一：递归实现

（1）算法分析与代码

题目描述中对于二分法的介绍是一种递归的描述，用递归实现是非常直接的。如果将题目描述直接转为伪代码，则应该是这样的：

算法：二分法的递归版本 BS(*array*, *x*, *left*, *right*)
输入：有序数据序列 *array*，待查数据 *x*，当前查找范围的左端点下标 *left* 和右端点下标 *right*
输出：如果 *x* 在 *array* 中，返回其下标；否则返回 NotFound

1. *middle* ← (*left*+*right*)/2　　/* 计算序列中点坐标 */
2. **if** *array.data*[*middle*]>*x* **then**
3. 　| *ret* ← BS(*array*, *x*, *left*, *middle*−1) /* 在左边的子序列中查找 */
4. **else if** *array.data*[*middle*]<*x* **then**
5. 　| *ret* ← BS(*array*, *x*, *middle*+1, *right*) /* 在右边的子序列中查找 */
6. **else**　　/* 两者相等 */
7. 　| *ret* ← *middle*
8. **end**
9. **return** *ret*

上面的伪代码是对题目描述的直接翻译，但是**并不完全正确**，因为缺少了一种特殊情况的处理：如果 *x* 不在序列中，我们怎样才能知道呢？

二分法的查找过程就是不断将搜索区段折半，缩小搜索范围的过程。当搜索范围内一个元素都没有时 *x* 还没有找到，就说明它不存在。而"一个元素都没有"用程序语言来表达，就是 *left* > *right*，即左右两端的下标值错位。所以在上述伪码的最开始，应该加入一个判断，如果传入的左右两端的下标值错位，就应该返回 NotFound。完整的实现请见代码 1-13。

注意一个细节问题：递归函数必须随时知道当前正在解决的问题的范围，所以需要传入当前范围的两个端点的下标 *left* 和 *right*。然而这两个参数对于用户而言是不必要的——用户只是想从一个序列 *array* 中找出 *x*，就应该只需要给出 *array* 和 *x*，所以二分查找的标准接口设计是不包含端点下标的。那么要用递归实现的时候该怎么做呢？

代码 1-13
二分查找的递归实现

如代码 1-13 所示，我们可以给递归函数加一个标准接口的"外包装"，将标准函数接口 BinarySearch(array, x) 交给用户使用，自己将递归函数 BS(array, x, left, right) 的初始调用写在标准函数内。这种处理方法是软件工程中常见的技巧，目的是将技术细节与普通用户隔离开，减少用户错误调用的概率。

（2）复杂度分析

使用二分法的最好情况是 *x* 正好位于中间位置 *middle* 上，我们只要 1 次查找即可找到，其时间和空间复杂度显然都是 $O(1)$；最坏情况是使得折半的次数最大，即 *x* 根本不在序列中，这时的复杂度分析略复杂。

分析递归函数时间复杂度的技巧是：首先假设当前要处理的数据规模是 *n*，对应的时间复杂度与当前规模有关，记为 $T(n)$。如果递归调用的子问题的规模为 *cn*（其中 *c* 是常数），则 $T(n)$ 就等于递归调用花费的时间 $T(cn)$ 和其他非递归处理步骤所花费的时间的总和。就二分法而言，每次递归调用时，问题的规模都会减半，即变为 *n*/2，此外其他步骤可以用常数时间完成。所以我们有递推公式：$T(n)= T(n/2)+c$（其中 *c* 是常数）。根据这个公式，可以很容易推出

$$T(n) = T(n/2)+c = T(n/2^2)+2c = \cdots = T(n/2^k)+kc \tag{1-1}$$

这里的 *k* 就是递归的次数。在最坏情况下，我们必须一直递归到搜索范围中没有元素，即 $k=O(\log n)$。代入公式 1-1，就得到 $T(n) = O(\log n)$。

关于空间复杂度，由于每次递归只是传入 ArrNode 结构的指针，并不在函数内部复制整个数组 *data*[]，所以函数内部使用的空间只是个常量。但是递归会占用系统堆栈，空间复杂度是和递归的次数成正比的。从时间复杂度的分析中，我们已经知道最坏情况下递归的次数是 $O(\log n)$，所以递归实现的空间复杂度就是 $O(\log n)$。

递归实现算法一般代码较为简单，比较容易理解，缺点是当数据规模较大、递归层次较深时，有可能过多占用系统空间。所以对于如二分法这么简单的算法，人们总是尽可能地采用非递归的方法实现。

方法二：非递归实现

（1）算法分析与代码

我们把"缩小查找范围"这个动作理解为"调整左边或右边的边界"，就可以用一个 while 循环解决问题。从初始状态的左边界为 0、右边界为 *array*->*size*-1 开始，每次

循环中，如果 *x* 有可能在左半边，就保持左边界不动，把右边界移到 *middle* 左边；如果 *x* 有可能在右半边，就保持右边界不动，把左边界移到 *middle* 右边。如此反复，直到找到 *x* 返回 *middle*，或者查找范围内一个元素都没有了，则跳出循环返回 NotFound。主教材的习题 1-12 给出了非递归版本的算法伪代码，完整的实现请见代码 1-14。

代码 1-14
二分查找的非递归实现

特别需要注意的是：在缩小查找范围时，一定不要把被调整的边界值调整为 *middle*，必须调整为 *middle* 左边或者右边的一个下标值。

（2）复杂度分析

注意到函数传入的参数仍然只是一个 ArrNode 结构的指针，并不在函数内部复制整个数组 *data*[]，所以函数内部使用的空间一直都是个常量，即空间复杂度为 $O(1)$。这是比递归实现占优的地方。

考虑时间复杂度时，需注意整个函数的运行时间取决于 while 循环的次数。最好情况下，*x* 正好位于中间位置 *middle* 上，我们只要 1 次循环就找到了，时间复杂度是 $O(1)$；最坏情况是一直循环到 *left* > *right*，发现 *x* 找不到。这时的循环次数也就是将查找范围折半的最大次数，与递归次数分析同理，就是 $O(\log n)$。

练习 1-2　两枚硬币[①]

1. 实验目的
熟练掌握时空复杂度分析技巧。

2. 实验要求
（1）题目描述

伊娃喜欢收集全宇宙的硬币，包括火星币等，每种硬币可能有不同的面值。一天她到了一家宇宙商店，这家商店可以接受任何星球的货币，但有一个条件，无论什么价格，都必须用两枚硬币一次付清，不能多也不能少。而她有多达 10^5 个硬币，于是求助于你。给定任一价格，请帮她找出可以付款的两枚硬币。

（2）输入输出说明

输入格式：输入的第一行给出两个正整数：n（$\leq 10^5$）为硬币枚数、m（$\leq 10^3$）为伊娃要付清的价格；第二行给出 n 枚硬币的面值，均为不超过 500 的正整数。同行数字间以空格分隔。

输出格式：在一行中输出两枚硬币的面值 v_1 和 v_2，以一个空格分隔，满足条件 $v_1+v_2=m$，并且 $v_1 \leq v_2$。如果这样的解不唯一，输出 v_1 最小的那个解。如果解不存在，

[①] 题目引用自攀拓（PAT，计算机程序设计能力考试）真题（2012 年冬季）。

则输出"No Solution"。

(3)测试用例(见表1-3)

表1-3 练习1-2测试用例

序号	输入	输出	说明
0	8 15 1 2 8 7 2 4 11 15	4 11	一般情况有解
1	7 14 1 8 7 2 4 11 15	No Solution	一般情况无解
2	5 14 10 3 5 7 7	7 7	两数字一样
3	略	略	最大规模随机数据
4	略	略	最大规模,大量重复数据
5	1 2 2	No Solution	最小规模
6	2 233 200 33	33 200	次小规模有解

3. 实现要点

这个问题至少有三种不同的解决方案。

方法一:简单枚举

最简单直接的解决方案是对输入的每一枚面值为 v_i 的硬币,检查其他 $n-1$ 枚硬币中是否存在面值为 $m-v_i$ 的硬币。这种方法在实现时需要2重嵌套循环,每重循环都要执行 $O(n)$ 次,时间复杂度是 $O(n^2)$。这种方法简单,但效率却实在不高。

方法二:排序加双指针

如果 n 枚硬币是按面值有序输入的,即有 $v_1 \leq v_2 \leq \cdots \leq v_n$,则可以设置两个指针 i 和 j,分别从序列的首尾两端向中间移动求解。该方法的原理是:开始令 $i=1$,$j=n$。如果 $v_i+v_j>m$,则说明对于 v_i 来说,v_j 太大了,于是 j--,考虑下一个小一些的 v_j。如此循环,直到遇到第一个使得 $v_i+v_j \leq m$ 的 v_j。如果此时有 $v_i+v_j=m$,则问题就解决了;否则说明当前的 v_i 无法找到匹配的另一枚硬币,于是 i++,考虑下一个 v_i。最关键的点是现在的 v_i 不比前一个 v_i 小,那么所有与前一个 v_i 相加大于 m 的 v_j 都不可能与现在的 v_i 匹配,因为它们相加的和不会变小。所以指针 j 不需要从尾部重新开始扫描,而只需要从当前位置开始继续检查与新的 v_i 求和的结果。

可以看到,在这个算法中,指针 i 和 j 都分别向一个方向移动,从不回头,所以时间复杂度是 $O(n)$。但这个算法能实施的前提条件是"n 枚硬币是按面值有序输入的"。题目中显然没有给出这个保证。所以在执行这个算法之前，必须先将输入的硬币面值排序，而在学习第10章后我们将知道，常用的排序算法的平均时间复杂度是 $O(n \log n)$，最坏情况下可以达到 $O(n^2)$。所以方法二的整体时间复杂度由排序方法的效率决定。

方法三：面值映射

如果硬币的最大面值 $kMaxV$ 不是很大，则有更为巧妙的办法解决这个问题。

（1）算法分析与代码

对于任一给定面值 v，如果能在 $O(1)$ 时间内判断出 $m-v$ 这个面值的硬币有没有，那么整个算法的效率就提高了。要做到这一点，有一个常见的技巧，称为"映射"。即声明一个计数器数组 cnt，为 $1 \sim kMaxV$ 的每一个可能的面值设置一个计数器，统计这个面值的硬币一共有多少枚。这里利用了一个给定条件，即面值 v 是一个正整数，所以可以被映射为数组的下标。每读入一个面值 v，就令其对应的计数器 $cnt[v]$ 增1，于是 $cnt[v]$ 中存储的就是面值为 v 的硬币数量。

有了这个信息之后，从1到 $kMaxV$ 扫描每个可能的面值 v，如果其计数器不为0，则说明输入的硬币中有这个面值，并且当前值是可能的解中最小的 v_1。如果 $m-v$ 也是一个在 $[1, kMaxV]$ 区间中的整数，并且 $cnt[m-v]$ 也不为0，说明匹配的那个硬币是存在的，就找到了这组解。如果扫描了全部面值都没能找到解，说明无解。完整的实现代码请见代码1-15。

代码1-15
两枚硬币

在实现时，需要注意的细节问题是：

① 当找到一个存在的硬币时，务必要将其对应的计数器减1，表示这枚硬币已经被取出，不能重复利用，否则处理1号测试用例时会发生错误。

② 在检查 $cnt[m-v]$ 的值之前，必须先确定 $m-v$ 是一个在 $[1, kMaxV]$ 区间中的整数，否则可能产生数组下标越界的错误。

（2）复杂度分析

代码1-15中有两个单层循环。第一个 for 循环用 $O(n)$ 时间读入 n 枚硬币的面值，并进行映射计数；第二个 for 循环用 $O(kMaxV)$ 的时间检查每个可能的面值是否能够匹配。所以整体时间复杂度是 $O(n+kMaxV)$。程序中需要长度为 $kMaxV+1$ 的计数器数组，其空间复杂度是 $O(kMaxV)$。

当 $kMaxV \leq n$ 时，这个算法的时间和空间复杂度分别为 $O(n)$ 和 $O(kMaxV)$。对于本题而言，n 最大可达 10^5，而 $kMaxV$ 不超过500，显然是很合适的。但如果 $kMaxV$ 比 n 大很多，甚至超过 $O(n^2)$，那就明显不如方法二了。当然，在 $kMaxV \gg n$ 的情况下（例如给定面值是任何64位整数），可以顺序扫描每个输入的面值 v_1，检查 $m-v_1$ 是否可以匹配，但因为输入是无序的，必须扫描完所有的输入面值才能确定最小 v_1 对应的解，所以这个方法的时间复杂度是 $\Theta(n)$。而空间复杂度是 $O(kMaxV)$，如果允许使用的空间有限，这种方法也是不适用的。

1.3 进阶实验

实验 1-1 有序数组的插入

1. 实验目的

（1）熟练掌握时空复杂度分析技巧。

（2）灵活运用二分查找算法。

2. 实验要求

（1）题目描述

给定存储了 n 个从大到小排好序的整数，试将任一给定整数 x 插入数组中合适的位置，以保持结果依然有序。分析算法在最坏、最好情况下的时间复杂度和空间复杂度。

具体来说，不妨假设整数序列存储为一个序列 *array*，这个序列的结构定义与基础练习 1-1 相同，数据存放在数组 *data* 中。因为数组长度是有限的，我们在此假设 *data* 数组的最大长度为 *kMaxSize*。如果在执行插入之前，数组已经满了，则插入失败，返回 false；如果待插入的元素 x 已经在 *data* 中，则不要重复插入，返回 false；如果插入成功，则返回 true。

（2）函数接口定义

bool DecrSeqInsert(ArrPtr array, ElemSet x);

其中，各种数据类型的定义如下：

```
typedef int Position;    /* 整型下标，表示元素的位置 */
typedef struct ArrNode *ArrPtr;
struct ArrNode {
    ElemSet *data;  /*存储数据的数组；ElemSet是用户定义的数据类型*/
    int size;    /*数组的大小*/
};
```

与基础练习 1-1 类似，函数接口定义中，ElemSet 是用户定义的数据类型，例如 int、double 或者 char 等，要求可以通过 >、==、< 进行比较。不同的是，这里题目保证传入的数据是**递减**有序的。

（3）测试用例（设 ElemSet 为 int，*kMaxSize* 为 10^4）（见表 1-4）

表 1-4 实验 1-1 测试用例

序号	传入参数值			结果			说明
	data	*size*	*x*	*data*	*size*	返回值	
0	35 12 8 7 3	4	10	35 12 10 8 7 3	5	true	插入成功
1	35 12 10 8 7 3	5	8	35 12 10 8 7 3	5	false	x 已存在
2	略	9998	略	略	9999	true	大数据，插入最大值
3	略	9998	略	略	9999	true	大数据，插入最小值
4	略	9998	略	略	9998	false	大数据，x 正好在中间存在
5	略	9999	略	略	9999	false	大数据，溢出

3. 实现要点

解决这个问题，需要两个基本步骤：首先要找到插入 x 的合适的位置，然后需要移动数组中的元素，把位置空出来给 x 插入。

方法一：顺次比较

最简单直接的方法，是从数组的最后一个元素开始与 x 进行比较，如果该元素比 x 小，则继续向左顺次比较，直到找到第一个比 x 大的元素，这个元素的右边位置就应该是 x 被插入的位置。找到位置后，就把该位置及其右边的元素逐一向右移动一格（仍然是从最右一个元素开始），把这个位置给 x 空出来插入。为什么不是一边比较一边移动元素呢？如果我们确定地知道 x 可以被插入，那一边比较一边移动当然是可以的；但万一 x 已经存在于数组中，那么当我们发现这件事的时候，就还得将移动过的元素再移回去，这显然不是很明智。

最好的情况是 x 比当前最小的元素还小，于是直接插在数组的尾部就可以了，无论是找位置还是移动，花费的时间都是 $O(1)$。最坏的情况是 x 比当前最大的元素还大，于是需要花 $O(n)$ 的时间找到它应该插入的位置，再花 $O(n)$ 的时间移动数组中的元素。

如果我们不是从数组的最后一个元素开始找位置，而是从第一个元素开始，那么最好情况时需要 $O(n)$ 的时间找到末尾的位置，用 $O(1)$ 的时间插入；最坏情况时只需要 $O(1)$ 的时间找到头部的位置，但仍然需要 $O(n)$ 的时间移动数组中的元素。

无论如何，插入 x 时需要移动其他元素，这是不可避免的，也就使得最坏情况下的 $O(n)$ 时间复杂度无法被改善。但我们可以努力改进查找位置的效率，前面讲到的二分法就成为一个有用的工具。

方法二：二分查找插入位置

先用类似二分法的方法找到插入 x 的合适位置，再进行插入操作。但注意前面案例中介绍的二分法不能直接用于解决这个问题，原因有二：

① 基础练习1-1中假设序列是从小到大有序的，本题假设序列是从大到小有序的，所以在套用代码1-13或代码1-14时，必须注意做相应的改变。

② 当 x 不在序列中时，我们不能简单地返回NotFound，而必须要返回适合插入 x 的位置的下标——当我们找不到 x 时，一定是当前查找范围的左右端下标错位的时候，这时我们应该返回左下标 *left* 还是右下标 *right* 呢？这个问题留给读者去思考解决。

这种方法的最好情况是 x 已经存在于序列中，并且正好在中间位置，这样算法只用1步就可以发现 x，返回false。如果用方法一，则无论从哪一头开始比较，都需要比过 $n/2$ 个元素才能返回false。而任何一个可以插入的情况对于二分法来说都是最坏情况，因为必须经过 $O(\log n)$ 次比较才能确定 x 不在序列中。

实验1-2 爆气球 [①]

1. 实验目的
熟练掌握时空复杂度分析技巧。

2. 实验要求
（1）题目描述

爆气球对孩子们来说是很好玩的游戏。假设有 n 只气球被布置在一条直线上，游戏的目标很简单，就是爆掉尽可能多的气球。但是这里我们加一条特殊的规则——只能跳一次。我们假设聪明的孩子穿了件浑身带刺的衣服，跳到某个位置，躺平，这样气球只要碰到孩子身体的任何部位都会立刻爆炸。那么你的任务就是告诉孩子应该跳到哪里，才能一次爆掉最多的气球。

（2）输入输出说明

输入格式：输入的第一行有两个正整数：$n(\leq 10^5)$ 为一条线上布置的气球的数量，$h(\leq 10^3)$ 为孩子伸直双臂能达到的长度。第二行给出 n 个整数，每个整数对应一只气球在直线轴上的坐标。题目保证坐标按递增顺序给出，所有坐标值在 $[-10^6, 10^6]$ 区间上。

输出格式：在一行中输出孩子跳跃的位置坐标，使得孩子跳到这个位置然后躺平能够爆掉身下最多的气球；随后输出能爆掉的气球的最大数量。如果这个坐标不唯一，输出最小的那个值。一行中的数字间应有一个空格，行首尾不得有多余空格。

例如在序号为0的测试用例中，孩子跳到从120到140，或240到260之间的任何位置，都可以爆掉5只气球，所以120作为最小的坐标被输出。

---

① 题目引用自攀拓真题（2022年秋季）。

（3）测试用例（见表 1-5）

表 1-5　实验 1-2 测试用例

序号	输入	输出	说明
0	11 120 -120 -40 0 80 122 140 160 220 240 260 300	120 5	有并列的解，输出最小坐标，且这个坐标上无气球
1	14 120 -120 -40 -25 20 68 79 80 90 100 160 188 191 200 300	68 7	最小位置上有气球
2	1 1 -1000000	-1000001 1	最小规模
3	略	略	最大规模，最大解在最后
4	略	略	最大规模随机

3. 实现要点

这个问题可以抽象陈述为：给定坐标轴上 n 个非均匀分布的整数坐标，用一个定长为 h 的线段覆盖尽可能多的坐标点。

方法一：顺次扫描

最简单直接的方法，是从数组的第一个元素 x_0 开始，以此为线段的左端点，顺次扫描每个数组中的元素，直到某个元素有 $x_i > x_0+h$ 为止，这时从 x_0 到 x_{i-1} 都是被线段覆盖住的点。可以在扫描的同时用计数器统计元素个数，获得从 x_0 开始能覆盖的元素个数。然后将线段向右移动到从 x_1 开始，重复上述步骤，直到所有元素都作为线段的左端点被扫描过。

从统计结果中找出覆盖元素个数最多且数值最小的那个左端点 x_i，以此为出发点找到线段覆盖的右端点 x_j，再输出 x_j-h，就得到了最小的左端坐标。

这个方法需要二重循环实现。外循环扫描 n 个元素，将每个元素作为线段的左端点；内循环从左端点开始，最多扫描 h 个元素（因为都是整数），可以得到能被线段覆盖的点。容易得到这个算法的最坏情况下的时间复杂度是 $O(nh)$，即两重循环最大次数的乘积。

方法二：滑动窗口

分析方法一的最坏情况，是所有坐标都均匀分布，间隔为一。这时线段每次向右移动一个单位距离后，有 $h-1$ 个元素会被重复扫描统计，而这种重复是可以被避免的。

一种更聪明的做法是：用两个指针，一个 *left* 指针记录线段左端点在数组中的下标，另一个 *right* 指针记录线段右端点在数组中的下标；此外，用一个计数器 *count* 统计当前能覆盖的区间内的元素个数。当前覆盖的区间被处理完后，*right* 指针停在 $x_{right} >$

$x_{left}+h$ 的位置上。此时将 $left$ 指针右移（同时计数器递减），直到 $x_{right} \leq x_{left}+h$ 成立。然后将 $right$ 指针右移（同时计数器递增），直到再次停在 $x_{right} > x_{left}+h$ 的位置上。以此类推，直到 $right$ 超过了数组的右边界。这种处理技巧也称为"滑动窗口"，即将线段当成一个观察的窗口，在窗口向右滑动时，每次仅处理左端滑出窗口和右端滑入窗口的数据即可，避免了对中间大部分元素的重复处理。

在线段窗口向右滑动的过程中，保持一个计数器的最大值，并记录这个最大值对应的 $left$ 位置，后续处理与方法一相同。

可以观察到，这种算法中两个指针全程单向滑动，没有"回头"，即每个元素最多被处理了两次（一次滑入，一次滑出），没有更多的重复扫描。所以时间复杂度与 h 无关，仅为 $O(n)$。

第 2 章

线性表

主教材的第 2 章介绍了线性表的基本概念，以及顺序存储和链接存储两种实现方法。具体如下：

① 线性表是由同一类型的数据元素构成的有序序列的线性结构，表示数据元素之间的前驱和后继关系。

② 线性表的存储结构指的是线性表在计算机中的存储方式，主要有两种形式：顺序存储结构和链接存储结构。

本章将首先给出主教材中 11 个算法的具体实现，然后围绕线性表的两种存储结构及相关操作，给出 4 道基础练习题和 7 道进阶实验题，以训练学生熟练操作线性表解决问题的能力。本章实现的算法和习题涉及的知识内容见表 2-1。

表 2-1　第 2 章实验清单

类型	序号	标题	内容	知识点
算法	2-1	Search (*list*, *x*)	在顺序表 *list* 中查找元素 *x*	顺序表的查找
	2-2	Insert (*list*, *i*, *x*)	在顺序表 *list* 的第 *i* 个位置上插入元素 *x*	顺序表的插入
	2-3	Remove (*list*, *i*)	从顺序表 *list* 中删除第 *i* 个元素	顺序表的删除
	2-4	Length (*list*)	求单链表 *list* 中的元素个数，即表长	单链表的遍历
	2-5	Get (*list*, *i*)	返回单链表 *list* 中第 *i* 个元素的值	单链表的遍历
	2-6	Search (*list*, *x*)	在单链表 *list* 中查找元素 *x* 所在的结点	单链表的查找
	2-7	Insert (*list*, *i*, *x*)	在单链表 *list* 的第 *i* 个位置上插入元素 *x*	单链表的插入
	2-8	Remove (*list*, *i*)	从单链表 *list* 中删除第 *i* 个元素	单链表的删除
	2-9	PolynomialAdd (*p*1, *p*2)	一元多项式加法运算	单链表的遍历
	2-10	BigIntAdd (*a*, *b*)	大整数加法运算	顺序表的遍历
	2-11	BigIntMultiply (*a*, *b*)	大整数乘法运算	顺序表的遍历
基础练习	2-1	带空头结点的单链表操作	实现带空头结点的单链表插入与删除	单链表的插入与删除
	2-2	线性表循环右移	将给定顺序存储的线性表循环右移指定的 *m* 位	顺序表的遍历
	2-3	一元多项式求导	利用链表表示一元多项式，求其导数	单链表的遍历
	2-4	最长连续递增子序列	查找线性表中最长的连续递增子序列	顺序表的遍历
进阶实验	2-1	求链式线性表的倒数第 *m* 项	给定一系列正整数，查找倒数第 *m* 个位置上的数字	单链表的遍历
	2-2	一元多项式的乘法运算	利用链表表示一元多项式，求两个多项式的乘积	单链表的遍历
	2-3	线性表元素的区间删除	从顺序存储的线性表中删除所有值大于 *min* 且小于 *max* 的元素	顺序表的遍历与删除
	2-4	单链表分段逆转	将给定单链表的元素每 *K* 个逆转一段	单链表的遍历
	*2-5	约瑟夫问题	模拟约瑟夫环的出列过程	单向循环链表的遍历
	*2-6	判断两个广义表是否相等	判断两个给定的广义表是否相等	广义表
	*2-7	稀疏矩阵的链式结构构建	创建并查询十字链表表示的稀疏矩阵	稀疏矩阵

2.1 算法实现

算法 2-1：在顺序表 *list* 中查找元素 *x*　Search(*list*, x)

代码 2-1 中给出了线性表顺序存储的结构定义：*List* 是指向 ListNode 类型结点的指针，结点中包含数据存储的主体 *data*，是 ElemSet 类型的数组，最大长度为 *kMaxSize*。这里的 ElemSet 可以由用户定义，例如在代码 2-1 中它被定义为整型 int。结点中的另一个元素是 *last*，记录线性表中最后一个元素在数组中的位置。因为顺序表是用数组实现的，元素的位置就是数组的下标，所以这里的位置 Position 的类型就是整型 int。算法中的 NIL 表示一个不存在的位置，所以在代码 2-1 中将 NIL 定义为 −1，是一个不可能存在的数组下标。当然读者也可以将其定义为任何负整数，作用是一样的。

主函数 main 首先声明了一个新的顺序表空间，读入元素个数 *n* 以及 *n* 个元素的值，存入顺序表。然后读入待查找的元素 *x*，输出查找的结果。

代码 2-1　顺序表中的查找

```c
#include <stdio.h>
#include <stdlib.h>
#define kMaxSize 10000
#define NIL -1
typedef int ElemSet;

typedef int Position; /* 整型下标，表示元素的位置 */
typedef struct ListNode *List;
struct ListNode {
    ElemSet data[kMaxSize]; /* 存储数据的数组 */
    Position last; /* 线性表中最后一个元素在数组中的位置 */
};

/* 算法2-1: 在顺序表list中查找元素x  Search(list, x) */
Position Search(List list, ElemSet x)
{
    Position i = 0;
    while ((i <= list->last) && (list->data[i] != x)) {
        i++;
    }
```

```c
    if (i > list->last) {
        i = NIL;
    }
    return i;
}
/* 算法2-1 结束 */
int main(void)
{
    int i, n, x;
    List list;

    list = (List)malloc(sizeof(struct ListNode));
    scanf("%d", &n);
    for (i=0; i<n; i++) {
        scanf("%d", &list->data[i]);
    }
    list->last = n-1;
    scanf("%d", &x);
    printf("%d\n", Search(list, x));
    return 0;
}
```

算法 2-2：在顺序表 *list* 的第 *i* 个位置上插入元素 *x*　Insert(*list*, *i*, *x*)

顺序表的结构定义已经在代码2-1中给出，故代码2-2不再赘述，仅给出算法2-2的实现和用于测试算法的主函数main。主函数main中仍然是通过读入数据建立一个新的顺序表，这部分与代码2-1相同，随后读入待插入的位置和元素值，调用插入函数，最后顺次输出结果顺序表的元素值。

需要注意的是，传入这个函数的参数 *i* 是元素的**位序**，从1开始，与数组下标差了一位。

代码2-2　顺序表中的插入

```c
/* 算法2-2: 在顺序表list的第i个位置上插入元素x  Insert(list,i,x) */
void Insert(List list, Position i, ElemSet x)
{   /* 注意i代表位序，从1开始，不是数组下标 */
    int j;
    if (list->last == (kMaxSize-1)) {  /* 表满不能插入，退出 */
        printf("错误: 表满不能插入。\n");
        return;
    }
    if ((i<1) || (i>(list->last+2))) { /* 插入位置不合法，退出 */
```

```
            printf("错误: 插入位置不合法。\n");
            return;
        }
        for (j=list->last; j>=i-1; j--) {
            list->data[j+1] = list->data[j]; /*将第i~n个元素向后移动*/
        }
        list->data[i-1] = x;  /* 新元素插入，数组下标i-1对应第i个位置 */
        list->last++;   /* list->last仍指向最后元素 */
}
/* 算法2-2 结束 */
int main(void)
{
    int i, n, x;
    List list;

    list = (List)malloc(sizeof(struct ListNode));
    scanf("%d", &n);
    for (i=0; i<n; i++) {
        scanf("%d", &list->data[i]);
    }
    list->last = n-1;
    scanf("%d %d", &i, &x);
    Insert(list, i, x);
    for (i=0; i<=list->last; i++) {
        printf("%d ", list->data[i]);
    }
    return 0;
}
```

算法 2-3：从顺序表 *list* 中删除第 *i* 个元素　　Remove (*list*, *i*)

顺序表的结构定义已经在代码2-1中给出，用于测试算法的主函数main与代码2-2非常相似，只是调用的函数从Insert换成Remove，故代码2-3仅给出算法2-3的核心代码实现。

代码2-3　顺序表中的删除

```
/* 算法2-3:从顺序表list中删除第i个元素   Remove (list, i) */
void Remove( List list, Position i )
{ /* 注意i代表位序，从1开始，不是数组下标 */
    int j;

    if ((i<1) || (i>(list->last+1))) {  /*检查空表及删除位置的合法性*/
        printf("错误: 不存在这个元素。\n");
```

```
        return;
    }
    for (j=i; j<=list->last; j++) {
        list->data[j-1] = list->data[j];  /*将第i+1~n个元素向前移动*/
    }
    list->last--;   /* list->last仍指向最后元素 */
}
/* 算法2-3 结束 */
```

算法 2-4：求单链表 *list* 中的元素个数，即表长　Length (*list*)

代码2-4中给出了线性表链式存储的结构定义：由用户定义的ElemSet仍然被定义为整型int。Position是线性表中元素的位置，在单链表实现中就是指向ListNode类型结点的指针。结点中包含数据*data*，是用户定义的ElemSet类型；还有指向后继结点的指针（即下一个结点的位置）*next*。而线性表*List*被定义为指向HeadNode（即"头结点"）类型结点的指针，结点中包含单链表的头指针*head*和表中元素的个数（表长）*length*。

主函数main首先声明了一个新的链式线性表空间，读入元素个数*n*以及*n*个元素的值，为每个读入的元素值创建新结点，并将结点插入链表的表头。但问题是，程序执行时内存不一定足够为全部*n*个数据建立结点。当内存空间不足时，程序会跳出循环，不再接受更多的数据。此时调用Length函数获得真正的表长并输出。

代码2-4　求单链表的表长
```
#include <stdio.h>
#include <stdlib.h>
typedef int ElemSet;
typedef struct ListNode *Position;  /* 指针即结点位置 */
struct ListNode {
    ElemSet data;    /* 存储数据*/
    Position next;   /* 线性表中下一个元素的位置 */
};
typedef struct HeadNode *List;
struct HeadNode {
    Position head;   /* 单链表头指针 */
    int length;      /* 表长 */
};
/* 算法2-4: 求单链表list中的元素个数，即表长　Length (list) */
int Length( List list )
{
    Position p;
    int counter;
```

```
        p = list->head;  /* 从第一个结点开始 */
        counter = 0;
        while (p != NULL) {
            counter++;     /* 结点计数 */
            p = p->next;   /* 指针后移 */
        }
        return counter;
    }
    /* 算法2-4 结束 */
    int main(void)
    {
        int i, n;
        Position tmp;
        List list;

        list = (List)malloc(sizeof(struct HeadNode));
        list->head = NULL;
        scanf("%d", &n);
        for (i=0; i<n; i++) {
            tmp = (Position)malloc(sizeof(struct ListNode));
            if (tmp == NULL) {
                printf("错误: 内存空间不足。\n");
                break;
            }
            scanf("%d", &tmp->data);  /* 读入一个结点的数据 */
            tmp->next = list->head;   /* 将新结点插入链表头 */
            list->head = tmp;
        }
        list->length = Length(list);  /* 获取表长 */
        printf("%d\n", list->length);
        return 0;
    }
```

算法 2-5：返回单链表 *list* 中第 *i* 个元素的值　Get (*list*, *i*)

代码2-5中给出的单链表结构定义与代码2-4中相同，只是多出一个代表错误信息的ErrorCode的定义。因为函数Get必须返回一个值，但当表中不存在第 *i* 个元素时，应该返回什么值呢？任何一个"不正常"的类型为ElemSet的值都可以。代码2-5中假设表中元素是整型，并且不可能取值为 -1，所以将ErrorCode定义为 -1。读者在处理具体问题时候，可以根据需要自行定义合适的取值。

主函数main简化了读入数据建表的部分，假设内存空间保证够用。在建立了单链表后,读入待查元素的位序 i,调用 Get 函数并输出结果。

代码2-5 返回单链表中第 i 个元素值

```c
#include <stdio.h>
#include <stdlib.h>

#define ErrorCode -1  /* 假设正常元素值均不为 -1 */
typedef int ElemSet;

typedef struct ListNode *Position; /* 指针即结点位置 */
struct ListNode {
    ElemSet data;    /* 存储数据*/
    Position next;   /* 线性表中下一个元素的位置 */
};
typedef struct HeadNode *List;
struct HeadNode {
    Position head;   /* 单链表头指针 */
    int length;      /* 表长 */
};

/* 算法2-5: 返回单链表list中第i个元素值  Get (list, i) */
ElemSet Get(List list, int i)
{ /* i是待查找元素在链表中的位序,从1开始 */
    Position p;
    int counter;

    if ((list->head == NULL) || (i == 0)) {
        return ErrorCode; /* 空表或查找位置不合法 */
    }
    p = list->head;
    counter = 1;
    while ((p != NULL) && (counter < i)) {
        p = p->next; /* 指针后移 */
        counter++;   /* 结点计数 */
    }
    if (p != NULL) { /* 以counter等于i退出while循环 */
        return p->data; /* 返回第i个元素值 */
    }
    else { /* 不存在第 i 个元素 */
        return ErrorCode;
    }
}
/* 算法2-5 结束 */

int main(void)
{
    int i, n;
```

```c
    Position tmp;
    List list;

    list = (List)malloc(sizeof(struct HeadNode));
    list->head = NULL;
    scanf("%d", &n);
    list->length = n;
    for (i=0; i<n; i++) {
        tmp = (Position)malloc(sizeof(struct ListNode));
        scanf("%d", &tmp->data);  /* 读入一个结点的数据 */
        tmp->next = list->head;   /* 将新结点插入链表头 */
        list->head = tmp;
    }
    scanf("%d", &i);
    printf("%d\n", Get(list, i));
    return 0;
}
```

算法 2-6：在单链表 *list* 中查找元素 *x* 所在的结点　Search(*list*, *x*)

代码2-6中用到的单链表结构定义与代码2-4中完全相同，故不赘述，只列出算法2-6的核心代码和用于测试的主函数main。在主函数中，读入数据建表的部分与代码2-5相同，随后读入待查数据x，此时分两种情况：若数据的位置为空，则输出未找到的信息；否则输出该位置上结点的*data*值以验证结果的正确性。

代码2-6　单链表中的查找

```c
/* 算法2-6：在单链表list中查找元素x所在结点  Search(list, x) */
Position Search( List list, ElemSet x )
{
    Position p;

    p = list->head;
    while ((p != NULL) && (p->data != x)) {
        p = p->next;
    }
    return p;
}
/* 算法2-6 结束 */
int main(void)
{
    int i, n, x;
    Position tmp;
    List list;
```

```c
    list = (List)malloc(sizeof(struct HeadNode));
    list->head = NULL;
    scanf("%d", &n);
    list->length = n;
    for (i=0; i<n; i++) {
        tmp = (Position)malloc(sizeof(struct ListNode));
        scanf("%d", &tmp->data);  /* 读入一个结点的数据 */
        tmp->next = list->head;   /* 将新结点插入链表头 */
        list->head = tmp;
    }
    scanf("%d", &x);
    tmp = Search(list, x);
    if (tmp == NULL) printf("%d 未找到。\n", x);
    else printf("%d\n", tmp->data);
    return 0;
}
```

算法 2-7：在单链表 *list* 的第 *i* 个位置上插入元素 *x*　Insert (*list*, *i*, *x*)

代码 2-7 中用到的单链表结构定义与代码 2-4 中完全相同，故不再赘述，只列出算法 2-7 的核心代码和用于测试的主函数 main。在主函数中，建表的过程变成了反复应用 Insert 函数将读入的每个元素插入链表的相应位置。注意：这个建表的顺序与代码 2-4、2-5、2-6 是相反的，即前面的代码都是将新元素插在表头，得到的链表中元素的顺序与输入顺序是相反的，而调用 Insert 函数将第 *i* 个输入的元素插入链表第 *i* 个位置，得到的链表元素顺序是与输入一致的。为了验证这一点，main 函数中将建成的链表元素顺序输出了一遍。最后再传入两个错误的位序 0 和 *n*+2，分别测试 Insert 函数对错误位置的处理。

代码 2-7　单链表中的插入

```c
/* 算法2-7: 在单链表list的第i个位置上插入元素x  Insert (list, i, x) */
void Insert (List list, int i, ElemSet x)
{ /* i是插入位置的序号，从1开始 */
    Position new_node, p;
    int counter;
    if (i < 1) { /* 插入位置不合法，退出 */
        printf("错误: 插入位置不合法。\n");
        return;
    }
    if (i == 1) { /* 插入第一个结点 */
        /* 创建新的结点 */
        new_node = (Position)malloc(sizeof(struct ListNode));
        new_node->data = x;
```

```
            new_node->next = list->head; /* 将新结点插入链表头 */
            list->head = new_node;
            list->length++;
        }
        else { /*  i>1，寻找第 i-1 个结点并插入其后 */
            p = list->head;
            counter = 1;
            /* 找第 i-1 个结点 */
            while ((p != NULL) && (counter < (i-1))) {
                p = p->next;
                counter++;
            }
            if (p != NULL) { /* p指向第 (i-1) 个结点 */
                /* 创建新的结点 */
                new_node = (Position)malloc(sizeof(struct ListNode));
                new_node->data = x;
                new_node->next = p->next; /* 将新结点插在p后面 */
                p->next = new_node;
                list->length++;
            }
            else { /* 插入位置不合法，退出 */
                printf("错误: 插入位置不合法。\n");
            }
        }
    }
}
/* 算法2-7 结束 */
int main(void)
{
    int i, n, x;
    Position p;
    List list;

    list = (List)malloc(sizeof(struct HeadNode));
    list->head = NULL;
    list->length = 0;
    scanf("%d", &n);
    for (i=1; i<=n; i++) {
        scanf("%d", &x);
        Insert(list, i, x);
    }
    printf("%d:", list->length);
    p = list->head;
    while (p != NULL) {
```

```
            printf(" %d", p->data);
            p = p->next;
        }
        printf("\n");
        Insert(list, 0, x);
        Insert(list, n+2, x);
        return 0;
    }
```

算法2-8：从单链表 *list* 中删除第 *i* 个元素 Remove (*list*, *i*)

代码2-8中用到的单链表结构定义与代码2-4中完全相同，故不再赘述，只列出算法2-8的核心代码和用于测试的主函数main。在主函数中，读入数据建表的部分与代码2-5相同，随后读入待删除元素的位置，调用Remove函数。为了验证结果的正确性，将删除了元素后的链表顺序输出。

代码2-8 单链表中的删除

```
/* 算法2-8: 从单链表list中删除第i个元素 Remove (list, i) */
void Remove ( List list, int i )
{ /* i是删除元素的位置序号，从1开始 */
    Position deleted_node, p;
    int counter;

    if (i < 1) { /* 删除位置不合法，退出 */
        printf("错误: 删除位置不合法。\n");
        return;
    }
    p = list->head;
    if ((p != NULL) && (i == 1)) { /* 删除第一个结点 */
        list->head = p->next;
        free(p);
        list->length--;
    }
    else { /*  i>1，寻找第 i-1 个结点 */
        counter = 1;
        while ((p != NULL) && (counter < (i-1))) {
            p = p->next;
            counter++;
        }
        /* 若p指向第 (i-1)个结点，且待删除结点存在 */
        if ((p != NULL) && (p->next != NULL)) {
            deleted_node = p->next;
            p->next = deleted_node->next;
```

```
                free(deleted_node);
                list->length--;
            }
            else { /* 删除位置不合法, 退出 */
                printf("错误: 删除位置不合法。\n");
            }
        }
    }
/* 算法2-8 结束 */
int main(void)
{
    int i, n;
    Position tmp;
    List list;
    list = (List)malloc(sizeof(struct HeadNode));
    list->head = NULL;
    scanf("%d", &n);
    list->length = n;
    for (i=0; i<n; i++) {
        tmp = (Position)malloc(sizeof(struct ListNode));
        scanf("%d", &tmp->data); /* 读入一个结点的数据 */
        tmp->next = list->head;   /* 将新结点插入链表头 */
        list->head = tmp;
        list->length++;
    }
    scanf("%d", &i);
    Remove(list, i);
    tmp = list->head;
    printf("%d:", list->length);
    while (tmp != NULL) {
        printf(" %d ", tmp->data);
        tmp = tmp->next;
    }
    printf("\n");
    return 0;
}
```

算法 2-9: 一元多项式加法运算　PolynomialAdd(*p*1, *p*2)

假设多项式的系数类型CoefSet为双精度浮点型double。代码2-9首先定义了多项式的链式存储结构: 多项式非零项的结点PolyNode包含该项的系数 *coef* 和指数 *expon*,

以及指向下一个结点的指针 next。这里照例还是将位置 Position 定义为指向结点的指针，同时也将多项式 Polynomial 定义为 Position，即为指向第一个结点的头指针。

在算法 2-9 中用到一个 Attach 函数，将一个新的非零项 (coef, expon) 插入多项式的尾部，即接在 rear 指针指向的最后一个结点的后面，并且更新 rear 使其指向新的最后一个结点。

此外，ReadPoly 函数按指数递减的顺序读入每个非零项的系数和指数，通过 Attach 函数将新的读入项接到当前多项式的最后，从而将输入数据转存为一个链式存储的多项式。

主函数 main 很简单，分别读入两个多项式，调用 PolynomialAdd 计算它们的和，然后顺序输出结果多项式的每个非零项。

需要注意的是，在 ReadPoly 和 PolynomialAdd 这两个函数中，都在最开始为多项式创建了一个临时的空头结点，最后又删掉它。这么做是为了避免第一次调用 Attach 函数时要处理的特殊情况——如果没有这个空头结点，则需要为第一个结点的插入专门写一段代码进行处理，因为一开始 rear 是空指针，调用 rear->next 会造成非法访问。而加了一个空头结点以后，rear 初始化时就指向这个结点，Attach 函数就不需要做任何特殊处理了，这使得程序结构变得简洁。在工程应用中，牺牲一点空间，将程序结构变得简洁，是一种常用的技巧。

另一个需要注意的细节是，当系数是双精度浮点型时，由于浮点表示可能存在的误差，判断求和后的系数是否不为零，就不能采用简单的 (sum != 0)，而是应该判断 sum 的绝对值是否不小于某个给定的阈值。

代码 2-9　一元多项式加法

```
#include <stdio.h>
#include <stdlib.h>

typedef double CoefSet;   /* 定义多项式系数为 double 型 */
#define eps (1e-9)

typedef struct PolyNode *Position; /* 指针即结点位置 */
struct PolyNode {
    CoefSet coef;      /* 系数 */
    int expon;         /* 指数 */
    Position next;     /* 线性表中下一个元素的位置 */
};
typedef Position Polynomial;

Position Attach(CoefSet coef, int expon, Position rear);
Polynomial ReadPoly();
/* 算法 2-9: 一元多项式加法运算   PolynomialAdd(p1, p2) */
Polynomial PolynomialAdd( Polynomial p1, Polynomial p2 )
{
    Position rear, temp;
```

2.1 算法实现

```
        Polynomial p;
        CoefSet sum;
        /* 创建临时空头结点 */
        p = (Polynomial)malloc(sizeof(struct PolyNode));
        rear = p;   /* rear指向多项式最后一个结点，初始化指向空头结点 */
        rear->next = NULL;
        while ((p1 != NULL) && (p2 != NULL)) {
            if (p1->expon > p2->expon) { /* p1中的数据项指数较大 */
                rear = Attach(p1->coef, p1->expon, rear);
                p1 = p1->next;
            }
            else if (p1->expon < p2->expon) { /* p2中的数据项指数较大 */
                rear = Attach(p2->coef, p2->expon, rear);
                p2 = p2->next;
            }
            else { /* 两数据项指数相等 */
                sum = p1->coef + p2->coef;
                if (sum >= eps || sum <= -eps) { /* 如果和不为0 */
                    rear = Attach(sum, p1->expon, rear);
                }
                p1 = p1->next;
                p2 = p2->next;
            }
        }
        /* 将未处理完的另一个多项式的所有结点依次复制到结果多项式中去 */
        while (p1 != NULL) {
            rear = Attach(p1->coef, p1->expon, rear);
            p1 = p1->next;
        }
        while (p2 != NULL) {
            rear = Attach(p2->coef, p2->expon, rear);
            p2 = p2->next;
        }
        temp = p;
        p = p->next; /* 令p指向结果多项式第一个非零项 */
        free(temp); /* 清除临时空头结点 */
        return p;
}
/* 算法2-9 结束 */
Position Attach(CoefSet coef, int expon, Position rear)
{   /* 在rear后面新建一个结点 */
    rear->next = (Position)malloc(sizeof(struct PolyNode));
    rear->next->coef = coef;
```

```c
        rear->next->expon = expon;
        rear->next->next = NULL;
        rear = rear->next; /* rear指向新的最后一个结点 */
        return rear;
}
Polynomial ReadPoly()
{
    int i, n;
    CoefSet coef;
    int expon;
    Position rear, temp;
    Polynomial p;

    /* 创建临时空头结点 */
    p = (Polynomial)malloc(sizeof(struct PolyNode));
    rear = p;   /* rear指向多项式最后一个结点，初始化指向空头结点 */
    rear->next = NULL;
    scanf("%d", &n); /* 读入多项式非零项个数 */
    for (i=0; i<n; i++) { /* 读入每个非零项，按指数递减 */
        scanf("%lf %d", &coef, &expon);
        rear = Attach(coef, expon, rear); /*新增非零项贴到多项式尾部*/
    }
    temp = p;
    p = p->next; /* 令p指向结果多项式第一个非零项 */
    free(temp); /* 清除临时空头结点 */
    return p;
}
int main(void)
{
    Polynomial p1, p2, p;
    Position tmp;

    p1 = ReadPoly();
    p2 = ReadPoly();
    p = PolynomialAdd(p1, p2);
    tmp = p;
    while (tmp != NULL) {
        printf("%.2f %d\n", tmp->coef, tmp->expon);
        tmp = tmp->next;
    }
    return 0;
}
```

算法2-10：大整数加法运算 BigIntAdd(*a*, *b*)

代码2-10中首先给出了大整数的存储结构定义。大整数结点BigIntNode中，整数的主体存在整型数组*digits*中；此外，数字的位数存为*length*，还需要一个*sign*存放数字的正负号。因为用数组存储，其规模就有一个上限值*kMaxSize*。在处理大整数时，如果发现整数的位数超过了这个上限，应该报错。例如算法2-10中，加法可能导致最高位产生进位，此时结果就有可能超限。代码2-10中的报错方法是将超长的整数位数设置为ErrorCode，这里将其定义为-1，即不可能是正常位数的一个数字。

主函数main很简单，读入两个大整数，调用BigIntAdd计算和，再按照从高位到低位的顺序输出结果。要注意的是，各位数字是从低位到高位存的，而如果直接将大整数当成字符串读入，顺序是相反的。所以在ReadBigInt函数中，需要将读入的字符串逆序存储到*digits*中。

代码2-10　大整数加法运算

```c
#include <stdio.h>
#include <stdlib.h>
#include <string.h>

#define kMaxSize 1000
#define ErrorCode -1

typedef struct BigIntNode *BigInt;
struct BigIntNode {
    int digits[kMaxSize]; /* 各位数字从低位到高位顺次存储 */
    int length; /* 位数 */
    int sign;   /* 正负 */
};

int max( int x, int y )
{
    return (x>y)? x:y;
}

/* 算法2-10: 大整数相加运算   BigIntAdd( a, b ) */
BigInt BigIntAdd( BigInt a, BigInt b )
{ /* 注意此函数只处理 a+b>0 的情况 */
    BigInt c;
    int i, x, y, carry;

    c = (BigInt)malloc(sizeof(struct BigIntNode));
    c->sign = 1; /* 需要保证a+b>0 */
    c->length = max(a->length, b->length); /* 位数对齐 */
    carry = 0; /* 进位/借位值初始化为0 */
    for (i=0; i<c->length; i++) {
```

```c
            if (i < a->length) {
                x = a->sign * a->digits[i];
            }
            else {
                x = 0; /* 最高位补 0 */
            }
            if (i < b->length) {
                y = b->sign * b->digits[i];
            }
            else {
                y = 0; /* 最高位补 0 */
            }
            c->digits[i] = x + y + carry; /* 计算第 i 位加法 */
            if (c->digits[i] >= 10) { /* 处理进位 */
                carry = 1;
                c->digits[i] -= 10;
            }
            else if (c->digits[i] < 0) { /* 处理借位 */
                carry = -1;
                c->digits[i] += 10;
            }
            else {
                carry = 0;
            }
        }
        if (carry > 0) { /* 加法导致最高位产生进位 */
            if (c->length == kMaxSize) {
                printf("错误: 位数超限。\n");
                c->length = ErrorCode;
            }
            else {
                c->digits[c->length] = carry;
                c->length++;
            }
        }
        /* 消除减法导致高位出现的前导 0 */
        while ((c->length > 0) && (c->digits[c->length-1]==0)) {
            c->length--;
        }
        return c;
    }
    /* 算法 2-10 结束 */

    BigInt ReadBigInt()
```

2.1 算法实现

```c
{
    int i, j, n;
    BigInt x;
    char s[kMaxSize+2];
    x = (BigInt)malloc(sizeof(struct BigIntNode));
    scanf("%s", s);
    n = strlen(s);
    i = 0;
    if (s[0] == '-') {
        x->sign = -1;
        x->length = n-1;
        i++;
    }
    else {
        x->sign = 1;
        x->length = n;
    }
    if (x->length > kMaxSize) {
        printf("错误: 位数超限。\n");
        x->length = ErrorCode;
    }
    else {
        j = x->length - 1;
        while (s[i] != '\0') {
            x->digits[j] = s[i]-'0';
            i++; j--;
        }
        if (x->digits[x->length-1] == 0) {
            x->length = 0; /* 0做特殊处理 */
        }
    }
    return x;
}
int main(void)
{
    BigInt a, b, c;
    int i;
    a = ReadBigInt();
    b = ReadBigInt();
    c = BigIntAdd( a, b );
    for (i=c->length-1; i>=0; i--) {
        printf("%d", c->digits[i]);
```

        }
        return 0;
}
```

## 算法2-11：大整数乘法运算　BigIntMultiply(*a*, *b*)

大整数存储结构的定义和用于测试的主函数main与代码2-10相同，区别只是主函数中调用的乘法运算函数名，并且对结果为0做了特殊处理，故不再赘述。代码2-11仅给出算法2-11的核心算法实现。

注意：在该算法描述中忽略了结果溢出的问题。实际上，在乘法运算过程中，有两处需要检查溢出问题：首先可以通过$a$和$b$的位数确定计算结果至少有多少位，如果这个位数已经超过上限，则直接报错，无须计算；其次在处理进位时，最高位仍然可能产生进位，此处也需要检查是否溢出。

**代码2-11　大整数乘法运算**

```
/* 算法2-11: 大整数乘法运算 BigIntMultiply(a, b) */
BigInt BigIntMultiply(BigInt a, BigInt b)
{
    BigInt c;
    int i, j, carry, temp;

    c = (BigInt)malloc(sizeof(struct BigIntNode));
    if ((a->length == 0) || (b->length == 0)) {
        /* 处理结果为0的特殊情况 */
        c->sign = 1;
        c->length = 0;
    }
    else { /* a和b均不为0 */
        if (a->sign == b->sign) { /* 判断结果的符号位 */
            c->sign = 1;
        }
        else {
            c->sign = -1;
        }
        c->length = a->length + b->length - 1; /* 确定结果的位数 */
        if (c->length > kMaxSize) {
            printf("错误: 位数超限。\n");
            c->length = ErrorCode;
            return c;
        }
        for (i=0; i<c->length; i++) { /* 初始化c */
            c->digits[i] = 0;
```
```

```
            }
            for (i=0; i<a->length; i++) { /* 计算并累加结果 */
                for (j=0; j<b->length; j++) {
                    c->digits[i+j] += (a->digits[i] * b->digits[j]);
                }
            }
            carry = 0; /* 初始化进位值 */
            for (i=0; i<c->length; i++) {
                /* 从最低位到最高位依次处理进位问题 */
                temp = c->digits[i] + carry;
                c->digits[i] = temp % 10;
                carry = temp / 10;
            }
            if (carry > 0) { /* 最高位产生进位 */
                if (c->length == kMaxSize) {
                    printf("错误: 位数超限。\n");
                    c->length = ErrorCode;
                }
                else {
                    c->digits[c->length] = carry;
                    c->length++;
                }
            }
        }
        return c;
    }
    /* 算法2-11 结束 */
```

2.2 基础练习

练习 2-1　带空头结点的单链表操作

1. 实验目的

熟练掌握链式线性表的基本操作。

2. 实验要求

（1）题目描述

如果链表采用带空头结点的方式实现，请修改算法2-7（单链表插入）和算法2-8（单链表删除），实现相应的插入和删除操作。

（2）函数接口定义

    void Insert (List list, int i, ElemSet x);   /* 在单链表 list 的第 i 个位置上插入元素 x */
    void Remove (List list, int i);   /* 从单链表 list 中删除第 i 个元素 */

其中：单链表结构 *List* 的定义与代码 2-4 中相同，不再赘述；*i* 是元素 *x* 需要被插入或删除的位序（从 1 开始）；ElemSet 是用户定义的数据类型，例如 int、double 或者 char 等。若传入的位序 *i* 不是合理的位置，则在一行中打印"ERROR"。

注意：list 的头指针 head 指向一个空的头结点，这个结点中不保存任何真实数据。

（3）测试用例（此处 ElemSet 定义为 int）（见表 2-2）

表 2-2　练习 2-1 测试用例

序号	传入参数值			结果 list 的数据	说明
	length: data	*i*	*x*	*length: data*	
0	3: 1 2 5	2	3	4: 1 3 2 5	在中间插入
1	4: 1 3 2 5	1	4	5: 4 1 3 2 5	在表头插入
2	5: 4 1 3 2 5	6	8	6: 4 1 3 2 5 8	在表尾插入
3	6: 4 1 3 2 5 8	0	0	ERROR 6: 4 1 3 2 5 8	序号非法
4	6: 4 1 3 2 5 8	8	0	ERROR 6: 4 1 3 2 5 8	序号非法
5	6: 4 1 3 2 5 8	3	—	5: 4 1 2 5 8	从中间删除
6	5: 4 1 2 5 8	1	—	4: 1 2 5 8	从表头删除
7	4: 1 2 5 8	4	—	3: 1 2 5	从表尾删除
8	3: 1 2 5	0	—	ERROR 3: 1 2 5	序号非法
9	3: 1 2 5	4	—	ERROR 3: 1 2 5	序号非法

3. 实现要点

如主教材中所述，在算法 2-7 和算法 2-8 中，插入和删除第一个结点必须作为一种特殊情况处理，因为它没有前驱结点。加入空头结点的好处是，**第一个结点也有了前驱结点，表头插入和删除就无须用不同的代码处理**；并且无论在哪里插入或者删除，list 的头指针 head 的值一直指向固定的空结点，不会改变。

（1）算法分析与代码

对比代码 2-12 与代码 2-7，除了删除了对第一个结点的特殊处理外，*counter* 的初始值应改为 0，以便包含删除第一个结点的情况。代码 2-13 同理。

代码 2-12、2-13
带头结点的单链表中的
插入与删除

（2）复杂度分析

由于插入和删除的最坏情况都需要遍历整个链表的 *n* 个结点，

所以两个操作的时间复杂度都是 $O(n)$。

练习 2-2　线性表循环右移

1. 实验目的
熟练理解和掌握顺序表的存储与数据处理算法的关系。

2. 实验要求
（1）题目描述

给定顺序表 $A = (a_1, a_2, \cdots, a_n)$，请设计一个时间和空间上尽可能高效的算法，将该线性表循环右移指定的 m 位。例如，$(1,2,5,7,3,4,6,8)$ 循环右移 3 位（$m=3$）后的结果是 $(4,6,8,1,2,5,7,3)$。

（2）输入输出说明

输入格式：第一行输入 n（$1 \leq n \leq 10^5$）、m（$m \geq 0$）；第二行输入 n 个整数，数字间以空格分隔。

输出格式：输出循环右移 m 位以后的整数序列。

（3）测试用例（见表 2-3）

表 2-3　练习 2-2 测试用例

序号	输入	输出	说明
0	6 2 1 2 3 4 5 6	5 6 1 2 3 4	一般情况
1	6 8 1 2 3 4 5 6	5 6 1 2 3 4	$m > n$ 的情况
2	3 6 11 23 56	11 23 56	$m > n$ 且正好是 n 的倍数
3	1 0 8	8	边界测试，最小的 n 和 m
4	略	略	边界测试，最大的 n 和 $m < n$

3. 实现要点
最容易想到的，也是简单的思路是：循环右移一位的操作重复进行 m 次即可。即先定义一个函数进行"每个元素循环右移一位的操作"，然后将这个函数重复调用 m 次。因为这个右移一位的函数需要将 n 个元素依次处理一遍，这种做法的数据移动显然需要 $O(mn)$ 次。可以设计出更快的算法。具体如下：

（1）算法分析与代码

为了减少数据的移动次数，另一种方法是通过三次倒序来巧妙地实现。为简单起见，不妨设 $0 \leq m < n$（否则先进行 $m\%=n$ 运算即可），先把 $(a_0, a_1, \cdots, a_{n-1})$ 倒序变成 $(a_{n-1}, a_{n-2}, \cdots, a_1, a_0)$，再把它的前 m 个元素 $(a_{n-1}, a_{n-2}, \cdots, a_{n-m})$ 倒序成 $(a_{n-m}, \cdots, a_{n-1})$，然后把后 $n-m$ 个元素 $(a_{n-m-1}, a_{n-m-2}, \cdots, a_1, a_0)$ 倒序成 $(a_0, a_1, \cdots, a_{n-m-1})$。这样，整个数组就成了 $(a_{n-m}, \cdots, a_{n-1}, a_0, a_1, \cdots, a_{n-m-1})$，这就是我们想要的结果。代码2-14实现了这种思想。

代码2-14
线性表循环右移的 $2n$ 次位移解

（2）复杂度分析

三次倒序的做法令每个数据参与两次交换（倒序），所以如果一对数的交换需要三次数据移动的话，总共数据移动次数大约是 $3n$ 次。这样就将时间复杂度从简单算法的 $O(mn)$ 降到了 $O(n)$。

事实上，还可以有移动次数更少的算法——可以通过分析每个数据原位置与目标位置之间的下标关系，将每个数据一次性定位。根据题目的要求，可以发现：任何位于数组下标 i 位置的数据，其目的地址是下标为 $(i+m)\% n$ 的位置，或者说第 $(i-m+n)\% n$ 位置的数据将移到第 i 个位置。由于所有数据都需要移动，因此数据之间形成了一个移动环。在这个移动环内实现循环移动，可以将第一个数据放到临时变量 t 中，然后将第二个数据放到第一个数据的位置，第三个数据放到第二个数据的位置，……最后将 t 放到最后一个数据的位置。同时，也可以发现，对于任意的正数 n 和 m（不妨设 $m<n$），需要移动的环的个数就是 n 和 m 的最大公约数 $\gcd(n, m)$。有兴趣的读者可以自行实现这个算法。

练习2-3 一元多项式求导

1. 实验目的
熟练掌握链式线性表的基本操作。

2. 实验要求
（1）题目描述

设计函数求一元多项式的导数。

（2）输入输出说明

输入格式：以指数递减方式输入多项式非零项系数和指数（绝对值均为不超过1000的整数）。数字间以空格分隔。

输出格式：以与输入相同的格式输出导数多项式非零项的系数和指数。数字间以空格分隔，但结尾不能有多余空格。

（3）测试用例（见表2-4）

表 2-4　练习 2-3 测试用例

序号	输入	输出	说明
0	3 4 -5 2 6 1 -2 0	12 3 -10 1 6 0	有常数项的一般情况
1	5 20 -7 4 3 1	100 19 -28 3 3 0	无常数项的一般情况
2	1000 0	0 0	常数多项式
3	-1000 1000 999 0	-1000000 999	系数和指数取上限
4	0 0	0 0	零多项式求导

3. 实现要点

由于多项式可能非常稀疏，所以宜采用链式线性表表示，仅存储非零项。

（1）算法分析与代码

对于多项式 $P(x)=a_nx^n+a_{n-1}x^{n-1}+\cdots+a_1x+a_0$，其导函数是 $P(x)=na_nx^{n-1}+(n-1)a_{n-1}x^{n-2}+\cdots+a_1$。根据这个规则，可以逐个处理多项式的非零项，将每个非零项中的"系数-指数"对 (coef, expon) 直接转为 (coef × expon, expon-1)。由于题目不要求保留原多项式，所以可以在原多项式上处理，不需要申请空间生成新结点，直接修改原链表中的相应值就可以了。这里要特别注意的是：对于常数项，求导时该结点需要删除。

由于输入是以指数递减方式给出的，所以可以利用代码 2-9 中的 Attach 函数将输入的新项 (coef, expon) 贴到当前多项式的末尾。

由于常数项的导数为零，需要将相应的结点删除，输出时才不会打印出多余的此项。我们知道这样的结点一定是在链表的最后（如果是按照指数递减顺序排列的话），因此可以使用 p1、p2 两个一前一后的指针——当 p2 是最后一个常数项时，p1 就是倒数第二项，也就是导数多项式的最后一项。

但是对于特殊的零多项式，我们需要输出一对"0"。这里可以有两种解决方案：一种是用一个特殊的 (0,0) 结点表示零多项式，于是在求导时需要加判断：若多项式只有一个常数项，应返回一个特殊的零结点，而不是将该结点删除；另外一种解决方案是用空链表表示零多项式，则求导的处理比较简单，但是输入和输出时需要判断零多项式的特殊情形。代码 2-15 采用了第一种方案，另外一种留给读者自己尝试。

代码 2-15
一元多项式求导

（2）复杂度分析

由于多项式的求导是对每个非零项的逐一处理，如果采用链式线性表表示，仅存储非零项的话，则算法的时间复杂度与非零项的个数 k 成正比。当多项式充分稀疏（即 k 比多项式的阶 n 小很多）时，这种方法的时间复杂度是 $O(k)$。

如果采用顺序存储的线性表表示，则不仅需要扫描每个指数对应的系数，而且由于求导后该项的指数发生了变化，还需要把所有系数左移一位，存到正确的指数对应的位置上。这种方法的时间复杂度是 $O(n)$。

练习2-4 最长连续递增子序列

1. 实验目的
熟练掌握顺序存储的线性表的基本操作。

2. 实验要求
（1）题目描述

给定一个顺序存储的线性表，请设计一个算法查找该线性表中最长的连续递增子序列。例如，(1,9,2,5,7,3,4,6,8,0)中最长的递增子序列为(3,4,6,8)。

（2）输入输出说明

输入格式：第一行给出正整数 n（$\leq 10^5$），第二行给出 n 个整数，数字之间用空格分隔。

输出格式：在一行中输出**第一次出现**的最长连续递增子序列，数字之间用空格分隔，序列结尾不能有多余空格。

（3）测试用例（见表2-5）

表2-5 练习2-4测试用例

序号	输入	输出	说明
0	15 1 9 2 5 7 3 4 6 8 0 11 15 17 17 10	3 4 6 8	有相等元素；解不唯一，输出第一组
1	9 1 2 3 4 5 6 7 8 9	1 2 3 4 5 6 7 8 9	全顺序
2	9 9 8 7 6 5 4 3 2 1	9	全逆序
3	1 233	233	最小 n
4	略	略	最大 n，随机数据

3. 实现要点
由于题目要求输出找到的最长连续递增子序列，所以需要用一个线性表存储数据，以备最后输出之用。有几个子问题需要解决：

① 从某个位置出发，找当前连续递增的子序列，并记录其长度和左端点位置。

② 找出最大的长度。

③ 找出最长连续递增子序列中左端点最靠左的那个序列。

最简单直接的方法是将每个元素 *data*[*i*] 作为一个子序列的左端点，向右扫描直到序列不再递增，记录这个子序列的长度和左端点，最后从中找出最长且左端点最靠左的解。但这个方法的时间复杂度比较高，我们有更快的算法。具体如下：

（1）算法分析与代码

要解决子问题①，可以从左向右顺次判断当前元素 *data*[*i*] 与其左边相邻的元素 *data*[*i*-1] 之间的大小关系：如果 *data*[*i*] 更大，就继续向右延伸；否则就意味着 *data*[*i*-1] 是一段连续递增子序列的末尾，而 *data*[*i*] 是下一段连续递增子序列的开头。在扫描开始时，我们可以记录其左端点位置；在向右延伸的过程中，可以记录其当前长度。

为此在实现时需要设置三个辅助变量：*this_len* 随着序列向右延伸而递增，记录当前连续递增子序列的长度；*this_left* 记录当前连续递增子序列的左端点位置。

关于子问题②，要从中找出最大长度，只需设置一个变量 *max_len* 来记录当前的最大长度，当找到一个子序列的末尾时，把这个序列的长度与 *max_len* 比较，如果更长就更新这个值。

关于子问题③，即最长连续递增子序列可能不唯一的问题，只需在每次得到更长子序列时，记录该子序列的左端点而忽略并列的解即可。

代码 2-16 中的核心函数 LongestCIS 实现了上述算法。

由于原始序列不为空，所以最长连续递增子序列至少会包含 1 个元素。于是初始状态下，我们把 *data*[0] 当成当前的子序列，对记录长度和位置的变量进行初始化。但这样也带来一个问题：因为只有当发现相邻两个元素大小错位时，我们才会意识到这是一段连

代码 2-16
最长连续递增子序列的解

续递增子序列的末尾而更新 *max_len*，那么如果序列最右边的一段是递增的，直到扫描到序列结束，我们都没有机会检查更新 *max_len*。所以为了避免出错，我们在扫描结束后又加了一道检查，看最后一段子序列的长度是否更长。当然，在一个函数内出现重复的代码是很不优雅的事情，你有更好的办法解决这个问题吗？

（2）复杂度分析

处理输入和输出都只需要将线性表每个元素处理一遍，所以时间复杂度显然是 $O(n)$。

如果采用最简单的算法，即将每个元素作为左端点求最长连续递增子序列，则需要两重嵌套循环，复杂度会达到 $O(n^2)$。在核心函数 LongestCIS 中只有一重循环；关键是当我们从某个左端点扫描到一个连续递增子序列的末尾 *data*[*i*-1] 时，意识到 *data*[*i*] 是下一段连续递增子序列的开头，则下一次直接从 *data*[*i*] 开始扫描，从而避免了重复的扫描。这个算法在执行过程中对每个元素只处理了一遍，所以整体时间复杂度是 $O(n)$。

2.3 进阶实验

实验 2-1　求链式线性表的倒数第 m 项

1. 实验目的

熟练掌握链式线性表的基本操作，并关注操作效率。

2. 实验要求

（1）题目描述

请设计时间和空间上都尽可能高效的算法，求链式存储的线性表的倒数第 m 个元素。

（2）函数接口定义

ElemSet Find(List list, int m);

其中，单链表结构定义与代码 2-4 中不完全相同，不包含链表的表长。定义如下：

```
typedef struct ListNode *Position; /* 指针即结点位置 */
typedef Position List;
struct ListNode {
    ElemSet data;    /* 存储数据*/
    Position next;   /* 线性表中下一个元素的位置 */
};
```

函数接口定义中，ElemSet 是用户定义的数据类型，例如 int、double 或者 char 等。函数 Find 的功能是返回**带空头结点**的单链表 *list* 的倒数第 m 个元素的值，并且不得对 *list* 做任何改变。如果这样的元素不存在，则返回一个错误标志 ERROR（这个标志的值由裁判程序定义）。

（3）测试用例（设 ElemSet 为 int）（见表 2-6）

表 2-6　实验 2-1 测试用例

序号	传入参数值		结果		说明
	data	m	data	返回值	
0	1 2 4 5 6	3	1 2 4 5 6	4	一般情况
1	2 7 8	3	2 7 8	2	m 等于长度
2	8 7 5 10 233	1	8 7 5 10 233	233	最小 m
3	空	233	空	ERROR	m 大于长度，空链表
4	略	略	略	略	大规模数据，用于效率比较

3. 实现要点

该题目有很多不同解法。例如先扫描一遍链表，得到其长度 n，再从头扫描链表找到第 $n-m+1$ 个元素，即倒数第 m 个。但注意到题目要求是"尽可能高效的算法"，上述扫描 2 遍的算法需要查看 $2n-m+1$ 次，并不是最快的。

另外，还有一种空间复杂度高的算法，例如在扫描完输入得到链表长度 n 后，创建数组 *array*[]，将链表中的数据值复制到数组 *array*[] 中，然后直接输出 *array*[$n-m$]。表面上看似乎只扫描了 1 遍链表，但是复制数据的时间一般大大超出查看结点的时间，所以效率也是不够高的。

一种比较巧妙的方法是：定义两个指针变量 $p1$ 和 $p2$，在初始时指向 *list* 的头结点。指针 $p1$ 先开始移动；当 $p1$ 指针移动到第 m 个结点时，$p2$ 指针开始与 $p1$ 指针同步移动；当 $p1$ 指针移动到链表最后一个结点时，$p2$ 指针所指元素为倒数第 m 个结点。

还有一种稍微复杂的三指针算法效率有可能更高。该算法的思路是：用一个指针 p 遍历链表，另外两个指针 $p1$ 和 $p2$ 相隔 m 个元素（$p1$ 在前）；只有当 p 走过 m 的整数倍距离时，另外两个指针才同时向前跳进。当 p 完成遍历时，计数器中存的是 $p1$ 到表尾的距离，然后将 $p2$ 移动这个距离，$p2$ 就指向了倒数第 m 个元素。读者可以实现上述这些算法，并进行比较。

不管是采用上述哪种方法，只要确定了算法思路，本题都不难实现。关键是要对程序进行精细的设计，分析程序中主要操作（本题主要是计数和指针移动）的执行次数，避免不必要的动作，减少主要操作的执行次数。

实验 2-2 一元多项式的乘法运算

1. 实验目的
熟练掌握链式线性表的基本操作，以及在多项式运算上的应用。

2. 实验要求
（1）题目描述

请设计实现两个链式存储的一元多项式乘法运算的算法，并分析该算法的时间复杂度。

（2）输入输出说明

输入格式：输入分两行，每行分别先给出多项式非零项的个数，再以指数递减方式输入一个多项式非零项的系数和指数（绝对值均为不超过 1000 的整数）。数字之间以空格分隔。

输出格式：在一行中以指数递减方式输出乘积多项式非零项的系数和指数。数字之间以空格分隔，但结尾不能有多余空格。

（3）测试用例（见表2-7）

表 2-7　实验 2-2 测试用例

序号	输入	输出	说明
0	4 3 4 -5 2 6 1 -2 0 3 5 2 0 -7 4 3 1	15 24 -25 22 30 21 -10 20 -21 8 35 6 -33 5 14 4 -15 3 18 2 -6 1	一般情况
1	2 1 2 1 0 2 1 2 -1 0	1 4 -1 0	同类项合并时有抵消
2	2 -1000 1000 1000 0 2 1000 1000 -1000 0	-1000000 2000 2000000 1000 -1000000 0	系数和指数取上限
3	0 1 999 1000	0 0	输入有零多项式，结果为零多项式

3. 实现要点

由于多项式可能非常稀疏，所以宜采用链式线性表表示，仅存储非零项。出于算法通用性考虑，在计算中不破坏原始输入的两个多项式，需要建立新的链表存储结果多项式。

对于两个多项式 $p1$ 和 $p2$ 相乘，可有两种求解思路：

（1）利用多项式的加法运算，即将多项式 $p2$ 的每一项分别与 $p1$ 多项式相乘，其结果也是一个多项式。应用多项式的加法运算，逐步将这些多项式累加，就可获得结果。

（2）直接运算，逐项插入。将多项式 $p2$ 的每一项分别与 $p1$ 各项相乘，将相乘形成的新项插入中间结果多项式。该中间结果多项式一开始为空，并以指数递减的顺序维持当前的运算中间状态。当有新项需要插入时，相当于在一个递减链表中插入一个新结点，并维持递减顺序。如果插入的新结点的指数与链表中某结点的指数一样，则将其系数相加；如果系数相加后的结果为零，则从中间结果链表中删除相应结点，否则就更改链表中的系数值；如果不存在指数相同的结点，则将新结点插入相应位置。

不管是采用上述哪种方法，都需要使用一个链表 p 表示当前运算的中间状态（也是一个多项式），p 一开始是空的。如果直接使用多项式加法运算，则每次将 $p2$ 的某项与 $p1$ 相乘的结果生成一个新多项式 tmp_p，然后将 tmp_p 加到 p 中，使 p 保持目前的运算结果。如果采用直接插入各项的方法，则将 $p2$ 的某项与 $p1$ 的某项相乘的结果（系数相乘，指数相加），按顺序插入 p。

实验 2-3　线性表元素的区间删除

1. 实验目的

熟练掌握顺序存储的线性表的基本操作。

2. 实验要求

（1）题目描述

给定一个顺序存储的线性表，请设计一个时间和空间上尽可能高效的算法，删除所有值位于区间(min, max)内的元素。

（2）函数接口定义

List Delete(List list, ElemSet min_value, ElemSet max_value);

其中，顺序表List的结构定义已在代码2-1中给出，复述如下：

```
typedef int Position; /* 整型下标，表示元素的位置 */
typedef struct ListNode *List;
struct ListNode {
    ElemSet data[kMaxSize]; /* 存储数据的数组 */
    Position last; /* 线性表中最后一个元素在数组中的位置 */
};
```

函数接口定义中，ElemSet是用户定义的数据类型，例如int、double或者char等，要求可以通过>、==、<进行比较；min_value和max_value分别为待删除元素的值域的下界和上界。函数Delete应将data[]中所有值大于min_value而且小于max_value的元素删除，同时保证表中剩余元素保持顺序存储，并且相对位置不变，最后返回删除后的表。

（3）测试用例（设ElemSet为int）（见表2-8）

表 2-8 实验 2-3 测试用例

序号	传入参数值				返回		说明
	data	last	min_value	max_value	data	last	
0	4 -8 2 12 1 5 9 3 3 10	9	0	4	4 -8 12 5 9 10	5	删除中间元素，有连续删除
1	23 46 21 9 90 12	5	9	46	46 9 90	2	删除头尾元素
2	1 2 3 4 5 6	5	0	100	空	-1	全部删除
3	233	0	10	200	233	0	1个元素，全无删除
4	略	10^5	-1	100	略	略	大规模数据，隔位删除

3. 实现要点

顺序存储的线性表最大的弱点，就是当删除某个元素时必须移动其他元素，以保持所有元素的顺序存储。本题涉及两个操作：一是判断一个元素是否在给定区间内，二是要删除这个元素。第一个操作很简单，第二个操作很耗时。我们重点讨论如何尽可能提高第二个操作的效率。

方法一：反复调用删除操作

从左向右逐一扫描元素，如果这是一个需要删除的元素，就把它右边的元素整体左移。这个方法非常简单直白，但如果所有 n 个元素都要删除，那么元素的移动次数就会是 $(n-1)+(n-2)+\cdots+1=O(n^2)$。当然，如果我们从右向左扫描就可以避免这种尴尬。但是考虑最后一组测试数据，无论从哪一端开始扫描，都不能避免 $O(n^2)$ 的最坏时间复杂度。

造成这种效率低下的原因，是每次移动元素时都只移动 1 格，导致很多元素被移动了很多次才到达最终目的地。要改进算法，需要想办法令被保留的元素一步到位地放置到正确的位置。

方法二：利用额外辅助空间

新建一个数组，把每个应该保留的元素顺次存到新数组中，最后把新数组中的元素拷贝回 data[]。这样每个元素或者被删除，或者只需要移动 2 次就到达最终目的地，整体时间复杂度就降到了 $O(n)$。但是这么做需要 $O(n)$ 的额外空间，并且将保留的每个元素都移动了 2 次，不能算 "一步到位"。

方法三：最优解

用两个位置变量遍历顺序表。一个变量 i 从左到右扫描每个元素，另一个变量 p 始终指向 data[] 中最左边可以填充的空位。当发现下一个应该保留的元素 data[i] 时，data[p] 到 data[i-1] 这些元素都是空的，把 data[i] 直接存到 data[p] 这个空格里，再将 p 向右移动 1 格，然后让 i 继续扫描下一个元素。当 i 完成扫描时，p 指向最终结果的表尾最后一个空格处，所以可以把 last 更新为 p 的前一格位置。

这个算法只需要将顺序表元素扫描一遍，所以时间复杂度是 $O(n)$；并且不需要任何额外空间，每个被保留的元素都只移动 1 次，是真正的 "一步到位" 解决问题。

实验 2-4　单链表分段逆转

1. 实验目的

熟练掌握链式线性表的基本操作。

2. 实验要求

（1）题目描述

给定一个带头结点的单链表和一个整数 k，要求将链表中的每 k 个结点做一次逆转。例如给定单链表 1→2→3→4→5→6 和 $k=3$，需要将链表改造成 3→2→1→6→5→4；如果 $k=4$，则应该得到 4→3→2→1→5→6。

（2）函数接口定义

void K_Reverse(List list, int k);

其中，单链表结构定义与代码 2-4 中完全相同，复述如下：

2.3 进阶实验

```
typedef struct ListNode *Position; /* 指针即结点位置 */
struct ListNode {
    ElemSet data;      /* 存储数据*/
    Position next;     /* 线性表中下一个元素的位置 */
};
typedef struct HeadNode *List;
struct HeadNode {
    Position head;     /* 单链表头指针 */
    int length;        /* 表长 */
};
```

函数接口定义中，ElemSet 是用户定义的数据类型，例如 int、double 或者 char 等；*list* 是给定的**带头结点**的单链表，*k* 是每段的长度。函数 K_Reverse 应将 *list* 中的结点按要求分段逆转。

（3）测试用例（设 ElemSet 为 int）（见表 2-9）

表 2-9　实验 2-4 测试用例

序号	传入参数值		返回	说明
	list	*k*	*list*	
0	6 1 2 3 4 5 6	4	4 3 2 1 5 6	有数字不反转
1	6 1 2 3 4 5 6	3	3 2 1 6 5 4	正好全反转
2	6 1 2 3 4 5 6	6	6 5 4 3 2 1	*k*= 表长，全反转
3	6 1 2 3 4 5 6	1	1 2 3 4 5 6	*k*=1，不用反转
4	1 233	3	233	单个结点，*k* 超过表长，不反转
5	略	略	略	大规模数据，最后剩 *k*-1 不反转

3. 实现要点

这个问题可以分解为用一个循环处理每一段的逆转，另用一个函数 Reverse 专门做一段 *k* 个结点的子链表的逆转。所以核心其实是如何从某个头结点开始，将随后的 *k* 个结点进行逆转。

方法一：借助额外辅助空间

如果不考虑空间限制的话，可以另外声明一个长度等于 *k* 的数组，按每 *k* 个元素一段，逆序将元素的值写入数组中，再同时顺序扫描数组和链表，将数组中已经调整好顺序的元素值写回链表结点中。

这么做除了浪费 $O(n)$ 额外数组空间外，还需要将每个元素移动2次（写入数组，再写回链表），因此不是最好的解决方案。

方法二：辅助空间为 $O(1)$ 的原地逆转

维护新旧两个链表，即新链表头指针 *new* 和旧链表头指针 *old*。初始状态下，新链表为空，旧链表就是原始链表。用 *k* 次循环，每次从 *old* 链表的表头摘除一个结点，再将这个结点插入 *new* 的表头即可。

在完成了 *k* 个结点的逆转后，还要将 *new* 的表尾与 *old* 的表头衔接，如图2-1所示。那么如何快速知道 *new* 的表尾结点的地址呢？这就是使用空头结点的好处了——这个地址是存在链表头结点的 *next* 指针里的，完成逆转后，令头结点的 *next* 指向的结点的 *next* 指针指向 *old* 即可。

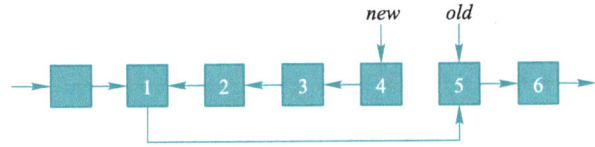

图 2-1　链表逆转示意图

要注意一个细节：当尾部结点不到 *k* 个结点时，不进行逆转。所以我们在执行逆转之前，先要判断一下当前剩下没处理的结点是否有 *k* 个，如果不到 *k* 个就不再继续处理了。

*实验 2-5　约瑟夫问题

1. 实验目的
熟练掌握链式线性表的基本操作。

2. 实验要求
（1）题目描述

编号为 1, 2, 3, …, *n* 的 *n* 个人按照顺时针方向围坐一圈。从第一个人开始按照顺时针方向从1开始报数，当报到指定的数 *m* 时，报 *m* 的人出列。再从他顺时针方向的下一个人开始重新从1开始报数，报到 *m* 的人出列。如此下去，直到所有人都出列。请设计算法，用单向循环链表模拟约瑟夫问题的出列过程，输出出列的顺序。

（2）函数接口定义

List JosephusProblem(int n, int m);

其中，单链表结构 List 的定义与实验2-5（也即代码2-4）中完全相同，不再赘述。函数接口定义中，*n* 是总人数，*m* 是出列间隔的人数。该函数须将出列人的编号按照出列

2.3 进阶实验

顺序存为**带空头结点**的单链表,并返回该链表的表头指针。

(3)测试用例(见表2-10)

表2-10 实验2-5测试用例

序号	传入参数值		结果	说明
	n	m	$data$	
0	10	3	3 6 9 2 7 1 8 5 10 4	一般简单情况,$n>m$
1	9	3	3 6 9 4 8 5 2 7 1	n 是 m 的整数倍
2	4	4	4 1 3 2	$n=m$
3	2	4	2 1	$n<m$
4	1	1	1	最小规模
5	1000	999	略	最大规模,$n=m+1$
6	999	1000	略	最大规模,$n=m-1$
7	819	512	略	大规模随机数据,$n>m$

3. 实现要点

约瑟夫问题可以用多种方法解决,本题特别要求用**单向循环链表**模拟,则首先需要将 n 个人串成一个单向循环链表。一个简单的方法是从一个空的单链表开始,从 n 到 1 倒序将结点插入单链表的表头,这样首先形成从 1 到 n 顺序链接的单链表。在生成第一个结点 n 时,将此结点的位置用一个指针 p 记录,则当 n 个结点的单链表生成后,p 指向的就是链表的最后一个结点。令 p->$next$ 指向表头,即结点 1,就完成了一个单向循环的链表 $list$。

之后只要维护一个计数器和一个结果单链表 $result$。从 $list$ 表头开始移动指针 p,每当计数器达到 $m-1$ 时,就将 p 的下一个结点从 $list$ 中摘除,插入 $result$ 的表尾(为此需要为 $result$ 表维护一个尾指针);然后将 p 移动到下一个结点,重新开始计数。如此反复直到 $list$ 中只剩下最后一个结点(此时 p->$next$ 指向 p),将此结点插入 $result$ 表尾并清空 $list$,返回 $result$ 即可。

实现时,需要注意处理只有一个结点的边界问题。另外,由于 $result$ 必须带空头结点,这使得第一个出列人的插入可以不作为特殊情况处理,则代码会比较简洁统一。

*实验 2-6 判断两个广义表是否相等

1. 实验目的

① 理解广义表的存储结构。

② 掌握广义表的简单遍历。

2. 实验要求

（1）题目描述

请设计一个算法判断两个广义表是否相等。

（2）函数接口定义

bool IsEqual(GList glist1, GList glist2);

其中，广义表 GList 的定义如下：

```
typedef enum { element, sublist } ElemTag; /* 结点标记类型 */
typedef struct GListNode *Position; /* 指针即结点位置 */
typedef Position GList;
struct GListNode {
    ElemTag tag; /* 结点标记 */
    union {
        ElemSet data;      /* 存储数据 */
        GList sub_list;    /* 子表 */
    };
    Position next;    /* 线性表中下一个元素的位置 */
};
```

函数接口定义中，ElemSet 是用户定义的数据类型，例如 int、double 或者 char 等。函数 IsEqual 需要判断两个给定的广义表 glist1 和 glist2 是否完全相同，若相同则返回 true，否则返回 false。

（3）测试用例（设 ElemSet 为 int）（见表 2-11）

表 2-11 实验 2-6 测试用例

序号	传入参数值		返回值	说明
	*glist*1	*glist*2		
0	（图示广义表）	（图示广义表）	true	完全相同
1	（图示广义表）	（图示广义表）	false	结构相同但结点数据不同

序号	传入参数值 glist1	传入参数值 glist2	返回值	说明
2	(图示：主线含子表{3,4}、数据5、子表{1,2})	(图示：主线含子表{3,4}、5、子表{1,2})	false	结点类型不同
3	(图示：主线含子表{3,4}、数据5、子表{1,2})	(图示：主线含子表{3}、5、子表{1,2})	false	子表结点个数不同

3. 实现要点

注意到子表也是广义表，所以对两个广义表的比较可以递归实现。

首先用两个指针 $p1$ 和 $p2$ 分别沿着 glist1 和 glist2 的主线移动，在移动中判断以下几种情况：

① 如果遇到两个结点的 tag 不是同一种类型，则返回 false。例如测试用例 2 中，当两个指针分别移动到主线第二个结点时，发现一个是子表结点，一个是数据结点，此时返回 false。

② 如果 tag 相同且都是子表结点，则**递归地比较两个子表**。如果子表不等则返回 false。例如测试用例 1 和 3 都是第二个结点的子表不相同。

③ 如果 tag 相同且都是数据结点，则比较两个数据。若数据不同则返回 false。例如测试用例 1 就是在递归比较第二个结点的子表时，发现子表的最后一个结点数据不同。

④ 若前面三种比较的结果都不是 false，则令两个指针分别移动，指向下一个结点，重复上述比较。

⑤ 若两个指针同时到达对应广义表的结尾，中途没有返回 false，则说明两个广义表相同，返回 true；否则返回 false。

上述方法当两个广义表完全相同时，会将两个表中的每个结点访问一次，这种操作称为"遍历"。在后面的章节中，读者还会学习到思路类似的树和图的遍历。

*实验 2-7　稀疏矩阵的链式结构构建

1. 实验目的
① 理解稀疏矩阵的链表表示方法和相应的数据结构设计。
② 掌握十字链表的构建过程和技巧。
③ 掌握在稀疏矩阵链式存储上查询数据的过程。

2. 实验要求
（1）题目描述

请设计两个函数，一个根据读入的"行号 列号 元素值"三元组构建十字链表表示的稀疏矩阵，另一个从矩阵中查询指定行列上元素的值。

（2）函数接口定义

　　SparseMatrix BuildSparseMatrix(int n_row, int n_col, int n);
　　ElemSet GetElem(SparseMatrix matrix, int row, int col);

其中，稀疏矩阵 SparseMatrix 的十字链表结构定义如下：

```
typedef enum { head, term } NodeTag;
struct TermNode {  /* 非零元素结点 */
   int row, col;  /* 行号, 列号 */
   ElemSet value;/* 元素值 */
};
typedef struct SparseMatrixNode *Position;  /* 结点位置是指针 */
typedef Position SparseMatrix;
struct SparseMatrixNode {
   Position down;             /* 向下的列指针 */
   Position right;            /* 向右的行指针 */
   NodeTag tag;               /* 结点标记 */
   union {
      Position next;           /* 头结点链接指针 */
      struct TermNode term;    /* 非零元素结点 */
   } u_region;                 /* next和term的共用体 */
};
```

函数接口定义中，ElemSet 是用户定义的数据类型，这里默认为 int。函数 BuildSparseMatrix 的功能是创建 n_row 行、n_col 列且有 n 个非零元素的矩阵，非零元素按行优先、列号增序输入。注意：行、列号从 0 开始。函数 GetElem 的功能是返回矩阵 matrix 中第 row 行、第 col 列的元素值。若输入的行、列号非法，则在一行中输出"ERROR"并返回 0。

（3）测试用例（见表 2-12）

2.3 进阶实验

表 2-12 实验 2-7 测试用例

序号	传入参数值			查询结果	说明
	三元组（第一行为矩阵创建规模）	*row*	*col*		
0	4 5 7 0 0 18 0 3 2 1 1 27 2 3 -4 3 0 23 3 1 -1 3 4 12	0 3 1 2 1 2	0 4 1 3 4 2	18 12 27 -4 0 0	查左上角 查右下角 查中间 查中间 扫描到行末 未扫描到行末即可退出
1	0 0 0	1	2	ERROR 0	空矩阵，非法查询
2	略	略	略	略	最大规模随机数据

3. 实现要点

稀疏矩阵的结构在主教材中有详细介绍，在此不再赘述。

构建稀疏矩阵的主要步骤如下：

① 矩阵定义为 *matrix*，首先指向创建的矩阵的总头结点，类型为 *term*，存入矩阵的行数、列数、非零元个数（如果矩阵元素不是整型，这个值也不必要保存）。

② 头结点的个数取为行数和列数中的较大值。

③ 对于非空矩阵，创建头结点链表并初始化行和列的循环链表为空。

④ 按行优先、列号增序的顺序读入非零元素的三元组，插入对应的行、列链表。

在构建稀疏矩阵时，需要注意以下问题：

① 需要快速找到输入的行号、列号对应的头结点，而链表结构对这样的随机访问是很不友好的。解决这个问题的一个技巧，是先创建一个头结点的临时指针数组 *heads*[ ]，然后才创建真正的头结点，令 *heads*[*i*] 指向第 *i* 个头结点。这样当需要扫描第 *row* 行的链表时，就从 *heads*[*row*]->*right* 开始；需要扫描第 *col* 列的链表时，就从 *heads*[*col*]->*down* 开始。

② 因为元素是按照行号和列号的递增顺序读入的，所以每次都会在对应行、列链表的尾部插入，这样还需要维护链表的**尾指针**。为每一行维护一个不同的尾指针是没有必要的，因为数据按行输入，处理完一行才处理下一行，所以行的尾指针只需要一个，可以重复利用。但需要为每一列都维护一个尾指针。如果希望尽可能减少额外空间的占用，可以将头结点的 *next* 指针当作临时的尾指针使用，因为每个头结点的位置都暂时由

heads[]记录着，*next*并没有用到。可以在全部数据都处理完以后，才用*next*指针将所有头结点串连起来。

③ 所有链表都是**循环**链表。在处理完每一行的输入数据后，要记得将行链表封闭，即将最后一个元素的*right*指向该行的头结点。在处理完所有数据后，要将每一列的列链表做封闭处理。最后，头结点从*matrix->right*开始，由*next*指针串连，最后一个头结点的*next*要指回*matrix*，完成头结点链表的封闭。

在实现GetElem函数时，需要特别注意的是：头结点是个链表，构建矩阵时用到的临时数组*heads*[]已经不存在了，我们只能从总的头结点出发，顺序扫描*row*个头结点，找到第*row*行所在的链表，然后顺着*right*指针在这个链表中寻找，判断列号与*col*相同的非零元素是否存在。当然也可以先找到第*col*个头结点，顺着*down*指针在这个列链表中寻找行号与*row*相同的非零元素。更细致的做法是比较行号和列号的大小，先根据较小的参数去找到头结点，再根据较大的参数去扫描对应的行或列。

第 3 章

栈与队列

主教材的第 3 章介绍了栈和队列这两种广泛应用的数据结构。具体如下：

① 栈和队列本质上均为限制了访问端口的线性表。

② 栈的插入和删除都限制在线性表的一端进行，由此形成了栈的后进先出特点。

③ 队列限制其元素的删除只在队首进行、元素的插入只在队尾进行。队列通常称为先进先出表。

本章将首先给出主教材中 15 个算法的具体实现，然后围绕栈和队列的相关操作及应用，给出 4 道基础练习题和 6 道进阶实验题，以训练学生熟练应用栈和队列解决问题的能力。本章实现的算法和习题涉及的知识内容见表 3-1。

表 3-1 第 3 章实验清单

类型	序号	标题	内容	知识点
算法	3-1	Push (*stack*, *x*)	顺序栈的入栈操作	顺序栈
	3-2	Top (*stack*)	顺序栈的取顶操作	顺序栈
	3-3	Pop (*stack*)	顺序栈的出栈操作	顺序栈
	3-4	Push (*stack*, *x*)	链式栈的入栈操作	链式栈
	3-5	Top (*stack*)	链式栈的取顶操作	链式栈
	3-6	Pop (*stack*)	链式栈的出栈操作	链式栈
	3-7	EnQueue (*queue*, *x*)	顺序存储的循环队列的入队操作	顺序队列
	3-8	GetFront (*queue*)	顺序存储的循环队列的查看队首操作	顺序队列
	3-9	DeQueue (*queue*)	顺序存储的循环队列的出队操作	顺序队列
	3-10	EnQueue (*queue*, *x*)	链式队列的入队操作	链式队列
	3-11	GetFront (*queue*)	链式队列的查看队首操作	链式队列
	3-12	DeQueue (*queue*)	链式队列的出队操作	链式队列
	3-13	PostFixEval (*expr*)	后缀表达式求值	栈的应用
	3-14	Factorial (*n*)	阶乘的递归实现	栈的应用
	3-15	TrainCarriageScheduling (*in_track*, *out_track*, *n*, *k*)	火车车厢重排	队列的应用
基础练习	3-1	仅有头指针的队列	用头指针和元素个数表示队列，实现判空、入队、出队操作	顺序队列
	3-2	栈操作的合法性	判断一系列入栈和出栈操作是否均合法	栈
	3-3	用两个栈实现队列	用两个堆栈实现一个队列，给出每个出队操作的用时	栈与队列
	*3-4	符号配对	检查 C 语言源程序中部分成对符号是否配对	栈的应用
进阶实验	3-1	在一个数组中实现两个栈	在长度为 *n* 的数组中实现两个栈，使得二者在元素的总数目为 *n* 之前都不溢出	栈
	3-2	出栈序列的合法性	给定入栈序列，判断哪些出栈序列是不可能得到的	栈
	3-3	简单计算器	两个栈存放数字和运算符，计算结果	栈的应用
	3-4	取行李	排队取行李，不是自己的行李就重新排队	循环队列
	3-5	双端队列	实现双端队列的插入与删除	队列
	*3-6	滑动窗口的极值	给定数组，求每个长度为 *K* 的相邻子数组的最大值	双端队列

3.1 算法实现

算法 3-1：顺序栈的入栈操作 Push (*stack*, *x*)

代码 3-1 中给出了顺序栈的结构定义：Stack 是指向 StackNode 类型结点的指针，结点中包含数据存储的主体 *data*，是 SElemSet 类型的数组。这里的 SElemSet 可以由用户定义，例如在代码 3-1 中被定义为整型 int。结点中的另外两个元素分别是顺序栈的容量 *capacity* 和栈顶指针 *top*。因为顺序栈是用数组实现的，元素的位置就是数组的下标，所以这里的位置 Position 的类型就是整型 int。

在结构声明之后，列出了 7 个与栈相关的常用操作，其中最核心的入栈、取顶、出栈操作分别由算法 3-1、3-2、3-3 给出，其具体实现分别参见代码 3-3、3-4、3-5。其他操作由代码 3-2 给出。

主函数 main 首先声明了一个新的顺序栈空间，读入栈的容量 *n*，随后依次测试了栈的初始化、插入、取顶、出栈和销毁。在入栈时，需要检查栈是否已满。

注意：要运行完整的程序，需要将代码 3-1 至代码 3-5 顺序拼接起来。

代码 3-1　顺序栈的定义

```
#include <stdio.h>
#include <stdlib.h>
typedef enum {false, true} bool;
typedef int SElemSet;
#define NIL -1

typedef int Position;   /* 整型下标，表示元素的位置 */
typedef struct StackNode *Stack;
struct StackNode {
    int capacity;           /* 顺序栈的容量 */
    Position top;           /* 顺序栈的栈顶指针，初始化为-1 */
    SElemSet *data;         /* 存储数据的数组 */
};
void InitStack(Stack stack, int kMaxSize);
bool IsFull(Stack stack);
bool IsEmpty(Stack stack);
```

```c
void Push (Stack stack, SElemSet x);
SElemSet Top (Stack stack);
void Pop (Stack stack);
void DestroyStack(Stack stack);
int main(void)
{
    int i, n, x;
    Stack stack;

    stack = (Stack)malloc(sizeof(struct StackNode));
    scanf("%d", &n);
    InitStack(stack, n);
    for (i=0; i<=n; i++) {  /*最后一个输入用于测试栈满报错*/
        scanf("%d", &x);
        Push(stack, x);
    }
    for (i=0; i<=n; i++) {  /*最后一个操作用于测试栈空报错*/
        printf("%d\n", Top(stack));
        Pop(stack);
    }
    DestroyStack(stack);

    return 0;
}
```

代码3-2　顺序栈的初始化、判满、判空、销毁操作

```c
void InitStack(Stack stack, int kMaxSize)
{ /* 初始化一个大小为kMaxSize的顺序栈 */
    stack->capacity = kMaxSize;
    stack->top = -1;
    stack->data = (SElemSet *)malloc(sizeof(SElemSet)*kMaxSize);
}

bool IsFull(Stack stack)
{ /* 判断栈是否已满 */
    if ((stack->top+1) == stack->capacity)
        return true;
    else
        return false;
}

bool IsEmpty(Stack stack)
{ /* 判断栈是否为空 */
    if (stack->top == -1)
        return true;
    else
```

3.1 算法实现

```
        return false;
}
void DestroyStack(Stack stack)
{
    free(stack->data);
    free(stack);
}
```

代码3-3 顺序栈的入栈操作

```
/* 算法3-1: 顺序栈的入栈操作 Push (stack, x) */
void Push (Stack stack, SElemSet x)
{
    if (IsFull(stack)) {
        printf("错误: 栈已满。\n");
    }
    else {
        stack->top++;
        stack->data[stack->top] = x;
    }
}
/* 算法3-1 结束 */
```

算法 3-2：顺序栈的取顶操作 Top (*stack*)

代码3-4是取顶操作的具体实现。注意在取顶之前，需要先检查栈是否为空，若是空栈，则除了打印错误信息外，还必须返回一个值。算法中的NIL表示一个不存在的元素，代码3-1中将NIL定义为-1，表示正常的元素取值范围中不包含-1。在实际应用中，用户应将其定义为其他非正常值。

代码3-4 顺序栈的取顶操作

```
/* 算法3-2: 顺序栈的取顶操作 Top (stack) */
SElemSet Top (Stack stack)
{
    if (IsEmpty(stack)) {
        printf("错误: 栈为空。\n");
        return NIL;
    }
    else {
        return stack->data[stack->top];
    }
}
/* 算法3-2 结束 */
```

算法 3-3: 顺序栈的出栈操作 Pop (*stack*)

代码 3-5 是出栈操作的具体实现。与代码 3-4 类似，出栈前也必须检查栈是否为空，只是不需要返回任何信息。

代码 3-5　顺序栈的出栈操作

```
/* 算法3-3: 顺序栈的出栈操作 Pop (stack) */
void Pop (Stack stack)
{
    if (IsEmpty(stack)) {
        printf("错误: 栈为空。\n");
    }
    else {
        stack->top--;
    }
}
/* 算法3-3 结束 */
```

算法 3-4: 链式栈的入栈操作 Push (*stack*, *x*)

与顺序栈类似，代码 3-6 中给出了链式栈的结构定义，这个定义与单链表的定义是一致的：Stack 是指向头结点 StackHeadNode 类型结点的指针，结点中包含链式栈的栈顶指针 *top* 和当前元素个数（即表长）*size*。链表结点的结构定义为 StackNode，其中：数据存储在 *data* 域，是用户定义的 SElemSet 类型；指向后继结点的指针是 *next*。Position 是线性表中元素的位置，在单链表实现中就是指向 StackNode 类型结点的指针。

在结构声明之后，列出了 6 个与栈相关的常用操作（链式栈不专门判断栈满，所以比顺序栈少一个函数），其中最核心的入栈、取顶、出栈操作分别由算法 3-4、3-5、3-6 给出，其具体实现分别参见代码 3-8、3-9、3-10。其他操作由代码 3-7 给出。

主函数 main 首先声明了一个新的链式栈空间，读入栈的容量 *n*，随后依次测试了栈的初始化、插入、取顶、出栈和销毁。

注意：要运行完整的程序，需要将代码 3-6 至代码 3-10 顺序拼接起来。

代码 3-6　链式栈的定义

```
#include <stdio.h>
#include <stdlib.h>

typedef enum {false, true} bool;
typedef int SElemSet;
#define NIL -1

typedef struct StackNode *Position; /* 指针即结点位置 */
```

```c
struct StackNode {
    SElemSet data;      /* 存储数据 */
    Position next;      /* 链式栈中下一个元素的位置 */
};
typedef struct StackHeadNode *Stack;
struct StackHeadNode {
    int size;           /* 链式栈中当前元素个数 */
    Position top;       /* 链式栈的栈顶指针,初始化为NULL */
};
void InitStack(Stack stack);
bool IsEmpty(Stack stack);
void Push (Stack stack, SElemSet x);
SElemSet Top (Stack stack);
void Pop (Stack stack);
void DestroyStack(Stack stack);

int main(void)
{
    int i, n, x;
    Stack stack;

    stack = (Stack)malloc(sizeof(struct StackHeadNode));
    scanf("%d", &n);
    InitStack(stack);
    for (i=0; i<n; i++) {
        scanf("%d", &x);
        Push(stack, x);
    }
    for (i=0; i<=n; i++) { /*最后一个操作用于测试栈空报错*/
        printf("%d\n", Top(stack));
        Pop(stack);
    }
    DestroyStack(stack);

    return 0;
}
```

代码3-7 链式栈的初始化、判空、销毁操作

```c
void InitStack(Stack stack)
{ /* 初始化一个空的链式栈 */
    stack->size = 0;
    stack->top = NULL;
}

bool IsEmpty(Stack stack)
```

```
    { /* 判断栈是否为空 */
        if (stack->size == 0)
            return true;
        else
            return false;
    }
    void DestroyStack(Stack stack)
    {
        while (IsEmpty(stack) == false) {
            Pop(stack);
        }
        free(stack);
    }
```

代码3-8　链式栈的入栈操作

```
/* 算法 3-4: 链式栈的入栈操作 Push (stack, x) */
void Push (Stack stack, SElemSet x)
{
    Position new_node;
    new_node = (Position)malloc(sizeof(struct StackNode));
    new_node->data = x;
    new_node->next = stack->top;
    stack->top = new_node;
    stack->size++;
}
/* 算法 3-4 结束 */
```

算法 3-5：链式栈的取顶操作 Top (*stack*)

代码3-9是取顶操作的具体实现。注意在取顶之前，需要先检查栈是否为空，若是空栈，则除了打印错误信息外，还必须返回一个值。与顺序栈的取顶同理，代码3-6中将NIL定义为-1，表示正常的元素取值范围中不包含-1。在实际应用中，用户应将其定义为其他非正常值。

代码3-9　链式栈的取顶操作

```
/* 算法 3-5: 链式栈的取顶操作 Top (stack) */
SElemSet Top (Stack stack)
{
    if (IsEmpty(stack)) {
        printf("错误: 栈为空。\n");
        return NIL;
```

```
    }
    else {
        return stack->top->data;
    }
}
/* 算法3-5 结束 */
```

算法 3-6:链式栈的出栈操作 Pop (*stack*)

代码3-10是出栈操作的具体实现。与代码3-9类似,出栈前也必须检查栈是否为空,只是不需要返回任何信息。

代码3-10　链式栈的出栈操作

```
/* 算法3-6: 链式栈的出栈操作 Pop (stack) */
void Pop (Stack stack)
{
    Position temp;
    if (IsEmpty(stack)) {
        printf("错误: 栈为空。\n");
    }
    else {
        temp = stack->top;
        stack->top = stack->top->next;
        free(temp);
        stack->size--;
    }
}
/* 算法3-6 结束 */
```

算法 3-7:顺序存储的循环队列的入队操作 EnQueue(*queue*, *x*)

代码3-11中给出了顺序存储的循环队列(下文也简称为顺序队列)的结构定义:Queue是指向QueueNode类型结点的指针,结点中包含数据存储的主体*data*,是QElemSet类型的数组。这里的QElemSet与SElemSet类似,都是可以由用户定义的,例如在代码3-11中被定义为整型int。结点中的另外三个元素分别是队列容量*capacity*和队首指针*front*与队尾指针*rear*。因为顺序队列是用数组实现的,元素的位置就是数组的下标,所以这里的位置Position的类型就是整型int。

在结构声明之后,列出了7个与队列相关的常用操作,其中最核心的入队、查看队首、出队操作分别由算法3-7、3-8、3-9给出,其具体实现分别参见代码3-13、3-14、

3-15。其他操作由代码 3-12 给出。

主函数 main 首先声明了一个新的顺序队列空间,读入队列的容量 n,随后依次测试了队列的初始化、入队、查看队首、出队和销毁。在入队时,需要检查队列是否已满。

注意:要运行完整的程序,需要将代码 3-11 至代码 3-15 顺序拼接起来。

代码 3-11 顺序队列的定义

```c
#include <stdio.h>
#include <stdlib.h>

typedef enum {false, true} bool;
typedef int QElemSet;
#define NIL -1

typedef int Position; /* 整型下标,表示元素的位置 */
typedef struct QueueNode *Queue;
struct QueueNode {
    int capacity;       /* 顺序队列的容量 */
    Position front;     /* 顺序队列的队首指针,初始化为 0 */
    Position rear;      /* 顺序队列的队尾指针,初始化为 0 */
    QElemSet *data;     /* 存储数据的数组 */
};
void InitQueue(Queue queue, int kMaxSize);
bool IsFull(Queue queue);
bool IsEmpty(Queue queue);
void EnQueue(Queue queue, QElemSet x);
QElemSet GetFront(Queue queue);
void DeQueue(Queue queue);
void DestroyQueue(Queue queue);

int main(void)
{
    int i, n, x;
    Queue queue;

    queue = (Queue)malloc(sizeof(struct QueueNode));
    scanf("%d", &n);
    InitQueue(queue, n);
    for (i=0; i<=n; i++) { /*最后一个输入用于测试队列满报错*/
        scanf("%d", &x);
        EnQueue(queue, x);
    }
    for (i=0; i<=n; i++) { /*最后一个操作用于测试队列空报错*/
        printf("%d\n", GetFront(queue));
        DeQueue(queue);
    }
```

3.1 算法实现

```
        DestroyQueue(queue);
        return 0;
}
```

代码3-12　顺序队列的初始化、判满、判空、销毁操作

```
void InitQueue(Queue queue, int kMaxSize)
{ /* 初始化一个大小为kMaxSize的顺序队列 */
    queue->capacity = kMaxSize+1;
    /* 浪费一个存储空间以区别空和满 */
    queue->data = (QElemSet *)malloc(sizeof(QElemSet)*(kMaxSize+1));
    queue->front = 0;
    queue->rear = 0;
}

bool IsFull(Queue queue)
{ /* 判断队列是否已满 */
    if ((queue->rear+1)%queue->capacity == queue->front)
        return true;
    else
        return false;
}

bool IsEmpty(Queue queue)
{ /* 判断队列是否为空 */
    if (queue->front == queue->rear)
        return true;
    else
        return false;
}

void DestroyQueue(Queue queue)
{
    free(queue->data);
    free(queue);
}
```

代码3-13　顺序队列的入队操作

```
/* 算法3-7: 顺序队列的入队操作 EnQueue(queue, x) */
void EnQueue(Queue queue, QElemSet x)
{
    if (IsFull(queue)) {
        printf("错误: 队列已满。\n");
    }
    else {
```

```
        queue->data[queue->rear] = x;
        /* 循环后继 */
        queue->rear = (queue->rear+1)%queue->capacity;
    }
}
/* 算法 3-7 结束 */
```

算法 3-8：顺序存储的循环队列的查看队首操作 GetFront(*queue*)

代码3-14是查看队首操作的具体实现。注意：与顺序栈类似，在查看队首之前，需要先检查队列是否为空，若是空队，则除了打印错误信息外，还必须返回一个值。算法中的NIL表示一个不存在的元素，代码3-11中将NIL定义为-1，表示正常的元素取值范围中不包含-1。在实际应用中，用户应将其定义为其他非正常值。

代码3-14　顺序队列的查看队首操作

```
/* 算法 3-8: 顺序队列的查看队首操作 GetFront(queue) */
QElemSet GetFront(Queue queue)
{
    if (IsEmpty(queue)) {
        printf("错误: 队列为空。\n");
        return NIL;
    }
    else {
        return queue->data[queue->front];
    }
}
/* 算法 3-8 结束 */
```

算法 3-9：顺序存储的循环队列的出队操作 DeQueue(*queue*)

代码3-15是出队操作的具体实现。与代码3-14类似，出队前也必须检查队列是否为空，只是不需要返回任何信息。

代码3-15　顺序队列的出队操作

```
/* 算法 3-9: 顺序队列的出队操作 DeQueue(queue) */
void DeQueue(Queue queue)
{
    if (IsEmpty(queue)) {
        printf("错误: 队列为空。\n");
    }
    else {
        queue->front = (queue->front+1)%queue->capacity;
```

```
   }
}
/* 算法 3-9 结束 */
```

算法 3-10：链式队列的入队操作 EnQueue(*queue*, *x*)

与顺序队列类似，代码3-16中给出了链式队列的结构定义：*Queue*是指向头结点QueueHeadNode类型结点的指针，结点中包含链式队列的队首指针*front*、队尾指针*rear*，以及当前元素个数（即表长）*size*。链表结点的结构定义为QueueNode，这个结构与StackNode是一样的，数据存储在*data*域，是用户定义的QElemSet类型；指向后继结点的指针是*next*。*Position*是线性表中元素的位置，在单链表实现中就是指向QueueNode类型结点的指针。

在结构声明之后，列出了6个与队列相关的常用操作（与链式栈同理，链式队列也不专门判断队满，所以比顺序队列少一个函数），其中最核心的入队、查看队首、出队操作分别由算法3-10、3-11、3-12给出，其具体实现分别参见代码3-18、3-19、3-20。其他操作由代码3-17给出。

主函数 main 首先声明了一个新的链式队列空间，读入队列的容量*n*。随后依次测试了队列的初始化、入队、查看队首、出队和销毁。

注意：要运行完整的程序，需要将代码3-16至代码3-20顺序拼接起来。

代码3-16　链式队列的定义
```
#include <stdio.h>
#include <stdlib.h>

typedef enum {false, true} bool;
typedef int QElemSet;
#define NIL -1

typedef struct QueueNode *Position; /* 指针即结点位置 */
struct QueueNode {
   QElemSet data;        /* 存储数据 */
   Position next;        /* 链式队列中下一个元素的位置 */
};
typedef struct QueueHeadNode *Queue;
struct QueueHeadNode {
   int size;             /* 链式队列中当前元素个数 */
   Position front;       /* 链式队列的队首指针，初始化为NULL */
   Position rear;        /* 链式队列的队尾指针，初始化为NULL */
};
void InitQueue(Queue queue);
```

```c
bool IsEmpty(Queue queue);
void EnQueue(Queue queue, QElemSet x);
QElemSet GetFront(Queue queue);
void DeQueue(Queue queue);
void DestroyQueue(Queue queue);
int main(void)
{
    int i, n, x;
    Queue queue;

    queue = (Queue)malloc(sizeof(struct QueueHeadNode));
    scanf("%d", &n);
    InitQueue(queue);
    for (i=0; i<n; i++) {
        scanf("%d", &x);
        EnQueue(queue, x);
    }
    for (i=0; i<=n; i++) {  /*最后一个操作用于测试队列空报错*/
        printf("%d\n", GetFront(queue));
        DeQueue(queue);
    }
    DestroyQueue(queue);
    return 0;
}
```

代码3-17 链式队列的初始化、判空、销毁操作

```c
void InitQueue(Queue queue)
{ /* 初始化一个空的链接队列 */
    queue->size = 0;
    queue->front = NULL;
    queue->rear = NULL;
}
bool IsEmpty(Queue queue)
{ /* 判断队列是否为空 */
    if (queue->size == 0)
        return true;
    else
        return false;
}
void DestroyQueue(Queue queue)
{
    while(IsEmpty(queue) == false) {
```

```
            DeQueue(queue);
    }
    free(queue);
}
```

代码3-18　链式队列的入队操作

```
/* 算法3-10: 链式队列的入队操作 EnQueue(queue, x) */
void EnQueue(Queue queue, QElemSet x)
{
    Position new_node;

    new_node = (Position)malloc(sizeof(struct QueueNode));
    new_node->data = x;
    new_node->next = NULL;
    if (IsEmpty(queue)) { /* 特殊处理插入空队列的情况 */
        queue->rear = new_node;
        queue->front = new_node;
    }
    else {
        queue->rear->next = new_node;
        queue->rear = queue->rear->next;
    }
    queue->size++;
}
/* 算法3-10 结束 */
```

算法 3-11：链式队列的查看队首操作 GetFront(*queue*)

代码3-19是查看队首操作的具体实现。注意在查看队首之前，需要先检查队列是否为空，若是空队，则除了打印错误信息外，还必须返回一个值。与顺序队列的查看队首同理，代码3-16中将NIL定义为-1，表示正常的元素取值范围不包含 1。在实际应用中，用户应将其定义为其他非正常值。

代码3-19　链式队列的查看队首操作

```
/* 算法3-11: 链式队列的查看队首操作 GetFront(queue) */
QElemSet GetFront(Queue queue)
{
    if (IsEmpty(queue)) {
        printf("错误: 队列为空。\n");
        return NIL;
    }
    else {
```

```
            return queue->front->data;
    }
}
/* 算法3-11 结束 */
```

算法 3-12：链式队列的出队操作 DeQueue(*queue*)

代码3-20是出队操作的具体实现。与代码3-19类似，出队前也必须检查队列是否为空，只是不需要返回任何信息。

代码3-20　链式队列的出队操作

```
/* 算法3-12: 链式队列的出队操作 DeQueue(queue) */
void DeQueue(Queue queue)
{
    Position temp;
    if (IsEmpty(queue)) {
        printf("错误: 队列为空。\n");
    }
    else {
        temp = queue->front;
        queue->front = queue->front->next;
        free(temp);
        queue->size--;
        if (queue->front == NULL) {
            /* 特殊处理删除后变为空的队列 */
            queue->rear = NULL;
        }
    }
}
/* 算法3-12 结束 */
```

算法 3-13：后缀表达式求值 PostFixEval(*expr*)

算法3-13是栈的应用案例，采用顺序栈或链式栈都是可以的，因为操作函数的接口一样。这里我们采用了顺序栈。代码3-21给出了用于测试的主函数main以及相关函数的接口。

首先从代码3-1中复制整个顺序栈的定义，随后给出核心函数PostFixEval中用到的常数、数据类型以及功能函数。主函数main中将表达式存为有效长度不超过 *kMaxLen*-1 的字符串（字符串末尾的结束符也需要占用一个字符），逐字符读入表达式后，调用PostFixEval计算其值并输出。

3.1 算法实现

代码3-22给出了算法3-13的具体实现。代码3-23给出了核心函数中调用的Length、GetToken、Calculate这三个函数的具体实现。

注意：要运行完整的程序，需要将代码3-21（包括顺序栈相关操作的代码3-1至3-5）和3-22、3-23拼接起来；要将顺序栈操作中的报错信息注释掉。

代码3-21　后缀表达式求值的相关函数定义

```c
#include <stdio.h>
#include <stdlib.h>
/* 顺序栈及其操作 */
typedef enum {false, true} bool;
typedef int SElemSet;
#define NIL -1

typedef int Position;  /* 整型下标，表示元素的位置 */
typedef struct StackNode *Stack;
struct StackNode {
    int capacity;       /* 顺序栈的容量 */
    Position top;       /* 顺序栈的栈顶指针，初始化为-1 */
    SElemSet *data;     /* 存储数据的数组 */
};
void InitStack(Stack stack, int kMaxSize);
bool IsFull(Stack stack);
bool IsEmpty(Stack stack);
void Push (Stack stack, SElemSet x);
SElemSet Top (Stack stack);
void Pop (Stack stack);
void DestroyStack(Stack stack);
/* 顺序栈及其操作  结束 */

#define ErrorCode 1e9  /* 错误代码 */
#define kMaxLen 1000   /* 表达式字符串的最大长度为kMaxLen-1 */
/* 枚举值对应加、减、乘、除、取模、操作数、结束标志 */
typedef enum { plus, minus, times, divide, mod, operand, EndCode } TokenType;
int Length(char s[]);
TokenType GetToken(char s[], Position *p, SElemSet *num);
SElemSet Calculate(SElemSet op1, TokenType token, SElemSet op2);
SElemSet PostFixEval(char expr[]);

int main(void)
{
    char expr[kMaxLen];
    Position i;

    /* 读入表达式 */
```

```c
    i = 0;
    expr[i] = getchar();
    while (expr[i] != '\n') {
        i++;
        expr[i] = getchar();
    }
    expr[i] = '\0';
    printf("%d\n", PostFixEval(expr)); /* 输出表达式的值 */

    return 0;
}
```

代码3-22　后缀表达式求值

```c
/* 算法3-13: 后缀表达式求值  PostFixEval(expr) */
SElemSet PostFixEval(char expr[])
{ /* 后缀表达式expr存储为字符数组，操作数与操作符之间以1个空格分隔 */
  /* 注意这里仅处理非负操作数 */
    TokenType token; /* 记录表达式中一个元素的类型 */
    Position p;      /* 表达式当前开始获取元素的位置 */
    SElemSet num, operand1, operand2, result;
    Stack stack;

    stack = (Stack)malloc(sizeof(struct StackNode));
    InitStack(stack, Length(expr));/* 创建顺序栈，容量等于表达式长度 */
    p = 0; /* 从表达式头开始 */
    token = GetToken(expr, &p, &num); /* 从表达式中取出一个元素 */
    while (token != EndCode) {
        if (token == operand) { /* 若是操作数 */
            Push(stack, num);   /* 则将操作数的值入栈 */
        }
        else {
            operand2 = Top(stack);
            Pop(stack);
            operand1 = Top(stack);
            Pop(stack);
            if (operand1==NIL || operand2==NIL) {
                printf("错误：表达式不规范。\n");
                result = ErrorCode;
                break;
            }
            else {
                /* 计算 */
                result = Calculate(operand1, token, operand2);
                Push(stack, result); /* 计算结果入栈 */
            }
        }
```

```
            token = GetToken(expr, &p, &num);/*从表达式中取出下一个元素*/
        }
        if (result != ErrorCode) {
            result = Top(stack);
            Pop(stack);
            if (IsEmpty(stack) == false) {
                printf("错误: 表达式不规范。\n");
                result = ErrorCode;
            }
        }
        DestroyStack(stack);
        return result;
}
/* 算法3-13 结束 */
```

代码3-23　后缀表达式求值的辅助函数

```
int Length(char s[])
{ /* 求字符数组s的长度 */
    int len = 0;
    while (s[len] != '\0')
        len++;
    return len;
}

TokenType GetToken(char s[], Position *p, SElemSet *num)
{ /* 从s[p]开始,获取一个元素,返回其类型 */
  /* 并更新p到下一个元素的起始位置 */
  /* 若元素是操作数,则将其值存在num */
    TokenType ret;
    Position i;
    
    i = (*p);
    switch (s[i]) {
        case '+': ret = plus; break;
        case '-': ret = minus; break;
        case '*': ret = times; break;
        case '/': ret = divide; break;
        case '%': ret = mod; break;
        case '\0': ret = EndCode; break;
        default: { /* 处理操作数 */
            ret = operand;
            (*num) = 0;
            while (s[i]>='0' && s[i]<='9') {
                (*num) = (*num)*10 + (s[i]-'0');
```

```c
                i++;
            }
            i--; /* i指向当前元素末尾 */
            break;
        }
    }
    i++; /* i指向当前元素的下一个位置 */
    while (s[i]==' ') i++; /* 跳过空格 */
    /* i指向下一个元素的开头 */
    (*p) = i;
    return ret;
}

SElemSet Calculate(SElemSet op1, TokenType token, SElemSet op2)
{
    SElemSet ret;
    switch(token) { /* 根据token类型进行计算 */
        case plus: ret = op1 + op2; break;
        case minus: ret = op1 - op2; break;
        case times: ret = op1 * op2; break;
        case divide: {
            if (op2 == 0) {
                printf("错误：除法操作分母为零。\n");
                ret = ErrorCode;
            }
            else {
                ret = op1 / op2;
            }
            break;
        }
        case mod: {
            if (op2 == 0) {
                printf("错误：取模操作除数为零。\n");
                ret = ErrorCode;
            }
            else {
                ret = op1 % op2;
            }
            break;
        }
        default: break;
    }
    return ret;
}
```

算法 3-14：阶乘的递归实现 Factorial(n)

这个算法的实现十分简单。测试用的 main 函数读入整数 n，输出调用 Factorial 函数后的结果。

代码 3-24 阶乘的递归实现

```c
#include <stdio.h>
/* 算法3-14: 阶乘的递归实现 Factorial(n) */
int Factorial(int n)
{
   if (n<=0) {
      return 1;
   }
   else {
      return (n*Factorial(n-1));
   }
}
/* 算法3-14 结束 */
int main(void)
{
   int n;
   scanf("%d", &n);
   printf("%d\n", Factorial(n));
   return 0;
}
```

算法 3-15：火车车厢重排 TrainCarriageScheduling(in_track, out_track, n, k)

火车车厢重排算法是队列的应用案例，问题中的出轨和缓冲轨都是队列。采用顺序队列或链式队列都是可以的，这里选用了链式队列。代码 3-25 给出了用于测试的主函数 main 以及相关函数的接口。

首先从代码 3-16 中复制整个链式队列的定义。需要注意的是，除了查看队首的操作外，这里还需要用到一个 GetRear 函数，实现查看队尾的操作，其实现与查看队首类似，只需要把 GetFront 函数中返回的 *queue->front->data* 修改成 *queue->rear->data* 即可。此外，因为核心函数中是根据这两个函数返回值来决定下一步动作的，当队列为空时只需要返回 NIL，不需要输出错误信息，所以应该将 3-16 中输出错误信息的语句注释掉。

主函数main中读入车厢和缓冲轨的数量，创建入轨和出轨队列，将车厢编号读入并存储到入轨中，调用核心函数TrainCarriageScheduling获得出轨序列，最后将出轨中的车厢顺序输出。

代码3-26给出了算法3-15的具体实现。

注意：要运行完整的程序，需要将代码3-25（包括链式队列相关操作的代码3-16至3-20，以及GetRear的代码）和3-26拼接起来。

代码3-25　火车车厢重排算法的相关函数定义

```c
#include <stdio.h>
#include <stdlib.h>
/* 链式队列及其操作 */
typedef enum {false, true} bool;
typedef int QElemSet;
#define NIL -1
typedef struct QueueNode *Position; /* 指针即结点位置 */
struct QueueNode {
    QElemSet data;      /* 存储数据 */
    Position next;      /* 链式队列中下一个元素的位置 */
};
typedef struct QueueHeadNode *Queue;
struct QueueHeadNode {
    int size;           /* 链式队列中当前元素个数 */
    Position front;     /* 链式队列的队首指针，初始化为NULL */
    Position rear;      /* 链式队列的队尾指针，初始化为NULL */
};
void InitQueue(Queue queue);
bool IsEmpty(Queue queue);
void EnQueue(Queue queue, QElemSet x);
QElemSet GetFront(Queue queue);
void DeQueue(Queue queue);
QElemSet GetRear(Queue queue);  /* 查看队尾 */
void DestroyQueue(Queue queue);
/* 链式队列及其操作结束 */
bool TrainCarriageScheduling(QElemSet in_track[],
                    Queue out_track, int n, int k);
int main(void)
{
    int i, n, k;
    QElemSet *in_track;
    Queue out_track;
```

```
    scanf("%d %d", &n, &k);
    in_track = (QElemSet *)malloc(sizeof(QElemSet)*n);
    out_track = (Queue)malloc(sizeof(struct QueueHeadNode));
    for (i=0; i<n; i++) {
        scanf("%d", &in_track[i]);
    }
    if (TrainCarriageScheduling(in_track, out_track, n, k) == true)
    {
        for (i=0; i<n; i++) {
            printf("%d\n", GetFront(out_track));
            DeQueue(out_track);
        }
    }
    DestroyQueue(out_track);
    return 0;
}
```

代码3-26 火车车厢重排算法

```
/* 算法3-15: 火车车厢重排 TrainCarriageScheduling(in_track, out_track,
n, k) */
bool TrainCarriageScheduling(QElemSet in_track[],
                             Queue out_track, int n, int k)
{
    Queue *buffer;
    int i, j, next_out, front_crg, rear_crg, max_buffer;
    QElemSet max_rear;
    Bool ret;

    ret = true;
    /* 创建k个缓冲队列 */
    buffer = (Queue *)malloc(sizeof(Queue)*k);
    for (i=0; i<k; i++) {
        buffer[i] = (Queue)malloc(sizeof(struct QueueHeadNode));
        InitQueue(buffer[i]);
    }
    InitQueue(out_track); /* 初始化出轨队列 */
    next_out = 1; /* 下一个应该出轨的车厢编号 */
    for (i=0; i<n; i++) {
        if (in_track[i] == next_out) {/* 当前车厢正好应该出 */
            EnQueue(out_track, i); /* 当前车厢的原始位序入列出轨 */
            next_out++; /* 更新下一个应该出轨的车厢编号 */
        }
        else {
```

```c
        /* 从缓冲轨中找到应该进入出轨的车厢 */
        for (j=0; j<k; j++) {   /* 考查每一缓冲轨队列 */
            front_crg = GetFront(buffer[j]);/*查看队列j的头元素*/
            if ((front_crg!=NIL)
                 && (in_track[front_crg]==next_out)) {
                /* 如果找到应该进入出轨的 */
                /* 该车厢的原始位序入列出轨 */
                EnQueue(out_track, front_crg);
                DeQueue(buffer[j]);  /* 并从删除区删除 */
                next_out++;  /* 更新下一个应该出轨的车厢编号 */
            }
        }
        /* 将当前车厢放入缓冲区，保证其编号比队尾大 */
        max_rear = 0;
        max_buffer = -1;
        for (j=0; j<k; j++) {
            rear_crg=GetRear(buffer[j]);/*查看队列j的尾元素*/
            if ((rear_crg != NIL)
                 && (in_track[i] > in_track[rear_crg])) {
                /*找比当前编号小的最大元*/
                if (in_track[rear_crg] > max_rear) {
                    /* 最大队尾元素值 */
                    max_rear =  in_track[rear_crg];
                    /* 最大队尾元素所在的队列编号 */
                    max_buffer = j;
                }
            }
        }
        if (max_buffer != -1) {  /* 找到了则入列 */
            EnQueue(buffer[max_buffer], i);
        }
        else {  /* 找一个空的缓冲轨入列 */
            for (j=0; j<k; j++) {
                if (IsEmpty(buffer[j])) {
                    break;
                }
            }
            if (j<k) {
                EnQueue(buffer[j], i);
            }
            else {
                printf("错误：任务不可能完成。\n");
                ret = false;
```

```
                    break;
                }
            }
        }
    }
    while (ret==true && next_out<=n) {
        for (j=0; j<k; j++) { /* 考查每一缓冲轨队列 */
            front_crg = GetFront(buffer[j]); /* 查看队列j的头元素 */
            if ((front_crg!=NIL)
                && (in_track[front_crg]==next_out)) {
                /* 如果找到应该进入出轨的 */
                /* 该车厢的原始位序入列出轨 */
                EnQueue(out_track, front_crg);
                DeQueue(buffer[j]); /* 并从删除区删除 */
                next_out++; /* 更新下一个应该出轨的车厢编号 */
                break;
            }
        }
    }
    for (i=0; i<k; i++) {
        DestroyQueue(buffer[i]);
    }
    return ret;
}
/* 算法3-15 结束 */
```

3.2 基础练习

练习 3-1 仅有头指针的队列

1. 实验目的

熟练掌握顺序循环队列的实现。

2. 实验要求

（1）题目描述

如果用一个循环数组表示队列，且只有一个队列头指针 *front*，不设队列尾指针 *rear*，而设置计数器 *count* 用以记录队列中结点的个数。请编写算法，实现队列的三个基本运算：判空、入队、出队。

（2）函数接口定义

    bool IsEmpty(Queue queue);
    void EnQueue(Queue queue, QElemSet x);
    void DeQueue(Queue queue);

其中，顺序队列Queue的定义如下：

```
typedef int Position;    /* 整型下标，表示元素的位置 */
typedef struct QueueNode *Queue;
struct QueueNode {
   int capacity;         /* 顺序队列的容量 */
   Position front;       /* 顺序队列的队首指针，初始化为0 */
   int count;            /* 顺序队队列中结点的个数，初始化为0 */
   QElemSet *data;       /* 存储数据的数组 */
};
```

函数接口定义中，QElemSet是用户定义的数据类型，例如int、double或者char等。函数IsEmpty的功能是判断queue是否为空队，若是则返回true，否则返回false；函数EnQueue将元素x插入队尾；函数DeQueue将队首元素删除。

当调用EnQueue但队列已满，或调用DeQueue但队列为空时，应该在一行中输出错误信息"ERROR"。

（3）测试用例（此处QElemSet定义为int）（见表3-2）

裁判测试函数首先读入队列容量，创建具有该容量的空队列。随后每行读入一个指令并处理：若指令为"I x"，则将x入队；若指令为"O"，则输出队首元素值并将其出队；若指令为"E"则结束程序。

表3-2 练习3-1测试用例

序号	输入	输出	说明
0	3 I 1 I 2 I 3 I 4 O I 5 O O O O E	ERROR 1 2 3 5 ERROR	"I 4"用于测试队满溢出的情况；出队一次再处理"I 5"，测试循环的正确性；最后一个"O"测试判空的实现是否正确
1	略	略	大规模随机测试

3. 实现要点

除了将原始的队列定义中的 *rear* 指针换成 *count*，应最大程度地保持原有定义和接口不变；特别是 GetFront 函数，仍应返回 *queue->front* 位置上的元素值。以下两个函数在接口不变的情况下，也需要根据新的定义做一些调整：

InitQueue：初始化时要删除对 *rear* 的操作，改用 *queue->count = 0* 来初始化 *count*。此外，由于 *count* 值可以直接用于判断队列的空或满状态，不必多浪费一个元素的空间，所以在初始化队列时，不必额外多开一个元素空间。

IsFull：判断队满时，可以直接比较 *count* 和 *capacity* 的值，当二者相等时返回 true，否则返回 false。

（1）算法分析与代码

由于 *count* 记录的是队列中结点的个数，判空就变得十分简单，只要看 *count* 值是否为 0 即可。

入队操作执行前，必须先判断队列是否已满，若满则输出错误信息。当允许插入时，由于没有 *rear* 了，则需要通过计算得到队尾的空位置。不同的初始化定义可能导致计算公式的不同，这里将 *front* 和 *count* 都初始化为 0，则队尾的空位就在 *front+count* 位置上。对于循环数组而言，计算结果要对 *capacity* 取模。

出队操作仍然是将 *front* 值增 1，当然也需要对 *capacity* 取模。

与原始队列不同之处在于，入队和出队都会改变 *count* 的值，需注意要在入队和出队操作成功后，对 *count* 值做相应的增减操作。代码 3-27 给出了三个函数的实现。

代码 3-27
仅有头指针的队列之判空、入队、出队

（2）复杂度分析

三个操作都仅涉及简单的计算和赋值，所以时间复杂度都是 $O(1)$。

练习 3-2 栈操作的合法性

1. 实验目的

熟练掌握栈的基本操作。

2. 实验要求

（1）题目描述

假设以"S"和"X"分别表示入栈和出栈操作。如果根据一个仅由 S 和 X 构成的序列对一个空堆栈进行操作，相应操作均可行（如没有出现删除时栈空）且最后状态也是栈空，则称该序列是合法的堆栈操作序列。请编写程序，输入 S 和 X 序列，判断该序列是否合法。

（2）输入输出说明

输入格式：输入的第一行给出两个正整数 n 和 m，其中 n 是待测序列的个数，m（≤ 50）是堆栈的最大容量。随后 n 行，每行中给出一个仅由 S 和 X 构成的序列。序列保证不为空，且长度不超过 100。

输出格式：对每个序列，如果该序列是合法的堆栈操作序列，在一行中输出 YES，否则输出 NO。

（3）测试用例（见表 3-3）

表 3-3　练习 3-2 测试用例

序号	输入	输出	说明
0	4 10 SSSXXSXXSX SSSXXSXXS SSSSSSSSSSXSSXXXXXXXXXXX SSSXXSXXX	YES NO NO NO	NO 的情形包括堆栈非空、X 空栈、S 满栈，非法操作发生在序列中间及结尾
1	6 3 S X XX SS SX XS	NO NO NO NO YES NO	最短序列、次短序列
2	略	略	最长序列，复杂组合

3. 实现要点

（1）算法分析与代码

本题的算法十分简单，首先用一个循环来处理每个序列。在一次循环里，将待处理的序列读入一个字符串中，然后逐一检查每个字符：如果是 S，检查入栈是否成功（如果堆栈已满则不成功）；如果是 X，检查出栈是否成功（如果堆栈已空则不成功）。最后当所有字符都处理完时，检查当前堆栈是否正好为空，如果还没空也要报错。

注意到我们并不关心堆栈里的元素是什么，只关心这个操作能否执行，所以入栈时随便把什么元素压入都可以。但入栈成功与否必须返回一个 bool 标识，出栈时也同样需要标识，所以需要把栈的标准操作中的 Push 和 Pop 略做修改，增加 bool 型的返回值。特别是当操作不成功时，不需要输出错误信息，只需要返回 false。

另外，每次循环要处理一个新序列时，必须把上次循环后可能残留在堆栈中的元素清空，所以还需要实现一个清空函数 Clear。

3.2 基础练习

因为题目明确给出了栈的最大容量，所以采用顺序栈。代码 3-28 给出了具体的实现。

代码 3-28
栈操作的合法性

（2）复杂度分析

除了 Clear 函数外，顺序栈的其他操作的时间复杂度都是常数 $O(1)$。而 Clear 函数的操作次数不会超过输入序列中 S 的个数，所以整体时间复杂度是与所有序列的长度之和成正比的，最坏情况下是 $O(n \times kMaxStr)$。

空间使用方面，由于使用了容量为 m 的栈以及长度为 kMaxStr 的字符串，所以空间复杂度是 $O(m+kMaxStr)$。当然，输入序列实际上是不需要被存储的，可以逐一读入字符并逐一处理字符。但这样做带来的问题是，当遇到一个不合法的操作字符时，如果程序跳出循环输出结果，则剩下的字符会留在输入中，如果不逐一读完，会影响下一个序列的正确读入。所以如果要节省字符串存储的空间，程序中就需要加入额外的处理剩余字符的代码。从工程师的角度看，用少量空间换取代码的简洁，是更好的做法。

练习 3-3 用两个栈实现队列 [①]

1. 实验目的
熟练掌握堆栈和队列的基本操作。

2. 实验要求
（1）题目描述

一个队列（先进先出结构）可以用两个堆栈（后进先出结构）来实现，方法如下：

① 从两个空堆栈 s_1 和 s_2 开始。

② 当元素 e 入队时，它实际上是被推入 s_1。

③ 当需要出队时，首先检查 s_2。如果 s_2 是空的，则把 s_1 中的元素全部导入 s_2，即将每个元素从 s_1 弹出后马上推入 s_2，然后从 s_2 中弹出元素——s_2 顶端元素一定是第一个进入 s_1 的，所以是应该出列的第一个元素。

假设每个堆栈的推入和弹出操作都用 1 个单位时间，请给出每个出队操作所花的时间。

（2）输入输出说明

输入格式：输入的第一行给出一个正整数 n（$\leq 10^3$），即操作数量。随后 n 行，每行按"操作 元素"格式给出一个操作，其中"操作"为 I（入队）或 O（出队）。每个

[①] 题目引用自攀拓真题（2023 年夏季）。

I 操作后面跟的"元素"是一个不超过 10^6 的正整数。O 操作后面不跟任何元素。题目保证至少有一个 O 操作。

输出格式:对每个出队操作,在一行中输出出队的元素和出队操作所花费的单位时间数量,其间以一个空格分隔,行首尾不得有多余空格。

若出队操作被调用时队列是空的,则在对应行中输出 ERROR。

(3)测试用例(见表 3-4)

表 3-4 练习 3-3 测试用例

序号	输入	输出	说明
0	10 I 20 I 32 O I 11 O O O I 100 I 66 O	20 5 32 1 11 3 ERROR 100 5	一般情况测试
1	1 O	ERROR	最小规模
2	略	略	最大规模连续入队
3	略	略	最大规模随机数据

3. 实现要点

(1)算法分析与代码

本题的主干算法其实已经在题目描述中给出,只要按照题目要求去处理每个操作即可。首先初始化一个队列。在读入操作数量 n 之后,用一个循环逐一读入操作代码。如果代码是 I 则再多读入一个数字,执行入列;否则代码一定是 O,此时判断队列是否为空,若空则输出错误信息,否则执行出队,同时计算出队所用的时间,输出结果。

代码 3-29 给出了程序的主函数,其中顺序栈的定义及操作已经在代码 3-1 至 3-5 中给出,在此不再重复。关于这个特殊的队列,我们定义了两个结构:

代码 3-29、3-30 用两个栈实现队列的主函数、队列操作的核心函数

① 队列本身定义为由两个栈组成的结点 QNode,Queue 是指向这个结点的指针。

② 注意到DeQueue不仅需要返回队首元素的值，还要返回执行此次操作所耗费的时间。为方便起见，我们将这两个元素合成了一个结点DeQNode，将指向这个结点的指针 *elem* 作为参数传入DeQueue函数。

在上述算法中，涉及的核心队列操作有：初始化、入队、判空、出队。当然最后还应该销毁队列，释放空间。这些函数在代码3-30中实现。其中，比较复杂的操作是用于处理出队的DeQueue函数，其执行步骤在题目描述的第3步中已经写明：如果s_2是空的，则把s_1中的元素全部导入s_2，即将每个元素从s_1弹出后马上推入s_2。这部分每个元素耗费的时间是两个单位。最后，从s_2中弹出元素耗费一个单位时间。

注意：我们为两个栈都声明了n个元素的空间，而入队（即入栈）操作数量不会超过n，所以不存在栈满的问题，就没有实现队列判满的函数。

（2）复杂度分析

除了DeQueue函数外，队列的其他操作的时间复杂度都是常数$O(1)$。而DeQueue函数只有在队列非空时才会被调用，所以其操作总次数不会超过入队的次数；再宽泛一些，不会超过输入的操作数量n，所以整体时间复杂度最坏情况下是$O(n)$。

空间使用方面，由于使用了两个容量为n的栈，所以空间复杂度是$O(n)$。

*练习3-4　符号配对

1. 实验目的
掌握利用堆栈解决问题的方法。

2. 实验要求
（1）题目描述

请编写程序，检查C语言源程序中下列符号是否配对："/*"与"*/"、"("与")"、"["与"]"、"{"与"}"。

（2）输入输出说明

输入格式：输入一个C语言源程序。当读到某一行中只有一个句点"."和一个回车时，标志着输入结束。程序中需要检查配对的符号不超过100个。

输出格式：如果所有符号配对正确，则在第一行中输出YES，否则输出NO。在第二行中输出第一个不配对的符号：如果缺少左符号，则输出"?-右符号"；如果缺少右符号，则输出"左符号-?"。

（3）测试用例（见表3-5）

表 3-5　练习 3-4 测试用例

序号	输入	输出	说明

0	void test()
	{
	　　int i, A[10];
	　　for (i=0; i<10; i++) /*/
	　　　A[i] = i;
	}.
		NO
		/*-?
			缺右符号

1	void test()
	{
	　　int i, A[10];
	　　for (i=0; i<10; i++) /**/
	　　　A[i] = i;
	}].
		NO
		?-]
			缺左符号

2	void test()
	{
	　　int i
	　　double A[10];
	　　for (i=0; i<10; i++) /**/
	　　　A[i] = 0.1*i;
	}.
		YES	匹配正确

3	((((s d){*})/****/).	NO (-?	开头有多余左符号

4	void test()
	{
	　　int i
	　　double A[10];
	　　for (i=0; i<10; i++) /**/
	　　　A[i] = 0.1*i;
	}
	))).
		NO
		?-)
			结尾有多余右符号

5	略	略	左右符号个数相同，达到最大值，但不匹配

3. 实现要点

左右符号匹配问题是栈的最典型应用之一。

（1）算法分析与代码

本题的核心算法步骤如下：

① 首先应读入一系列左半符号。

② 当读到一个右半符号时，将之与最后一个读到的左半符号匹配。

③ 如果可以匹配就消掉一对，否则报错。

也就是后面读进的左半符号需要先处理，这是典型的"后进先出"案例，可以用一个辅助堆栈来保存顺序读入的左半符号。

代码3-31给出了这个核心算法步骤的实现函数SymbolMatching。由于在匹配不成功的情况下，该函数不仅要返回错误类型，还要返回失配的半边符号，为此我们设计了一个ResultNode结构，专门用于存储匹配结果。其中，*code*存匹配成功或者不成功的错误编码，*token*存失配的半边符号类型。*Resul*是指向这个结点的指针，也是函数SymbolMatching返回的数据类型。

代码 3-31
符号匹配的核心函数

注意到题目中只说明了"程序中需要检查配对的符号不超过100个"，但没有给出程序会有多长，所以无法将整个程序先存储再处理，而必须一边读入一边处理。事实上符号匹配的核心算法就是一个在线处理的算法。

在函数SymbolMatching中，除了用到标准的栈操作之外，还有两个辅助函数：GetToken从输入中读取一个符号并且返回符号类型；IsMatched判断一左一右两个符号是否为匹配的一对。这两个函数和主函数以及各种结构定义一起，在代码3-32中给出。

代码 3-32
符号匹配的主函数

将符号类型定义为enum类型是一个常见的技巧，由于每一对符号的左右半边都是相邻排列的，它们的enum值自然就相差1。这使得判断一对左右符号是否匹配变得十分简单，只要判断右符号的值是否等于左符号的值加1即可。代码3-32中的IsMatched函数就是这样实现的。

GetToken函数在具体实现时需要注意两个略微困难的点：

① 如何识别注释符。其他符号都只有一个字符，但注释符是由两个字符组成的，所以在读到"/"或"*"时，都要多读一个字符才能判断。但如果读进来的第二个字符并不能跟前一个字符组成注释符，那么还需要对第二个字符递归调用GetToken来判断其类型，否则就不能正确判断如"a/(b+c)"这样的输入了。

② 如何判断程序的结尾。题目要求中说明"某一行中只有一个句点和一个回车"就表示输入结束，这里其实包含了三个要素：读到回车、读到句点、再读到回车。GetToken函数中，每次读到一个回车都会进行特殊检查，多读一个字符，看是否为句点，如果是则再次多读一个字符，看是否为回车。中间任何一步回答了"不是"，则必须递归调用GetToken来判断当前读入的字符类型。

最后，由于主函数需要输出失配的半边符号，所以还需要一个PrintSymbol函数，将符号类型翻译成原始符号进行输出。

（2）复杂度分析

由于输入的每个字符都只被处理了一次，所以时间复杂度显然是 $O(n)$，这里 n 是输入的总长度。又因为需要一个辅助堆栈存放左半符，所以额外的空间复杂度也是 $O(n)$。

3.3 进阶实验

实验 3-1　在一个数组中实现两个栈

1. 实验目的
（1）灵活掌握特殊栈的设计思想。
（2）熟练掌握栈的操作实现。

2. 实验要求
（1）题目描述

试在一个长度为 n 的数组中实现两个栈，使得二者在元素的总数为 n 之前都不溢出，并保证 Push 和 TopPop 操作的时间代价为 $O(1)$。

（2）函数接口定义

　　void InitStack (Stack stack, int n);
　　bool Push (Stack stack, int tag, SElemSet x);
　　bool IsEmpty(Stack stack, int tag);
　　SElemSet TopPop (Stack stack, int tag);

其中，Stack 数据类型的定义如下：

```
typedef int Position; /* 整型下标，表示元素的位置 */
typedef struct StackNode *Stack;
struct StackNode {
    int capacity;            /* 两个顺序栈的总容量 */
    Position top1, top2;     /* 两个顺序栈的栈顶指针 */
    SElemSet *data;          /* 存储数据的数组 */
};
```

函数接口定义中 SElemSet 是用户定义的数据类型，例如 int、double 或者 char 等；n 是数组的长度，也就是两个栈的总容量；tag 是栈的编号，为 1 时表示对 *top*1 所指的栈顶进行操作，为 2 时表示对 *top*2 所指的栈顶进行操作。

InitStack 函数需要将 stack 进行初始化，即将 n 赋值给 *capacity*，为 n 个元素声明数组空间，并且定义两个栈顶指针的初值。

Push 函数将 *x* 插入第 *tag* 个栈。注意：如果栈已满，Push 函数必须输出"Stack Full"并且返回 false。成功插入则返回 true。

IsEmpty 函数判断第 *tag* 个栈是否为空，空则返回 true，否则返回 false。

TopPop 函数是标准栈函数 Top 和 Pop 的组合，需要将第 *tag* 个栈的栈顶元素从该栈中移除，并返回其值。如果第 *tag* 个栈是空的，则 Pop 函数必须返回 ERROR。

（3）测试用例（见表3-6）

测试主函数首先读入正整数 *n*，创建 stack 并调用 InitStack 完成初始化。随后逐行读入指令，格式为"Push tag x"或"Pop tag"，或"End"，然后根据指令调用相应函数。当读入"End"后，将两个栈的元素逐一弹出并打印。

表 3-6 实验 3-1 测试用例

序号	输入	输出	说明
0	5 Push 1 1 Pop 2 Push 2 11 Push 1 2 Push 2 12 Pop 1 Push 2 13 Push 2 14 Push 1 3 Pop 2 End	Stack 2 is Empty Stack Full 3 is not in Stack 1 Pop from Stack 1: 1 Pop from Stack 2: 13 12 11	测试空栈和满栈的情况；结束时两个栈都非空
1	5 Push 1 10 Push 2 5 Push 2 4 Push 2 3 Push 2 2 Push 2 1 End	Stack Full 1 is not in Stack 2 Pop from Stack 1: 10 Pop from Stack 2: 2 3 4 5	只向第二个栈中插入
2	5 Push 2 10 Push 1 5 Push 1 4 Push 1 3 Push 1 2 Push 1 1 End	Stack Full 1 is not in Stack 1 Pop from Stack 1: 2 3 4 5 Pop from Stack 2: 10	只向第一个栈中插入

续表

序号	输入	输出	说明
3	1 Push 1 3 Pop 1 Pop 1 Push 1 7 End	Stack 1 is Empty Pop from Stack 1: 7 Pop from Stack 2:	最小规模数据

3. 实现要点

在一个数组中放两个栈,有不只一种做法。

方法一:首尾相接

事先将数组一分为二,例如将下标从 0 到 $n/2-1$ 的空间分配给第一个栈,将下标从 $n/2$ 到 $n-1$ 的空间分配给第二个栈。如图 3-1 所示。

图 3-1 两个栈的首尾相接法示意图

这种方法在两个栈都不满的情况下是很简单的。但一旦其中一个栈满了,而另一个栈没满,就不得不将没满的那个栈里所有元素进行移动,为已经满的那个栈腾挪出空间。这样 Push 操作的时间复杂度就不是 $O(1)$,而是 $O(n)$ 了。测试数据 1 和 2 都是测试这种做法的最坏情况的,整体时间复杂度达到 $O(n^2)$。当数据量很大(例如达到十万数量级)时,这种实现方法会使得每个操作的速度减缓得非常明显。

此外,腾挪空间将改变第二个栈的栈底位置,这使得第一个栈的判满和第二个栈的判空都变得复杂。

另外还可以将两个堆栈的底部都设置在数组中间,令第一个栈顶从右向左移动,第二个栈顶从左向右移动,这样做会使得两个栈的判满变简单。但这种方法并没有解决上述效率问题,并且空间腾挪仍然会引起栈底位置改变,这将使两个栈的判空都变得复杂。

方法二:两端设为栈底

将数组的左端设为第一个栈的栈底,右端设为第二个栈的栈底,两个栈的栈顶指针向中间移动。如图 3-2 所示。

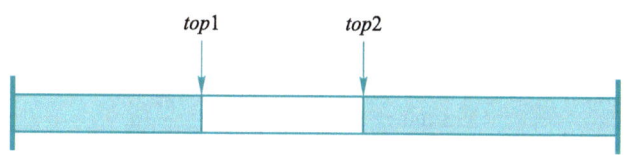

图 3-2 数组两端设为栈底的示意图

这种方法完美保证了，在两个栈的元素总量达到 n 之前，任何一个栈都可以正常插入，并且不需要任何空间的腾挪。只有当 $top1$ 的值等于 $top2-1$ 时，两个栈才真正都满了，无法再做插入。另一方面，两个栈的栈底都是固定的，判空也很简单。这种设置下，插入和删除的时间复杂度都是 $O(1)$。

实验 3-2　出栈序列的合法性

1. 实验目的
熟练掌握栈的基本操作。

2. 实验要求
（1）题目描述

给定一个最大容量为 m 的堆栈，将 n 个数字按 $1, 2, 3, \cdots, n$ 的顺序入栈，允许按任何顺序出栈，则哪些数字序列是不可能得到的？例如给定 $m=5$、$n=7$，则有可能得到 $\{1, 2, 3, 4, 5, 6, 7\}$，但不可能得到 $\{3, 2, 1, 7, 5, 6, 4\}$。

（2）输入输出说明

输入格式：输入的第一行给出三个不超过 1000 的正整数：m（堆栈最大容量）、n（入栈元素个数）、k（待检查的出栈序列个数）。最后 k 行，每行给出 n 个数字的出栈序列。所有同行数字之间以空格分隔。

输出格式：对每一行出栈序列，如果其的确是有可能得到的合法序列，就在一行中输出"YES"，否则输出"NO"。

（3）测试用例（见表3-7）

表 3-7　实验 3-2 测试用例

序号	输入	输出	说明
0	5 7 5 1 2 3 4 5 6 7 3 2 1 7 5 6 4 7 6 5 4 3 2 1 5 6 4 3 7 2 1 1 7 6 5 4 3 2	YES NO NO YES NO	一般情况

续表

序号	输入	输出	说明
1	5 10 1 5 6 4 8 10 9 7 3 2 1	NO	达到最大容量后又溢出
2	7 7 3 3 2 1 7 5 6 4 7 6 5 4 3 2 1 5 6 4 3 7 2 1	NO YES YES	$M=N$
3	略	略	最大规模
4	1 1 1 1	YES	最小规模
5	5 7 2 3 5 2 4 7 6 1 3 5 4 2 7 1 6	NO NO	卡住通过比较大小判断的错误算法

3. 实现要点

首先需要用一个循环处理每一个数列，每次都先把整个数列存在一个数组中，准备好一个空栈用于检查。

对每个输入的数列，需要一个循环，顺序把 $i=1\sim n$ 压入栈。

先把 i 压入栈，再顺序检查数列中的每个元素：如果此时栈顶元素与当前元素相同，说明这一步是可行的，执行一次出栈，继续检查下一个元素，直到遇到不相同的元素；如果不相同，则将下一个数字 $i+1$ 入栈，再进行比对。

报错的情况有两种：一是入栈时发现栈已满，说明需要的容量超过了最大容量；另一种是完成了所有 $1\sim n$ 的入栈比对后，发现栈里还有剩余元素，说明输入数列里当前被检查的元素还在栈里弹不出来。

注意：在检查过程中，我们需要先比较栈顶元素与当前待检元素，相同时才出栈，所以比较时要调用的是 Top 函数，不可直接调用 Pop 函数。

有一种比较常见的错误算法是：用数列当前待检元素跟其之前的一个元素求差，如果差不超过 m，就认为是合法的。测试数据第 5 组的第一个序列就是一个反例。

实验 3-3　简单计算器[①]

1. 实验目的

熟练掌握栈的基本操作。

---

① 题目引用自团体程序设计天梯赛真题（2020年）。

2. 实验要求

（1）题目描述

本题要求为初学数据结构的小伙伴设计一款简单的利用堆栈执行的计算器。如图 3-3 所示，计算器由两个堆栈组成，一个堆栈 s_1 存放数字，另一个堆栈 s_2 存放运算符。计算器的最下方有一个等号键，每次按下这个键，计算器就执行以下操作：

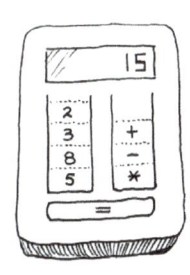

图 3-3 计算器

① 从 s_1 中弹出两个数字，顺序为 n_1 和 n_2；

② 从 s_2 中弹出一个运算符 op；

③ 执行计算 n_2 op n_1；

④ 将得到的结果压回 s_1。

直到两个堆栈都为空时，计算结束，最后的结果将显示在屏幕上。

（2）输入输出说明

输入格式：输入的第一行给出正整数 n（$1<n\leq 10^3$），为 s_1 中数字的个数；第二行给出 n 个绝对值不超过 100 的整数；第三行给出 $n-1$ 个运算符，这里仅考虑 +、-、*、/ 这 4 种运算。一行中的数字和符号之间都以空格分隔。

输出格式：将输入的数字和运算符按给定顺序分别压入堆栈 s_1 和 s_2，将执行计算的最后结果输出。注意：所有的计算都只取结果的整数部分。题目保证计算的中间和最后结果的绝对值都不超过 10^9。如果执行除法时出现分母为零的非法操作，则在一行中输出"ERROR: X/0"，其中 X 是当时的分子，然后结束程序。

（3）测试用例（见表 3-8）

表 3-8 实验 3-3 测试用例

序号	输入	输出	说明
0	5 4 0 5 8 3 2 / * - +	2	4 种运算都有，最后不是整数
1	5 2 5 8 4 4 * / - +	ERROR: 5/0	测试除零错误
2	5 19 7 -2 3 24 - * + /	203	有负数，中间结果不是整数
3	10 8 9 2 3 11 58 72 2 4 0 * * + + - - / / / /	ERROR: 4/0	第一步就除零

续表

序号	输入	输出	说明
4	5 0 23 23 1 1 / - * /	ERROR: 0/0	最后一步除零
5	2 100 1 -	99	最小规模，取边界值
6	略	略	最大规模随机

3. 实现要点

由于运算数的个数上限已经明确给定，所以用顺序栈实现比较方便。

程序首先应该为运算数和运算符分别创建两个栈。注意到这两个栈元素的类型本应不相同，s_1 存整型运算数，s_2 存字符型运算符。如此一来就需要维护两套不同的栈定义和操作。但如果我们灵活一点，将运算符用整数来表示，就可以避免这种麻烦了。

在顺序读入输入数据并逐一将数据压入对应的栈后，就可以开始计算了。按照题面要求，每次从 s_1 中弹出两个元素，从 s_2 中弹出一个元素，根据 s_2 中弹出元素的类型执行对应的计算，然后把结果压入 s_1 即可。如此一直执行到 s_2 变空为止。唯一需要处理的特殊情况，就是当 s_2 中弹出的元素对应的是除法计算，而同时 s_1 中弹出的第一个元素（分母）为 0 时，需要输出错误信息。

实验 3-4　取行李 [①]

1. 实验目的

熟练掌握循环队列的基本操作。

2. 实验要求

（1）题目描述

假设有一座特别的机场，其到达区行李提取处每条传送带只有一个取行李的窗口。旅客须排好队，逐一到窗口取自己的行李。当某位旅客到窗口前发现行李不是自己的，只能走到队尾去等下一次机会。此时那件行李会一直等在窗口，直到主人将其取走。假设每一次认领需要 1 分钟，本题要求计算清空传送带需要的时间以及旅客的平均等待时间。

---

① 　题目引用自攀拓真题（2022 年冬季）。

例如，假设行李 i 属于旅客 i。行李的到达顺序是 1、2、3，旅客的到达顺序是 2、1、3。则1号行李要等 2 分钟才能被主人1号旅客取走。这时行李队列中有2、3，旅客队列中是 3、2。于是2号行李还要等 2 分钟才能被2号旅客取走，最后3号在第5分钟取走行李。旅客的平均等待时间是 $(2+4+5)/3≈3.7$。

（2）输入输出说明

输入格式：输入的第一行给出正整数 $n(1<n \leqslant 10^3)$。第二行给出 n 个数字，是 $[1,n]$ 区间内整数的一个重排列，表示旅客队列。这里假设行李队列是按 $1, 2, \cdots, n$ 有序的，并且行李 i 属于旅客 i。一行中的数字之间以空格分隔。

输出格式：在一行中输出传送带清空需要的时间以及旅客的平均等待时间（保留小数点后一位）。数字之间以一个空格分隔，行首尾不得有多余空格。

（3）测试用例（见表3-9）

表 3-9 实验 3-4 测试用例

序号	输入	输出	说明
0	5 3 5 1 2 4	9 6.0	一般情况
1	9 1 2 3 4 5 6 7 8 9	9 5.0	小规模全顺序
2	1 1	1 1.0	最小规模
3	2 2 1	3 2.5	次小规模
4	略	略	最大规模逆序
5	略	略	随机最大规模

3. 实现要点

由于旅客总人数已经给定了范围，所以用顺序队列作为旅客队列是比较方便的，其容量就设置为旅客人数 n。但因为旅客出队后还会入队，所以必须使用循环队列。

还需要维护两个计时器：一个是当前流逝的时间 $time$，一个是所有旅客等待时间的总和 $total\_time$。

程序首先应按输入的顺序将所有旅客入队，然后循环处理每件行李，从编号为1的行李开始。在每一次循环中有一位旅客出队，$time$ 增1；如果该旅客的编号与当前行李编号相同，那么 $time$ 就是该旅客等待的时长，这个时长要加到 $total\_time$ 上，随后行李编号增1，表示这位旅客取走了行李；如果两个编号不相等，则该旅客重新入队。循环

一直持续到编号为 n 的行李被取走为止。因为在这个循环中，行李编号并不一定每次都增1，所以适合用while循环来实现。事实上，最坏情况是旅客队伍的编号和行李编号顺序正好相反，那么清空所有行李的时间复杂度就会达到 $O(n^2)$。

当所有行李都被取走时，当前流逝的时间 *time* 就是第一个输出，*total_time* / *n* 是旅客的平均等待时间。

实验 3-5　双端队列

1. 实验目的
熟练掌握循环队列的基本操作。

2. 实验要求
（1）题目描述

双端队列（deque，即 double-ended queue 的缩写）是一种具有队列和栈性质的数据结构，即可以（也只能）在线性表的两端进行插入和删除。若以顺序存储方式实现双端队列，请编写例程实现下列操作：

EnQueue(deque, x)：将元素 *x* 插入双端队列 *deque* 的头部。

DeQueue(deque)：删除双端队列 *deque* 的头元素，并返回其值。

Inject(deque, x)：将元素 *x* 插入双端队列 *deque* 的尾部。

Eject(deque)：删除双端队列 *deque* 的尾部元素，并返回其值。

（2）函数接口定义

bool EnQueue(Deque deque, QElemSet x);
QElemSet DeQueue(Deque deque);
bool Inject(Deque deque, QElemSet x);
QElemSet Eject(Deque deque);

其中，Deque 数据类型的定义如下：

```
typedef int Position;  /* 整型下标，表示元素的位置 */
typedef struct DequeNode *Deque;
struct DequeNode {
    int capacity;      /* 双端队列的容量 */
    Position front;    /* 双端队列的队首指针，初始化为0 */
    Position rear;     /* 双端队列的队尾指针，初始化为0 */
    QElemSet *data;    /* 存储数据的数组 */
};
```

函数接口定义中，QElemSet 是用户定义的数据类型，例如 int、double 或者 char 等。

注意：EnQueue 和 Inject 应该在正常执行完操作后返回 true，或者在队满时返回 false。当 *front* 和 *rear* 相等时队列为空，DeQueue 和 Eject 必须返回由裁判程序定义的

ERROR。队列数组中保留一个多余的空位，以区分队列的满和空状态。

（3）测试用例（见表3-10）

测试主函数首先读入正整数 n，创建容量为 $n+1$ 的 *deque* 并调用 InitDeque 函数完成初始化。随后逐行读入指令，格式为"EnQueue x""Inject x""DeQueue""Eject""End"之一，然后根据指令调用相应函数。若元素正常出列，会输出出列的元素；若入列或出列无法正常执行，会输出对应的错误信息。当读入"End"后，将 *deque* 中的元素逐一用 DeQueue 函数弹出并打印。

表 3-10 实验 3-5 测试用例

序号	输入	输出	说明
0	3 DeQueue Inject 1 DeQueue Eject EnQueue 2 EnQueue 3 Eject Inject 4 Inject 5 Inject 6 EnQueue 7 DeQueue End	Deque is Empty! 1 is out Deque is Empty! 2 is out Deque is Full! Deque is Full! 3 is out Inside Deque: 4 5	两端都遇到空和满，元素从一端入另一端出，测试队列循环利用
1	4 EnQueue 1 Eject Inject 3 EnQueue 2 Inject 6 EnQueue 8 End	1 is out Inside Deque: 8 2 3 6	Eject 最后一个元素，两端交错入队
2	3 Inject 6 DeQueue EnQueue 5 Eject EnQueue 1 EnQueue 2	6 is out 5 is out 1 is out 2 is out 3 is out 4 is out Inside Deque:	最后为空

续表

序号	输入	输出	说明
2	EnQueue 3 Eject Eject Inject 4 DeQueue DeQueue End		
3	略	略	大数据交错入队，用 DeQueue 删除
4	略	略	大数据交错入队，用 Eject 删除

3. 实现要点

可以将双端队列理解为两个栈底相连的栈，分别向左右两个方向延展。即 EnQueue 等价于左边的栈顶 *front* 向左移动进行入栈，DeQueue 等价于 *front* 向右移动进行出栈，Inject 等价于右边的栈顶 *rear* 向右移动进行入栈，Eject 等价于 *rear* 向左回退进行出栈。

需要注意的是，左边的栈进行 EnQueue 时 *front* 是在减小，为了保证循环计算时始终保证 *front* 的值是非负数，需要在其减 1 后加上 *capacity*，再对 *capacity* 取模。右边的栈进行 Eject 时，对 *rear* 的处理也是同理。

* 实验 3-6　滑动窗口的极值

1. 实验目的
熟练掌握循环队列的基本操作。

2. 实验要求
（1）题目描述

给定一个数组和一个整数 k，请设计一个线性时间的算法，计算每个长度为 k 的相邻子数组的最大值。

设长度为 k 的相邻子数组的左端点为 *left*，则其右端点就是 *left*+k-1，称这个区间 [*left*, *left*+k-1] 为一个观察窗口。令 *left* 从数组下标 0 开始向右滑动，则观察窗口就相应地向右滑动。题目要求输出滑动过程中每个窗口内的最大值。例如，在 k = 3 时，数组 {1, 2, 3, 1, 4, 5, 2, 3, 6} 对应的输出为 {3, 3, 4, 5, 5, 5, 6}。

（2）输入输出说明

输入格式：输入的第一行给出两个正整数 n（$2<n\leq10^5$）和 k（$1<k\leq10^4$ 且 $k<n$）。

3.3 进阶实验

第二行给出 n 个数组中的数字,是不超过 10^9 的正整数。一行中的数字之间以空格分隔。

输出格式:在一行中输出从左到右每个长度为 k 的相邻子数组的最大值。数字间以一个空格分隔,行首尾不得有多余空格。

(3)测试用例(见表3-11)

表 3-11　实验 3-6 测试用例

序号	输入	输出	说明
0	9 3 1 2 3 1 4 5 2 3 6	3 3 4 5 5 5 6	一般情况
1	6 3 3 2 1 4 5 6	3 4 5 6	小规模先降后增
2	3 2 3 2 1	3 2	最小规模
3	略	略	最大规模半增半降序
4	略	略	最大规模降序
5	略	略	随机最大规模

3. 实现要点

最简单的方法是顺次扫描每个长度为 k 的相邻子数组。对于长度为 n 的数组,共有($n-k+1$)个这样的子数组,如果对每个数组都要做 k 次扫描才能得到最大值,则整体的时间复杂度是 $O(nk)$。

要设计时间复杂度只有 $O(n)$ 的算法,就必须做到在窗口滑动的过程中,能始终用 $O(1)$ 的时间知道窗口中的最大值。要做到这一点,借助双端队列是一个巧妙的方法。

注意到在任何一个窗口中,一个元素 x 如果比它左边的元素 y 大,则在窗口左端点 *left* 一路滑动到 x 这里时,y 都完全不可能影响滑动过程中的最大值。我们称这样的 y 为无用的元素,根本不需要考虑。于是可以推出,在任何一个窗口中,只有不小于其右边所有元素的元素才是可能成为后续窗口最大值的元素。换言之,任何一个窗口中,只有从最大值开始的非递增子序列才有可能影响后续的最大值,其他无用的元素都可以被直接删除,这样就大大减少了比较次数。

双端队列的解法是:用一个容量为 k 的双端队列 *deque* 保存当前窗口中的**有用元素**。因为窗口中最多只有 k 个元素,所以在实现的过程中我们不必担心队列溢出的问题(即不需要实现 IsFull 函数)。因为有用元素一定是非递增序列,队首 *front* 指向的元素就一定是窗口中的最大值，而 rear 端存的是最大值右边的最小值。算法步骤如下：

① 初始化第一个窗口。将前 k 个数逐一从 rear 端 Inject 入队。每个元素 a 入队前，先通过 GetRear 获得队尾元素，将 a 与队尾元素比较：如果 a 大于队尾元素，则这个队尾元素就是无用的，直接 Eject 删除之。重复这一步骤，直到队空或者队尾元素不小于 a，才将 a 从队尾入队。完成初始化后，输出第一个窗口的最大值，即 GetFront 获得的队首元素。

② 将窗口向右滑动。每滑动一位，需要考虑两件事：首先判断队首元素是否还在窗口中，如果被滑出窗口了，就通过 DeQueue 从队首删除，否则队首不动；其次将新滑入窗口的元素从队尾入队。这个入队的过程与步骤①中描述的过程是一样的，即在其真正入队之前，先将队列中所有比它小的无用元素删除。考虑完这两件事后，队列中存储的就是当前窗口中的有用元素了。输出队首元素即可。

这个算法中，虽然元素在入队前要经历一系列比较，这个操作不一定是 $O(1)$，但整体上看，每个元素仅入队一次，也仅出队一次，所以时间复杂度的确是 $O(n)$。

第 4 章

字符串

主教材的第 4 章介绍了字符串及其相关操作。具体如下：

① 与字符类型的线性表相比，字符串的重点是将串作为一个整体进行操作。

② 字符串可以用顺序存储，也可以用链式存储。

③ 字符串的主要操作除了常规的插入、删除、查找外，还有串接、匹配等。

本章将首先给出主教材中 16 个算法的具体实现，然后围绕字符串的操作及应用，给出 2 道基础练习题和 3 道进阶实验题，以训练学生熟练处理字符串的能力。本章实现的算法和习题涉及的知识内容见表 4-1。

表 4-1　第 4 章实验清单

类型	序号	标题	内容	知识点
算法	4-1	StrInsert (*s, pos, t*)	顺序存储字符串的插入操作	顺序存储字符串的操作
	4-2	StrRemove (*s, pos, len*)	顺序存储字符串的删除操作	顺序存储字符串的操作
	4-3	SubString (*s, pos, len*)	顺序存储字符串的截取子串操作	顺序存储字符串的操作
	4-4	StrConcat (*s,t*)	顺序存储字符串的连接操作	顺序存储字符串的操作
	4-5	StrCompare (*s,t*)	顺序存储字符串的比较操作	顺序存储字符串的操作
	4-6	StrInsert (*s, pos, t*)	链式存储字符串的插入操作	链式存储字符串的操作
	4-7	StrRemove (*s, pos, len*)	链式存储字符串的删除操作	链式存储字符串的操作
	4-8	SubString (*s, pos, len*)	链式存储字符串的截取子串操作	链式存储字符串的操作
	4-9	StrConcat (*s,t*)	链式存储字符串的连接操作	链式存储字符串的操作
	4-10	StrCompare (*s,t*)	链式存储字符串的比较操作	链式存储字符串的操作
	4-11	PatternMatchBF (*s, t*)	朴素字符串模式匹配算法	字符串匹配
	4-12	Replace (*s, sub_s, t*)	字符串替换算法	字符串匹配
	4-13	GetNext (*t, next*)	求解字符串 *t* 的 *next* 数组	字符串匹配
	4-14	PatternMatchKMP (*s, t*)	字符串模式匹配的 KMP 算法	字符串匹配
	4-15	PatternMatchKR (*s,t*)	字符串模式匹配的 KR 算法	字符串匹配
	4-16	PatternMatchSunday (*s,t*)	字符串模式匹配的 Sunday 算法	字符串匹配
基础练习	4-1	字符串匹配算法比较	测试比较各种匹配算法的效率	字符串匹配
	4-2	剪切粘贴	对给定字符串进行剪切和粘贴操作，输出若干次操作后的结果	字符串操作
进阶实验	4-1	吃火锅	数对话中有几句话提到吃火锅	字符串匹配
	4-2	猜近似数字	给定一个数字让人猜，只错 1 位并且错位数字差不超过 1 都算猜对	字符串操作
	4-3	出院	将新饮料名称拆解成两个已知饮料的名称	字符串操作

4.1 算法实现

算法 4-1：顺序存储字符串的插入操作 StrInsert(*s*, *pos*, *t*)

代码 4-1 中给出了顺序存储的字符串的结构定义：String 是指向 StringNode 类型结点的指针；结点中包含数据存储的主体 *data*，是固定长度为 *kMaxSize* 的 char 型字符数组，另一个元素是 *length*，记录字符串的长度，即不包括结束符 "\0" 在内的字符的个数。因为是用数组实现的，元素的位置就是数组的下标，所以这里的位置 Position 类型就是整型 int。

主函数 main 读入主串 *s* 和待插入的字符串 *t*，再读入插入的位序 *pos*；调用 StrInsert 函数将 *t* 插入 *s* 的第 *pos* 个字符的位置，最后输出结果。注意：*pos* 是从 1 开始的位序，而不是从 0 开始的数组下标。

代码 4-1　顺序存储字符串的插入操作

```c
#include <stdio.h>
#include <stdlib.h>

#define kMaxSize 1001
typedef int Position;  /* 整型下标，表示元素的位置 */
typedef struct StringNode *String;
struct StringNode {
    char data[kMaxSize];   /* 存储字符的数组 */
    int length;            /* 字符串长度 */
};

String InitStr()
{ /* 初始化一个空的字符串 */
    String s;
    s = (String)malloc(sizeof(struct StringNode));
    s->length = 0;
    return s;
}

/* 算法4-1: 字符串插入操作 StrInsert(s, pos, t) */
void StrInsert(String s, Position pos, String t)
```

```c
{ /* pos 从 1 开始 */
    int n, m;
    Position i;

    n = s->length;
    m = t->length;
    if ((n+m)<kMaxSize) { /* 如果插入后不超长 */
        for (i=n; i>=(pos-1); i--) { /* i=n时将结束符后移 */
            /*将下标pos-1开始的子串后移,给t留出空位*/
            s->data[i+m] = s->data[i];
        }
        for (i=0; i<m; i++) {
            s->data[pos-1+i] = t->data[i]; /* 将t插入s */
        }
        s->length = n + m;
    }
    else {
        printf("错误:插入将导致字符串长度超限。\n");
    }
}
/* 算法4-1 结束 */
String ReadString()
{
    Position i;
    String s;

    s = InitStr(); /* 创建空的字符串 */
    i = 0;
    s->data[i] = getchar();
    while (s->data[i] != '\n') { /* 逐一读入字符,直到一行结束 */
        i++;
        s->data[i] = getchar();
    }
    s->data[i] = '\0'; /* 字符串结束符占1位 */
    s->length = i;
    return s;
}
int main(void)
{
    Position pos;
    String s, t;

    s = ReadString();
    t = ReadString();
```

4.1 算法实现

```
    scanf("%d", &pos);
    StrInsert(s, pos, t);
    printf("%s\n", s->data);
    return 0;
}
```

算法 4-2：顺序存储字符串的删除操作 StrRemove(*s*, *pos*, *len*)

顺序存储的字符串的结构定义已经在代码4-1中给出，故代码4-2中不再赘述，仅给出算法4-2的实现和用于测试算法的主函数main。主函数main中先读入主串*s*，再读入删除的起始位序*pos*和待删除的子串的长度*len*。调用StrRemove将*s*中从第*pos*个字符开始的*len*个字符删除。最后输出结果。注意：*pos*是从1开始的位序，不是从0开始的数组下标。

代码4-2 顺序存储字符串的删除操作

```
/* 算法4-2: 顺序存储字符串的删除操作 StrRemove(s, pos, len) */
void StrRemove(String s, Position pos, int len)
{ /* pos从1开始 */
    int n;
    Position i;

    n = s->length;
    if ((pos+len-1)<=n) {
        for (i=pos+len-1; i<=n; i++) { /* i=n处理结束符 */
            s->data[i-len] = s->data[i];
        }
        s->length = n - len;
    }
    else { /* 需要将从数组下标pos-1开始的所有字符都删掉 */
        s->data[pos-1] = '\0';
        s->lenqth = pos - 1;
    }
}
/* 算法4-2 结束 */
int main(void)
{
    Position pos;
    int len;
    String s;

    s = ReadString();
    scanf("%d %d", &pos, &len);
```

```c
    StrRemove(s, pos, len);
    printf("%s\n", s->data);
    return 0;
}
```

算法4-3：顺序存储字符串的截取子串操作 SubString(s, pos, len)

顺序存储的字符串的结构定义已经在代码4-1中给出，用于测试算法的主函数main与代码4-2非常相似，只是调用的函数从StrRemove换成SubString（当然还需要一个变量接收该函数返回的子串），故代码4-3仅给出算法4-3的核心代码实现。

代码4-3　顺序存储字符串的截取子串操作

```c
/* 算法4-3: 顺序存储字符串的截取子串操作  SubString(s, pos, len) */
String SubString(String s, int pos, int len)
{ /* pos从1开始 */
    int n;
    Position i;
    String sub_s;

    sub_s = InitStr(); /* 初始化新串sub_s */
    n = s->length;
    i = 0;
    while (((pos-1+i)<=n) && (i<len)) {
        /* 若s从pos-1开始不到len个字符，就截取到s的末尾为止 */
        /* 将s串从pos-1之后的len个字符复制到sub_s */
        sub_s->data[i] = s->data[pos-1+i];
        sub_s->length++;
        i++;
    }
    sub_s->data[i] = '\0';
    return sub_s;
}
/* 算法4-3 结束 */
```

算法4-4：顺序存储字符串的连接操作 StrConcat(s, t)

顺序存储的字符串的结构定义已经在代码4-1中给出，故代码4-4中不再赘述，仅给出算法4-4的实现和用于测试算法的主函数main。主函数main中先读入主串s，再读入待连接的字符串t。调用StrConcat将t连接在s的末尾。最后输出结果。

代码 4-4　顺序存储字符串的连接操作

```c
/* 算法4-4: 顺序存储字符串的连接操作   StrConcat(s,t) */
void StrConcat(String s, String t)
{
    int n, m;
    Position i;

    n = s->length;
    m = t->length;
    if ((n+m)<kMaxSize) { /* 若串接后不超长 */
        for (i=0; i<=m; i++) { /* i=m处理结束符 */
            s->data[n+i] = t->data[i];
        }
        s->length = n + m;
    }
    else {
        printf("错误：连接将导致字符串长度超限。\n");
    }
}
/* 算法4-4 结束 */
int main(void)
{
    String s, t;
    s = ReadString();
    t = ReadString();
    StrConcat(s,t);
    printf("%s\n", s->data);
    return 0;
}
```

算法 4-5：顺序存储字符串的比较操作 StrCompare(s, t)

顺序存储的字符串的结构定义已经在代码4-1中给出，故代码4-5中不再赘述，仅给出算法4-5的实现和用于测试算法的主函数main。主函数main中先读入两个字符串 s 和 t，将 StrCompare 的结果输出。

代码 4-5　顺序存储字符串的比较操作

```c
/* 算法4-5: 顺序存储字符串的比较操作   StrCompare(s,t) */
int StrCompare(String s, String t)
{
    int len, ret;
    Position i;
```

```
        len = min(s->length, t->length);
        i = 0;
        while ((i<len) && (s->data[i]==t->data[i])) {
            i++;  /* 顺次比较s和t等长的部分 */
        }
        if (i==len) { /* 等长部分都相等 */
            if (s->length > len) {
                ret = 1;
            }
            else if (t->length > len) {
                ret = -1;
            }
            else { /* s = t */
                ret = 0;
            }
        } /* 否则等长部分不相等 */
        else if (s->data[i] > t->data[i]) {
            ret = 1;
        }
        else {
            ret = -1;
        }
        return ret;
    }
    /* 算法 4-5 结束 */
    int main(void)
    {
        String s, t;
        s = ReadString();
        t = ReadString();
        printf("%d\n", StrCompare(s,t));

        return 0;
    }
```

算法 4-6：链式存储字符串的插入操作 StrInsert(s, pos, t)

代码4-6中给出了字符串链式存储的结构定义：*Position*是字符串中字符的位置，在单链表实现中就是指向StringNode类型结点的指针；结点中包含一个字符*data*，还有指向后继结点的指针（即下一个结点的位置）*next*。而字符串*String*被定义为指向StringHeadNode（即"字符串头结点"）类型结点的指针，结点中包含单链表的头指针

head 和表中元素的个数（表长）*length*。

主函数 main 与代码 4-1 中相应部分十分相似，区别只是无法利用 printf 函数直接输出字符串了，需要另外写一个输出字符串的函数 PrintString，将链表中的字符逐一输出。

注意到算法 4-6 中用一个 *flag* 变量标识插入操作是否能正常进行，这里将正常状态码 NormalCode 定义为 0，错误码 ErrorCode 定义为 1。在应用中，用户可以根据自己的需要定义状态码。

代码 4-6　链式存储字符串的插入操作

```c
#include <stdio.h>
#include <stdlib.h>

#define NormalCode 0
#define ErrorCode 1

typedef struct StringNode *Position; /* 指针即结点位置 */
struct StringNode {
    char data;          /* 存储数据 */
    Position next;      /* 链接存储中下一个元素的位置 */
};
typedef struct StringHeadNode *String;
struct StringHeadNode {
    Position head;      /* 字符串头指针，初始化为NULL */
    int length;         /* 字符串长度 */
};
String InitStr()
{ /* 初始化一个空的字符串 */
    String s;

    s = (String)malloc(sizeof(struct StringHeadNode));
    s->head = NULL;
    s->length = 0;

    return s;
}
/* 算法4-6: 链式存储字符串的插入操作 StrInsert(s, pos, t) */
void StrInsert(String s, int pos, String t)
{
    int flag, count;
    Position p, tail;

    flag = NormalCode;
    if (t->length>0) { /* 若t不是空串 */
        tail = t->head;
        while (tail->next != NULL) { /* 找到t的最后一个元素 */
```

```
                tail = tail->next;
            }
        if (s->length>0) { /* 若s不是空串 */
            p = s->head;
            count = 1;
            while ((p!=NULL) && (count<(pos-1))) {
                /* 找第pos个元素的前一个元素 */
                count++;
                p = p->next;
            }
            if (count==(pos-1)) { /* 将t插在p的后面 */
                tail->next = p->next;
                p->next = t->head;
            }
            else if (pos == 1) { /* t插在s的头 */
                tail->next = s->head;
                s->head = t->head;
            }
            else {
                printf("错误: 指定插入位置不存在。\n");
                flag = ErrorCode;
            }
        }
        else { /* 若s是空串 */
            s = t;
        }
    }
    if (flag != ErrorCode) { /* 正常完成插入 */
        s->length = s->length + t->length;
    }
}
/* 算法4-6 结束 */
String ReadString()
{
    String s;
    Position tail;
    char c;
    s = InitStr(); /* 创建空的字符串 */
    s->head = (Position)malloc(sizeof(struct StringNode));
    tail = s->head; /* 先创建临时空头结点 */
    c = getchar();
    while (c != '\n') {
```

```
            tail->next = (Position)malloc(sizeof(struct StringNode));
            tail->next->data = c;
            tail = tail->next;
            s->length++;
            c = getchar();
        }
        tail->next = NULL; /* 链表收尾 */
        tail = s->head;
        s->head = s->head->next;
        free(tail); /* 删除临时空头结点 */
        return s;
    }
    void PrintString( String s )
    {
        Position p;
        p = s->head;
        while (p != NULL) {
            printf("%c", p->data);
            p = p->next;
        }
    }
    int main(void)
    {
        int pos;
        String s, t;
        s = ReadString();
        t = ReadString();
        scanf("%d", &pos);
        StrInsert(s, pos, t);
        PrintString(s);
        return 0;
    }
```

算法 4-7：链式存储字符串的删除操作 StrRemove(*s*, *pos*, *len*)

代码 4-7 中用到的字符串结构定义及辅助代码与代码 4-6 中完全相同，用于测试的 main 函数与代码 4-2 相似，故不再赘述，只列出算法 4-7 的核心代码。

代码 4-7　链式存储的字符串的删除操作

```
/* 算法4-7: 链式存储字符串的删除操作  StrRemove(s, pos, len) */
void StrRemove(String s, int pos, int len)
```

```
{
    Position p, deleted, t;
    int count;
    if (s->length > 0) {
        p = s->head;
        count = 1;
        while ((p!=NULL) && (count<(pos-1))) {
            /* 找第pos个元素的前一个元素 */
            count++;
            p = p->next;
        }
        if ((pos==1) || (p!=NULL && count==(pos-1))) {
            /* 将p后面的len个结点删除 */
            if (pos==1) {
                deleted = s->head;
            }
            else {
                deleted = p->next;
            }
            count = 0;
            while ((deleted!=NULL) && (count<len)) {
                /* 不足len个则一直删到末尾 */
                t = deleted->next;
                free(deleted);
                count++;
                s->length--;
                deleted = t;
            }
            if (pos==1) {
                s->head = deleted;
            }
            else {
                p->next = deleted;
            }
        }
    }
}
/* 算法4-7 结束 */
```

算法 4-8：链式存储字符串的截取子串操作 SubString(*s*, *pos*, *len*)

代码4-8中用到的字符串结构定义及辅助代码与代码4-6中完全相同，用于测试的

main 函数与代码 4-3 相似，故不再赘述，只列出算法 4-8 的核心代码。

代码 4-8　链式存储的字符串的截取子串操作

```c
/* 算法4-8: 链式存储字符串的截取子串操作  SubString(s, pos, len) */
String SubString(String s, int pos, int len)
{
    String sub_s;
    Position p, t, tail;
    int count;

    sub_s = InitStr(); /* 初始化新串sub_s */
    if (s->length>0) { /* 若s不是空串 */
        p = s->head;
        count = 1;
        while ((p!=NULL) && (count<pos)) { /* 找第pos个元素 */
            count++;
            p = p->next;
        }
        if ((p!=NULL) && (count==pos)) {
            /* 将s串从pos之后的len个字符复制到sub_s */
            count = 0;
            /* 创建临时空头结点 */
            sub_s->head =
                    (Position)malloc(sizeof(struct StringNode));
            tail = sub_s->head;
            while ((p!=NULL) && (count<len)) {
                /* 若从pos开始不到len个字符，就截取到s的末尾 */
                t = (Position)malloc(sizeof(struct StringNode));
                t->data = p->data; /* 复制一个新结点 */
                t->next = NULL;
                tail->next = t;    /* 将新结点接到sub_s的末尾 */
                tail = tail->next;
                sub_s->length++;   /* sub_s 长度加1 */
                p = p->next;
                count++;
            }
        }
    }
    tail = sub_s->head;
    sub_s->head = tail->next;
    free(tail);
    return sub_s;
}
/* 算法4-8 结束 */
```

算法 4-9：链式存储字符串的连接操作 StrConcat(*s*, *t*)

代码 4-9 中用到的字符串结构定义及辅助代码与代码 4-6 中完全相同，用于测试的 main 函数与代码 4-4 相似，故不再赘述，只列出算法 4-9 的核心代码。

代码 4-9　链式存储字符串的连接操作
```c
/* 算法4-9: 链式存储字符串的连接操作  StrConcat(s,t) */
void StrConcat(String s, String t)
{
    Position p;
    if (s->length > 0) { /* 若s非空串 */
        p = s->head;
        while (p->next != NULL) {
            p = p->next; /* 找到s的最后一个结点 */
        }
        p->next = t->head;
    }
    else { /* 若s是空串 */
        s->head = t->head;
    }
    s->length += t->length;
}
/* 算法4-9 结束 */
```

算法 4-10：链式存储字符串的比较操作 StrCompare(*s*, *t*)

代码 4-10 中用到的字符串结构定义及辅助代码与代码 4-6 中完全相同，用于测试的 main 函数与代码 4-5 相似，故不再赘述，只列出算法 4-10 的核心代码。

代码 4-10　链式存储字符串的比较操作
```c
/* 算法4-10: 链式存储字符串的比较操作  StrCompare(s,t) */
int StrCompare(String s, String t)
{
    Position sp, tp;
    int ret;

    sp = s->head;
    tp = t->head;
    while ((sp!=NULL) && (tp!=NULL) && (sp->data==tp->data)) {
        /* 顺次比较s和t等长的部分 */
        sp = sp->next;
        tp = tp->next;
    }
```

4.1 算法实现

```
        if ((sp!=NULL) && (tp==NULL)) {
            ret = 1;
        }
        else if ((sp==NULL) && (tp!=NULL)) {
            ret = -1;
        }
        else if ((sp==NULL) && (tp==NULL)) {
            ret = 0;
        }
        else if (sp->data > tp->data) {
            ret = 1;
        }
        else {
            ret = -1;
        }
        return ret;
    }
    /* 算法4-10 结束 */
```

算法 4-11：朴素字符串模式匹配算法 PatternMatchBF(*s*, *t*)

算法4-11至4-16都是关于字符串匹配的算法。为方便起见，字符串匹配的诸多算法都采用顺序存储的字符串。顺序存储的字符串的结构定义和初始化函数、输入输出辅助函数已经在代码4-1中给出，故不再赘述。仅给出算法4-11的实现和用于测试算法的主函数main。主函数main中先读入主串*s*，再读入待匹配的子串*t*，调用PatternMatchBF得到*t*在*s*中首次出现的位置。如果匹配成功，则输出*s*从*t*首次出现的位置开始的子串；否则输出匹配失败的信息。

注意：当匹配不成功时，匹配函数也必须返回一个位置NIL。这里将NIL定义为-1，即一个不可能是数组下标的数值。用户也可以自己定义其为任何负数。

代码4-11 朴素字符串模式匹配算法

```
/* 算法4-11: 朴素字符串模式匹配算法  PatternMatchBF(s, t) */
Position PatternMatchBF(String s, String t)
{
    int n, m, i;
    Position p;

    n = s->length;
    m = t->length;
    for (p=0; p<=(n-m); p++) {
        for (i=0; i<m; i++) {
            if (s->data[p+i] != t->data[i]) {
```

```c
                break;  /* 不匹配则从下一个位置p开始 */
            }
        }
        if (i==m) {  /* 匹配成功 */
            break;
        }
    }
    if (p>(n-m)) {  /* 匹配不成功 */
        p = NIL;
    }
    return p;
}
/* 算法 4-11 结束 */
int main(void)
{
    String s, t;
    Position p;

    s = ReadString();
    t = ReadString();
    p = PatternMatchKMP(s,t);
    if (p != NIL)
        printf("%s\n", s->data+p);
    else
        printf("匹配失败。\n");

    return 0;
}
```

算法 4-12：字符串替换算法 Replace(*s*, *sub_s*, *t*)

算法 4-12 可以看作是字符串的匹配、删除、插入操作的组合应用。仍然采用顺序存储，存储结构和涉及的操作都已经在代码 4-1、4-2、4-11 中给出了，故不再赘述。这里仅给出算法 4-12 的实现和用于测试算法的主函数 main。

主函数 main 首先读入 3 个字符串，依次为主串 *s*、主串中待替换的子串 *sub_s*、将要替换掉 *sub_s* 的字符串 *t*。调用 Replace 函数将 *s* 中的 *sub_s* 替换成 *t*，再输出替换后的主串 *s*。

代码 4-12　字符串替换算法

```c
/* 算法 4-12: 字符串替换算法   Replace(s, sub_s, t) */
void Replace(String s, String sub_s, String t)
{
    Position pos;
```

4.1 算法实现

```
        int len, m;

        len = sub_s->length;
        m = t->length;
        pos = 0;
        while (pos != NIL) {
            pos = PatternMatchBF(s, sub_s);  /* 从s中找到第一次出现的sub_s */
            if (pos != NIL) {
                StrRemove(s, pos+1, len);  /* 删除sub_s */
                StrInsert(s, pos+1, t);    /* 插入t */
            }
        }
    }
    /* 算法 4-12 结束 */
    int main(void)
    {
        String s, sub_s, t;
        Position p;

        s = ReadString();
        sub_s = ReadString();
        t = ReadString();
        Replace(s, sub_s, t);
        printf("%s\n", s->data);

        return 0;
    }
```

算法 4-13: 求解字符串 *t* 的 *next* 数组 GetNext(*t*, *next*)

顺序存储的字符串的结构定义和初始化函数、输入输出函数已经在代码4-1中给出，故不再赘述。仅给出算法4-13的实现和用于测试算法的主函数main。主函数main中先读入待分析的字符串*t*，根据*t*的长度声明一个等长的整型数组*next*。随后调用GetNext函数计算出数组*next*的值，并输出计算结果。

代码4-13 求解字符串t的next数组

```
/* 算法4-13: 求解字符串t的next数组   GetNext (t, next) */
void GetNext(String t, int next[])
{
    int m, i, j;

    m = t->length;
    next[0] = -1;
    for (i=1; i<m; i++) {  /* 求出next[1]~next[m-1] */
```

```c
            j = next[i-1];
            while ((j>=0) && (t->data[i]!=t->data[j+1])) {
                j = next[j];
            }
            if (t->data[i] == t->data[j+1]) {
                next[i] = j + 1;
            }
            else {
                next[i] = -1;
            }
        }
    }
}
/* 算法 4-13 结束 */
int main(void)
{
    String t;
    int *next, i;

    t = ReadString();
    next = (int *)malloc(sizeof(int)*t->length);
    GetNext(t, next);
    for (i=0; i<t->length; i++)
        printf("%d ", next[i]);
    return 0;
}
```

算法 4-14：字符串模式匹配的 KMP 算法 PatternMatchKMP(*s*, *t*)

算法4-14需要的结构定义和辅助函数都已经在前面给出，测试用的主函数main与代码4-11中几乎完全相同，只是把调用的匹配函数换成了PatternMatchKMP。故在此仅给出算法4-14的核心代码实现。

代码4-14　字符串模式匹配的KMP算法

```c
/* 算法 4-14: 字符串模式匹配的 KMP 算法  PatternMatchKMP(s, t) */
Position PatternMatchKMP(String s, String t)
{
    int n, m, i, j;
    Position p;
    int *next;

    n = s->length;
    m = t->length;
    p = NIL;
```

```
    if (n>=m) {
        next = (int *)malloc(sizeof(int)*m);
        GetNext(t, next); /* 计算next数组 */
        i = j = 0;
        while ((j<n) && (i<m)) {
            /* 若匹配成功则两指针同时向右移动 */
            if (s->data[j] == t->data[i]) {
                i++;
                j++;
            }
            else if (i>0) { /* 失配且t指针未回退到左端 */
                i = next[i-1] + 1; /* 计算t的匹配起始位置 */
            }
            else { /* 失配且t从头开始与s的下一段比较 */
                j++;
            }
        }
        if (i==m) { /* t完成了匹配 */
            p = j - m; /* 匹配成功的位置 */
        }
    }
    return p;
}
/* 算法4-14 结束 */
```

算法 4-15：字符串模式匹配的 KR 算法 PatternMatchKR(s, t)

KR 算法中用到了一个散列函数 Hash，将一个字符串通过简单的计算转换成一个整数。这个函数可以有很多种实现的方法，主教材第 11 章专门介绍了散列的思想和多种常用的散列函数。这里给出的是一种比较简单的散列函数，即直接将每个字符的整数值累加，得到的和就作为这个字符串的散列值。

需要注意的是，在匹配过程中 t 的散列值是只计算了一次，但 s 的每个子串都要计算一次。如果每次都对字符串从头开始求和会有大量重复计算，并且计算散列值的时间复杂度高达 $O(nm)$，那么 KR 算法就失去了意义。为了保证 KR 算法的效率，我们必须做到用 $O(1)$ 时间计算串 s 以每个 $i>0$ 为初始位置、长度为 m 的子串散列值。

简单的解决方案是"滚动计算"：当从 $i=0$ 到 $m-1$ 的子列散列值被计算出来以后，每次 i 移动一位时，只要从上次的散列值中减掉左端被移出的 $i-1$ 位置上的字符，再加上右端新移入的 $i+m-1$ 位置上的字符，就得到了新的子列的散列值。这步计算只需要一加一减，时间复杂度是 $O(1)$。于是在设计 Hash 函数接口时，不仅需要传入待处理的字符串、子串起始位置、子串长度，还需要传入上次计算得到的散列值，以便在这个值的基础上进行计算。

Hash 函数和算法 4-15 的实现在代码 4-15 中给出。其他数据结构定义和辅助函数都已经在前面给出，测试用的主函数 main 与代码 4-11 中几乎完全相同，只是把调用的匹配函数换成了 PatternMatchKR，故不再赘述。

代码 4-15　字符串模式匹配的 KR 算法

```
int Hash(String s, Position start, int len, int pre_hash_val)
{ /* 根据前次计算出的 pre_hash_val 值，滚动计算散列值 */
  /* pre_hash_val<0 则从 start 计算 len 个字符的散列值 */
    int hash_val, i;

    if (pre_hash_val >=0) {
        hash_val = pre_hash_val
                   - s->data[start-1] + s->data[start+len-1];
    }
    else { /* 从 start 计算 len 个字符的散列值 */
        hash_val = 0;
        for (i=0; i<len; i++) {
            hash_val += s->data[start+i];
        }
    }
    return hash_val;
}
/* 算法 4-15: 字符串模式匹配的 KR 算法 PatternMatchKR(s,t) */
Position PatternMatchKR(String s, String t)
{
    int n, m, i, j;
    int ht, hs;
    Position p;

    n = s->length;
    m = t->length;
    ht = Hash(t, 0, m, -1);  /* 计算 t 的散列值 */
    p = NIL;
    hs = -1;
    for (i=0; i<=(n-m); i++) {
        /* 主串 s 以 i 为第一个位置、长度为 m 的散列值 */
        hs = Hash(s, i, m, hs);
        if (hs == ht) { /* 当散列值相等时 */
            j = 0;
            while ((j<m) && (s->data[i+j]==t->data[j])) {
                j++; /* 检查子串是否真的匹配 */
            }
```

4.1 算法实现

```
            if (j==m) {
                p = i;  /* 匹配成功 */
                break;
            }
        }   /* 若散列值不相等则直接跳过 */
    }
    return p;
}
/* 算法4-15 结束 */
```

算法 4-16：字符串模式匹配的 Sunday 算法 PatternMatchSunday(*s, t*)

Sunday 算法中需要将 *t* 中字符映射成区间 [0, *kMaxSize*) 中的整数。这里我们采用了一种非常简单的方法，直接将字符的数值对 *kMaxSize* 取模。完成这个功能的函数 MapChar 和算法 4-16 的实现在代码 4-16 中给出。其他数据结构定义和辅助函数都已经在前面给出，测试用的主函数 main 与代码 4-11 中几乎完全相同，只是把调用的匹配函数换成了 PatternMatchSunday，故不再赘述。

代码4-16　字符串模式匹配的Sunday算法

```
Position MapChar( char c )
{ /* 将字符c转换为0~kMaxSize-1内的整数 */
    return (c%kMaxSize);
}

/* 算法4-16: 字符串模式匹配的Sunday算法   PatternMatchSunday(s,t) */
Position PatternMatchSunday(String s, String t)
{
    int n, m, i, j;
    Position p, idx;
    int shift[kMaxSize];

    n = s->length;
    m = t->length;
    p = NIL;
    for (i=0; i<kMaxSize; i++) { /* 初始化shift */
        shift[i] = m + 1;
    }
    for (i=0; i<m; i++) {
        /* 将t中字符映射成0~kMaxSize-1中整数 */
        idx = MapChar(t->data[i]);
        shift[idx] = m - i; /* 即t.data[i]的偏移量 */
    }
    i = 0;
```

```
    while (i<=(n-m)) {
        j = 0;
        while ((j<m) && (s->data[i+j]==t->data[j])) {
            j++;
        }
        if (j==m) {  /* 匹配成功 */
            p = i;
            break;
        }
        else {
            idx = MapChar(s->data[i+m]);
            i += shift[idx]; /* 右移 i */
        }
    }
    return p;
}
/* 算法 4-16 结束 */
```

4.2 基础练习

练习 4-1 字符串匹配算法比较

1. 实验目的
① 掌握字符串匹配常用算法的实现。
② 了解不同匹配算法在不同情况下的效率。

2. 实验要求
（1）题目描述

给定两个由英文字母组成的字符串 *string* 和 *pattern*，要求找到 *pattern* 在 *string* 中第一次出现的位置，并将此位置后的 *string* 的子串输出。如果找不到，则输出 "Not Found"。

（2）输入输出说明

输入格式：输入的第一行给出 *string*，为由英文字母组成的长度不超过 10^6 的字符串。第二行给出一个正整数 n（≤ 10），为待匹配的模式串的个数。随后 n 行，每行给出一个 *pattern*，为由英文字母组成的长度不超过 10^5 的字符串。每个字符串都非空，以回车结束。

输出格式：对每个 *pattern*，按照题目要求输出匹配结果。

（3）测试用例

本题旨在测试各种不同的匹配算法在各种数据情况下的表现。各组测试数据特点如下：

数据 0：小规模字符串，测试基本正确性。

数据 1：随机数据，*string* 长度为 10^5，*pattern* 长度为 10。

数据 2：随机数据，*string* 长度为 10^5，*pattern* 长度为 10^2。

数据 3：随机数据，*string* 长度为 10^5，*pattern* 长度为 10^3。

数据 4：随机数据，*string* 长度为 10^5，*pattern* 长度为 10^4。

数据 5：*string* 长度为 10^6，*pattern* 长度为 10^5；测试尾字符不匹配的情形。

数据 6：*string* 长度为 10^6，*pattern* 长度为 10^5；测试首字符不匹配的情形。

3. 实现要点

本题需要做以下三件事情：

① 读入 *string* 和待匹配模式串的个数 n。

② 逐一读入模式串 *pattern*，对每个模式串进行匹配。

③ 根据匹配结果输出。

由于题目保证字符串仅由英文字母组成，则 ReadString 可以简化为直接用 scanf 读入。这里用了字符串匹配的通用接口"Position PatternMatch(String s, String t)"，任何字符串匹配算法都可以放在这个函数中进行测试。代码 4-17 中直接调用了 C 语言库函数 strstr 来进行匹配——注意需要头文件 string.h。此外，库函数返回的不是字符串数组的下标，而是字符指针，还需要通过求其与数组头指针的差来转换成数组下标返回。

代码 4-17
字符串匹配算法比较通用代码

练习 4-2　剪切粘贴[①]

1. 实验目的

熟练掌握栈的基本操作。

2. 实验要求

（1）题目描述

使用计算机进行文本编辑时常见的功能是剪切（快捷键：Ctrl + X）。请实现一个简单的具有剪切和粘贴功能的文本编辑工具。工具需要完成一系列剪切后粘贴的操作，每次操作分为两步：

① 剪切：给定需操作的起始位置和结束位置，将当前字符串中起始位置到结束位置部分的字符串放入剪贴板中，并删除当前字符串对应位置的内容。例如，当前字符串为 abcdefg，起始位置为 3，结束位置为 5，则剪贴操作后，剪贴板内容为 cde，操作后

---

① 题目引用自团体程序设计天梯赛真题（2023 年）。

字符串变为 abfg。字符串位置从 1 开始编号。

② 粘贴：给定插入位置的前后字符串，寻找到插入位置，将剪贴板内容插入该位置，并清除剪贴板内容。例如，对于上面操作后的结果，给定插入位置前为 f，插入位置后为 g，则插入后变为 abfcdeg。如找不到应该插入的位置，则直接将插入位置设为字符串最后，仍然完成插入操作。查找字符串时区分大小写。

每次操作后的字符串即为新的当前字符串。在若干次操作后，请给出最后的编辑结果。

（2）输入输出说明

输入格式：输入的第一行是一个长度小于或等于 200 的字符串 s，表示原始字符串。字符串只包含所有可见 ASCII 字符，不包含回车与空格。第二行是一个正整数 n（1≤n≤100），表示要进行的操作次数。接下来的 n 行，每行是两个数字和两个长度不大于 5 的不包含空格的非空字符串，前两个数字表示需要剪切的位置，后两个字符串表示插入位置前、后的字符串，用一个空格隔开。如果有多个可插入的位置，选择最靠近当前操作字符串开头的一个。剪切的位置保证总是合法的。

输出格式：输出一行，表示操作后的字符串。

（3）测试用例（见表 4-2）

表 4-2　练习 4-2 测试用例

序号	输入	输出	说明
0	AcrosstheGreatWall,wecanreacheverycornerintheworld 5 10 18 ery cor 32 40 , we 1 6 tW all 14 18 rnerr eache 1 1 e r	he,allcornetrrwecaneacheveryGreatWintheworldAcross	一般情况
1	123456789 2 1 1 a a 1 1 b b	345678912	将最前面的单个字符剪切贴到最后
2	abcdefghij 3 3 5 d e 3 5 b i 1 10 0 1	abfghijcde	插入位置已经被删除； 插回原位； 全体删除再贴到空串尾

续表

序号	输入	输出	说明
3	1222223 2 7 7 22 22 4 4 1222 2	1222322	插入位置后面的字符串与前面的有重合
4	0000001001 1 1 1 0000 1	0000001001	插入位置前的字符串匹配时，若移动步长太大会得到错误结果
5	略	略	最大规模随机数据

3. 实现要点

（1）算法分析与代码

本题的实现思路比较简单，直接翻译题目意思即可。分以下步骤执行：

① 读入原始字符串 s 和操作次数 n，随后用一个循环读入每个操作。

② 对于每个操作，首先读入剪切的两个端点位置，调用 SubString 将对应子串存入剪贴板 *clipboard*，然后调用 StrRemove 从 s 中删除该位置上的子串。

③ 读入插入位置前、后的字符串 $s1$ 和 $s2$。

④ 首先调用 PatternMatch 在 s 中匹配 $s1$，随后在 $s1$ 之后的子串中匹配 $s2$。

⑤ 如果匹配出的两个字符串首尾相连，则找到了插入的位置；否则回到第④步，调用 PatternMatch 在 s 中匹配下一个 $s1$，重复执行第④⑤步，直到找到插入位置或确定找不到插入位置。

⑥ 若找到插入位置，则调用 StrInsert 将剪贴板 *clipboard* 插入 s；否则调用 StrConcat 将剪贴板 *clipboard* 贴在 s 末尾。

⑦ 清空剪贴板，处理下一个操作。

⑧ 所有操作处理完后，输出结果字符串 s。

如代码4-18所示，在算法执行的过程中用到了7个字符串的处理函数。其中初始化、删除、插入、连接这4个函数已经在前面的代码中给出，这里不再重复列出实现细节。另外3个函数虽然也在前面实现过，但根据本题的需要做了微调，故列在代码4-18中：

代码 4-18
剪切粘贴问题的解

① void ReadString(String s)：本题给出的字符串不包含空格和回车，所以与代码4-17相似，也可以直接用 scanf 读入整个字符串。为了避免在每一次执行操作时重复创建 $s1$ 和 $s2$，我们在此将创建空字符串的操作与读入字符串的操作分开，只在主函数 main 的开始处创建需要的4个字符串，而令 ReadString 函数单纯执行读入操作。

② void SubString(String s, int pos, int len, String sub_s)：代码4-3中给出的子串截取

操作是在函数中创建新的字符串，将截取的子串存储其中，最后返回这个子串。但在本题中，我们并不想在每一次操作剪贴板时创建一个新的字符串。为了能重复利用剪贴板，我们将剪贴板作为参数传给 SubString 函数，所以对函数接口做了微调。

③ Position PatternMatch(String s, Position start, String t)：在前面给出的所有字符串匹配算法中，匹配函数的功能都是返回模式串 t 第一次在 s 中出现的位置。而在本题中，如果 s1 首次匹配的位置并不是正确的插入位置，还需要从这次匹配的下一个位置出发，继续寻找其下一次出现的位置。所以我们在 PatternMatch 的接口中增加了一个参数 start，即匹配的起始位置，这才使得重复调用 PatternMatch 不断寻找下一个匹配位置成为可能。

此外，实现算法时比较容易犯的错误有两个：

① 当 s1 在 p1 位置匹配成功后，从 p1+1 开始匹配 s2。当 s2 与 s1 右端子串相同时，会导致错误的失配发生。测试数据第 3 组就是专门设计卡这个错误的。

② 当 s1 和 s2 并不相连时，应该从 p1+1 开始匹配下一个 s1，而不是跳过当前的 s1，从 p1+s1->length 的位置开始匹配下一个 s1；否则也会造成错误的失配。测试数据第 4 组是卡这个错误的。

（2）复杂度分析

设 s 的长度为 l，插入位置前、后的字符串长度为 m。在所有涉及的操作中，时间复杂度最高的就是字符串匹配了，而且最坏情况下 s1 会被匹配 $O(l)$ 次。代码 4-18 中调用了 C 语言库函数 strstr，这个函数的时间复杂度是 $O(lm)$，所以最坏情况下，一次操作的匹配时间复杂度是 $O(l^2m)$。又因为题目给出了 n 个操作，所以整体时间复杂度是 $O(nl^2m)$。当然，采用高效的匹配算法可以得到更高的效率。

空间利用方面，除了必须用于存储输入数据的 4 个字符串外，没有更多额外的空间占用，所以额外空间复杂度为 $O(1)$。

4.3 进阶实验

实验 4-1　吃火锅 [①]

1. 实验目的
熟练掌握字符串匹配的应用技巧。

---

① 题目引用自团体程序设计天梯赛真题（2020 年）。

4.3 进阶实验

2. 实验要求

（1）题目描述

微信朋友圈有一张图，上面的文字是：这种天气你有什么事打电话给我基本没用。但是如果你说"吃火锅"，那就厉害了，我们的故事就开始了。

本题要求实现一个程序，自动检查朋友发的信息里有没有 "chi1 huo3 guo1"。

（2）输入输出说明

输入格式：输入的每行给出一句不超过80个字符、以回车结尾的朋友信息，信息为非空字符串，仅包括字母、数字、空格、可见的半角标点符号。当读到某一行只有一个英文句点 "." 时，输入结束，此行不算在朋友信息里。

输出格式：首先在一行中输出朋友信息的总条数。然后对朋友的每一行信息，检查其中是否包含 "chi1 huo3 guo1"，并且统计这样的信息有多少条。在第二行中首先输出第一次出现 "chi1 huo3 guo1" 的信息是第几条（从 1 开始计数），然后输出这类信息的总条数，其间以一个空格分隔。题目保证输出的所有数字不超过 100。

如果朋友信息从头到尾都没提 "chi1 huo3 guo1" 这个关键词，则在第二行输出一个表情 "-_-#"。

（3）测试用例（见表4-3）

表 4-3　实验 4-1 测试用例

序号	输入	输出	说明
0	Hello! are you there? wantta chi1 huo3 guo1? that's so li hai le our story begins from chi1 huo3 guo1 le .	5 3 2	一般情况
1	Hello! are you there? wantta qi huo3 guo1 chi1huo3guo1? that's so li hai le our story begins from ci1 huo4 guo2 le .	5 -_-#	没有出现关键词
2	略	略	测试最长信息；关键词前后无空格；有信息以空格结尾
3	chi1 huo3 guo1	3 1 1	注意输入第二行有一个空格；第三行由 "." 组成，但不是输入的结尾

续表

序号	输入	输出	说明
4	.	0 -_-#	只有一个结束符

3. 实现要点

解决这个问题主要用到两个字符串操作函数：读入、匹配。

首先将关键词"chi1 huo3 guo1"定义成字符串常量 *pattern*，并准备两个计数器（统计信息条数的 *count_message* 和出现关键词的信息条数的 *count_word*），以及记录首次出现关键词的信息序号 *first*。

因为输入的信息中可能包含空格，所以不能直接用 scanf 读入，可改造代码4-1中的 ReadString 函数，删除重复创建字符串的语句，保留逐字符读入的部分，一直读到回车为止。

每读入一行信息 *string*，首先将 *count_message* 增1；调用字符串匹配函数，找 *pattern* 在 *string* 中是否出现过。若出现了，则首先令 *count_word* 增1；检查 *first* 是否为初始值（例如将其初始化为0），是则用它记录当前 *count_message* 的值。

注意：结束的标志是一行中仅有一个句点，而不是一行以句点开始。测试数据第3、4组测试了这个区别。一个较为简单的处理方法是，将单个句点设置为字符串常量 *end*，每读入一行信息，就调用代码4-5中的字符串比较函数（或库函数 strcmp）与 *end* 进行比较。while 循环到比较函数返回0时结束，输出结果。

整体时间复杂度是输入信息的条数与字符串匹配算法复杂度的乘积。因为这个问题中模式串非常短，所以直接采用库函数 strstr 即可。

实验 4-2　猜近似数字 [①]

1. 实验目的

熟练掌握字符串比对的应用技巧。

2. 实验要求

（1）题目描述

甲想好了一个 *n* 位数字让乙来猜，只要猜的数字位数正确，至多有一位与谜底不同，且不同的数字相差不超过一，就算猜对了。例如谜底是67，若乙猜66、68、77、57，就都算对了；猜167就不能算对。

---

① 题目引用自520钻石争霸赛真题（2020年）。

4.3 进阶实验

（2）输入输出说明

输入格式：输入的第一行给出一个不超过 1 000 位数、最高位不是 0 的正整数，是甲给出的谜底。随后若干行，每行给出一个乙猜的数字，都是最高位不是 0 的正整数。直到出现 −1 表示输入结束，这个数字不要做任何处理。题目保证乙至少猜了一次。

输出格式：对每一个乙猜的数字，如果猜对了就输出 Yes，否则输出 No。

（3）测试用例（见表 4-4）

表 4-4　实验 4-2 测试用例

序号	输入	输出	说明
0	12345678909876 2345678909876 12345678900876 12345678809876 12345678909888 1234567890987 −1	No No Yes No No	测试各种猜错的情况，包括：不等长（首、尾少 1 位）、误差超出 1、超过 1 位不同
1	88888 88898 88887 98888 −1	Yes Yes Yes	测试误差为正负 1、误差分别位于首尾的情况
2	9 8 1 −1	Yes No	最小规模
3	略	略	最大规模随机数据。有完全猜对的，也有超长的猜测数字

3. 实现要点

虽然题目中给出的是整数，但实际上将整数当成字符串处理比直接处理超大整数要简单。解决这个问题主要用到两个字符串的比对。

首先在读入字符串后就可以比较它们的长度，如果长度不一致则肯定要输出 No。在长度一致的情况下，逐字符比对两个字符串，直到遇到一个不相同的字符。如果这个位置上猜测的字符与谜底字符误差是 1，则可以直接调用代码 4-5 中的 StrCompare 函数（或者库函数 strcmp）比较剩余子串，完全一致则输出 Yes，否则输出 No。当然，如果所有字符都是一样的，也是输出 Yes。

有一个细节问题需要注意：题目中只保证了谜底不超过 1 000 位，但没有给出猜测的数字有多少位，这使得直接用 scanf 读入猜测的字符串遇到困难，因为不知道这个字符串数组的长度上限是多少。另一方面，考虑到如果这个字符串的长度超过 1000 位，则肯定是要输出 No 的，所以在直接用 scanf 读入谜底字符串 s 后，可以将代码 4-1 中的 ReadString 函数略做改变，逐字符读入猜测的字符串，当读入第 $s\text{->}length$ 个字符后还没有遇到回车时就设置错误标识。但仍然需要将这一行中剩余的字符逐一读完，最后返回一个表示出错的字符串（例如返回的字符串长度为 0）。

这个算法比较简单，每个字符串的每一位被读入了一遍，最多被比较了一遍。时间复杂度显然是猜测的次数与最长猜测数字位数的乘积。这里我们将谜底字符串和猜测的字符串都做了存储，实际上空间复杂度还可以优化一下，猜测的字符串可以完全不存储，读入一位比对一位即可。这样的实现比算法 4-5 的实现还要简单，因为 StrCompare 函数需要给出两个字符串的相对大小关系，而本题不要求知道大小，只要不同即可判定结果。

实验 4-3　出院[①]

1. 实验目的
熟练掌握字符串比对和匹配的应用技巧。

2. 实验要求
（1）题目描述

A：最近出了一个饮料营养等级你们知道吗？例如无糖的饮料是 A 级，可乐是 D 级，……
B：那……无糖可乐是什么级别？
C：AD 级吧。
A：出院！
B：出什么院，你也给我进去！

以上是某群中一段有趣的对话。请按照里面的逻辑，在已知某些饮料的等级的情况下，给饮料定级。定级的方法是：

① 如果是已知等级的饮料，直接输出等级。

② 对于一个新饮料的名称，需要将其拆成两个已知等级的部分，然后输出这个级别。例如 Diet 是 A，Coke 是 D，那么 DietCoke 就是 AD。

③ 如果新饮料无法拆解或者有多种拆解方法，统一定为 D 级。

（2）输入输出说明

输入格式：输入的第一行是两个正整数 n 和 $m(1 \leqslant n, m \leqslant 100)$，表示已知的饮料有

---

① 题目引用自睿抗机器人开发者大赛真题（2023 年）。

n 种，需要定级的饮料有 m 种。接下来的 n 行，每行是一个字符串和一个字符，表示一种饮料的名称和对应的等级，等级只有 A、B、C、D 四种。随后的 m 行，每行是一个字符串，表示需要定级的饮料的名字。所有饮料名称只包含大小写字母，长度不超过 30，给定拥有等级的饮料的名称不会重复。

输出格式：对于每一个需要定级的饮料，输出定好的级别。

（3）测试用例（见表 4-5）

表 4-5　实验 4-3 测试用例

序号	输入	输出	说明
0	5 6 Diet A LowSugarTea B Milk C Coke D Water A DietCoke Pepsi Milk CokeWater GoodMilk dietCoke	AD D C DA D D	测试 3 种情况：可唯一拆解定级；无法拆解，定级为 D；直接输出级别
1	1 3 z B z zz zzz	B BB D	只有 1 种饮料，单字符饮料名，拆解后有多余字符
2	2 1 a A aa B aaa	D	拆解不唯一，也必须定级为 D
3	4 2 A A B B AB C BB D AB ABB	C D	饮料名与组合名相同，拆解不唯一
4	略	略	最大规模随机数据

3. 实现要点

本题用到的字符串处理函数主要是比对和匹配。因为条件比较多，所以实现起来略复杂。

首先将已知等级的 n 种饮料信息读入，存为结构体数组，结构体中包含饮料名称和等级。随后对每一个待定级的饮料名 $name$，分两步进行检查：

① 首先尝试找到第一个能匹配的已知饮料。因为还需要判断饮料名的拆解是否唯一，所以还需要一个计数器 $count$ 统计匹配成功的数量。又因为 n 很小，所以可以直接枚举每一种已知饮料。对每一种已知饮料，先用 strcmp 将已知饮料名与 $name$ 做整体比对，如果完全相等，则令 $count$ 为 1，记录这个已知饮料在数组中的下标，并且退出循环；如果不完全一样，则调用任何一种匹配函数（例如 strstr），找该已知饮料名在 $name$ 中第一次出现的位置，如果这个位置就是 $name$ 的初始地址，则该已知饮料可能是一种拆解的左半边名字，令 $count$ 增 1，记录其等级和数组下标。

当退出循环时，如果 $count$ 不为 1，意味着或者完全没有能匹配的已知饮料，或者有不只一种匹配方法。无论如何，都应该输出等级 D。如果 $count$ 为 1，则继续执行第二步。

② 如果匹配到的第一个已知饮料的名称字符串与 $name$ 等长，直接输出这个饮料的等级即可；否则需要继续匹配第二个已知饮料。这个匹配过程与第一步相似，仍然需要循环检查每一种已知饮料的名称。但需注意这个匹配要从 $name$ 中第一个饮料的名称之后开始。如果匹配到的位置在第一个饮料之后相连，并且两种饮料名称的长度之和与 $name$ 的长度相等，这才是一个完美的拆解。因为已知饮料的名称保证没有重复，所以一旦找到完美拆解就可以退出循环，输出两个对应的等级了。

一个容易出错的点是，当匹配第一个饮料时，如果 $count$ 大于 1 就认为拆解一定不唯一，退出循环，那么可能会错过后面出现的完全一样的饮料名。所以第一步必须检查所有的已知饮料。

这个算法对 m 个饮料名进行检查，每个饮料名至少需要将所有 n 种已知饮料比对一遍；而如果直接调用 strstr 的话，比对的时间复杂度是 $O(l^2)$，其中 l 是字符串的长度。所以整体时间复杂度是 $O(mnl^2)$。当数据规模变大时，我们应该使用更高效的匹配算法，至少将匹配时间复杂度降低到 $O(l)$。在学习了更复杂的数据结构以后，还可以将查找有可能匹配的饮料的比较次数从 $O(n)$ 降低到 $O(\log n)$。

第 5 章

树与二叉树

主教材的第 5 章介绍了树与二叉树的基本概念，详细讨论了二叉树的存储方式和运算实现。具体如下：

① 树是一种非线性结构，非空树由根结点和不相交的子树构成。

② 二叉树是一种特殊形态的树，每个结点有且仅有两棵子树，并且子树有左右区别，不能交换位置。

③ 树、森林与二叉树有多种存储方式，也可以互相转换。

④ 树的遍历是指按预先设定的顺序依次访问树中所有结点，并且每个结点仅访问一次。遍历分为深度优先和广度优先两种方式。深度优先遍历又分为前序遍历、中序遍历（仅限二叉树）和后序遍历。

本章将首先给出主教材中 24 个算法的具体实现，然后围绕树的遍历操作及应用，给出 4 道基础练习题和 8 道进阶实验题，以训练学生熟练利用树的遍历解决问题的能力。本章实现的算法和习题涉及的知识内容见表 5-1。

表 5-1 第 5 章实验清单

类型	序号	标题	内容	知识点
算法	5-1	CreateBinaryTree (*value, left_tree, right_tree*)	构造二叉树	二叉树概念
	5-2	PreOrder (*tree*)	前序遍历二叉树	二叉树遍历
	5-3	InOrder (*tree*)	中序遍历二叉树	二叉树遍历
	5-4	PostOrder (*tree*)	后序遍历二叉树	二叉树遍历
	5-5	Height (*tree*)	计算二叉树高度	二叉树遍历
	5-6	PrintInfixExpression (*tree*)	将表达式树转换成中缀表达式	二叉树遍历
	5-7	PreOrder (*tree*)	非递归前序遍历二叉树	二叉树遍历
	5-8	InOrder (*tree*)	非递归中序遍历二叉树	二叉树遍历
	5-9	PostOrder (*tree*)	非递归后序遍历二叉树	二叉树遍历
	5-10	LevelOrder (*tree*)	层序遍历二叉树	二叉树遍历
	5-11	PreOrderSerialize (*tree*)	二叉树前序序列化	二叉树序列化
	5-12	PreOrderDeSerialize (*preorder, n*)	根据前序序列重构二叉树	二叉树序列化
	5-13	LevelOrderSerialize (*tree*)	二叉树层序序列化	二叉树序列化
	5-14	LevelOrderDeSerialize (*levelorder, n*)	根据层序序列重构二叉树	二叉树序列化
	5-15	CreateHuffmanTree (*w*)	创建 Huffman 树	Huffman 树
	5-16	Decoding (*tree, binary_code*)	对二进制字符串解码	Huffman 树
	5-17	FindRoot (*tree, x*)	查找根结点	树的存储
	5-18	Search (*tree, x*)	查找树中带有指定数据的结点	树的存储
	5-19	PreOrder (*tree*)	前序遍历树	树的遍历
	5-20	PostOrder (*tree*)	后序遍历树	树的遍历
	5-21	CreateTrieNode (*k*)	创建 Trie 树结点	Trie 树
	5-22	Insert (*trie, k, s*)	Trie 树中插入字符串	Trie 树
	5-23	IsIn (*trie, k, s*)	判断给定字符串是否在 Trie 树中	Trie 树
	5-24	BuildSuffixTree (*s, k*)	构建后缀树	后缀树
基础练习	5-1	顺序存储的二叉树的遍历	对顺序存储方式存放的二叉树给出前序、中序和后序遍历的非递归算法	二叉树遍历
	5-2	列出叶结点	按层序遍历顺序列出所有叶结点	二叉树遍历
	5-3	还原二叉树	根据二叉树的前序和中序遍历构建二叉树,并求树高	二叉树遍历
	*5-4	转换树的表示法	将基于父亲表示法的树转换为孩子兄弟表示法	树的遍历
进阶实验	5-1	树的同构	判断两棵二叉树是否同构	二叉树遍历
	5-2	树的宽度	查找二叉树中结点数目最多的层	二叉树遍历
	5-3	二叉树直径	计算二叉树直径	二叉树遍历
	5-4	根据后序和中序遍历输出前序遍历	根据后序和中序遍历输出前序遍历	二叉树遍历
	5-5	顺序存储的二叉树的最近公共祖先问题	求顺序存储的二叉树的任意两点最近的公共祖先	二叉树概念
	*5-6	修理牧场	计算将木头锯断为 *n* 块的最小费用	Huffman 树
	*5-7	家谱处理	根据家谱处理,生成家族家谱树状结构,判断家庭陈述语句的真假	树的遍历
	*5-8	我爱背单词	给定已经背过的单词表和一段文章,列出生词	Trie 树的应用

5.1 算法实现

算法 5-1：构造二叉树 CreateBinaryTree(*value*, *left_tree*, *right_tree*)

代码5-1中给出了常用的链式二叉树的结构定义：*BinaryTree*是指向BinaryTreeNode类型结点的指针，结点中包含数据存储的主体*data*，是TElemSet类型的数据。这里的TElemSet可以由用户定义，例如在代码5-1中其被定义为整型int。结点中的另外两项*left*和*right*是两个指针，分别记录这个结点左、右子结点的位置，也可以理解为指向以这个结点为根结点的左、右子树。

主函数main做了一个十分简单的测试：利用这个函数分别创建两棵只有单一根结点的子树（其左、右子树均为空），然后将这两棵子树作为第三个结点的左、右子树，再次调用这个函数，创建一棵有三个结点的二叉树，并输出它们的结构以验证正确性。读者可以尝试自行实现更为复杂的测试。

代码5-1 构造二叉树

```
#include <stdio.h>
#include <stdlib.h>

typedef int TElemSet;
typedef struct BinaryTreeNode *BinaryTree;
struct BinaryTreeNode {
    TElemSet data;          /* 数据元素 */
    BinaryTree left;        /* 左孩子指针 */
    BinaryTree right;       /* 右孩子指针 */
};

/* 算法5-1: 构造二叉树
CreateBinaryTree( value, left_tree, right_tree ) */
BinaryTree CreateBinaryTree( TElemSet value, BinaryTree left_tree,
BinaryTree right_tree )
{
    BinaryTree tree;

    tree = (BinaryTree)malloc(sizeof(struct BinaryTreeNode));
    tree->data = value;
    tree->left = left_tree;
```

```c
    tree->right = right_tree;
    return tree;
}
/* 算法5-1 结束 */
int main(void)
{
    BinaryTree tree, left_tree, right_tree;
    TElemSet value;

    scanf("%d", &value);
    left_tree = CreateBinaryTree(value, NULL, NULL);
    scanf("%d", &value);
    right_tree = CreateBinaryTree(value, NULL, NULL);
    scanf("%d", &value);
    tree = CreateBinaryTree(value, left_tree, right_tree);
    printf("root data = %d\n", tree->data);
    printf("left child data = %d\n", tree->left->data);
    printf("right child data = %d\n", tree->right->data);

    return 0;
}
```

算法 5-2：前序遍历二叉树 PreOrder(*tree*)

二叉树的结构定义和构造二叉树的代码已经在代码5-1中给出，故代码5-2不再赘述，仅给出算法5-2的实现和用于测试算法的主函数main，以及遍历每个结点时Visit函数的定义——在此简单定义为输出结点数据。主函数main中仍然是构造一棵有三个结点的二叉树，这部分与代码5-1相同，随后对这棵树进行前序遍历。读者可以尝试自行实现更为复杂的测试。

代码5-2 前序遍历二叉树

```c
void Visit(BinaryTree tree)
{
    printf("%d\n", tree->data);
}
/* 算法5-2: 前序遍历二叉树 PreOrder(tree) */
void PreOrder(BinaryTree tree)
{
    if (tree != NULL) {
        Visit(tree);
        PreOrder(tree->left);
        PreOrder(tree->right);
    }
```

```
}
/* 算法5-2 结束 */
int main(void)
{
    BinaryTree tree, left_tree, right_tree;
    TElemSet value;

    scanf("%d", &value);
    left_tree = CreateBinaryTree(value, NULL, NULL);
    scanf("%d", &value);
    right_tree = CreateBinaryTree(value, NULL, NULL);
    scanf("%d", &value);
    tree = CreateBinaryTree(value, left_tree, right_tree);
    PreOrder(tree);

    return 0;
}
```

算法 5-3：中序遍历二叉树 InOrder(*tree*)

二叉树的结构定义、构造二叉树的代码和Visit函数已经在代码5-1和5-2中给出，用于测试算法的主函数main与代码5-2非常相似，只是调用的函数从PreOrder换成InOrder，故代码5-3仅给出算法5-3的核心代码实现。

代码5-3　中序遍历二叉树

```
/* 算法5-3：中序遍历二叉树 InOrder(tree) */
void InOrder(BinaryTree tree)
{
    if (tree != NULL) {
        InOrder(tree->left);
        Visit(tree);
        InOrder(tree->right);
    }
}
/* 算法5-3 结束 */
```

算法 5-4：后序遍历二叉树 PostOrder(*tree*)

与算法5-3类似，代码5-4仅给出算法5-4的核心代码实现。

代码5-4　后序遍历二叉树

```
/* 算法5-4. 后序遍历二叉树 PostOrder(tree) */
void PostOrder(BinaryTree tree)
{
```

```
    if (tree != NULL) {
        PostOrder(tree->left);
        PostOrder(tree->right);
        Visit(tree);
    }
}
/* 算法5-4 结束 */
```

算法 5-5：计算二叉树高度 Height(*tree*)

二叉树的结构定义和构造二叉树的代码已经在代码5-1中给出。主函数main与前面类似，只是在创建了二叉树后，将最后一句改为输出Height(*tree*)的值，故不再赘述。代码5-5给出算法5-5的实现，以及其中调用的求两个整数中较大值的Max函数。

代码5-5　计算二叉树高度

```
int Max( int x, int y )
{
    return (x>y)? x:y;
}

/* 算法5-5：计算二叉树高度 Height(tree) */
int Height(BinaryTree tree)
{
    int h_left, h_right;

    if (tree == NULL) { /* 空树 */
        return 0;
    }
    else {
        h_left = Height(tree->left);      /* 遍历左子树，求子树的高度 */
        h_right = Height(tree->right);    /* 遍历右子树，求子树的高度 */
        /* 树的高度等于左、右子树高度的较大值加1 */
        return Max(h_left, h_right) + 1;
    }
}
/* 算法5-5 结束 */
```

算法 5-6：将表达式树转换成中缀表达式 PrintInfixExpression(*tree*)

表达式树在代码5-6中定义为*ExprTree*，是指向ExprTreeNode类型结点的指针。虽然名称不同，但本质上与二叉树的定义是一样的。只是这里的数据元素类型分两种，一种是OpType类型（可以是任何可计算的数据类型，如整型、浮点型等，在代码5-6中定义为int）的运算数 *operand*，另一种是用一个字符表示的char类型的运算符 *operator*。这两种类型的结点存在于同一棵表达式树里，可以用联合体union来存放。在这种情况下，树结点的数据类型TElemSet就被定义为这个联合体。

算法5-6是中序遍历的应用，这个遍历中对每个结点的操作就是打印结点数据，代码5-6中用函数PrintData实现这个操作。只是结点数据类型不固定，所以需要在PrintData中进行判断：如果当前结点是叶结点，说明其是运算数，按OpType类型输出；否则是运算符，按char类型输出。

用于测试的主函数main直接读入并创建了一棵表示"*a*+*b*"的表达式树，然后调用PrintInfixExpression将表达式按"(*a*)+(*b*)"的格式输出。读者可以尝试自行实现更为复杂的测试。

代码5-6　将表达式树转换成中缀表达式

```c
#include <stdio.h>
#include <stdlib.h>
typedef int OpType;
typedef union ExprData{
    OpType operand;    /* 运算数 */
    char operator;     /* 运算符 */
} TElemSet;

typedef struct ExprTreeNode *ExprTree;
struct ExprTreeNode {
    TElemSet data;     /* 数据元素 */
    ExprTree left;     /* 左孩子指针 */
    ExprTree right;    /* 右孩子指针 */
};
ExprTree CreateBinaryTree( TElemSet value, ExprTree left_tree,
ExprTree right_tree )
{
    ExprTree tree;
    tree = (ExprTree)malloc(sizeof(struct ExprTreeNode));
    tree->data = value;
    tree->left = left_tree;
    tree->right = right_tree;
    return tree;
}
void PrintData(ExprTree tree)
{
    if (tree->left==NULL && tree->right==NULL) {/* 叶结点 */
```

```
            printf("%d", tree->data);  /* 输出运算数 */
        }
        else {  /* 非叶结点 */
            printf("%c", tree->data);  /* 输出运算符 */
        }
    }
    /* 算法5-6: 将表达式树转换成中缀表达式 PrintInfixExpression(tree) */
    void PrintInfixExpression(ExprTree tree)
    {
        if (tree->left != NULL) {  /* 左子树非空 */
            printf("(");
            /* 中序遍历左子树并生成表达式 */
            PrintInfixExpression(tree->left);
            printf(")");
        }
        PrintData(tree);  /* 若结点是叶结点，输出运算数；否则，输出运算符 */
        if (tree->right != NULL) {  /* 右子树非空 */
            printf("(");
            /* 中序遍历右子树并生成表达式 */
            PrintInfixExpression(tree->right);
            printf(")");
        }
    }
    /* 算法5-6 结束 */
    int main(void)
    {
        ExprTree tree, left_tree, right_tree;
        TElemSet value;

        scanf("%d ", &value);
        left_tree = CreateBinaryTree(value, NULL, NULL);
        scanf("%d ", &value);
        right_tree = CreateBinaryTree(value, NULL, NULL);
        scanf("%c", &value);
        tree = CreateBinaryTree(value, left_tree, right_tree);
        PrintInfixExpression(tree);

        return 0;
    }
```

算法 5-7：非递归前序遍历二叉树 PreOrder(*tree*)

算法5-7需要借助一个栈来完成非递归遍历，在此采用链式栈作为辅助工具。链

5.1 算法实现

式栈的相关代码已经在代码3-6至3-10中给出（其中SElemSet需要定义为BinaryTree类型），二叉树的结构定义和构造二叉树的代码已经在代码5-1中给出，主函数main与代码5-2中的一致，故上述代码都不再重复列出。代码5-7仅给出算法5-7的核心实现部分。

代码5-7 非递归前序遍历二叉树

```
/* 算法5-7: 非递归前序遍历二叉树 PreOrder(tree) */
void PreOrder(BinaryTree tree)
{
    Stack stack;

    stack = (Stack)malloc(sizeof(struct StackHeadNode));
    InitStack(stack); /* 初始化栈stack, 用于存放结点 */
    while (tree != NULL || IsEmpty(stack)==false) {
        while (tree != NULL) { /* 当前结点不是空结点 */
            Visit(tree); /* 访问结点 */
            Push(stack, tree); /* 结点压入栈 */
            tree = tree->left; /* 沿左分支下移 */
        }
        if (IsEmpty(stack)==false) { /* 如果栈不为空 */
            tree = Top(stack);
            Pop(stack); /* 弹出栈顶结点 */
            tree = tree->right; /* 移到右子树 */
        }
    }
    DestroyStack(stack);
}
/* 算法5-7 结束 */
```

算法 5-8：非递归中序遍历二叉树 InOrder(*tree*)

与代码5-7相似，算法5-8中用到的各种数据结构定义以及相关辅助函数均不再赘述，代码5-8仅给出核心函数的实现。

代码5-8 非递归中序遍历二叉树

```
/* 算法5-8: 非递归中序遍历二叉树 InOrder(tree) */
void InOrder(BinaryTree tree)
{
    Stack stack;

    stack = (Stack)malloc(sizeof(struct StackHeadNode));
    InitStack(stack); /* 初始化栈stack, 用于存放结点 */
    while (tree != NULL || IsEmpty(stack)==false) {
        while (tree != NULL) { /* 当前结点不是空结点 */
            Push(stack, tree); /* 结点压入栈 */
```

```
            tree = tree->left; /* 沿左分支下移 */
        }
        if (IsEmpty(stack)==false) { /* 如果栈不为空 */
            tree = Top(stack);
            Visit(tree); /* 访问结点 */
            Pop(stack); /* 弹出栈顶结点 */
            tree = tree->right; /* 移到右子树 */
        }
    }
    DestroyStack(stack);
}
/* 算法 5-8 结束 */
```

算法 5-9：非递归后序遍历二叉树 PostOrder(*tree*)

与代码 5-8 相似，算法 5-9 中用到的各种数据结构定义以及相关辅助函数均不再赘述，代码 5-9 仅给出核心函数的实现。

代码 5-9　非递归后序遍历二叉树

```
/* 算法 5-9: 非递归后序遍历二叉树 PostOrder(tree) */
void PostOrder(BinaryTree tree)
{
    Stack stack;
    BinaryTree top, pre_top;
    stack = (Stack)malloc(sizeof(struct StackHeadNode));
    InitStack(stack); /* 初始化栈 stack，用于存放结点 */
    while (tree != NULL || IsEmpty(stack)==false) {
        while (tree != NULL) { /* 当前结点不是空结点 */
            Push(stack, tree); /* 结点压入栈 */
            tree = tree->left; /* 沿左分支下移 */
        }
        top = Top(stack); /* stack非空，top指向栈顶结点 */
        pre_top = NULL;    /* 初始化 pre_top */
        while (IsEmpty(stack)==false && top->right==pre_top) {
            Visit(top);    /* 访问当前栈顶结点 */
            pre_top = top; /* 栈顶结点传给 pre_top */
            Pop(stack);    /* 弹出栈顶结点 */
            if (IsEmpty(stack)==false) {
                top = Top(stack); /* 栈非空，top指向新的栈顶结点 */
            }
            else {
                top = NULL; /* 空栈，top赋值为空 */
```

```
            }
        }
        if (top != NULL) {
            tree = top->right; /* 移到栈顶结点的右子树并开始遍历 */
        }
    }
    DestroyStack(stack);
}
/* 算法 5-9 结束 */
```

算法 5-10：层序遍历二叉树 LevelOrder(*tree*)

算法 5-10 需要借助一个队列来完成遍历，在此采用链式队列作为辅助工具。链式栈的相关代码已经在代码 3-16 至 3-20 中给出（其中 QElemSet 需要定义为 BinaryTree 类型），二叉树的结构定义和构造二叉树的代码已经在代码 5-1 中给出，主函数 main 与代码 5-2 中的基本一致，只是调用的遍历函数换成 LevelOrder(*tree*)，故上述代码都不再重复列出。代码 5-10 仅给出算法 5-10 的核心实现部分。

代码 5-10　层序遍历二叉树

```
/* 算法 5-10: 层序遍历二叉树 LevelOrder(tree) */
void LevelOrder(BinaryTree tree)
{
    Queue queue;
    BinaryTree node_ptr;

    queue = (Queue)malloc(sizeof(struct QueueHeadNode));
    InitQueue(queue); /* 初始化队列 queue，用于存放结点 */
    EnQueue(queue, tree);  /* 树根结点入队 */
    while (IsEmpty(queue)==false) {
        node_ptr = GetFront(queue); /* 取出队首结点 */
        DeQueue(queue);
        if (node_ptr != NULL) {  /* 结点非空 */
            Visit(node_ptr);         /* 访问结点 */
            EnQueue(queue, node_ptr->left); /* 左子结点入队 */
            EnQueue(queue, node_ptr->right);/* 右子结点入队 */
        }
    }
    DestroyQueue(queue);
}
/* 算法 5-10 结束 */
```

算法 5-11：二叉树前序序列化 PreOrderSerialize(*tree*)

二叉树的结构定义和构造二叉树的代码已经在代码 5-1 中给出，主函数 main 与代码 5-2 中的基本一致，只是调用的函数换成 PreOrderSerialize(*tree*)，故上述代码都不再重复列出。代码 5-11 仅给出算法 5-11 的核心实现部分。

代码 5-11　二叉树前序序列化

```c
/* 算法 5-11: 二叉树前序序列化 PreOrderSerialize(tree) */
void PreOrderSerialize(BinaryTree tree)
{
    if (tree == NULL) {  /* 空树 */
        printf("#\n");   /* 输出特殊符号，代表空结点 */
    }
    else {
        printf("%d\n", tree->data);      /* 输出根结点数据 */
        PreOrderSerialize(tree->left);   /* 对左子树前序序列化 */
        PreOrderSerialize(tree->right);  /* 对右子树前序序列化 */
    }
}
/* 算法 5-11 结束 */
```

算法 5-12：根据前序序列重构二叉树 PreOrderDeSerialize(*preorder*, *n*)

算法 5-12 是一个递归的算法，一面按前序序列的顺序读入元素创建根结点，一面递归地创建左右子树。在处理每一个结点时，前序序列中当前元素的序号是必须知道的，却不在算法接口的参数里。代码 5-12 将这个序号（即数组下标）存为一个全局变量，简单化地解决了这个问题。当然，从软件工程的角度讲，应该尽可能避免设置全局变量。读者可以修改接口设计，用另外的方式完成数组下标的传递。

主函数 main 中设计了一个简单的测试，用整型数组 *preorder* 存储前序序列。假设前序序列中元素的键值都是不超过 9 位的正整数，简单地用一个字符串 *s* 读入每个序列元素。若 *s* 是空指针符号 "#"，就将其存为 NIL（这里将 NIL 定义为 -1，以区别于正常的正整数键值）；否则将 *s* 转为整数存在 *preorder* 数组中。随后将当前待处理元素在数组中的下标 *k* 初始化为 -1，调用核心函数 PreOrderDeSerialize 生成一棵二叉树，最后调用前序遍历函数 PreOrder 将树中的元素按前序遍历的顺序输出。

二叉树的结构定义和前序遍历的代码已经在代码 5-1 和 5-2 中给出。代码 5-12 仅给出算法 5-12 的核心代码和主函数。

代码5-12 根据前序序列重构二叉树

```c
#define kMaxSize 10
#define NIL -1  /* 假设数据为非负整数，NIL定义为非法数据，表示空 */
/*算法5-12：根据前序序列重构二叉树 PreOrderDeSerialize(preorder,n)*/
int k;  /* 当前待处理的元素在preorder中的下标，初始化为-1 */
BinaryTree PreOrderDeSerialize(TElemSet preorder[], int n)
{
    BinaryTree tree;
    TElemSet data;
    k++;
    tree = NULL;  /* 初始化一个空树 */
    if (k < n) {  /* k是线性表的有效序号 */
        data = preorder[k];  /* 读出线性表第k个元素 */
        if (data != NIL) {
            /* 新建二叉树结点 */
            tree = (BinaryTree)
                    malloc(sizeof(struct BinaryTreeNode));
            tree->data = data;  /* 代入数据 */
            /* 重构左子树 */
            tree->left = PreOrderDeSerialize(preorder, n);
            /* 重构右子树 */
            tree->right = PreOrderDeSerialize(preorder, n);
        }
    }
    return tree;  /* 返回新建的二叉树或空树 */
}
/* 算法5-12 结束 */

int main(void)
{
    BinaryTree tree;
    TElemSet *preorder;
    char s[kMaxSize];
    int n, i;
    scanf("%d\n", &n);
    preorder = (TElemSet *)malloc(sizeof(TElemSet) * n);
    for (i=0; i<n; i++) {
        scanf("%s ", s);
        if (s[0] == '#') {
            preorder[i] = NIL;
        }
        else {
            preorder[i] = atoi(s);
```

```
        }
    }
    k = -1;
    tree = PreOrderDeSerialize(preorder, n);
    PreOrder(tree);
    return 0;
}
```

算法 5-13：二叉树层序序列化 LevelOrderSerialize(*tree*)

算法 5-13 是层序遍历的微调，与算法 5-10 类似，需要借助一个队列来完成遍历。事实上，除了核心函数 **LevelOrderSerialize** 外，其他结构定义和辅助函数都与算法 5-10 一样，只是主函数中调用的函数名称需要更新一下，故不再赘述。代码 5-13 仅给出算法 5-13 的核心实现部分。

代码5-13　二叉树层序序列化

```
/* 算法5-13: 二叉树层序序列化 LevelOrderSerialize(tree) */
void LevelOrderSerialize(BinaryTree tree)
{
    Queue queue;
    BinaryTree node_ptr;

    queue = (Queue)malloc(sizeof(struct QueueHeadNode));
    InitQueue(queue);
    EnQueue(queue, tree);
    while (IsEmpty(queue)==false) {
        node_ptr = GetFront(queue);
        DeQueue(queue);
        if (node_ptr == NULL) { /* 空结点 */
            printf("#\n"); /* 输出特殊符号，代表空结点 */
        }
        else {
            printf("%d\n", node_ptr->data); /* 输出结点数据 */
            EnQueue(queue, node_ptr->left); /* 对左子树层序序列化*/
            EnQueue(queue, node_ptr->right);/* 对右子树层序序列化*/
        }
    }
    DestroyQueue(queue);
}
/* 算法5-13 结束 */
```

算法 5-14：根据层序序列重构二叉树 LevelOrderDeSerialize (*levelorder*, *n*)

代码 5-14 中的测试与代码 5-12 非常相似，主函数 main 中用整型数组 *levelorder* 存储层序序列，调用核心函数 LevelOrderDeSerialize 生成一棵二叉树，最后调用层序遍历函数 LevelOrder 将树中的元素按层序遍历的顺序输出。在此不再列出。

一个细节变化是，由于核心函数实现中用到链式队列作为辅助，在链式队列的定义中代表空元素的 NIL 被定义为空指针 NULL。而层序遍历数组中也需要存空指针，却是整型的，又不能重复定义 NIL，所以在代码 5-14 中，数组元素改用 NILL 来表示空元素。与代码 5-12 一样，假设层序序列中元素的键值都是不超过 9 位的正整数，所以 NILL 定义为 -1，以区别于正常的正整数键值。

二叉树的结构定义和层序遍历相关的代码已经在代码 5-1 和 5-10 中给出。代码 5-14 仅给出算法 5-14 的核心代码。

代码 5-14　根据层序序列重构二叉树

```
/* 算法5-14: 根据层序序列重构二叉树
LevelOrderDeSerialize(levelorder, n) */
BinaryTree LevelOrderDeSerialize(TElemSet levelorder[], int n)
{
    Queue queue;
    BinaryTree tree, node_ptr;
    TElemSet data;
    int k;
    if (n==1) { /* 序列中只有一个 # */
        tree = NULL; /* 空树 */
    }
    else {
        queue = (Queue)malloc(sizeof(struct QueueHeadNode));
        InitQueue(queue);
        /* 创建树根结点 */
        tree = (BinaryTree)malloc(sizeof(struct BinaryTreeNode));
        tree->data = levelorder[0]; /* 代入线性表第一个元素 */
        EnQueue(queue, tree);
        k = 1;
        while (k < n) { /* 从线性表第二个位置开始读取 */
            node_ptr = GetFront(queue); /* 队首结点出队 */
            DeQueue(queue);
            data = levelorder[k]; /* 线性表第k+1个元素 */
            if (data != NILL) {
                /* 生成左子结点 */
```

```c
                node_ptr->left =
                    (BinaryTree)malloc(sizeof(struct BinaryTreeNode));
                /* 线性表第k+1个元素代入左子节点 */
                node_ptr->left->data = data;
                EnQueue(queue, node_ptr->left); /* 左子结点入队 */
            }
            else {
                node_ptr->left = NULL; /* 左子树设置为空树 */
            }
            k++;
            data = levelorder[k]; /* 线性表第k+2个元素 */
            if (data != NILL) {
                /* 生成右子结点 */
                node_ptr->right =
                    (BinaryTree)malloc(sizeof(struct BinaryTreeNode));
                /* 线性表第k+2个元素代入右子节点 */
                node_ptr->right->data = data;
                EnQueue(queue, node_ptr->right); /* 右子结点入队 */
            }
            else {
                node_ptr->right = NULL; /* 右子树设置为空树 */
            }
            k++; /* k为下一个待处理的位置 */
        }
    }
    DestroyQueue(queue);
    return tree; /* 返回新建的二叉树 */
}
/* 算法5-14 结束 */
```

算法 5-15：创建 Huffman 树 CreateHuffmanTree(*w*)

算法5-15中涉及三个关键的数据结构。

① Huffman树。本质上仍然是二叉树，其结构定义与二叉树的链式存储一致。在代码5-15中只是将指向BinaryTreeNode的指针命名为 *HuffmanTree*，并且结点中的数据域存储的是权重 *weight*。

② 子树集合。在不断合并生成子树的过程中，子树的根结点需要存储在一个集合中。代码5-15中使用了单链表结构来存储这个集合。单链表结点中的数据域 *data* 是 SetType 类型，这个类型被定义为 HuffmanTree，即指向子树根结点的指针。对单链表的初始化和插入新结点的操作与第2章的代码相似，插入操作简化为每次将新结点作为

第一个结点插入。在算法5-15中,有一个非常重要的操作ExtractMin,是从这个集合中取出权重最小的子树,同时将这个子树从集合中删除。代码5-15给出了一个基于单链表的简单实现,即遍历单链表,更新并记录最小权重 *minw*,同时记录对应最小权重结点的**前一个结点** *pre_minp*,以便最后将这个结点从链表中删除。这种实现使得每次ExtractMin的时间复杂度为 $O(n)$,其中 n 是权重个数。在第6章学习了"堆"之后,可以改用更合理的结构存储子树的集合,提高 ExtractMin 的效率。

③ 权重集合。Huffman树是基于给定的 n 个权重值建立的,代码5-15中将权重存在顺序表中。顺序表的定义与第2章中的顺序表定义相同。

用于测试的main函数首先读入 n 和 n 个权重值,存入顺序表 w,随后调用核心函数CreateHuffmanTree创建Huffman树,最后调用WPL函数并输出带权路径长度。

代码5-15　创建Huffman树

```
#include <stdio.h>
#include <stdlib.h>
/* Huffman树的定义 */
typedef int TElemSet;
typedef struct BinaryTreeNode *HuffmanTree;
struct BinaryTreeNode {
    TElemSet weight;      /* 权重 */
    HuffmanTree left;     /* 左孩子指针 */
    HuffmanTree right;    /* 右孩子指针 */
};
/* Huffman树的定义结束 */
/* 树的集合的定义,即树结点的单链表 */
typedef HuffmanTree SetType;
typedef struct SetNode *Position; /* 指针即结点位置 */
struct SetNode {
    SetType data;    /* 存储数据*/
    Position next;   /* 线性表中下一个元素的位置 */
};
typedef struct HeadNode *TreeSet;
struct HeadNode {
    Position head;   /* 单链表头指针 */
    int length;      /* 表长 */
};
void InitTreeSet(TreeSet tree_set)
{
    tree_set->head = NULL;
    tree_set->length = 0;
}
```

```c
void Insert(TreeSet tree_set, SetType tree)
{
    Position p;
    p = (Position)malloc(sizeof(struct SetNode));
    p->data = tree;
    p->next = tree_set->head;
    tree_set->head = p;
    tree_set->length++;
}
SetType ExtractMin(TreeSet tree_set)
{
    TElemSet minw; /* 记录最小权重值 */
    Position pre_minp; /* 指向最小值结点的前一个结点 */
    Position p, tmp;
    SetType tree;

    if (tree_set->length==0) {
        return NULL; /* 空集则返回空指针 */
    }
    /* 方便起见加一个临时头结点 */
    tmp = (Position)malloc(sizeof(struct SetNode));
    tmp->next = tree_set->head;
    tree_set->head = tmp;
    pre_minp = tmp; /* 初始化最小值为第一个结点,pre_minp为空头结点 */
    p = tmp->next;
    minw = p->data->weight;
    while (p->next != NULL) {
        if (p->next->data->weight < minw) { /* 若下一个结点值更小 */
            minw = p->next->data->weight;    /* 更新最小值 */
            pre_minp = p;
        }
        p = p->next;
    }
    p = pre_minp->next; /* p指向最小值结点 */
    pre_minp->next = p->next; /* 删除pre_minp后面的结点 */
    tree_set->length--;
    tree = p->data;
    free(p);
    tmp = tree_set->head; /* 删除临时空头结点 */
    tree_set->head = tmp->next;
    free(tmp);
    return tree;
}
```

5.1 算法实现

```c
/* 树的集合的定义结束 */
/* 权重集合的定义,即权重的数组 */
#define kMaxSize 10000
#define NIL -1
typedef TElemSet ElemSet;
typedef struct ListNode *List;
struct ListNode {
    ElemSet data[kMaxSize]; /* 存储数据的数组 */
    int last; /* 线性表中最后一个元素在数组中的位置 */
};
void InitList( List list )
{
    list->last = -1;
}

int Length( List list )
{
    return (list->last+1); /* 返回list的长度 */
}
/* 权重集合的定义结束 */
/* 算法5-15:创建Huffman树 CreateHuffmanTree(w) */
HuffmanTree CreateHuffmanTree(List w)
{
    HuffmanTree tree;
    TreeSet tree_set;
    int n, i;

    tree_set = (TreeSet)malloc(sizeof(struct HeadNode));
    InitTreeSet(tree_set); /* 二叉树集合的初始化 */
    n = Length(w); /* n个权重 */
    for (i=0; i<n; i++) { /* 初始化n个二叉树 */
        /* 创建叶结点 */
        tree = (HuffmanTree)malloc(sizeof(struct BinaryTreeNode));
        tree->left = NULL;
        tree->right = NULL;
        /* 从数据集w中取出一个值,作为结点权重 */
        tree->weight = w->data[i];
        Insert(tree_set, tree);
    }
    for (i=1; i<n; i++) { /* 合并二叉树,共n-1次 */
        /* 新建树根结点 */
        tree = (HuffmanTree)malloc(sizeof(struct BinaryTreeNode));
        /* 取出根权重最小树作为左子树 */
        tree->left = ExtractMin(tree_set);
```

```
        /* 取出根权重最小树作为右子树 */
        tree->right = ExtractMin(tree_set);
        /* 设置新树的根权重 */
        tree->weight = tree->left->weight + tree->right->weight;
        Insert(tree_set, tree);  /* 将新树插入集合tree_set */
    }
    tree = ExtractMin(tree_set); /*取出集合中唯一的二叉树,即Huffman树*/
    return tree;
}
/* 算法5-15 结束 */

int WPL( HuffmanTree tree, int depth )
{ /* 根据Huffman树计算编码总长度 */
    if ( tree->left == NULL ) /* 是叶结点 */
        return (depth * tree->weight);
    else /* 否则一定有两个孩子 */
        return (WPL(tree->left, depth+1) +
                WPL(tree->right, depth+1));
}

int main(void)
{
    int n, i;
    List w;
    HuffmanTree tree;

    scanf("%d", &n);
    w = (List)malloc(sizeof(struct ListNode));
    InitList(w);
    for (i=0; i<n; i++) {
        scanf("%d", &w->data[i]);
        w->last++;
    }
    tree = CreateHuffmanTree(w);
    printf("%d\n", WPL(tree, 0));
    return 0;
}
```

算法 5-16：对二进制字符串解码 Decoding(*tree, binary_code*)

一个完整的Huffman树结构中,不仅需要存储字符的权重,还应该存储字符本身。所以在代码5-16中涉及的HuffmanTree,其指向的BinaryTreeNode结构体中有char类型的*data*域,存放对应权重*weight*的字符。与此同时,在创建Huffman树的代码中,传入的参数就不仅是权重的顺序表,还要包含字符的顺序表,即将ListNode补充定义为:

```
    struct ListNode {
        ElemSet data[kMaxSize];    /* 存储权重的数组 */
        char c[kMaxSize];          /* 存储字符的数组 */
        int last; /* 线性表中最后一个元素在数组中的位置 */
    };
```

则创建Huffman树结点时，也要多加一条给 *tree->data* 赋值的语句。

因为与创建Huffman树相关的代码与代码5-15基本相同，故这里不再赘述。代码5-16仅给出算法5-16的核心代码和用于测试的主函数。

代码5-16 对二进制字符串解码

```c
/* 算法5-16: 对二进制字符串解码 Decoding(tree, binary_code) */
void Decoding(HuffmanTree tree, char binary_code[])
{
    HuffmanTree p;
    int n, i;

    p = tree; /* 指向树根 */
    n = strlen(binary_code); /* 二进制字符串长度 */
    for (i=0; i<n; i++) {
        if (binary_code[i]=='0') {
            p = p->left; /* 遇到0，沿左分支下移 */
        }
        else { /* binary_code[i]=='1' */
            p = p->right;
        }
        if (p->left==NULL && p->right==NULL) { /* 到达叶结点 */
            printf("%c", p->data); /* 输出文字符 */
            p = tree; /* 返回树根，重新开始解码 */
        }
    }
}
/* 算法5-16 结束 */

int main(void)
{
    int n, i;
    List w;
    HuffmanTree tree;
    char binary_code[kMaxSize];

    scanf("%d\n", &n);
    w = (List)malloc(sizeof(struct ListNode));
    InitList(w);
    for (i=0; i<n; i++) {
```

```
            scanf("%c %d\n", &w->c[i], &w->data[i]);
            w->last++;
        }
        tree = CreateHuffmanTree(w);
        scanf("%s\n", binary_code);
        Decoding(tree, binary_code);
        return 0;
    }
```

算法 5-17：查找根结点 FindRoot(*tree*, *x*)

代码 5-17 中定义了采用父亲表示法的树结构，*Tree* 是指向 TreeNode 结构体的指针，结构体中包含数据域 *data* 和父指针 *parent*。由于树结点是用顺序表存储的，结点位置就是数组下标，所以指针 Position 类型即定义为整型。

用于测试的主函数 main 创建了有 *n* 个结点的树结点数组，逐一读入数据和父结点的数组下标。最后调用 FindRoot 函数查找给定结点所在树的根结点下标，并输出。

代码 5-17　查找根结点

```c
#include <stdio.h>
#include <stdlib.h>

typedef char TElemSet;
typedef int Position;
typedef struct TreeNode *Tree;
struct TreeNode {
    TElemSet data;      /* 数据元素 */
    Position parent;    /* 父结点位置 */
};

/* 算法5-17: 查找根结点 FindRoot(tree, x) */
Position FindRoot(Tree tree, Position x)
{
    while (tree[x].parent != -1) {
        x = tree[x].parent;
    }
    return x;
}
/* 算法5-17 结束 */
int main(void)
{
    int n, i;
    Tree tree;
    Position x;
```

```
        scanf("%d\n", &n);
        tree = (Tree)malloc(sizeof(struct TreeNode) * n);
        for (i=0; i<n; i++) {
            scanf("%c %d\n", &tree[i].data, &tree[i].parent);
        }
        scanf("%d", &x);
        printf("root index = %d\n", FindRoot(tree, x));
        return 0;
    }
```

算法 5-18：查找树中带有指定数据的结点 Search(*tree*, *x*)

代码5-18定义了采用孩子兄弟表示法的树结构，*Tree*是指向TreeNode结构体的指针，结构体中包含数据域*data*、第一个子结点指针*first_child*和下一个兄弟结点指针*next_sibling*。

用于测试的主函数main简单创建了有4个结点的树，然后读入待查找的*x*，调用Search函数进行查找，根据返回值输出。读者可以创建结构更为复杂的树，做更多测试。

代码5-18　查找树中带有指定数据的结点

```c
#include <stdio.h>
#include <stdlib.h>
typedef int TElemSet;
typedef struct TreeNode *Position;
typedef struct TreeNode *Tree;
struct TreeNode {
    TElemSet data;          /* 数据元素 */
    Tree first_child;       /* 第一个子结点 */
    Tree next_sibling;      /* 下一个兄弟结点 */
};
/* 算法5-18：查找树中带有指定数据的结点 Search(tree, x) */
Position Search(Tree tree, TElemSet x)
{
    Tree node_ptr;

    node_ptr = tree;
    if (node_ptr != NULL) {
        if (node_ptr->data != x) {
            /* 在子孙结点中查找 */
            node_ptr = Search(tree->first_child, x);
            if (node_ptr == NULL) { /* 不在子孙结点中 */
```

```c
            /* 在兄弟结点及其子孙中找 */
            node_ptr = Search(tree->next_sibling, x);
         }
      }
   }
   return node_ptr;
}
/* 算法 5-18 结束 */
Tree NewTreeNode ()
{
   Tree node_ptr;
   node_ptr = (Tree)malloc(sizeof(struct TreeNode));
   scanf("%d", &node_ptr->data);
   node_ptr->first_child = NULL;
   node_ptr->next_sibling = NULL;
   return node_ptr;
}
int main(void)
{
   Tree tree, child, sibling, p;
   TElemSet x;

   tree = NewTreeNode();
   child = NewTreeNode();
   sibling = NewTreeNode();
   tree->first_child = child;
   child->next_sibling = sibling;
   sibling->next_sibling = NewTreeNode();
   scanf("%d", &x);
   p = Search(tree, x);
   if (p != NULL) {
      printf("%d is found.\n", p->data);
   }
   else {
      printf("%d is NOT found.\n", x);
   }
   return 0;
}
```

算法 5-19：前序遍历树 PreOrder(*tree*)

孩子兄弟表示法的树结构和创建树结点的 NewTreeNode 代码已经在代码 5-18 中给

出，不再赘述。代码5-19仅给出算法5-19的核心代码和测试用主函数。Visit函数可以由读者任意定义，在此仍然将其定义为对结点数据的输出。

用于测试的主函数main简单创建了有4个结点的树，然后调用PreOrder函数输出。读者可以创建结构更为复杂的树，做更多测试。

代码5-19　前序遍历树

```c
void Visit(Tree tree)
{
    printf("%d\n", tree->data);
}
/* 算法5-19. 前序遍历树 PreOrder(tree) */
void PreOrder(Tree tree)
{
    if (tree != NULL) { /* 空树不做处理，直接返回 */
        Visit(tree);              /* 先访问结点tree */
        PreOrder(tree->first_child); /* 接下来访问tree的所有子孙结点 */
        PreOrder(tree->next_sibling); /* 最后访问tree后序的兄弟结点及
                                         其子孙 */
    }
}
/* 算法5-19 结束 */
int main(void)
{
    Tree tree, child, sibling, p;
    TElemSet x;

    tree = NewTreeNode();
    child = NewTreeNode();
    sibling = NewTreeNode();
    tree->first_child = child;
    child->next_sibling = sibling;
    sibling->next_sibling = NewTreeNode();
    PreOrder(tree);

    return 0;
}
```

算法 5-20：后序遍历树 PostOrder(*tree*)

树的结构定义及相关操作都与代码5-19相同，只是将主函数中最后调用的函数换成PostOrder即可，故重复代码不再列出。代码5-20仅给出算法5-20的核心代码。

代码 5-20　后序遍历树

```c
/* 算法5-20: 后序遍历树 PostOrder(tree) */
void PostOrder(Tree tree)
{
    if (tree != NULL) { /* 空树不做处理，直接返回 */
        PostOrder(tree->first_child);   /* 先访问tree所有子孙结点 */
        Visit(tree);                    /* 接下来访问结点tree */
        /* 最后访问tree后序的兄弟结点及其子孙 */
        PostOrder(tree->next_sibling);
    }
}
/* 算法5-20 结束 */
```

算法 5-21：创建 Trie 树结点 CreateTrieNode(k)

Trie 树最主要的三个操作是：创建结点、插入、查找，相关算法依次在算法 5-21 至算法 5-23 中给出。在代码 5-21 中给出了 Trie 树的结构定义，即令 *Trie* 为指向 KaryTreeNode 结构体的指针，结构体中包含存储字符串的数组 *data* 和指向子树的指针数组 *child*。这里定义程序能处理的最长字符串长度为 1 000（即 *kMaxSize*-1）。

用于测试的主函数 main 首先初始化一棵空的 Trie 树，然后逐一读入 *n* 个字符串，并插入树中。随后再读入 *n* 个待查找的字符串，逐一检查其是否存在于树中，根据检查结果进行输出。此处假设字符串仅由 26 个英文字母（不区分大小写）组成，所以调用插入查找函数时都令参数 *k* 为 26。

代码 5-21 仅给出算法 5-21 的核心代码和主函数代码。插入和查找的实现在算法 5-22 和算法 5-23 的实现中给出。注意：读者要运行程序时，需要将代码 5-21、5-22、5-23 拼接在一起。

代码 5-21　创建 Trie 树结点

```c
#include <stdio.h>
#include <stdlib.h>
#include <string.h>

#define kMaxSize 1001
typedef enum {false, true} bool;
typedef char TElemSet[kMaxSize];
typedef struct KaryTreeNode *Trie;
struct KaryTreeNode {
    TElemSet data;     /* 数据元素 */
    Trie *child;       /* 孩子指针数组 */
};

void InsertChild(Trie node_ptr, int index, Trie child_ptr);
```

5.1 算法实现

```c
Trie CreateTrieNode(int k);
Trie Insert(Trie trie, int k, char s[]);
bool IsIn(Trie trie, int k, char s[]);
int main(void)
{
    Trie trie;
    TElemSet s;
    int n, i;

    trie = NULL;
    scanf("%d\n", &n);
    for (i=0; i<n; i++) {
        scanf("%s\n", s);
        trie = Insert(trie, 26, s);
    }
    scanf("%d\n", &n);
    for (i=0; i<n; i++) {
        scanf("%s\n", s);
        if (IsIn(trie, 26, s)==true) {
            printf("yes\n");
        }
        else {
            printf("no\n");
        }
    }

    return 0;
}
void InsertChild(Trie node_ptr, int index, Trie child_ptr)
{ /* 将child_ptr插入为node_ptr的第index个孩子 */
    node_ptr->child[index] = child_ptr;
}
/* 算法5-21: 创建Trie树结点 CreateTrieNode(k) */
Trie CreateTrieNode(int k)
{
    Trie node_ptr;
    int i;

    /* 创建k叉树结点 */
    node_ptr = (Trie)malloc(sizeof(struct KaryTreeNode));
    node_ptr->child = (Trie *)malloc(sizeof(Trie) * k);
    node_ptr->data[0] = '\0';
    for (i=0; i<k; i++) {
        InsertChild(node_ptr, i, NULL); /* 新结点的所有分支设为空树 */
```

```
        }
        return node_ptr;
}
/* 算法5-21 结束 */
```

算法 5-22：Trie 树中插入字符串 Insert(*trie*, *k*, *s*)

代码5-22给出算法5-22的具体实现。读者运行时需要将此段代码拼接在代码5-21之后。

代码5-22　Trie树中插入字符串

```
/* 算法5-22: Trie树中插入字符串 Insert(trie, k, s) */
Trie Insert(Trie trie, int k, char s[])
{
    Trie node_ptr, child_ptr;
    int n, i, index;
    if (trie == NULL) { /* 空树 */
        trie = CreateTrieNode(k); /* 创建Trie树根结点 */
    }
    node_ptr = trie;
    n = strlen(s); /* 字符串s的长度n */
    for (i=0; i<n; i++) {
        /* 字符s[i]对应的分支编号。假设s仅由小写英文字母组成 */
        index = s[i] - 'a';
        /* 找到结点的第index个分支 */
        child_ptr = node_ptr->child[index];
        if (child_ptr == NULL) { /* 若第index个分支是空树 */
            child_ptr = CreateTrieNode(k); /* 创建k叉Trie树结点 */
            /* 新结点设为node_ptr的第index个孩子 */
            InsertChild(node_ptr, index, child_ptr);
        } /* 结点创建完毕 */
        node_ptr = child_ptr; /* 移到第index个子结点 */
    }
    strcpy(node_ptr->data, s);
    return trie;
}
/* 算法5-22 结束 */
```

算法 5-23：判断给定字符串是否在 Trie 树中 IsIn(*trie*, *k*, *s*)

代码5-23给出算法5-23的具体实现。读者运行时需要将此段代码拼接在代码5-21之后。

5.1 算法实现

代码5-23　判断给定字符串是否在Trie树中

```c
/* 算法5-23: 判断给定字符串是否在Trie树中 IsIn(trie, k, s) */
bool IsIn(Trie trie, int k, char s[])
{
    Trie node_ptr;
    int n, i, index;
    bool found;

    node_ptr = trie;
    n = strlen(s);
    found = true;
    i = 0;
    while (node_ptr != NULL && i < n) {
        /* 字符s[i]对应的分支编号。假设s仅由小写英文字母组成 */
        index = s[i] - 'a';
        /* 下移至结点的第index个分支 */
        node_ptr = node_ptr->child[index];
        i++;
    }
    if (node_ptr==NULL || node_ptr->data[0]=='\0') { /* 查找失败 */
        found = false;
    }
    return found;
}
/* 算法5-23 结束 */
```

算法 5-24：构建后缀树 BuildSuffixTree(s, k)

构建后缀树用到的创建结点和插入的操作与前缀树一样。代码5-24中的测试用主函数main首先根据输入的字符串s构建了后缀树，随后逐一读入并检查n个输入的字符串是否是s的后缀。其中用到的IsIn函数也已经在代码5-23中给出，均不重复列出。代码5-24仅给出算法5-24的核心代码和主函数。

代码5-24　构建后缀树

```c
/* 算法5-24: 构建后缀树BuildSuffixTree(s, k) */
Trie BuildSuffixTree(char s[], int k)
{
    Trie suffix_trie;
    int n, i;
    char *sub_s;

    suffix_trie = NULL; /* 后缀树的初始化 */
    n = strlen(s);
    for (i=0; i<n; i++) {
```

```
            sub_s = s + i; /* 提取后缀s[i…n-1] */
            /* 将后缀sub_s插入suffix_trie树 */
            suffix_trie = Insert(suffix_trie, k, sub_s);
        }
        return suffix_trie;
    }
    /* 算法5-24 结束 */
    int main(void)
    {
        Trie suffix_trie;
        TElemSet s;
        int n, i;
        scanf("%s\n", s);
        suffix_trie = BuildSuffixTree(s, 26);
        scanf("%d\n", &n);
        for (i=0; i<n; i++) {
            scanf("%s\n", s);
            if (IsIn(suffix_trie, 26, s)==true) {
                printf("yes\n");
            }
            else {
                printf("no\n");
            }
        }
        return 0;
    }
```

5.2 基础练习

练习 5-1 顺序存储的二叉树的遍历

1. 实验目的
① 理解二叉树的顺序存储方式。
② 熟练掌握二叉树的遍历算法。
2. 实验要求
（1）题目描述
对顺序存储的二叉树，给出前序、中序和后序遍历的**非递归**算法实现。

（2）函数接口定义

　　void PreOrder(BinaryTree tree);
　　void InOrder(BinaryTree tree);
　　void PostOrder(BinaryTree tree);

其中，BinaryTree 相关的数据类型定义如下：

```
typedef char TElemSet; /* 树结点元素为单个字符 */
#define NIL '-' /* 表示空指针的字符 */
typedef struct BinaryTreeNode *BinaryTree;
struct BinaryTreeNode {
    TElemSet *data; /* 数据元素顺序表 */
    int size;       /* 顺序表长度 */
};
```

三个遍历函数中，对结点的访问定义为输出该结点中存储的字符，前后无空格。

裁判提供的主函数 main 将 *tree->data*[0] 定义为 NIL；树结点数据存储在 *tree->data*[1] 至 *tree->data*[n] 中，其中 *n* 是 *tree->size* 的值。主函数按顺序调用三个遍历函数，在每次调用后输出一个回车。

（3）测试用例（见表 5-2）

表 5-2　练习 5-1 测试用例

序号	传入参数值		输出	说明
	data	size		
0	ABC-DE------F	13	ABDCEF BDAEFC DBFECA	小规模一般情况（对应主教材图 5-8）
1	ABCDEFGHIJ	10	ABDHIEJCFG HDIBJEAFCG HIDJEBFGCA	完全二叉树（对应主教材图 5-7）
2	（空）	0	（3 个空行）	空树
3	AB-C---D	8	ABCD DCBA DCBA	左偏树
4	A-B---C-------D	15	ABCD ABCD DCBA	右偏树

3. 实现要点

三种遍历的非递归实现算法其实在算法 5-7、5-8、5-9 中都已经给出了，这里只需要根据树结构的不同表示方法做出一些微调。

（1）算法分析与代码

代码 5-7~5-9 中借用了一个链式栈作为辅助工具，这里仍然适用。栈的元素类型 SElemSet 在树用链式表示时定义为 BinaryTree，实际上是指向树结点的指针；当用顺序表存储树结点时，这个指针就是数组的下标，因此应该被定义为整型。此外，Top 函数在栈为空时应该返回一个表示空元素的值，在此可以定义为 "#define NILElem 0"，因为数组下标为 0 的元素是一个无用的空元素。除此之外，链式栈的所有操作实现均与第 3 章给出的代码相同，在此不再重复列出。

在代码 5-7~5-9 中，传入的参数 *tree* 是指向当前树结点的指针，从根结点开始。而在顺序表示中这个参数的性质发生了改变，需要用另一个整型变量 *idx* 来记录当前结点的数组下标，也就是指向当前结点的指针，从根结点的位置 1 开始。链式表示中的判断 "tree != NULL"，在顺序表示中就需要检查两个情况：

① *idx* 是否为合法的数组下标，其值是否不超过 *tree->size*。

② 如果 *idx* 是合法下标，则需要检查 *tree->data[idx]* 的值，是否不等于空标识 NIL。

两者都为真时，才说明当前结点 *tree->data[idx]* 是个非空结点。我们可以实现一个函数 NotNIL(*tree, idx*) 来取代 "tree != NULL"。

在链式表示中，沿左右分支下移，是将 *tree* 用其左右孩子的指针替代。在顺序表示中，这个操作变成了将 *idx* 用 2×*idx*（左孩子下标）或 2×*idx*+1（右孩子下标）替代。在程序实现时，用整数左移 1 位来实现将整数乘以 2 的操作。

代码 5-25
顺序存储的二叉树的遍历

在处理好上述差别的基础上，代码 5-25 的核心函数实质上是代码 5-7~5-9 的逐句"翻译"，将链式表示改为顺序表示即可。

（2）复杂度分析

设二叉树的结点个数为 m，则当树为右偏树时，顺序表的长度为 2^m，即顺序存储二叉树，最坏情况下的空间复杂度是指数级的 $O(2^m)$。遍历算法的时间复杂度仍然是 $O(m)$。

练习 5-2 列出叶结点

1. 实验目的
熟练掌握二叉树的层序遍历。

2. 实验要求
（1）题目描述

对于给定的二叉树，本题要求按从上到下、从左到右的顺序输出其所有叶结点。

（2）输入输出说明

输入格式：第一行给出一个正整数 n（≤10），为树中结点总数。树中的结点从 0

到 n-1 编号。随后 n 行，每行给出一个对应结点左右孩子的编号。如果某个孩子不存在，则在对应位置给出 "-"。编号间以一个空格分隔。

输出格式：在一行中按规定顺序输出叶结点的编号。编号间以一个空格分隔，行首尾不得有多余空格。

（3）测试用例（见表5-3）

表 5-3　练习 5-2 测试用例

序号	输入	输出	说明
0	8 1 - - - 0 - 2 7 - - - - 5 - 4 6	4 1 5	有单边左孩子，中间层少先输出
1	10 1 9 - 3 - - 0 - - - 5 - 2 6 4 7 - -	2 9 5 3	最大 n，有单边右孩子，多层
2	1 - -	0	最小 n
3	9 5 1 - - 8 3 0 4 - - 7 6 - - - - - -	8 4 1 7 6	每层都有输出，有双孩子

续表

序号	输入	输出	说明
4	5 1 - 2 - 4 - 0 - - -	4	单边树，只有 1 个输出

3. 实现要点

（1）算法分析与代码

因为从上到下、从左到右的顺序，就是对树进行层序遍历的顺序，所以只要根据输入建立了二叉树以后，对该树做一次层序遍历就可以了。本题中对"访问当前结点"的定义就是：如果该结点是叶结点，打印输出这个结点的编号，否则不做任何操作。

在代码 5-26 的实现中，有两个细节问题要处理好：

① 二叉树的创建。本题只要求处理树结点编号，所以二叉树结点中没有数据域。此外，因为结点编号可以和数组下标一一对应，所以可以用一个树结点的数组来表示二叉树，此时"指向结点的指针"就是该结点在数组中的位置，也就是数组下标，可以用整型变量来存储。所以在代码中，虽然 BinaryTree 仍然是指向 BinaryTreeNode 结构体的指针，但其指向的是一个结构体数组，而不是在链式表示中的树根结点。结构体中的左右孩子指针类型定义为 NodePosition，实际上均为整型变量，存储的是左右子结点在数组中的下标，即结点的位置。空指针 NIL 定义为 -1，是一个非法的数组下标。读者也可以将其定义为其他任何负数。

在创建二叉树的函数 BuildTree 中，二叉树结点数组 *tree* 和结点个数 *n* 作为参数传入。这个函数的任务除了根据输入逐一为每个结点的左右孩子指针赋值外，还需要找到根结点，因为根结点并没有直接给出。为此我们借助了一个布尔型的数组 *root*，首先将每个元素都初始化为 true，意味着在什么信息都不知道的情况下，编号从 0 到 *n*-1 的每个结点都有可能是根。在处理每个结点的左右孩子指针时，如果该结点有左子结点或右子结点，则这个子结点肯定不会是根结点，于是将这个编号对应的 *root* 值置为 false。当所有输入数据处理完后，如果数据正确对应了一棵二叉树，那么一定有唯一的一个根结点 *i* 的 *root* 值是 true。最后只要扫描一遍 *root* 数组，将发现的值为 true 的数组下标作为根结点下标返回即可。

② 由于输出格式要求中指出，顺序输出叶结点时编号间空一格，行首尾不得有多余空格，这就使得第一个编号的输出需要做特殊处理。即第一个编号输出时前后都没有空格，但此后每个编号输出时前面都加一个空格。代码中加了一个布尔型变量 *first*，用以标识当前输出的编号是否为第一个编号。该变量初始化为 true。当需要打印一个叶结

点时，首先检查 *first* 的值，如果为真则按第一个编号特殊处理输出，随后将 *first* 置为 false；否则当前叶结点不是第一个输出的，按照前加空格的方式输出。每次输出后返回更新后的 *first* 值即可。

由于本题本质上是层序遍历的应用，所以可以直接套用代码 5-10 并略作修改。仍然采用链式队列作为辅助工具，链式栈的相关代码已经在代码 3-16 至 3-20 中给出（其中 QElemSet 需要定义为 NodePosition 类型），这里不再重复列出。因为层序遍历时需要知道根结点的位置，所以此处还应该将根结点的下标作为参数传入。代码 5-26 给出了具体实现。

代码 5-26 列出叶结点

（2）复杂度分析

建树、找到根结点、层序遍历的时间复杂度都是 $O(n)$。为了快速找到根结点，采用了一个长度为 n 的额外数组 *root* 标记非根结点；层序遍历时采用了辅助队列，其长度也是 $O(n)$。所以这个算法的额外空间复杂度是 $O(n)$。

注意：如果对每个结点都扫描其他结点，看是否有某个结点是它的父结点，从而最终找出那个没有父结点的根，这种算法的最坏时间复杂度就会降为 $O(n^2)$。

练习 5-3　还原二叉树

1. 实验目的
① 熟练掌握二叉树存储结构。
② 熟练掌握二叉树的遍历及应用。

2. 实验要求
（1）题目描述

给定一棵二叉树的前序遍历序列和中序遍历序列，要求计算该二叉树的高度。

（2）输入输出说明

输入格式：第一行给出正整数 n（≤50），为树中结点总数。随后两行先后给出前序和中序遍历序列，均是长度为 n 的不包含重复英文字母（区别大小写）的字符串。

输出格式：输出为一个整数，即该二叉树的高度。

（3）测试用例（见表 5-4）

表 5-4　练习 5-3 测试用例

序号	输入	输出	说明
0	9 ABDFGHIEC FDHGIBEAC	5	一般情况测试

续表

序号	输入	输出	说明
1	15 cdefghijklmnxyz cdefghijklmnxyz	15	完全右斜
2	7 Abcdefg gfedcbA	7	完全左斜
3	1 a a	1	边界测试：最小 n
4	50 50 个随机数据	略	边界测试：最大 n

3. 实现要点

（1）算法分析与代码

本题需要解决两个子问题：

① 通过输入给定的前序遍历序列和中序遍历序列构建出对应的二叉树。由于已知前序遍历序列的第一个（数组下标为 0）结点必然是根结点，可以在中序遍历序列中找到这个根结点的位置，即数组下标 i，于是就知道在中序遍历序列中，根结点左边的所有结点一定属于左子树，右边的所有结点一定属于右子树。根据这个判断，可以从中序遍历序列中知道左、右子树分别有 i 和 $n-i-1$ 个结点，它们必然对应存储在前序遍历序列中数组下标从 1~i 的结点，以及最后的 $n-i-1$ 个结点。对应关系如图 5-1 所示。于是可以对左、右子树递归地解决这个问题，直到生成整个二叉树。

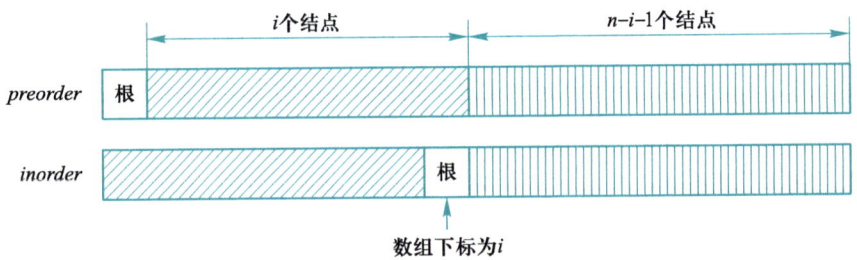

图 5-1　前序遍历序列与中序遍历序列的子树对应关系

② 求二叉树的高度。如果已知左、右子树的高度，那么树的高度就是左、右子树中比较高的那个高度加 1。这是一个可以用二叉树后序遍历解决的问题，在遍历过程中，将"访问结点"定义为"求左、右子树高度的较大值并加 1"。算法的完整实现见

代码5-27所示。

（2）复杂度分析

求树高的算法是一个简单的后序遍历算法，其时间复杂度是 $O(n)$。

代码5-27
还原二叉树

比较复杂的是构建二叉树的算法，在每个递归中有一个for循环对当前子问题对应的中序遍历序列进行扫描，这个时间在最坏情况下与当前子问题的规模成正比。设构建二叉树算法的整体时间复杂度为 $T(n)$，其左、右子树分别有 n_l 和 n_r 个结点，则有递推式：$T(n)=T(n_l)+T(n_r)+cn_l$，其中 c 为常数，且有 $T(1)=O(1)$。最坏情况是当二叉树为左偏树时，根结点总是当前中序遍历序列的最后一个结点，问题总是被分裂为只有一个规模减1的左子树且没有右子树的情况。这时递推式为 $T(n)=T(n-1)+cn$，可以推出 $T(n)=O(n^2)$。最好情况是当二叉树为右偏树时，递推式为 $T(n)=T(n-1)+c$，可以推出 $T(n)=O(n)$。

空间复杂度方面，除了前序、中序遍历序列和树本身的存储需要 $O(n)$ 空间外，递归也会占用额外的空间。两个核心函数BuildTree和Height的递归深度都不会超过 n，所以整体上的额外空间复杂度是 $O(n)$。

*练习5-4 转换树的表示法

1. 实验目的

熟练掌握树的父亲表示法和孩子兄弟表示法。

2. 实验要求

（1）题目描述

父亲表示法是树的最简单、空间效率最高的存储结构。请设计算法，将基于父亲表示法的树转换为基于孩子兄弟表示法（即二叉链表结构）的树。在此规定任一结点的子结点按索引编号的递增序从头向尾链接。

（2）函数接口定义

BinaryTree ConvertTree(Tree tree, int n);

其中，BinaryTree数据类型的定义如下：

```
typedef int TElemSet;
typedef struct BinaryTreeNode *BinaryTree;
struct BinaryTreeNode {
    TElemSet data;             /* 数据元素 */
    BinaryTree first_child;    /* 第一个子结点 */
    BinaryTree next_sibling;   /* 下一个兄弟结点 */
};
```

父亲表示法下Tree数据类型的定义如下：

```
typedef int Position;
#define NIL -1
typedef struct TreeNode *Tree;
struct TreeNode {
    TElemSet data;      /* 数据元素 */
    Position parent;    /* 父结点位置 */
};
```

函数ConvertTree的功能是：将以父亲表示法存储且有 n 个Tree类型结点的数组 *tree*，转化为BinaryTree类型的二叉链表结构的树，并返回指向根结点的指针。在 *tree* 中，根结点的 *parent* 值为NIL。

注意：返回的树中，兄弟链表必须按兄弟结点索引编号（即数组下标）的递增序从头向尾链接。

裁判提供的主函数main顺序读入 n 个树结点的整型键值和其父结点的索引编号（即数组下标），调用ConvertTree函数获得转换为二叉链表结构的树，最后输出该树的前序遍历结果。

（3）测试用例（见表5-5）

表5-5 练习5-4测试用例

序号	输入	输出	说明
0	9 10 3 15 2 23 3 12 -1 19 3 32 2 43 2 60 5 51 2	12 10 23 15 32 60 43 51 19	多叉树的一般情况
1	0	（空）	空树
2	1 1 -1	1	单结点树
3	略	略	大规模退化为单链表的树
4	略	略	大规模单层有 $n-1$ 个结点的树
5	略	略	大规模随机数据

3. 实现要点

（1）算法分析与代码

在父亲表示法中存储了三个关键信息：结点数据、结点本身的编号（即 tree 数组的下标）、父结点编号。当将每个结点转换成二叉树中的结点时，需要先找到其父结点，再将该结点插入其父结点的子结点链表中。这里有两个关键问题需要解决：

① 二叉树中每个结点需要有编号，并且这个编号要和 tree 的数组下标编号一致，这样才能根据 tree 中存储的父结点编号找到二叉树中对应的父结点。然而，二叉树表示法中的结点结构体是没有"结点编号"的。

代码 5-28 中给出的解决方案是，设置一个结点指针数组 nodes，第 i 个指针指向父亲表示法中第 i 个结点在二叉树中对应的结点，这样"结点的编号"就与结点指针数组的下标对应起来了，而指针数组的下标与 tree 的数组下标是一一对应的，从而解决了这个问题。

代码 5-28
转换树的表示法

② 题目要求任一结点的子结点链表必须按结点索引编号（即数组下标）的递增序从头向尾链接。而我们在处理 tree 结点时，如果按结点编号递增序处理，就意味着每个结点都应该被插入其父结点的子结点链表的末尾。如果每次插入都要从表头扫描到表尾，则算法的时间复杂度在最坏情况下（例如第 4 号测试数据）将高达 $O(n^2)$。

代码 5-28 中给出的解决方案是，按 tree 结点编号的**递减序**处理每个结点。这样任一结点的子结点都是按照编号递减的顺序插入链表的，只要每次都插入表头，就能保证链表中结点的编号是递增的。

（2）复杂度分析

为了方便找到父结点，算法中额外创建了 n 个指针，所以算法的额外空间复杂度是 $O(n)$。借助指针数组的帮助，我们只需要 $O(1)$ 时间就可以找到每个结点的父结点；插入子结点链表时，由于是插在表头，所以时间复杂度也是 $O(1)$ 的。我们对每个结点做三个操作：创建结点、找到父结点、插入子结点链表。每个操作都用常数时间完成，所以整体时间复杂度是 $O(n)$。

5.3 进阶实验

实验 5-1 树的同构

1. 实验目的

熟练掌握二叉树遍历的应用。

2. 实验要求

（1）题目描述

给定两棵树T_1和T_2。如果T_1可以通过若干次左右孩子互换就变成T_2，则称两棵树是"同构"的。例如：图5-2给出的两棵树就是同构的，因为我们把其中一棵树的结点A、B、G的左右孩子互换后，就得到另外一棵树；而图5-3就不是同构的。

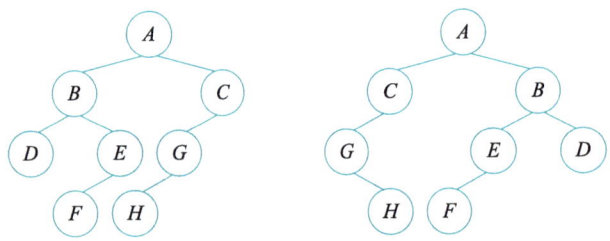

图 5-2　同构树示例

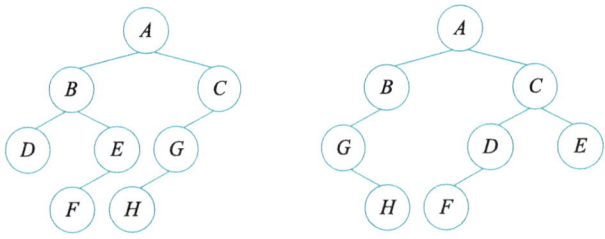

图 5-3　不同构树示例

现给定两棵树，请判断它们是否为同构的。

（2）输入输出说明

输入格式：输入两棵二叉树的信息。对于每棵树，首先在一行中给出一个非负整数n（≤10），即该树的结点数（此时假设结点从0到$n-1$编号）。随后n行，第i行对应编号第i个结点，给出该结点中存储的一个英文大写字母，其左子结点编号、右子结点编号。如果子结点为空，则在相应位置上给出"-"。数据间用一个空格分隔。注意：题目保证每个结点中存储的字母是不同的。

输出格式：如果两棵树是同构的输出"Yes"，否则输出"No"。

（3）测试用例（见表5-6）

表 5-6　实验 5-1 测试用例

序号	输入	输出	说明
0	8 A 1 2 B 3 4	Yes	对应图5-2。有双边换、单边换，节点编号不同但数据同

5.3 进阶实验

续表

序号	输入	输出	说明
0	C 5 - D - - E 6 - G 7 - F - - H - - 8 G - 4 B 7 6 F - - A 5 1 H - - C 0 - D - - E 2 -		
1	8 B 5 7 F - - A 0 3 C 6 - H - - D - - G 4 - E 1 - 8 D 6 - B 5 - E - - H - - C 0 2 G - 3 F - - A 1 4	No	每层结点数据对，但父结点不对
2	4 A - 1 B 3 2 D - -	No	结点数不同

续表

序号	输入	输出	说明
2	C - - 3 A - 1 B 2 - D - -		
3	0 0	Yes	空树
4	1 H - - 1 A - -	No	只有 1 个结点，结构同但数据不同
5	10 N - - M 0 - L 1 9 J 2 - Z - - X - 4 I 5 8 K 6 3 H - - Y - - 10 Z - - X 0 - I 1 - K 2 4 J 5 7 H 6 8 M 9 - L - - Y - - N - -	No	最大 n，层序遍历结果相同，但树不同

3. 实现要点

两棵树是否同构，可以用二叉树的前序、中序、后序遍历中的任何一种来递归地完成检查。在这三种遍历中，前序遍历显然是最合算的，因为如果当前两棵子树的根结点就不一样,那对其子树的检查就是无意义的,可以直接返回false了。

我们需要对两棵树同时进行遍历。前序遍历在解决这个问题的过程中,"访问当前根结点"就是检查两棵树的当前子树根结点是否相同:

① 如果同为空结点,肯定是对的,返回true。
② 如果一个是空的而另一个不是,肯定是错的,返回false。
③ 如果两个都不为空,但是存的字符不一样,那也是错的,返回false。

至此如果还没有返回,说明两个根结点是完全一样的,接下来就递归地检查它们的子树。注意:除了检查左右子树是否分别对应同构外,还要检查一棵树的左子树是否同构于另一棵树的右子树,反之亦然。

在同构判别之前,先要建两棵树。本题给出的树的信息与练习5-2类似,只是多了结点的数据信息。可采用与练习5-2相似的结构数组来表示一棵二叉树,数组的下标就是输入中给出的结点编号,也就是结点的存储地址。

实验 5-2　树的宽度

1. 实验目的
熟练掌握二叉树层序遍历的应用。

2. 实验要求
(1) 题目描述

二叉树的宽度是指各层结点数的最大值。本题就要求根据层序序列计算给定二叉树的宽度。

(2) 函数接口定义

　　int Width(TElemSet levelorder[], int n);

其中,TElemSet定义为int型,树中所有元素键值为正整数,层序序列数组 *levelorder* 中用−1表示空,*n* 是数组中元素个数。函数 Width 需要返回树的宽度值。空树的宽度为0。

(3) 测试用例 (见表5-7)

表 5-7　实验 5-2 测试用例

序号	输入	输出	说明
0	9 1 2 3 −1 4 −1 −1 −1 −1	2	最宽一层是满的
1	15 1 2 3 4 −1 5 6 −1 −1 7 −1 −1 −1 −1 −1	3	最宽一层是不满的
2	1 −1	0	空树

续表

序号	输入	输出	说明
3	3 1 -1 -1	1	单根树
4	11 1 2 -1 3 -1 4 5 -1 -1 -1 -1	2	几乎左偏的树，最宽在底层
5	11 1 -1 2 5 3 -1 -1 -1 4 -1 -1	2	几乎右偏的树，最宽层在中间
6	略	略	大规模随机数据

3. 实现要点

本题是代码5-14的简化版。在代码5-14中给出了根据层序序列重构二叉树的具体实现方法，本题并不要求重构出二叉树，只要将构造结点的步骤换成统计该结点所在层的结点数即可。为此需要借助一个计数器数组 count，用 count[i] 记录第 i 层结点的数量。

因为本质上还是在做树的层序遍历，所以仍然需要一个队列作为辅助工具。只是这个队列中存储的不是树结点本身，而是非空树结点的层次。即当代码5-14中将根结点入队时，这里入队的不是根结点，而是根结点所在的层数0；当取出当前队首结点的层数 k 时，令 count[k]++，即第 k 层计入1个结点；当代码5-14中为当前结点创建左右子结点并入队时，这里不需要创建子结点，而是将非空子结点的层数（即 k+1）入队。在这个过程中，可以用一个变量 max_count 来记录并更新当前最大的计数值，则当层序遍历结束时，返回这个值即可。

实验5-3 二叉树直径

1. 实验目的
熟练掌握二叉树后序遍历的应用。

2. 实验要求
（1）题目描述

树中两个结点间的路径长度是指从一个结点沿树中的边走到另一个结点所经过的最少的边数。二叉树的直径是指任意两个结点之间路径长度的最大值。请给出计算二叉树直径的算法。

（2）函数接口定义

  int Diameter(BinaryTree tree);

其中，BinaryTree相关的数据类型定义如下：

5.3 进阶实验

```
typedef char TElemSet;
typedef struct BinaryTreeNode *BinaryTree;
struct BinaryTreeNode {
    TElemSet data;        /* 数据元素 */
    BinaryTree left;      /* 左孩子指针 */
    BinaryTree right;     /* 右孩子指针 */
};
```

裁判提供的主函数读入有 n (>0) 个结点的二叉树的前序、中序遍历序列，调用代码 5-27 中的 BuildTree 函数构建出二叉树，最后调用 Diameter 函数计算树的直径并输出。

（3）测试用例（见表 5-8）

表 5-8　实验 5-3 测试用例

序号	输入	输出	说明
0	11 abdfgijehkc fdigjbekhac	6	直径路径不经过根结点
1	8 abcdefhg badcfheg	5	直径路径经过根结点
2	15 cdefghijklmnxyz cdefghijklmnxyz	14	完全右斜
3	8 Abcdefgh hgfedcbA	7	完全左斜
4	1 a a	0	单根树
5	略	略	大规模随机数据

3. 实现要点

注意到结点间的路径要求边数最少，所以路径中没有重复出现的结点，即没有回路。树中长度最大的路径有以下两种形态：

① 从一个叶结点到另一个叶结点。此时路径经过的结点中一定有它们的共同祖先，并且两个叶结点分别在祖先结点的左、右子树中。由此可知，路径长度等于祖先结点左、右子树的高度之和。

② 从根结点到离它最远的叶结点。这种情况下，根结点的左子树或右子树是空树，

而路径长度等于其非空子树的高度。

根据上述分析,可以通过改写求二叉树高度的遍历算法(算法5-5)计算二叉树的直径。在后序遍历得到当前树高时,计算其左、右子树的高度和,与当前得到的直径 $diameter$ 进行比较,如果更大则更新直径的值。这要求在递归的过程中传递当前直径的值。实现时有两种方法:一是将直径 $diameter$ 作为全局变量;二是将存储直径变量的地址作为参数传给求树高的Height函数,即将代码5-27中给出的函数接口改为

int Height(BinaryTree tree, int *diameter)

这两种方法各有利弊。从软件工程的角度讲,定义全局变量是不被鼓励的行为,在复杂系统中,全局变量会使软件修改时产生"牵一发而动全身"的负面影响。此外,在函数接口中加入变量地址的传递使接口变得复杂,而且依赖于C语言的特点也使接口设计不够通用。一个折中的办法是将求直径的函数接口设计为

int Diameter(BinaryTree tree)

在这个函数内部初始化一个 $diameter$,通过调用Height($tree$, &$diameter$)得到结果。这样做简化了接口,将与C语言有关的实现细节对调用这个功能的用户进行了隐藏。

实验 5-4 根据后序和中序遍历输出前序遍历

1. 实验目的
① 熟练掌握二叉树存储结构;
② 熟练掌握二叉树的遍历及应用。

2. 实验要求
(1)题目描述

本题要求根据一棵给定的二叉树的后序遍历和中序遍历结果,输出该树的前序遍历结果。

(2)输入输出说明

输入格式:输入的第一行给出正整数 $n(\leqslant 30)$,是树中结点的个数。随后两行,每行给出 n 个整数,分别对应后序遍历和中序遍历结果,数字间以空格分隔。题目保证输入正确对应一棵二叉树。

输出格式:在一行中输出"Preorder:"及该树的前序遍历结果。数字间有一个空格,行末不得有多余空格。

(3)测试用例(见表5-9)

表 5-9　实验 5-4 测试用例

序号	输入	输出	说明
0	7 2 3 1 5 7 6 4 1 2 3 4 5 6 7	Preorder: 4 1 3 2 6 5 7	有单边、双边结点
1	5 3 2 5 4 1 3 2 1 4 5	Preorder: 1 2 3 4 5	单边喇叭张开
2	7 7 6 5 4 3 2 1 1 3 5 7 6 4 2	Preorder: 1 2 3 4 5 6 7	交错
3	1 2 2	Preorder: 2	$n=1$
4	略	略	最大 n，复杂组合

3. 实现要点

在练习5-3中介绍了如何通过前序遍历和中序遍历序列构建二叉树，解决本题也可以借鉴这个思路。区别只是根结点在前序遍历中是第一个结点，而在后序遍历中是最后一个结点。

理解了这个点以后，剩下的问题就与练习5-3十分相似了：在中序遍历序列中找到这个根结点的位置，即数组下标 i，于是就知道后序遍历和中序遍历序列的前 i 个结点对应了左子树，剩下的 $n-i-1$ 个结点对应了右子树。对应关系如图5-4所示。可以通过递归构建出整棵二叉树，再调用代码5-2中的前序遍历函数，完成最后的输出。

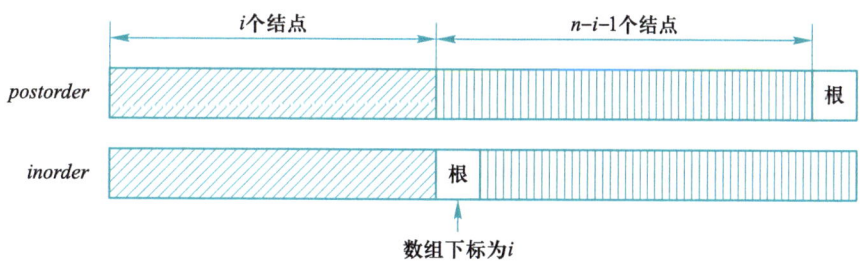

图 5-4　后序遍历序列与中序遍历序列的子树对应关系

上述算法的正确性是显然的。但另一方面，再仔细考虑一下，我们是否有必要先构建出二叉树，再做前序遍历？实际上构建二叉树的过程就是一个前序遍历的过程：对当前的子树，我们先确定其根结点，然后递归地确定其左、右子树中各个结点的关系。所以更简洁的实现方法是，将构建二叉树的过程改造为输出子树根结点的过程。即对当前子树，在确定了根结点后，不用构造树结点，而是直接输出根结点数据，再递归地处理左、右子树即可。这样可以节省存储子树的额外空间，时间也快了常数倍。

实验 5-5　顺序存储的二叉树的最近公共祖先问题

1. 实验目的
熟练掌握顺序存储的二叉树的性质。

2. 实验要求
（1）题目描述

设顺序存储的二叉树中有编号为 i 和 j 的两个结点，请设计算法，求出它们最近的公共祖先结点的编号和值。

（2）输入输出说明

输入格式：输入的第一行给出正整数 n（$\leqslant 1000$），即顺序存储的最大容量。第二行给出 n 个非负整数，其间以空格分隔。0 代表二叉树中的空结点（如果第一个结点为 0，则代表一棵空树）。第三行给出一对结点编号 i 和 j。题目保证输入正确对应一棵二叉树，且 $1 \leqslant i, j \leqslant n$。

输出格式：如果 i 或 j 对应的是空结点，则输出"ERROR: T[x] is NULL"，其中 x 是 i 或 j 中先发现错误的那个编号；否则在一行中输出编号为 i 和 j 的两个结点最近的公共祖先结点的编号和值，其间以一个空格分隔。

（3）测试用例（见表 5-10）

表 5-10　实验 5-5 测试用例

序号	输入	输出	说明
0	15 4 3 5 1 1 0 0 7 0 2 0 9 0 0 6 8 11 4	2 3	三个结点在不同层
1	15 4 3 5 1 0 0 7 0 2 0 9 0 0 6 8 12 8	ERROR: T[12] is NULL	两个结点都是空，输出第一个
2	14 889 233 332 45 56 67 78 0 0 102 111 222 245 1489 11 12	1 889	相邻叶结点，输出是根
3	略	略	最大 n 的满树，两个随机非叶结点

续表

序号	输入	输出	说明
4	10 10 9 8 7 6 5 4 3 2 1 1 10	1 10	i 和 j 取边界
5	10 10 9 8 7 6 5 4 3 2 1 10 10	10 1	两点重合，输出自己
6	3 0 0 0 1 3	ERROR: T[1] is NULL	空树，ERROR

3. 实现要点

首先按照题意套用一个顺序表存储给定的二叉树，要注意下标从1开始。随后读入两个下标 p_1 和 p_2，检查它们是否都对应了非空结点（即值不为0）。如果一切正常，就开始查找两者的最近公共祖先了。

一个简单的思路，是从两个结点分头向上扫描，将沿途的结点下标分别存在两个数组 t_1 和 t_2 中。然后对 t_1 中的每个下标，顺序与 t_2 中的下标比较，找到第一个相同的就是最近公共祖先的下标。这种方法的时间复杂度是 $O(l_1 \times l_2)$，其中 l_1 和 l_2 分别是两个初始结点到它们最近公共祖先的路径长度。

一种更聪明的方法，是令两个下标从两个初始结点开始交替向上，直到在某地相遇。即先令较大的下标（对应位置较低的结点）p 通过 p>>=1 向上访问父结点——这是顺序存储树带来的最大方便，可以通过简单的计算得到父结点的位置——直到这个 p 超过了另一个下标，就令另一个下标开始往上访问。这样算法的复杂度就等于两个下标走过的距离和，即 $O(l_1 + l_2)$。

*实验 5-6　修理牧场

1. 实验目的
学习 Huffman 树在解决问题中的应用。

2. 实验要求
（1）题目描述

农夫要修理牧场的一段栅栏，他测量了栅栏，发现需要 n 块木头，每块木头长度为整数 l_i 个长度单位，于是他购买了一根很长的能锯成 n 段的木头，即该木头的长度是 l_i 的总和。

但是农夫自己没有锯子，请人锯木的酬金与这根木头的长度成正比。为简单起见，不妨就设酬金等于所锯木头的长度。例如，要将长度为20[①]的木头锯成长度为8、7和5的三段，第一次锯木头花费20，将木头锯成12和8；第二次锯木头花费12，将长度为12的木头锯成7和5，总花费为32。如果第一次将木头锯成15和5，则第二次锯木头花费15，总花费为35（大于32）。

请编写程序，帮助农夫计算将木头锯成n段的最少花费。

（2）输入输出说明

输入格式：输入的第一行给出正整数n（$\leq 10^4$），表示要将木头锯成n段。第二行给出n个正整数（≤ 50），表示每段木块的长度。

输出格式：输出一个整数，即将木头锯成n段的最少花费。

（3）测试用例（见表5-11）

表5-11 实验5-6测试用例

序号	输入	输出	说明
0	8 4 5 1 2 1 3 1 1	49	一般情况测试
1	1 1	0	边界测试：只有一段木头，不用锯
2	10000 所有整数等于50	6680800	边界测试：最大n，最长木段，输出的最大值
3	10000 随机数据	略	边界测试：最大n

3. 实现要点

由于一次锯木产生花费的同时还产生2块木头，因此可以用二叉树表示锯木头的过程，这棵树的根结点是初始的木头，叶结点就是我们最终需要的木块。这样的树有很多种，每种对应一种锯木的方法。对于树中的任一结点，如果这块木头不是叶结点，则锯开它的花费就是它的长度。我们可以将结点的权重定义为该结点代表的木头的长度，则非叶结点的权重等于其子结点的权重和。某棵树对应的锯木方法所产生的花费，就是所有叶结点权重与其到根结点路径长度乘积的和，也就是主教材中定义的"带权路径长度"。于是问题变为求带权路径长度最小的二叉树问题，也就是著名的Huffman树问题。

解决问题并不需要真地建立一棵树，思考的过程是逆向的，即假设已经有n段锯开的木块，黏合两段的花费是合并后的长度，要如何黏合才能使花费最少？这个问题和原问题是等价的。于是我们可以采用Huffman算法，每次选择当前木块中最短的两块进行合并，并将合并后的长度累加，最后得到需要的答案。

---

① 本题中的量均为示意，故在叙述中均不加单位。

*实验 5-7　家谱处理

1. 实验目的
① 熟练掌握普通树的建立方法。
② 熟练掌握树的遍历。

2. 实验要求
（1）题目描述

人类学研究对于家族很感兴趣，于是研究人员搜集了一些家族的家谱进行研究。实验中，使用计算机处理家谱。为了实现这个目的，研究人员将家谱转换为文本文件。下面为家谱文本文件的实例：

LaoLi
　DaLi
　　XiaoMing
　　XiaoHong
　ErLi
　　MeiMei

家谱文本文件中，每一行包含一个人的姓名。第一行中的姓名是这个家族最早的祖先。家谱仅包含最早祖先的后代，而他们的配偶不出现在家谱中。每个人的子女比父母多缩进两个空格。以上述家谱文本文件为例，LaoLi 是这个家族最早的祖先，他有两个孩子 DaLi 和 ErLi，DaLi 有两个孩子 XiaoMing 和 XiaoHong，ErLi 只有一个孩子 MeiMei。

在实验中，研究人员还收集了家谱文件，并提取了家谱中有关两个人关系的陈述语句。下面为家谱中关系的陈述语句实例：

　LaoLi is the parent of DaLi（老李与大李是父子关系）
　DaLi is a sibling of ErLi　（大李与二李是兄弟姊妹关系）
　MeiMei is a descendant of DaLi（梅梅是大李的后代）

研究人员需要判断每个陈述语句是真还是假，请编写程序帮助研究人员判断。

（2）输入输出说明

输入格式：输入的第一行给出两个正整数 n（$2 \leq n \leq 100$）和 m（≤ 100），其中 n 为家谱中姓名的数量，m 为家谱中陈述语句的数量。接下来输入的每行不超过 70 个字符。姓名的字符串由不超过 10 个英文字母组成。在家谱中的第一行给出的姓名前没有缩进空格。家谱中的其他姓名至少缩进两个空格，即他们是家谱中最早祖先（第一行给出的姓名）的后代，且如果家谱中一个姓名前缩进 k 个空格，则下一行中的姓名至多缩进 $k+2$ 个空格。

在一个家谱中同样的姓名不会出现两次，且家谱中没有出现的姓名不会出现在陈述语句中。每句陈述语句格式如下（括号内为解释文字，不是格式的一部分），其中 X 和 Y 为家谱中的不同姓名：

X is a child of Y（X 是 Y 的孩子）

X is the parent of Y（X 是 Y 的父母）

X is a sibling of Y（X 是 Y 的兄弟姊妹）

X is a descendant of Y（X 是 Y 的后代）

X is an ancestor of Y（X 是 Y 的祖先）

输出格式：对于测试用例中的每句陈述语句，如果陈述为真，在一行中输出 True；如果陈述为假，在一行中输出 False。

（3）测试用例（见表 5-12）

表 5-12 实验 5-7 测试用例

序号	输入	输出	说明

0	6 5
	LaoLi
	  DaLi
	    XiaoMing
	    XiaoHong
	  ErLi
	    MeiMei
	DaLi is a child of LaoLi
	DaLi is an ancestor of XiaoHong
	DaLi is a sibling of ErLi
	ErLi is the parent of XiaoMing
	LaoLi is a descendant of XiaoHong
		True
		True
		True
		False
		False
			一般情况测试

1	2 1 abc abcdefghij abcdefghij is a child of abc	True	边界测试：最小 n 和 m；最长姓名

2	4 5
	A
	  B
	    C
	      D
	A is a child of D
	D is the parent of C
	C is a sibling of B
	D is a descendant of B
	B is an ancestor of C
		False
		False
		False
		True
		True
			单边倾斜；最短姓名

5.3 进阶实验

续表

序号	输入	输出	说明
3	100 100 随机大数据	略	边界测试：最大 n 和 m

3. 实现要点

家谱构成一棵以家族最早祖先为根结点的树。根据每个姓名前的空格数确定该姓名属于树的第几层，例如：根结点前面有 0 个空格，所以根结点属于第 0 层；根结点的孩子前面有 1×2 个空格，属于第一层，以此类推。如果我们使用二叉链表表示法（孩子兄弟表示法）实现树结构，则可以方便地表示任意两个结点之间的关系。

首先遇到的问题是如何根据输入构建树。根据观察，我们发现结点的输入是按照前序遍历的顺序给出的，于是可以顺序扫描输入，用前序遍历建立树。

另一个问题是如何判断两结点间的关系。我们可以采用任意一种遍历方法，当然前序遍历可以避免不必要的搜索，所以是首选。注意到遍历一般是自顶向下进行的，树结点的指针也是从上向下指的，如果不增设父指针，则在判断辈分关系时，要注意先查找辈分大的姓名，再检查辈分小的姓名是否在子树中。而对平辈的兄弟关系处理起来就略麻烦一点，因为兄弟关系的顺序是不一定的，我们事先也不知道哪个姓名会先出现在兄弟链表中。解决方法可以是先找到一人，顺其兄弟链表向后查找另一人；如果找不到，则重新从树中查找另一人，再顺其兄弟链表向后查找前一人。另外一种方法是同时查找两个人，在每个结点都比较两个人的姓名，当找到其中一人时，即顺其兄弟链表向后查找另一人。

注意：在构建树的过程中，需要知道相邻读入的两结点之间的层次关系，于是需要传递一个参数来记录它们的缩进空格数，用空格数的相对大小判断两结点的关系。也可以在树结点的结构体中定义一个整型参数记录该结点的缩进。

陈述语句的断句是实现中要细心处理的一个问题。我们可以为 5 种关系分别实现检查函数，根据读入的陈述语句类型选择合适的函数进行判断。但注意到 child 和 parent 关系实际上是等价的，descendant 和 ancestor 的关系也是等价的，我们只要把输入的两个姓名调换位置就得到另一个等价问题，所以实际上只需要处理三种不同的关系，即父子、祖孙、兄弟。如果函数再灵活一些，父子关系可以看成是祖孙关系的一种特殊情况，则只要写两种处理方法即可。

注意：本题数据规模比较小，所以在查找姓名时可以简单地采用遍历整棵树的办法。当题目规模扩大（例如数千人的家谱，数万条陈述语句）时，这种简单处理的效率不佳就会暴露出来。读者在学习了第 11 章的查找技术后，可以再回头考虑这个问题的改进。

*实验 5-8　我爱背单词

1．实验目的
掌握 Trie 树的应用。

2．实验要求
（1）题目描述

请设计程序，实现如下功能：当读者在阅读一段英文文章时，程序能够自动列出读者没有背过的生词。

（2）输入输出说明

输入格式：输入的第一行给出一个正整数 n（$2 \leqslant n \leqslant 10^3$），为读者已经背下来的单词的数量。接下来输入的每行是不超过 20 个字符，仅由小写英文字母组成的单词。题目保证没有重复的单词。最后是一段整理好的英文文章，文章仅包含不超过 20 个字符，仅由小写英文字母组成的单词，单词间以一个空格分隔。文章末尾以符号 "#" 表示结束，这个符号不属于文章的内容。题目保证文章中至少有一个生词，且全文总共包含不超过 10^3 个单词。

输出格式：找出每个没有背过的生词，按照其在文章中出现的顺序输出，每行输出一个生词。注意：每个生词只输出一遍，不要重复输出。

（3）测试用例（见表 5-13）

表 5-13　实验 5-8 测试用例

序号	输入	输出	说明
0	5 a your is case correct this is a test case that test the correctness of your program #	this test that the correctness of program	一般情况测试
1	2 a incomprehensibleness incomprehensibleness a z incomprehensiblenesy z #	z incomprehensiblenesy	最小 n；最长、最短单词
2	略	略	最大 n，最长文章，只有 1 个生词
3	略	略	最大 n，最长文章，全是生词

3. 实现要点

首先可以采用代码 5-22 将已经背过的 n 个单词插入 Trie 树，随后开始扫描文章，每读入一个单词，就调用代码 5-23 判断其是否在 Trie 树中，如果不存在，就说明是个生词。

需要注意的是，生词不能重复输出。为了做到这一点，可以创建另一棵 Trie 树，专门存储生词。不妨记存储已经背过的单词的 Trie 树为 t_1，存储生词的 Trie 树为 t_2。当发现文章中一个单词不在 t_1 中时，先不要输出，而是调用代码 5-23 判断其是否在 t_2 中。如果已经在 t_2 中，说明其已经被输出过了；否则是新的生词，将其插入 t_2，然后输出即可。

第 6 章

优先级队列

主教材第 6 章介绍了优先级队列的定义、操作，以及基于树的实现及应用。具体如下：

① 优先级队列是一种常用的数据结构，提供了比栈和队列更加丰富的处理顺序。普通队列可以看作是优先级为入队时间的优先级队列。

② 堆是优先级队列的一类实现方式。

③ 二叉堆是一种常见的堆，常用来实现优先级队列。二叉堆是父结点元素和子结点元素满足一定大小关系的完全二叉树。根据条件不同，二叉堆可分为最小堆和最大堆。

④ 能够高效支持合并操作的堆称为可并堆。常见的可并堆有左堆、斜堆、二项堆等。

本章将首先给出主教材中 10 个算法的具体实现，然后围绕堆的操作及应用，给出 2 道基础练习题和 6 道进阶实验题，使学生熟练掌握堆的特性，提高应用优先级队列解决问题的能力。本章实现的算法和习题涉及的知识内容见表 6-1。

表 6-1 第 6 章实验清单

类型	序号	标题	内容	知识点
算法	6-1	SiftUp (h, i)	二叉堆的上调操作	二叉堆
	6-2	SiftDown (h, i)	二叉堆的下调操作	二叉堆
	6-3	Insert (h, x)	二叉堆的插入操作	二叉堆
	6-4	ExtractMin (h)	二叉堆的删顶操作	二叉堆
	6-5	MakeHeapUp (h)	二叉堆的朴素建堆操作	二叉堆
	6-6	MakeHeapDown (h)	二叉堆的快速建堆操作	二叉堆
	6-7	SiftUpD (h, d, i)	多叉堆的上调操作	多叉堆
	6-8	SiftDownD (h, d, i)	多叉堆的下调操作	多叉堆
	6-9	LeftistMerge ($h1, h2$)	左堆的合并操作	左堆
	6-10	SkewMerge ($h1, h2$)	斜堆的合并操作	斜堆
基础练习	6-1	堆中的路径	建立堆，打印从第 i 个结点到根结点的路径	二叉堆
	6-2	Huffman 树的实现	用最小堆实现 Huffman 树的构建	二叉堆
进阶实习	6-1	是不是堆	给定层序遍历，判断是否堆，要判断是最大堆还是最小堆	二叉堆
	6-2	关于堆的判断	插入建小堆，判断各种关系命题	二叉堆
	6-3	Windows 消息队列	根据优先级模拟消息队列	二叉堆的应用
	6-4	D 度完全树	根据 D 度完全树的前序遍历序列生成树，同时输出自底向上的路径	多叉堆结构
	*6-5	对顶堆维护中位数	维护可重集合操作：初始化、插入、查询中位数、销毁	对顶堆
	*6-6	堆的合并操作比较	比较二叉堆、左堆、斜堆的合并操作效率	二叉堆、左堆、斜堆

6.1 算法实现

算法 6-1：二叉堆的上调操作 SiftUp(*h*, *i*)

二叉堆最主要的操作是插入和删顶，这两个操作的核心是上调和下调，相关算法在算法6-1至算法6-4中给出。代码6-1给出了二叉堆的结构定义，即令最大堆 *MaxHeap* 和最小堆 *MinHeap* 为指向 BinaryHeapNode 结构体的指针，结构体中包含存储数据的数组 *data*、堆的总容量 *capacity* 和当前数据规模 *size*。

用于测试的主函数main首先初始化一个最小堆，将n个已经满足最小堆顺序约束的数据直接读入最小堆。随后将下一个读入的数据调用Insert函数插入堆，再调用ExtractMin函数删顶；输出删顶的元素，并顺次输出堆中剩余元素以检验操作的正确性。

代码6-1仅给出算法6-1的核心代码、堆的初始化和主函数代码。其他相关代码在算法6-2至算法6-4的实现中给出。注意：读者要运行程序时，需要将代码6-1至6-4拼接在一起。

代码6-1 二叉堆的上调操作

```c
#include <stdio.h>
#include <stdlib.h>
typedef int HElemSet;
typedef int Position; /* 数组下标即为元素位置 */
typedef struct BinaryHeapNode *MaxHeap;
typedef struct BinaryHeapNode *MinHeap;
struct BinaryHeapNode {
    HElemSet *data;    /* 数据元素数组 */
    int size;          /* 规模 */
    int capacity;      /* 容量 */
};
void InitPQueue(MinHeap pq, int capacity);
void SiftUp(MinHeap h, Position i);
void SiftDown(MinHeap h, Position i);
void Insert(MinHeap h, HElemSet x);
HElemSet ExtractMin(MinHeap h);
```

```c
int main(void)
{
    MinHeap h;
    int capacity, n, i;
    HElemSet x;

    h = (MinHeap)malloc(sizeof(struct BinaryHeapNode));
    scanf("%d", &capacity);
    InitPQueue(h, capacity);
    scanf("%d", &n);
    h->size = n;
    for (i=1; i<=n; i++) {
        scanf("%d", &h->data[i]); /* 读入一个最小堆 */
    }
    scanf("%d", &x);
    Insert(h, x);
    printf("min = %d\n", ExtractMin(h));
    for (i=1; i<=h->size; i++) { /* 输出插入、删除后的堆元素 */
        printf("%d\n", h->data[i]);
    }
    return 0;
}
void InitPQueue(MinHeap pq, int capacity)
{
    pq->capacity = capacity;
    pq->size = 0;
    /* 数据从下标1开始存储，需要多声明1个空间 */
    pq->data = (HElemSet *)malloc(sizeof(HElemSet)*(capacity+1));
}
/* 算法6-1: 二叉堆的上调操作 SiftUp(h, i) */
void SiftUp(MinHeap h, Position i)
{
    HElemSet elem;

    elem = h->data[i];
    while (i>1 && elem<h->data[i>>1]) { /* 当前结点小于其父结点 */
        h->data[i] = h->data[i>>1]; /* 将i的父结点元素下移 */
        i >>= 1; /* i指向原结点的父结点，即向上调整 */
    }
    h->data[i] = elem;
}
/* 算法6-1 结束 */
```

算法 6-2：二叉堆的下调操作 SiftDown(h, i)

代码6-2给出算法6-2的具体实现。读者运行时需要将此段代码拼接在代码6-1之后。

代码6-2　二叉堆的下调操作
```
/* 算法6-2: 二叉堆的下调操作 SiftDown(h, i) */
void SiftDown(MinHeap h, Position i)
{
    Position last, child;
    HElemSet elem;

    last = h->size; /* 这是最后一个元素的位置 */
    elem = h->data[i];
    while (1) {
        child = i<<1; /* child当前是i的左子结点的位置 */
        if (child<last && h->data[child+1]<h->data[child]) {
            /* 如果i有右子结点并且右子结点更小 */
            child++; /* child更新为i的右子结点的位置 */
        }
        else if (child > last) { /* 如果i是叶结点 */
            break; /* 已经调整到底，跳出循环 */
        }
        if (h->data[child] < elem) { /* 若较小的子结点比elem小 */
            h->data[i] = h->data[child]; /* 将较小的子结点上移 */
            i = child; /* i指向原结点的子结点，即向下调整 */
        }
        else { /* 若所有子结点都不比elem小 */
            break; /* 则找到了elem的最终位置，跳出循环 */
        }
    }
    h->data[i] = elem;
}
/* 算法6-2 结束 */
```

算法 6-3：二叉堆的插入操作 Insert(h, x)

代码6-3给出算法6-3的具体实现。读者运行时需要将此段代码拼接在代码6-1之后。

代码6-3　二叉堆的插入操作
```
/* 算法6-3: 二叉堆的插入操作 Insert(h, x) */
void Insert(MinHeap h, HElemSet x)
```

```
{
    Position last;
    if (h->size==h->capacity) { /* 堆已满 */
        printf("错误: 堆已满，无法插入。\n");
    }
    else {
        h->size++;
        last = h->size;
        h->data[last] = x; /* 暂时将x放入最后一个元素的位置 */
        SiftUp(h, last);
    }
}
/* 算法6-3 结束 */
```

算法 6-4：二叉堆的删顶操作 ExtractMin(*h*)

代码6-4给出算法6-4的具体实现。读者运行时需要将此段代码拼接在代码6-1之后。

代码6-4　二叉堆的删顶操作
```
/* 算法6-4: 二叉堆的删顶操作 ExtractMin(h) */
HElemSet ExtractMin(MinHeap h)
{
    HElemSet min_key;
    Position last;
    min_key = h->data[1]; /* 这是将要返回的最小元素 */
    last = h->size; /* 这是删除前最后一个元素的位置 */
    h->size--;
    h->data[1] = h->data[last]; /* 暂时将删除前最后一个元素放入根的位置 */
    SiftDown(h, 1); /* 从根结点下调 */
    return min_key;
}
/* 算法6-4 结束 */
```

算法 6-5：二叉堆的朴素建堆操作 MakeHeapUp(*h*)

在代码6-5中，从一个线性表 *list* 创建出一个堆 *h* 的操作是由函数 MakePQueue 完成的。这个函数将存储在线性表中的元素顺次读入堆的数据数组，并且保证数据是从下标为1的位置开始存储，最后调用核心函数 MakeHeapUp 将数据数组中的元素进行调整，使其满足最小堆的顺序约束。

6.1 算法实现

用于测试的主函数main首先初始化一个最小堆和一个顺序表，将n个元素读入顺序表中，传给MakePQueue完成最小堆的调整，最后顺次输出调整后的堆元素。

最小堆的结构定义、初始化、上调操作均在代码6-1中给出，顺序表的结构定义在代码2-1中给出，在此均不再赘述。代码6-5仅给出算法6-5的核心代码和主函数。

代码6-5 二叉堆的朴素建堆操作

```
/* 算法6-5: 二叉堆的朴素建堆操作 MakeHeapUp(h) */
void MakeHeapUp(MinHeap h)
{
    Position last;
    int i;

    last = h->size; /* 这是最后一个元素的位置 */
    for (i=2; i<=last; i++) { /* 相当于顺次插入元素 */
        SiftUp(h, i);
    }
}
/* 算法6-5 结束 */

void MakePQueue(MinHeap h, List list)
{ /* 以 list 中所有元素创建一个优先级队列 pq */
    int n, i;

    n = list->last + 1; /* 获得表长 */
    for (i=0; i<n; i++) {
        h->data[i+1] = list->data[i]; /* 复制list到pq中 */
    }
    h->size = n;
    MakeHeapUp(h); /* 朴素建堆 */
}

int main(void)
{
    MinHeap h;
    List list;
    int capacity, n, i;
    HElemSet x;

    h = (MinHeap)malloc(sizeof(struct BinaryHeapNode));
    scanf("%d", &capacity);
    InitPQueue(h, capacity);
    list = (List)malloc(sizeof(struct ListNode));
    InitList(list);
    scanf("%d", &n);
    for (i=0; i<n; i++) {
        scanf("%d", &list->data[i]); /* 读入一个线性表 */
```

```
        list->last++;
    }
    MakePQueue(h, list);
    for (i=1; i<=h->size; i++) {  /* 输出调整后的堆元素 */
        printf("%d\n", h->data[i]);
    }
    return 0;
}
```

算法 6-6：二叉堆的快速建堆操作 MakeHeapDown(*h*)

快速建堆中用到的下调操作在代码6-2中已经给出。对于这个操作的测试与代码6-5十分相似，区别只是MakePQueue最后调用的函数改为MakeHeapDown。所以代码6-6仅给出算法6-6的核心函数实现。

代码6-6　二叉堆的快速建堆操作

```
/* 算法6-6: 二叉堆的快速建堆操作 MakeHeapDown(h) */
void MakeHeapDown(MinHeap h)
{
    Position last;
    int i;
    last = h->size;  /* 这是最后一个元素的位置 */
    for (i=last>>1; i>0; i--) {
        SiftDown(h, i);  /* 自底向上调整 */
    }
}
/* 算法6-6 结束 */
```

算法 6-7：多叉堆的上调操作 SiftUpD(*h*, *d*, *i*)

多叉堆的上调和下调操作分别在算法6-7和算法6-8中给出，这两个操作的统一测试框架在代码6-7中。可以看到，多叉堆的结构定义本质上与二叉堆是一样的，只是将BinaryHeapNode结构体的名称换成了DHeapNode。两种堆的区别在于，多叉堆的数据是从数组下标0开始存储的，并且多叉堆中父子结点关系的计算公式比二叉堆复杂，与多叉堆的度d有关，所以函数接口中都必须带有d。

用于测试的主函数main与代码6-1中的主函数十分相似，首先初始化一个最小堆，将n个已经满足最小堆顺序约束的数据直接读入最小堆；随后将下一个读入的数据调用InsertD函数插入堆，再调用ExtractMinD函数删顶；输出删顶的元素，并顺次输出堆中剩余元素以检验操作的正确性。

6.1 算法实现

代码 6-7 中给出了包括算法 6-7 核心代码的大部分代码，仅将 SiftDownD 函数留待下一个算法给出。注意：读者要运行程序时，需要将代码 6-7 和 6-8 拼接在一起。

代码 6-7 多叉堆的上调操作

```c
#include <stdio.h>
#include <stdlib.h>

typedef int HElemSet;
typedef int Position; /* 数组下标即为元素位置 */
typedef struct DHeapNode *MaxHeap;
typedef struct DHeapNode *MinHeap;
struct DHeapNode {
    HElemSet *data;    /* 数据元素数组 */
    int size;          /* 规模 */
    int capacity;      /* 容量 */
};

void InitPQueue(MinHeap pq, int capacity);
void SiftUpD(MinHeap h, int d, Position i);
void SiftDownD(MinHeap h, int d, Position i);
void InsertD(MinHeap h, int d, HElemSet x);
HElemSet ExtractMinD(MinHeap h, int d);

int main(void)
{
    MinHeap h;
    int capacity, d, n, i;
    HElemSet x;

    h = (MinHeap)malloc(sizeof(struct DHeapNode));
    scanf("%d %d", &capacity, &d);
    InitPQueue(h, capacity);
    scanf("%d", &n);
    h->size = n;
    for (i=0; i<n; i++) { /* 注意多叉堆下标从 0 开始 */
        scanf("%d", &h->data[i]); /* 读入一个最小堆 */
    }
    scanf("%d", &x);
    InsertD(h, d, x);
    printf("min = %d\n", ExtractMinD(h, d));
    for (i=0; i<h->size; i++) { /* 输出插入、删除后的堆元素 */
        printf("%d\n", h->data[i]);
    }
    return 0;
}

void InitPQueue(MinHeap pq, int capacity)
```

```c
{
    pq->capacity = capacity;
    pq->size = 0;
    pq->data = (HElemSet *)malloc(sizeof(HElemSet) * capacity);
}
/* 算法6-7: 多叉堆的上调操作 SiftUpD(h, d, i) */
void SiftUpD(MinHeap h, int d, Position i)
{
    HElemSet elem;

    elem = h->data[i];
    while (i>0 && elem<h->data[(i-1)/d]) { /* 当前结点小于其父结点 */
        h->data[i] = h->data[(i-1)/d]; /* 将i的父结点元素下移 */
        i = (i-1)/d; /* i指向原结点的父结点，即向上调整 */
    }
    h->data[i] = elem;
}
/* 算法6-7 结束 */
void InsertD(MinHeap h, int d, HElemSet x)
{
    Position last;

    if (h->size==h->capacity) { /* 堆已满 */
        printf("错误: 堆已满，无法插入。\n");
    }
    else {
        h->size++;
        last = h->size - 1;
        h->data[last] = x; /* 暂时将x放入最后一个元素的位置 */
        SiftUpD(h, d, last);
    }
}

HElemSet ExtractMinD(MinHeap h, int d)
{
    HElemSet min_key;
    Position last;

    min_key = h->data[0]; /* 这是将要返回的最小元素 */
    last = h->size - 1; /* 这是删除前最后一个元素的位置 */
    h->size--;
    h->data[0] = h->data[last]; /* 暂时将删除前最后一个元素放入根的位置 */
    SiftDownD(h, d, 0); /* 从根结点下调 */
    return min_key;
}
```

算法 6-8：多叉堆的下调操作 SiftDownD(*h*, *d*, *i*)

代码6-8给出算法6-8的具体实现。读者运行时需要将此段代码拼接在代码6-7之后。

代码6-8　多叉堆的下调操作

```c
/* 算法6-8: 多叉堆的下调操作 SiftDownD(h, d, i) */
void SiftDownD(MinHeap h, int d, Position i)
{
    Position last, child;
    HElemSet elem;
    int k;

    last = h->size - 1; /* 这是最后一个元素的位置 */
    elem = h->data[i];
    while (1) {
        child = d*i+1; /* child初始化为第一个子结点 */
        for (k=2; child<=last && k<=d; k++) { /* 找所有子结点中最小的 */
            if ((d*i+k)<=last && h->data[d*i+k]<h->data[child]) {
                child = d*i+k; /* child更新为更小的子结点的位置 */
            }
        }
        if (child > last) { /* 前面for循环未执行，i是叶结点 */
            break; /* 已经调整到底，跳出循环 */
        }
        if (h->data[child] < elem) { /* 若最小的子结点比elem小 */
            h->data[i] = h->data[child]; /* 将最小的子结点上移 */
            i = child; /* i指向原结点的子结点，即向下调整 */
        }
        else { /* 若所有子结点都不比elem小 */
            break; /* 则找到了elem的最终位置，跳出循环 */
        }
    }
    h->data[i] = elem;
}
/* 算法6-8 结束 */
```

算法 6-9：左堆的合并操作 LeftistMerge(*h*1, *h*2)

代码6-9中给出了左堆的结构定义：*LeftistHeap*是指向结构体LeftistHeapNode的指针，结构体中包含数据域*key*，空路径长度*npl*，左、右子树的指针*left*和*right*。创建左堆的函数CreateHeap是通过不断调用CreateNode函数创建新的结点，再调用

LeftistMerge函数将之与堆合并来完成任务的。

为了验证以上操作实现的正确性，主函数main首先读入数据创建了两个堆，再调用合并函数完成两个堆的合并，最后输出结果堆的前序遍历序列和中序遍历序列（同时输出每个结点的 *key* 和 *npl* ）。代码6-9给出了完整的算法实现。

代码6-9　左堆的合并操作

```c
#include <stdio.h>
#include <stdlib.h>
typedef int HElemSet;
typedef struct LeftistHeapNode *LeftistHeap;
struct LeftistHeapNode {
    HElemSet key;       /* 数据元素 */
    int npl;            /* 左堆的npl值 */
    LeftistHeap left;   /* 左子树 */
    LeftistHeap right;  /* 右子树 */
};
/* 算法6-9: 左堆的合并操作 LeftistMerge(h1, h2) */
LeftistHeap LeftistMerge(LeftistHeap h1, LeftistHeap h2)
{
    LeftistHeap tmp;
    int s1, s2;
    if (h1==NULL) {
        return h2;
    }
    if (h2==NULL) {
        return h1;
    }
    if (h1->key>h2->key) {
        /* 保证第一个堆的根结点是较小的那个 */
        return LeftistMerge(h2, h1);
    }
    /* 现在 h1->key <= h2->key */
    if (h1->left == NULL) { /* 如果左子树为空，则h1肯定是单结点树 */
        h1->left = h2;
    }
    else {
        h1->right = LeftistMerge(h1->right, h2);
        if (h1->left->npl < h1->right->npl) { /* 保证左堆性质 */
            tmp = h1->left;
            h1->left = h1->right;
            h1->right = tmp;
        }
```

```
            h1->npl = h1->right->npl + 1;  /* 右子树的npl值一定比较小 */
        }
        return h1;
    }
    /* 算法6-9 结束 */
    LeftistHeap CreateNode()
    {
        LeftistHeap h;

        h = (LeftistHeap)malloc(sizeof(struct LeftistHeapNode));
        scanf("%d", &h->key);
        h->npl = 1;
        h->left = NULL;
        h->right = NULL;
        return h;
    }
    LeftistHeap CreateHeap()
    {
        LeftistHeap h1, h2;
        int n, i;

        scanf("%d", &n);
        h1 = CreateNode();
        for (i=1; i<n; i++) {
            h2 = CreateNode();
            h1 = LeftistMerge(h1, h2);
        }
        return h1;
    }
    void Visit(LeftistHeap tree)
    {
        printf("%d:%d\n", tree->key, tree->npl);
    }
    void PreOrder(LeftistHeap tree)
    {
        if (tree != NULL) {
            Visit(tree);
            PreOrder(tree->left);
            PreOrder(tree->right);
        }
    }
    void InOrder(LeftistHeap tree)
    {
```

```
        if (tree != NULL) {
            InOrder(tree->left);
            Visit(tree);
            InOrder(tree->right);
        }
    }

    int main(void)
    {
        LeftistHeap h1, h2;

        h1 = CreateHeap();
        h2 = CreateHeap();
        h1 = LeftistMerge(h1, h2);
        PreOrder(h1);
        InOrder(h1);

        return 0;
    }
```

算法 6-10：斜堆的合并操作 SkewMerge(*h*1, *h*2)

与代码6-9中给出的左堆结构相比，代码6-10给出的斜堆结构中没有了 *npl* 这个域，实质上就是二叉树的链式表示。整个测试框架与代码6-9是基本一致的，区别只是将堆的类型名称换成 SkewHeap 以及删除关于 *npl* 的操作，所以不再重复列出。代码6-10仅给出斜堆的结构定义和算法6-10的核心代码。

代码6-10 斜堆的合并操作

```
typedef int HElemSet;
typedef struct SkewHeapNode *SkewHeap;
struct SkewHeapNode {
    HElemSet key;        /* 数据元素 */
    SkewHeap left;       /* 左子树 */
    SkewHeap right;      /* 右子树 */
};

/* 算法6-10：斜堆的合并操作 SkewMerge(h1, h2) */
SkewHeap SkewMerge(SkewHeap h1, SkewHeap h2)
{
    SkewHeap tmp;

    if (h1 == NULL) {
        return h2;
    }
    if (h2 == NULL) {
```

```
            return h1;
        }
        if (h1->key > h2->key) {
            return SkewMerge(h2, h1);
        }
        /* 现在 h1->key <= h2->key */
        h1->right = SkewMerge(h1->right, h2);
        tmp = h1->left;
        h1->left = h1->right;
        h1->right = tmp;
        return h1;
    }
    /* 算法 6-10 结束 */
```

6.2 基础练习

练习 6-1 堆中的路径

1. 实验目的

熟练掌握优先级队列（堆）的存储与操作。

2. 实验要求

（1）题目描述

将一系列给定数字插入一个初始为空的最小堆 h。随后对任意给定的下标 i，打印从第 i 个结点到根结点的路径。

（2）输入输出说明

输入格式：每组测试第一行包含两个正整数 n 和 $m(\leq 10^3)$，分别是插入元素的个数以及需要打印的路径条数。下一行给出区间 $[-10^4, 10^4]$ 上的 n 个要被插入一个初始为空的最小堆的整数。最后一行给出 m 个下标。

输出格式：对输入中给出的每个下标 i，在一行中输出从第 i 个结点到根结点的路径上的数据。数字间以一个空格分隔，行末不得有多余空格。

（3）测试用例（见表 6-2）

表 6-2 练习 6-1 测试用例

序号	输入	输出	说明
0	5 3 46 23 26 24 10 5 4 3	24 23 10 46 23 10 26 10	调整到根、到中间位置，也有不需要调整的元素
1	11 7 50 40 30 35 58 10 9 20 32 -2 8 2 7 6 9 11 8 10	8 -2 30 10 -2 40 10 -2 35 32 8 -2 20 9 8 -2 50 32 8 -2 58 9 8 -2	路径交错，路径从堆的中间开始打印，数值有负数
2	1 1 233 1	233	最小 n 和 m
3	略	略	最大 n 和 m 随机数据，元素取到正负边界

3. 实现要点

（1）算法分析与代码

本题的解决分两个步骤：首先在一个循环中调用最小堆的插入函数，将输入元素逐一插入堆中；随后在又一个循环中，从指定位置的 $h->data[i]$ 开始向上移动，顺路输出所有结点的值，直到根结点被输出。

代码 6-11
堆中的路径

最小堆的相关定义和操作不再赘述，代码 6-11 中只给出核心代码。

（2）复杂度分析

将 n 个元素逐一插入堆中，就是二叉堆的朴素建堆操作，其时间复杂度是 $O(n \log n)$。打印路径是自底向上访问数据的过程，每条路径的输出，最坏时间复杂度与树高成正比，所以是 $O(\log n)$。综上，算法的整体时间复杂度是 $O((n+m) \log n)$。

空间利用方面，除了最小堆本身占用 $O(n)$ 空间外，额外的空间占用是 $O(1)$。

练习 6-2 Huffman 树的实现

1. 实验目的
熟练掌握优先级队列（堆）的存储与操作。

2. 实验要求
（1）题目描述

请根据给定的 n 个权重，建立 Huffman 树，并计算带权路径长度 WPL。

（2）输入输出说明

输入格式：每组测试第一行包含正整数$n(2<n\leqslant 10^4)$，即权重的个数。随后一行中给出n个不超过10^4的正整数权重，数字间以空格分隔。

输出格式：在一行中输出根据给定的n个权重建立的Huffman树所对应的带权路径长度WPL。

（3）测试用例（见表6-3）

表6-3 练习6-2测试用例

序号	输入	输出	说明
0	5 3 2 5 1 4	33	一般情况
1	3 1 1 1	5	最小规模数据
2	略	略	最大规模降序给出的权重
3	略	略	最大规模升序给出的权重
4	略	略	最大规模随机权重

3. 实现要点

（1）算法分析与代码

在代码5-15中已经初步尝试了创建Huffman树，但因为彼时尚未介绍优先级队列，所以采用了单链表来实现子树的集合，则ExtractMin函数每次必须扫描全表，以$O(n)$时间找到权重最小的树结点，这使得算法的整体时间复杂度高达$O(n^2)$。

现在学习了优先级队列之后，就可以用最小堆取代单链表来存储子树的集合，将ExtractMin函数的时间复杂度降低到$O(\log n)$。

程序的整体框架与代码5-15是非常相似的，主要分三步解决问题：

① 初始化一个存储树结点指针的顺序表nodes，根据逐一读入的权重，为每个权重创建一个树结点，即一棵单根树。这个过程在主函数main中完成。

② 根据nodes创建Huffman树，这个过程由CreateHuffmanTree函数完成。与代码5-15相比，只需要用最小堆的初始化函数InitPQueue和快速建堆函数MakePQueue来替换代码5-15中创建单链表的部分即可，后半部分的系列操作是完全不用改变的（即每次取出两个最小权重的树结点合并，再将结果插回到集合）。

③ 计算WPL。这部分与代码5-15完全一致，是一个典型的后序遍历的应用。

需要特别注意的是，这里的最小堆中存放的不是权重值，而是一个指向树结点的指针。但在上调和下调的过程中，比较元素大小时，比较的是两个元素（指针）指向的结点中存储的权重值的大小，所以SiftUp和SiftDown需要做微调，将比较元素大小的部分进行修改。

代码6-12
Huffman 树的实现

代码6-12给出了算法的核心部分的实现，其中线性表和最小堆的相关操作（除了需要调整的SiftUp和SiftDown之外）都已经在前面的代码中给出过，不再赘述。

（2）复杂度分析

读入数据、快速建堆、计算WPL的操作的时间复杂度都是$O(n)$。最耗时的部分是每次取出两个权重最小的结点进行合并及插入堆中：合并的次数是$O(n)$，最小堆的删顶操作和插入操作的时间复杂度都是$O(\log n)$，所以算法的整体时间复杂度是$O(n \log n)$。

除了存储Huffman树需要$O(n)$个结点的空间外，还需要额外$O(n)$的线性表存储指针，以及$O(n)$的最小堆空间，所以算法的额外空间复杂度是$O(n)$。

6.3 进阶实验

实验 6-1　是不是堆

1. 实验目的

① 理解堆的结构特性和顺序特性。

② 熟练掌握二叉树的遍历。

2. 实验要求

（1）题目描述

给定一个完全二叉树的层序遍历序列，请判断该二叉树是否为二叉堆。

（2）输入输出说明

输入格式：每组测试第一行包含两个正整数：$m(\leqslant 100)$是二叉树的个数，n（$1<n\leqslant 1000$）是每个二叉树中结点的个数。随后m行，每行给出n个不重复的整数键值（均在32位整型int范围内），是一个完全二叉树的层序遍历序列。

输出格式：对每个输入中给定的二叉树，如果其对应了一个最大堆，则在一行中输出"Max Heap"；如果对应最小堆，则输出"Min Heap"；否则输出"Not Heap"。随后在下一行输出这棵树的后序遍历序列。一行中的数字间以一个空格分隔，行首尾不得有多余空格。

（3）测试用例（见表6-4）

表 6-4　实验 6-1 测试用例

序号	输入	输出	说明
0	3 8 98 72 86 60 65 12 23 50 8 38 25 58 52 82 70 60 10 28 15 12 34 9 8 56	Max Heap 50 60 65 72 12 23 86 98 Min Heap 60 58 52 38 82 70 25 8 Not Heap 56 12 34 28 9 8 15 10	一般情况，三种答案都有，No 答案的根不是最大、最小值
1	2 8 1 28 15 12 34 19 18 56 98 72 86 50 65 12 23 61	Not Heap 56 12 34 28 19 18 15 1 Not Heap 61 50 65 72 12 23 86 98	根是最大、最小，但 No
2	3 13 -1 0 1 2 3 4 5 6 7 8 9 10 11 11 10 9 8 7 6 5 4 3 2 1 0 -1 -1 11 8 6 0 3 2 7 10 1 9 4 5	Min Heap 6 7 2 8 9 3 0 10 11 4 5 1 -1 Max Heap 4 3 8 2 1 7 10 0 -1 6 5 9 11 Not Heap 7 10 6 1 9 0 11 4 5 3 2 8 -1	每层大小关系交错改变；序列有序
3	1 2 2 -2	Max Heap -2 2	最小 m,n
4	略	略	最大规模随机数据

3. 实现要点

本题有两个关键步骤，即判断是否满足堆的顺序特性，以及对顺序存储的二叉树做后序遍历。后者比较简单，在第 5 章的基础练习 5-1 中已经介绍过。

要判断给定的二叉树是否满足堆的特性，首先要理解：对于完全二叉树而言，其层序遍历的顺序就是用顺序表存储二叉树的顺序。所以直接按照输入的顺序读入数组，就形成了一棵完全二叉树。随后可以用递归实现先序遍历，自顶向下判断每个结点是否满足堆的顺序约束。需要判断两个关键条件：

① 该结点是否同时大于或同时小于其两个子结点的键值。如果答案是"否"，则肯定不是堆，可以直接返回"Not Heap"的标识；但如果答案是"是"，并不意味着就一定是堆了，还需要判断下一个条件。

② 因为 $n>1$，所以树的结点至少有两个，即至少有根结点及其左子结点。可以首先根据根结点及其左子结点的大小关系，初步判定其后续结点应该满足的约束条件。即如果根结点比较大，说明有可能是最大堆，否则有可能是最小堆。那么在第①个条件判断通过后，还需要对比该结点与子结点的大小关系是否与根结点和左子结点的大小关

系一致。如果不一致也不是堆。只有当两个条件的判断都为真时,这个结点的判断才是真。

实现时需要注意对叶结点和度为1的结点的处理。

实验 6-2　关于堆的判断[①]

1. 实验目的
熟练掌握优先级队列(堆)的存储与操作。

2. 实验要求
(1)题目描述

将一系列给定数字顺序插入一个初始为空的最小堆,随后判断一系列相关命题是否为真。命题分下列几种:

x is the root:x是根结点;

x and y are siblings:x和y是兄弟结点;

x is the parent of y:x是y的父结点;

x is a child of y:x是y的一个子结点。

(2)输入输出说明

输入格式:每组测试第一行包含两个正整数n(≤1000)和m(≤20),分别是插入元素的个数以及需要判断的命题数。下一行给出区间[-10000, 10000]内的n个要被插入一个初始为空的最小堆的整数。之后m行,每行给出一个命题。题目保证命题中的结点键值都是存在的。

输出格式:对输入的每个命题,如果其为真,则在一行中输出T,否则输出F。

(3)测试用例(见表6-5)

表 6-5　实验 6-2 测试用例

序号	输入	输出	说明
0	5 4 46 23 26 24 10 24 is the root 26 and 23 are siblings 46 is the parent of 23 23 is a child of 10	F T F T	调整到根、到中间位置,有不需要调整的元素,4 命题都有

---

① 题目引用自团体程序设计天梯赛真题(2016年)。

续表

序号	输入	输出	说明
1	12 18 50 40 30 35 60 10 9 20 32 −5 8 45 20 is the root −5 is the root 8 and 9 are siblings 8 and 10 are siblings 9 and 40 are siblings 9 and 32 are siblings 35 and 20 are siblings 30 and 32 are siblings 9 is the parent of 20 30 is the parent of 20 −5 is the parent of 8 50 is a child of 32 40 is a child of 10 −5 is a child of 10 45 and 20 are siblings −5 and 45 are siblings 40 is the parent of 20 60 is a child of 9	F T F T F T F F T F T T T F F F F T	路径交错，有负数；复杂组合
2	1 1 8992 8992 is the root	T	最小 n 和 m
3	略	略	最大 n 和 m 随机，元素取到边界值
4	略	略	最大规模随机数据

3. 实现要点

本题是基础练习6-1的升级版，不仅要求读者熟练掌握堆的插入操作，还需要熟悉顺序存储的树结构中，结点与其上下左右相邻结点之间的关系。

首先根据输入逐一将读入的数据插入最小堆，然后开始解析每一行命题。无论命题是哪一种，都需要找到命题中出现的结点的位置，而在堆中查找任意一个结点，只能逐一扫描每个结点，因为堆不那么有序。

对于命题的判断是简单的：根结点可以通过其下标是否为1来判断；父子结点可以通过是否满足父子关系（即父结点下标为 i，则子结点下标为 $2i$ 或 $(2i+1)$）来判断；兄弟结点可以通过是否有同一个父结点来判断。

用模块化的实现可以使程序清晰易懂。例如可以将建堆、解析命题、查找某元素的位置下标,以及4种命题的判断分别用函数实现。另外,需要注意对没有右子结点的父结点的处理,当心越界访问。

实验 6-3　Windows 消息队列

1. 实验目的

熟练掌握优先级队列(堆)在解决问题中的应用。

2. 实验要求

(1)题目描述

消息队列是Windows系统的基础。对于每个进程,系统维护一个消息队列。如果在进程中有特定事件发生,如点击鼠标、文字改变等,系统将把这个消息连同表示此消息优先级高低的正整数(称为优先级值)加到队列当中。同时,如果队列不是空的,这一进程循环地从队列中按照优先级获取消息。需注意优先级值低意味着优先级高。请编写程序模拟消息队列,将消息加到队列中以及从队列中获取消息。

(2)输入输出说明

输入格式:输入的第一行给出正整数$n(\leqslant 10^5)$。随后n行,每行给出一个指令——GET或PUT,分别表示从队列中取出消息或将消息添加到队列中。如果指令是PUT,后面就有一个消息名称以及一个正整数(消息的优先级值),此数越小表示优先级越高。消息名称是长度不超过10个字符且不含空格的字符串。题目保证队列中消息的优先级无重复,且输入至少有一个GET。

输出格式:对于每个GET指令,在一行中输出消息队列中优先级最高的消息的名称和参数。如果消息队列中没有消息,输出"EMPTY QUEUE!"。对于PUT指令则没有输出。

(3)测试用例(见表6-6)

表 6-6　实验 6-3 测试用例

序号	输入	输出	说明
0	9 PUT msg1 5 PUT msg2 4 GET PUT msg3 2 PUT msg4 4 GET GET GET GET	msg2 msg3 msg4 msg1 EMPTY QUEUE!	一般情况测试

序号	输入	输出	说明
1	1 GET	EMPTY QUEUE!	边界测试：最小 n，最小队列
2	100000 随机数据，PUT 大约占 2/3，GET 大约占 1/3	略	边界测试：最大 n

3. 实现要点

消息队列问题是典型的优先级队列问题，根据消息优先级的高低进行存储或调用。根据题意，需要建立并维护一个最小堆。由于消息是逐一放入队列的，所以不能采用快速建堆的方法建立堆，而只能通过一系列插入操作建立。

虽然堆的插入和删除操作只和消息的优先级有关，但由于要求输出消息名称，我们还是要在堆元素结构体中保存消息名称字符串。本题中消息名称很短，所以当我们在堆中频繁移动元素时，复制字符串的时间可以忽略不计。但是如果一条消息不仅包含名称，还包括大量其他信息，如参数列表等，那么移动一个堆元素结构体就会变得比较慢。有什么办法可以提高效率？一个办法是：将消息内容存储在一个固定的数组中，只在堆元素结构体中定义消息的优先级和一个指向消息的指针——这个指针可以是整型的，即该消息在消息数组中的下标。

实验 6-4　D 度完全树[1]

1. 实验目的

熟练掌握多叉完全树的存储特性。

2. 实验要求

（1）题目描述

给定一棵 D 度完全树的前序遍历序列，请输出该树的层序遍历序列。并且对任意给定的结点，请输出从该结点到根结点的路径。

（2）输入输出说明

输入格式：输入的第一行给出两个正整数 n（$\leqslant 50$）和 d（$2 \leqslant d \leqslant 5$），分别是树中结点个数和树的度。随后一行给出 n 个不超过 100 的整数键值，为树的前序遍历序列。最后给出整数 k（$\leqslant n$）以及 k 个结点的位置，这里结点位置是指该结点在层序遍历中的位序，从 0 开始。一行中的数字间用空格分隔。

---

[1] 题目引用自攀拓真题（2022 年夏季）。

输出格式：首先在一行中输出这个D度完全树的层序遍历序列。随后对于每个输入的结点位置，在一行中输出从该结点到根结点的路径。同行数字间以一个空格分隔，行首尾不得有多余空格。

（3）测试用例（见表6-7）

表 6-7　实验 6-4 测试用例

序号	输入	输出	说明
0	9 3 91 71 2 34 10 15 55 18 7 3 5 7 3	91 71 15 7 2 34 10 55 18 34 71 91 55 15 91 7 91	一般情况测试。底层最后一支不满
1	13 4 91 1 71 23 34 10 15 42 43 47 52 55 8 3 0 7 12	91 1 15 55 8 71 23 34 10 42 43 47 52 91 34 1 91 52 15 91	底层最后一支满
2	7 2 72 23 34 10 15 55 18 3 6 3 0	72 23 15 34 10 55 18 18 15 72 34 23 72 72	完美二叉树
3	略	略	最大 n 和最大 d
4	1 5 6 1 0	6 6	最小 n 和最大 d
5	2 4 6 8 2 1 0	6 8 8 6 6	次小 n 和次大 d

3. 实现要点

对于一棵用顺序表存储的完全树，顺序表中的存储顺序就是层序遍历的顺序，所以本题的第一个任务实际上是将前序遍历序列中的键值放入顺序表，再顺次输出顺序表即可。这实际上是对 d 叉树的前序遍历，需要两个指针，一个指针 p 指向前序遍历序列 $preorder$ 中当前被访问的键值，一个指针 i 指向 d 叉树 $dtree$->$data$ 当前应该放入该键值的结点。当访问 d 叉树中第 i 个结点时，将"访问结点"定义为 "$dtree$->$data[i]$ =

preorder[*p*]",随后再递归访问结点 *i* 的子树即可。代码 6-8 给出多叉堆的下调操作,其中子树下标的计算方法可以借鉴。

打印任一结点到根结点的路径,与基础练习 6-1 完全类似,只是计算父结点下标的公式与二叉树略有不同。代码 6-7 给出多叉堆的上调操作,其中计算父结点的方法可以借鉴。

*实验 6-5　对顶堆维护中位数

1. 实验目的
了解对顶堆的结构与实现。

2. 实验要求
(1) 题目描述

设需要维护一个可重集合,支持的操作有:初始化集合、向集合中插入一个元素、查询集合的中位数(若有偶数个元素,则中位数为排序后中间两数的均值)、销毁集合。试利用对顶堆的思想,写出上述 4 种操作的实现。

(2) 函数接口定义

```
void InitSet(Set set, int capacity);   /* 初始化容量为 capacity 的集合 set */
void Insert(Set set, ElemSet x);       /* 将元素 x 插入集合 set */
double GetMedian(Set set);             /* 获取 set 的中位数 */
void DestroySet(Set set);              /* 销毁 set */
```

其中,Set 相关的数据类型的定义如下:

```
typedef int ElemSet; /* 集合元素值为整型 */
typedef struct SetNode *Set;
struct SetNode {
    MaxHeap small;   /* 存储较小一半数据的最大堆 */
    MinHeap large;   /* 存储较大一半数据的最小堆 */
};
```

其中,最大堆和最小堆结构的定义如下:

```
typedef ElemSet HElemSet;
typedef int Position; /* 数组下标即为元素位置 */
typedef struct BinaryHeapNode *MaxHeap;
typedef struct BinaryHeapNode *MinHeap;
typedef struct BinaryHeapNode *Heap;
struct BinaryHeapNode {
    HElemSet *data; /* 数据元素数组 */
    int size;          /* 规模 */
    int capacity;      /* 容量 */
};
```

两种堆分别定义了一套操作，以下函数可以直接调用：

```
void InitPQueue(Heap h, int capacity);   /* 初始化堆 */
void DestroyPQueue(Heap h);              /* 销毁堆 */
void InsertMaxHeap(MaxHeap h, HElemSet x);  /* 插入最大堆 */
HElemSet ExtractMax(MaxHeap h);             /* 最大堆取顶 */
void InsertMinHeap(MinHeap h, HElemSet x);  /* 插入最小堆 */
HElemSet ExtractMin(MinHeap h);             /* 最小堆取顶 */
```

裁判主函数首先创建一个 SetNode 结构体，并读入总容量 *capacity*；调用 InitSet 函数初始化一个空集合，随后读入一系列指令并执行。指令分为插入（格式为"I x"）和查询中值（格式为"Q"），分别对应对 Insert 函数和 GetMedian 函数的调用（每个"Q"对应一个输出）。当输入结束后，调用 DestroySet 函数销毁集合。

（3）测试用例（见表 6-8）

表 6-8 实验 6-5 测试用例

序号	输入	输出	说明
0	10 8 I 1 Q I 4 Q I 2 Q I 8 Q	1.0 2.5 2.0 3.0	容量为偶数，一般情况
1	5 10 I 8 Q I 6 Q I 9 Q I 1 Q I 12 Q	8.0 7.0 8.0 7.0 8.0	容量为奇数，且插入到满，最后一次插最小堆
2	略	略	大规模递增序插入
3	略	略	大规模递减序插入
4	略	略	大规模大小交错插入
5	略	略	大规模随机数据，允许重复

3. 实现要点

初始化 InitSet 函数要做的主要工作是将容量平均分配给两个堆，分别声明数组并将当前 *size* 初始化为 0。当元素数量为奇数时，一般会令存储较小元素的最大堆的存储量比最小堆多 1，中值就是最大堆的堆顶元素。当然，读者也可以令最小堆多 1，奇数中值就取为最小堆的堆顶元素。

插入元素 *x* 时有以下两种情况：

① x 小于或等于最大堆的顶端键值，此时 x 应该进入最大堆。但首先需要比较一下两个堆的 $size$：如果两个堆规模相等，那么直接将 x 插入最大堆即可；否则一定是最大堆比最小堆多了一个元素，此时将最大堆的堆顶元素弹出，插入最小堆，然后将 x 插入最大堆，就达到了两个堆的平衡。

② x 大于最大堆的顶端键值，此时 x 应该进入最小堆。此时也还是需要先比较一下两个堆的 $size$：如果两个堆规模相等，那么需要先将 x 插入最小堆，再从最小堆弹出堆顶元素，插入最大堆，保证最大堆不会比最小堆的规模小；否则一定是最大堆比最小堆多了一个元素，此时直接将 x 插入最小堆，就达到了两个堆的平衡。

这里一定要注意的是，不能仅仅根据与堆顶键值的比较结果就决定插入哪个堆。此外，还要注意处理第一个元素的插入，此时不需要比较，直接插入最大堆。

取中值的操作比较简单，先比较两个堆的大小，如果不等，则返回最大堆的顶端键值；否则返回两个堆顶键值的平均值。

销毁集合时，应先分别销毁两个堆，再释放 SetNode 结构体占用的空间。

*实验 6-6　堆的合并操作比较

1. 实验目的
了解不同的堆结构在不同情况下处理合并操作时的效率。

2. 实验要求
（1）题目描述

针对普通二叉堆、左堆、斜堆这三种结构的堆，分别实现堆的合并操作。通过理论和实验结果分析比较不同类型的堆执行一系列合并操作的效率。

（2）测试要求

请自行设计测试数据。

执行两个等规模堆的合并时，令堆的规模从 10^3 逐渐增长到 10^4，获取合并操作的运行时间。此外，还应测试将 n 个数据逐一合并到一个初始为空的堆时执行合并操作的效率。

将运行数据列成表格，同时以堆的规模为横轴、运行时间为纵轴绘制图像，以直观比较不同类型的堆执行合并操作的效率。

3. 实现要点
实验中需要注意两个问题：

① 初始化并生成一个堆是需要时间的，这个时间不能算进合并时间里。特别是当堆的规模较小时，通过系统时钟打点计时有可能测不出一次合并操作的耗时，需要将合并操作反复执行多次，积累出一定耗时后再除以重复次数，以求得单次合并的平均时

间。在重复操作时，务必保证积累的时间仅为合并操作的时间，不要包含其他无关操作的时间。

② 测试数据不可全是随机数据，需要对每一种堆设计出最好情况和最坏情况的数据进行比较。

第 7 章

图

主教材第 7 章介绍了图的定义、常用存储方法、常用操作及实现方法。具体如下：

① 图形结构是比线性结构和树形结构更一般、更复杂的数据结构。每个数据元素可以和任意多个数据元素相关，有任意多个直接前驱和直接后继。

② 图有多种存储方法，其中最常见的有邻接矩阵和邻接表。

③ 图的最基本操作包括图的遍历（深度优先、广度优先）以及和连通性相关的操作。

本章将首先给出主教材中 24 个算法的具体实现，然后围绕图的基本操作，给出 3 道基础练习题和 5 道进阶实验题，以训练学生熟练掌握图的基本操作的能力。本章实现的算法和习题涉及的知识内容见表 7-1。

表 7-1 第 7 章实验清单

类型	序号	标题	内容	知识点
算法	7-1	NumberOfVerts (*graph*)	获取图的顶点数	邻接矩阵操作
	7-2	ExistEdge (*graph, u, v*)	判断边是否存在	邻接矩阵操作
	7-3	FirstAdjVert (*graph,v*)	找顶点的第一个邻接顶点	邻接矩阵操作
	7-4	InsertEdge (*graph, u,v,weight*)	向图中插入边	邻接矩阵操作
	7-5	RemoveEdge (*graph, u,v*)	从图中删除边	邻接矩阵操作
	7-6	RemoveVert (*graph,v*)	从图中删除顶点及所有邻接于该顶点的边	邻接矩阵操作
	7-7	FirstAdjVert (*graph,v*)	返回图中顶点的第一个邻接顶点	邻接表操作
	7-8	ExistEdge (*graph, u, v*)	判断边是否存在	邻接表操作
	7-9	InsertEdge (*graph,u,v,weight*)	向图中插入边	邻接表操作
	7-10	RemoveVert (*graph,v*)	从图中删除顶点及所有邻接于该顶点的边	邻接表操作
	7-11	DFS (*graph*)	深度优先遍历图中顶点	深度优先遍历
	7-12	DFSv (*graph,v,visited*)	从指定顶点开始深度优先遍历图中顶点	深度优先遍历
	7-13	BFS (*graph*)	广度优先遍历图中顶点	广度优先遍历
	7-14	BFSv (*graph, v, visited*)	从指定顶点开始广度优先遍历图中顶点	广度优先遍历
	7-15	IsConnected (*graph*)	图的连通性判断	图的连通性
	7-16	SixDegreesOfSeparation (*graph,v*)	验证六度空间理论	广度优先遍历
	7-17	StronglyConnectedComponents (*graph*)	获取图的强连通分量	图的连通性
	7-18	PostOrderDFS (*graph,v,visited, dfs_seq, dfs_num*)	后序深度优先遍历记录顶点	图的连通性
	7-19	PrintV (*graph, v, visited*)	后序深度优先遍历输出顶点	图的连通性
	7-20	GetCircuit (*graph, start*)	从给定顶点出发获得一条回路	深度优先遍历
	7-21	EulerCircle (*graph*)	求欧拉回路	深度优先遍历
	7-22	DfnAndLow (*graph,v,parent*)	利用深度优先遍历计算 *dfn* 和 *low* 的值	深度优先遍历
	7-23	ArticulationPoint (*graph, start*)	求割点的 Tarjan 算法	深度优先遍历
	7-24	ArticulationEdge (*graph, start*)	求割边的 Tarjan 算法	深度优先遍历
基础练习	7-1	哥尼斯堡七桥问题	判断给定的图中是否存在欧拉回路	图的连通性
	7-2	判断两点是否连通	判断稀疏图中两点间是否存在路径	深度、广度优先遍历
	7-3	判断广度优先遍历序列	判断给定的序列是否可以通过广度优先遍历得到	广度优先遍历
进阶实验	7-1	Hamilton 顿回路	判断给定路径是否为 Hamilton 回路	图的存储
	7-2	列出连通集	分别用深度和广度优先遍历列出连通集	深度、广度优先遍历
	7-3	诈骗电话检测	打出多、回电少、时长短者为诈骗电话，列出团伙	深度优先遍历
	7-4	是否有回路	判断图中是否存在回路	广度优先遍历
	7-5	社交网络图中顶点的"重要性"计算	根据网络中顶点的"紧密度中心性"定义，计算顶点重要性	广度优先遍历

7.1 算法实现

算法 7-1：获取图的顶点个数 NumberOfVerts(*graph*)

邻接矩阵的6个相关操作在算法7-1至算法7-6中给出。代码7-1给出了图的邻接矩阵表示法的结构定义，即令 *MGraph* 为指向 MGraphNode 结构体的指针，结构体中包含图中的顶点数 *n_verts*、边数 *m_edges*、邻接矩阵 *edge_matrix*、存储顶点信息的数组 *ver_list*、表述没有边时的权重值 *no_edge_value* 和是否为有向图的布尔型标识 *directed*。

用于测试的主函数 main 首先调用 BuildGraph 根据输入建立一个有向图，即初始化一个空的有向图，再读入每个顶点的信息和每条边的信息，建立起一个图；输出邻接矩阵；随后针对算法7-1至7-6分别进行了测试，最后再次输出改变后的图的邻接矩阵。

代码7-1仅给出邻接矩阵表示法的结构定义、图的初始化函数 InitGraph、建图函数 BuildGraph、算法7-1的核心代码和主函数代码。其他相关代码在算法7-2至算法7-6的实现中给出。注意：读者要运行程序时，需要将代码7-1至7-6拼接在一起。

代码7-1　图的定义及获取图的顶点数
```
#include <stdio.h>
#include <stdlib.h>
typedef enum { false, true } bool;
typedef int Vertex;      /* 顶点编号类型 */
typedef int GElemSet;    /* 边权重类型 */
typedef char VertInfo;   /* 顶点信息类型 */
typedef struct MGraphNode *MGraph; /* 邻接矩阵表示的图 */
struct MGraphNode {
   int n_verts; /* 顶点数 */
   int m_edges; /* 边数 */
   GElemSet **edge_matrix;/* 邻接矩阵 */
   VertInfo *ver_list; /* 存储顶点信息 */
   GElemSet no_edge_value; /* 表述没有边时的权重值 */
   bool directed; /* true为有向图, false为无向图 */
};
#define NIL -1 /* 顶点不存在时的返回值 */
void InitGraph(MGraph graph, int kMaxVertex,
```

```c
                       GElemSet no_edge_value, bool directed);
int NumberOfVerts(MGraph graph);
bool ExistEdge(MGraph graph, Vertex u, Vertex v);
Vertex FirstAdjVert (MGraph graph, Vertex v);
void InsertEdge(MGraph graph, Vertex u, Vertex v,
                GElemSet weight);
void RemoveEdge(MGraph graph, Vertex u, Vertex v);
void RemoveVert(MGraph graph, Vertex v);

MGraph BuildGraph()
{
    MGraph graph;
    int kMaxVertex, n, m, i;
    Vertex u, v;
    GElemSet weight, no_edge_value;

    scanf("%d %d\n", &kMaxVertex, &no_edge_value);
    graph = (MGraph)malloc(sizeof(struct MGraphNode));
    InitGraph(graph, kMaxVertex, no_edge_value, true);
    scanf("%d %d\n", &n, &m);
    for (v=0; v<n; v++) {
        scanf("%c ", &graph->ver_list[v]);
        graph->n_verts++;
    }
    for (i=0; i<m; i++) {
        scanf("%d %d %d\n", &u, &v, &weight);
        InsertEdge(graph, u, v, weight);
    }
    return graph;
}

int main(void)
{
    MGraph graph;
    Vertex u, v;

    graph = BuildGraph();
    printf("邻接矩阵为: \n");
    for (u=0; u<graph->n_verts; u++) {
        for (v=0; v<graph->n_verts; v++) {
            printf("%d ", graph->edge_matrix[u][v]);
        }
        printf("\n");
    }
    printf("顶点数 = %d\n", NumberOfVerts(graph));
    scanf("%d %d\n", &u, &v);
```

7.1 算法实现

```c
        printf("<%d,%d>的存在性 = %d\n", u, v, ExistEdge(graph, u, v));
        scanf("%d %d\n", &u, &v);
        printf("<%d,%d>的存在性 = %d\n", u, v, ExistEdge(graph, u, v));
        scanf("%d\n", &v);
        printf("%d的第一个邻接顶点 = %d\n", v, FirstAdjVert (graph,v));
        scanf("%d %d\n", &u, &v);
        RemoveEdge(graph, u, v);
        printf("<%d,%d>的存在性 = %d\n", u, v, ExistEdge(graph, u, v));
        scanf("%d\n", &v);
        printf("待删除的顶点信息为 %c\n", graph->ver_list[v]);
        RemoveVert(graph, v);
        printf("当前顶点数 = %d\n", graph->n_verts);
        printf("当前边数 = %d\n", graph->m_edges);
        for (v=0; v<graph->n_verts; v++) {
            printf("%c", graph->ver_list[v]);
        }
        printf("\n");
        printf("邻接矩阵为: \n");
        for (u=0; u<graph->n_verts; u++) {
            for (v=0; v<graph->n_verts; v++) {
                printf("%d ", graph->edge_matrix[u][v]);
            }
            printf("\n");
        }
        return 0;
}

void InitGraph(MGraph graph, int kMaxVertex, GElemSet no_edge_
value, bool directed)
{ /* 初始化一个空的图 */
    GElemSet *array;
    int i;
    Vertex u, v;

    graph->n_verts = 0;
    graph->m_edges = 0;
    /* 声明二维数组graph->edge_matrix[kMaxVertex][kMaxVertex] */
    array = (GElemSet *)malloc(sizeof(GElemSet) *
                                kMaxVertex * kMaxVertex);
    graph->edge_matrix = (GElemSet **)malloc(sizeof(GElemSet *) *
                                              kMaxVertex);
    for (i=0; i<kMaxVertex; i++) {
        graph->edge_matrix[i] = &array[i*kMaxVertex];
    }
```

```c
    /* 声明顶点信息数组graph->ver_list[kMaxVertex] */
    graph->ver_list = (VertInfo *)malloc(sizeof(VertInfo) *
                                     kMaxVertex);
    graph->no_edge_value = no_edge_value;
    graph->directed = directed;
    for (u=0; u<kMaxVertex; u++) {
        for (v=0; v<kMaxVertex; v++) {
            graph->edge_matrix[u][v] = graph->no_edge_value;
        }
    }
}
/* 算法7-1: 获取图的顶点数 NumberOfVerts(graph) */
int NumberOfVerts(MGraph graph)
{
    return graph->n_verts;
}
/* 算法7-1 结束 */
```

算法 7-2：判断边是否存在 ExistEdge(*graph*, *u*, *v*)

代码7-2给出算法7-2的具体实现。读者运行时需要将此段代码拼接在代码7-1之后。

代码7-2　判断边是否存在

```c
/* 算法7-2: 判断边是否存在  ExistEdge(graph, u, v) */
bool ExistEdge(MGraph graph, Vertex u, Vertex v)
{
  bool ret = false;
  if (u<graph->n_verts && v<graph->n_verts) {
     if (u!=v && graph->edge_matrix[u][v]!=graph->no_edge_value) {
         ret = true;
      }
   }
   return ret;
}
/* 算法7-2 结束 */
```

算法 7-3：找顶点的第一个邻接顶点 FirstAdjVert (*graph*, *v*)

代码7-3给出算法7-3的具体实现。读者运行时需要将此段代码拼接在代码7-1之后。

注意：当顶点 v 没有邻接顶点时，该函数也必须返回一个代表空顶点的值 NIL，在代码 7-1 中将 NIL 定义为 –1，即一个不可能存在的顶点编号。读者可以将其定义为任何负数，以区别于正常的顶点。

代码 7-3　找顶点的第一个邻接顶点

```
/* 算法7-3: 找顶点的第一个邻接顶点　FirstAdjVert (graph,v) */
Vertex FirstAdjVert (MGraph graph, Vertex v)
{
    Vertex u;
    for (u=0; u<graph->n_verts; u++) {
        if (ExistEdge(graph, v, u)==true) {
            return u;
        }
    }
    return NIL;
}
/* 算法7-3 结束 */
```

算法 7-4：向图中插入边 InsertEdge(*graph*, *u*, *v*, *weight*)

代码 7-4 给出算法 7-4 的具体实现。读者运行时需要将此段代码拼接在代码 7-1 之后。

代码 7-4　向图中插入边

```
/* 算法7-4: 向图中插入边 InsertEdge(graph, u,v,weight) */
void InsertEdge(MGraph graph, Vertex u, Vertex v, GElemSet weight)
{
    if (ExistEdge(graph, u, v)==false) {
        graph->edge_matrix[u][v] = weight;
        graph->m_edges++;
        if (graph->directed==false) {
            graph->edge_matrix[v][u] = weight;
        }
    }
}
/* 算法7-4 结束 */
```

算法 7-5：从图中删除边 RemoveEdge(*graph*, *u*, *v*)

代码 7-5 给出算法 7-5 的具体实现。读者运行时需要将此段代码拼接在代码 7-1 之后。

代码7-5　从图中删除边

```c
/* 算法7-5：从图中删除边 RemoveEdge(graph, u,v) */
void RemoveEdge(MGraph graph, Vertex u, Vertex v)
{
    if (ExistEdge(graph, u, v)==true) {
        graph->edge_matrix[u][v] = graph->no_edge_value;
        graph->m_edges--;
        if (graph->directed==false) {
            graph->edge_matrix[v][u] = graph->no_edge_value;
        }
    }
}
/* 算法7-5 结束 */
```

算法 7-6：从图中删除顶点及所有邻接于该顶点的边 RemoveVert (*graph*, *v*)

代码7-6给出算法7-6的具体实现。读者运行时需要将此段代码拼接在代码7-1之后。

代码7-6　从图中删除顶点及所有邻接于该顶点的边

```c
/* 算法7-6：从图中删除顶点及所有邻接于该顶点的边 RemoveVert(graph,v) */
void RemoveVert(MGraph graph, Vertex v)
{
    int n, count;
    Vertex u;

    n = graph->n_verts;
    if (v<0 || v>=n) {
        printf("错误：待删除的顶点不存在。\n");
    }
    else {
        /* 用最后一个顶点信息覆盖v */
        graph->ver_list[v] = graph->ver_list[n-1];
        count = 0; /* count 统计由顶点v射出的边的条数 */
        for (u=0; u<n; u++) {
            if (ExistEdge(graph, v, u)==true) {
                count++;
            }
        }
        if (graph->directed==true) {
            /* 有向图还要统计射入顶点v的边的条数 */
            for (u=0; u<n; u++) {
```

```
                if (ExistEdge(graph, u, v)==true) {
                    count++;
                }
            }
        }
        for (u=0; u<n; u++) { /* 将矩阵最后一行移入第v行 */
            graph->edge_matrix[v][u] = graph->edge_matrix[n-1][u];
        }
        for (u=0; u<n; u++) { /* 将矩阵最后一列移入第v列 */
            graph->edge_matrix[u][v] = graph->edge_matrix[u][n-1];
        }
        graph->m_edges -= count; /* 更新边的条数 */
        graph->n_verts--; /* 更新顶点个数 */
    }
}
/* 算法7-6 结束 */
```

算法 7-7：返回图中顶点的第一个邻接顶点 FirstAdjVert(*graph*, *v*)

邻接表的4个相关操作在算法7-7至算法7-10中给出。代码7-7给出了图的邻接表表示的结构定义，即令LGraph为指向LGraphNode结构体的指针，结构体中包含图中的顶点数 n_verts、边数 m_edges、邻接表 ver_list 和是否为有向图的布尔型标识 *directed*。

邻接表 ver_list 是一个结构体数组，其类型 *AdjList* 为指向 HeadNode 结构体的指针，结构体中包含一个顶点的邻接点链表的头指针 *adj*，以及该顶点存储的信息 *data*。对于每个顶点 *v*，其邻接表头指针 *adj* 指向的单链表结点为 EdgeNode 结构体，包含一端为 *v* 的边的另一端点编号 *dest*、这条边的权重 *weight*，以及单链表的 *next* 指针。

用于测试的主函数main与代码7-1中的主函数相似。代码7-7仅给出邻接表表示的结构定义、图的初始化函数InitGraph、建图函数BuildGraph、算法7-7的核心代码和主函数代码。其他相关代码在算法7-8至算法7-10的实现中给出。注意：读者要运行程序时，需要将代码7-7至7-10拼接在一起。

另外，与代码7-3类似的是，当顶点 *v* 没有邻接顶点时函数 FirstAdjVert 也必须返回一个代表空顶点的值NIL。在代码7-7中仍然将NIL定义为 –1，即一个不可能存在的顶点编号。读者可以将其定义为任何负数，以区别于正常的顶点。

代码7-7 返回图中顶点的第一个邻接顶点
```
#include <stdio.h>
#include <stdlib.h>
typedef enum { false, true } bool;
typedef int Vertex;      /* 顶点编号类型 */
typedef int GElemSet;    /* 边权重类型 */
```

```c
typedef char VertInfo; /* 顶点信息类型 */
typedef struct EdgeNode *Position; /* 指针即结点位置 */
struct EdgeNode {
    Vertex dest;        /* 边的另一端点编号 */
    GElemSet weight; /* 权重 */
    Position next;      /* 线性表中下一个元素的位置 */
};
typedef struct HeadNode *AdjList; /* 邻接表 */
struct HeadNode {
    Position adj;   /* 邻接表头指针 */
    VertInfo data; /* 存储顶点信息 */
};
typedef struct LGraphNode *LGraph; /* 邻接表表示的图 */
struct LGraphNode {
    int n_verts; /* 顶点数 */
    int m_edges; /* 边数 */
    AdjList *ver_list; /* 存储顶点邻接表 */
    bool directed; /* true为有向图, false为无向图 */
};
#define NIL -1 /* 顶点不存在时的返回值 */
void InitGraph(LGraph graph, int kMaxVertex, bool directed);
Vertex FirstAdjVert (LGraph graph, Vertex v);
bool ExistEdge(LGraph graph, Vertex u, Vertex v);
void InsertEdge(LGraph graph, Vertex u, Vertex v, GElemSet weight);
void RemoveVert(LGraph graph, Vertex v);
LGraph BuildGraph()
{
    LGraph graph;
    int kMaxVertex, n, m, i;
    Vertex u, v;
    GElemSet weight;

    scanf("%d\n", &kMaxVertex);
    graph = (LGraph)malloc(sizeof(struct LGraphNode));
    InitGraph(graph, kMaxVertex, true);
    scanf("%d %d\n", &n, &m);
    for (v=0; v<n; v++) {
        scanf("%c ", &graph->ver_list[v]->data);
        graph->n_verts++;
    }
    for (i=0; i<m; i++) {
        scanf("%d %d %d\n", &u, &v, &weight);
        InsertEdge(graph, u, v, weight);
```

7.1 算法实现

```
        }
        return graph;
}
int main(void)
{
    LGraph graph;
    Vertex u, v;
    Position p;

    graph = BuildGraph();
    printf("邻接表为: \n");
    for (v=0; v<graph->n_verts; v++) {
        printf("list[%d]->", v);
        p = graph->ver_list[v]->adj;
        while (p != NULL) {
            printf("%d:%d->", p->dest, p->weight);
            p = p->next;
        }
        printf("end\n");
    }
    printf("顶点数 = %d\n", graph->n_verts);
    scanf("%d %d\n", &u, &v);
    printf("<%d,%d>的存在性 = %d\n", u, v, ExistEdge(graph, u, v));
    scanf("%d %d\n", &u, &v);
    printf("<%d,%d>的存在性 = %d\n", u, v, ExistEdge(graph, u, v));
    scanf("%d\n", &v);
    printf("%d的第一个邻接顶点 = %d\n", v, FirstAdjVert (graph,v));
    scanf("%d\n", &v);
    printf("待删除的顶点信息为 %c\n", graph->ver_list[v]->data);
    RemoveVert(graph, v);
    printf("当前顶点数 = %d\n", graph->n_verts);
    printf("当前边数 = %d\n", graph->m_edges);
    for (v=0; v<graph->n_verts; v++) {
        printf("%c", graph->ver_list[v]->data);
    }
    printf("\n");
    printf("邻接表为: \n");
    for (v=0; v<graph->n_verts; v++) {
        printf("list[%d]->", v);
        p = graph->ver_list[v]->adj;
        while (p != NULL) {
            printf("%d:%d->", p->dest, p->weight);
            p = p->next;
```

```
            }
            printf("end\n");
        }
        return 0;
    }
    void InitGraph(LGraph graph, int kMaxVertex, bool directed)
    { /* 初始化一个空的图 */
        Vertex v;
        Position p;

        graph->n_verts = 0;
        graph->m_edges = 0;
        /* 声明邻接表头结点数组graph->ver_list[kMaxVertex] */
        graph->ver_list = (AdjList *)malloc(sizeof(AdjList) *
                                            kMaxVertex);
        for (v=0; v<kMaxVertex; v++) {
            graph->ver_list[v] =
                        (AdjList)malloc(sizeof(struct HeadNode));
            graph->ver_list[v]->adj = NULL;
        }
        graph->directed = directed;
    }
    /* 算法7-7: 返回图中顶点的第一个邻接顶点 FirstAdjVert(graph,v) */
    Vertex FirstAdjVert (LGraph graph, Vertex v)
    {
        Vertex u;
        if (v<graph->n_verts && graph->ver_list[v]->adj!=NULL) {
            u = graph->ver_list[v]->adj->dest;
        }
        else{
            u = NIL;
        }
        return u;
    }
    /* 算法7-7 结束 */
```

算法 7-8：判断边是否存在 ExistEdge(*graph*, *u*, *v*)

代码7-8给出算法7-8的具体实现。读者运行时需要将此段代码拼接在代码7-7之后。

代码7-8　判断边是否存在

```c
/* 算法7-8：判断边是否存在  ExistEdge(graph, u, v) */
bool ExistEdge(LGraph graph, Vertex u, Vertex v)
{
    Position p;
    bool ret = false;
    if (u<graph->n_verts && v<graph->n_verts) {
        p = graph->ver_list[u]->adj;
        while (p!=NULL && p->dest!=v) {
            p = p->next;
        }
        if (p != NULL) {
            ret = true;
        }
    }
    return ret;
}
/* 算法7-8 结束 */
```

算法 7-9：向图中插入边 InsertEdge(*graph*, *u*, *v*, *weight*)

代码7-9给出算法7-9的具体实现。读者运行时需要将此段代码拼接在代码7-7之后。

代码7-9　向图中插入边

```c
/* 算法7-9：向图中插入边 InsertEdge(graph, u,v,weight) */
void InsertEdge(LGraph graph, Vertex u, Vertex v, GElemSet weight)
{
    Position p;
    if (ExistEdge(graph, u, v)==false) {
        p = (Position)malloc(sizeof(struct EdgeNode));
        p->dest = v;
        p->weight = weight;
        p->next = graph->ver_list[u]->adj;
        graph->ver_list[u]->adj = p;
        graph->m_edges++;
        if (graph->directed==false) {
            /* 如果是无向图，还要将u插入v的边表中 */
            p = (Position)malloc(sizeof(struct EdgeNode));
            p->dest = u;
            p->weight = weight;
            p->next = graph->ver_list[v]->adj;
```

```
                graph->ver_list[v]->adj = p;
            }
        }
    }
}
/* 算法7-9 结束 */
```

算法 7-10：从图中删除顶点及所有邻接于该顶点的边 RemoveVert (*graph*, *v*)

代码7-10给出算法7-10的具体实现。读者运行时需要将此段代码拼接在代码7-7之后。

代码7-10 从图中删除顶点及所有邻接于该顶点的边

```
/*算法7-10：从图中删除顶点及所有邻接于该顶点的边 RemoveVert(graph,v) */
void RemoveVert(LGraph graph, Vertex v)
{
    int n, count;
    Vertex u, last_v;
    Position p, next_p;
    n = graph->n_verts;
    if (v<0 || v>=n) {
        printf("错误: 待删除的顶点不存在。\n");
    }
    else {
        count = 0;  /* count统计与顶点v邻接的边的条数 */
        p = graph->ver_list[v]->adj;  /* 删除由顶点v射出的边 */
        while (p != NULL) {
            next_p = p->next;
            free(p);
            count++;
            p = next_p;
        }
        graph->ver_list[v]->adj = NULL;
        for (u=0; u<n; u++) {  /* 删除射入顶点v的边 */
            p = graph->ver_list[u]->adj;
            if (p != NULL) {  /* 非空链表 */
                if (p->dest == v) {  /* 首结点为射入顶点v的边 */
                    graph->ver_list[u]->adj = p->next;
                    free(p);
                    count++;
                }
                else {  /* 非首结点 */
```

```c
                while (p->next!=NULL && p->next->dest!=v) {
                    /* 找到射入顶点v的边 */
                    p = p->next;
                }
                if (p->next != NULL) { /* 找到<u,v>这条边，删除 */
                    next_p = p->next;
                    p->next = next_p->next;
                    free(next_p);
                    count++;
                }
            }
        }
    }
    last_v = n - 1; /* 最后一个顶点的编号 */
    for (u=0; u<last_v; u++) {
        /* 将原来射入最后一个顶点的边都更新编号为v */
        p = graph->ver_list[u]->adj;
        while (p!=NULL && p->dest!=last_v) {
            /* 找到射入顶点v的边 */
            p = p->next;
        }
        if (p != NULL) { /*将原来射入最后一个顶点的边都更新编号为v */
            p->dest = v;
        }
    }
    /* 顶点表中最后一个顶点移到位置v */
    graph->ver_list[v] = graph->ver_list[last_v];
    if (graph->directed==false) { /* 无向图实际删除的边数要减半 */
        count >>= 1;
    }
    graph->m_edges -= count; /* 更新边的条数 */
    graph->n_verts--; /* 更新顶点个数 */
    }
}
/* 算法7-10 结束 */
```

算法 7-11：深度优先遍历图中顶点 DFS(*graph*)

代码7-11给出在邻接表表示的图中进行深度优先遍历的代码实现。要测试这段代码，需要一套邻接表表示的图的定义和相关操作，包括图的初始化（代码7-7）和插入边的操作（代码7-8、7-9）。主函数main与代码7-7类似，先通过读入边的信息建立一个图（这里建立的是无向图），然后简单调用DFS(*graph*)即可，在此不再赘述。

注意：代码7-11中调用的核心函数DFSv是算法7-12中给出的。读者在测试时，需要将代码7-11和7-12拼接在一起运行。

代码7-11 深度优先遍历图中顶点

```
/* 算法7-11：深度优先遍历图中顶点 DFS(graph) */
void DFS(LGraph graph)
{
    Vertex v;
    bool *visited;

    visited = (bool *)malloc(sizeof(bool) * graph->n_verts);
    for (v=0; v<graph->n_verts; v++) {
        /* 初始化各顶点的已访问标志为未访问 */
        visited[v] = false;
    }
    for (v=0; v<graph->n_verts; v++) {
        if (visited[v]==false) {/*从一个未访问的顶点开始深度优先遍历 */
            DFSv(graph, v, visited);
            printf("\n");/*若要求每个连通集占一行，则在行末添加回车换行 */
        }
    }
}
/* 算法7-11 结束 */
```

算法 7-12：从指定顶点开始深度优先遍历 DFSv(*graph*, *v*, *visited*)

代码7-12给出算法7-12的实现。其中Visit函数在此简单定义为打印顶点数据。

代码7-12 从指定顶点开始深度优先遍历

```
void Visit(LGraph graph, Vertex v)
{
    printf("%c", graph->ver_list[v]->data);
}
/* 算法7-12：从指定顶点开始深度优先遍历 DFSv(graph,v,visited) */
void DFSv(LGraph graph, Vertex v, bool visited[])
{
    Position p;

    visited[v] = true;
    Visit(graph, v);
    p = graph->ver_list[v]->adj;
    while (p != NULL) {
        if (visited[p->dest]==false) {
            DFSv(graph, p->dest, visited);
```

7.1 算法实现

```
        }
        p = p->next;
    }
}
/* 算法7-12 结束 */
```

算法 7-13：广度优先遍历图中顶点 BFS(*graph*)

与深度优先遍历类似，代码7-13给出在邻接表表示的图中进行广度优先遍历的代码实现。要测试这段代码，不仅需要一套邻接表表示的图的定义和相关操作（与代码7-11、7-12相同），还需要一套队列的工具——可以采用代码3-16至代码3-20给出的链式队列的定义及其相关操作。主函数仍然是先通过读入边的信息建立一个图，然后简单调用BFS(graph)即可，在此不再赘述。

注意：代码7-13中调用的核心函数BFSv是算法7-14中给出的。读者在测试时，需要将代码7-13和7-14拼接在一起运行。

代码7-13　按广度优先遍历图中结点

```c
/* 算法7-13: 按广度优先遍历图中结点 BFS(graph) */
void BFS(LGraph graph)
{
    Vertex v;
    bool *visited;

    visited = (bool *)malloc(sizeof(bool) * graph->n_verts);
    for (v=0; v<graph->n_verts; v++) {
        /* 初始化各顶点的已访问标志为未访问 */
        visited[v] = false;
    }
    for (v=0; v<graph->n_verts; v++) {
        if (visited[v]==false) {/*从一个未访问的顶点开始深度优先遍历 */
            BFSv(graph, v, visited);
            printf("\n");/*若要求每个连通集占一行，则在行末添加回车换行 */
        }
    }
}
/* 算法7-13 结束 */
```

算法 7-14：从指定顶点开始广度优先遍历 BFSv(*graph, v, visited*)

代码7-14给出算法7-14的实现。其中Visit函数在此简单定义为打印顶点数据，与代码7-12中给出的一样，不再重复列出。

代码7-14　从指定顶点开始广度优先遍历

```c
/* 算法7-14：从指定顶点开始广度优先遍历 BFSv(graph, v, visited) */
void BFSv(LGraph graph, Vertex v, bool visited[])
{
    Queue queue;
    Vertex u;
    Position p;
    queue = (Queue)malloc(sizeof(struct QueueHeadNode));
    InitQueue(queue);
    EnQueue(queue, v);
    visited[v] = true;
    while (IsEmpty(queue)==false) {
        u = GetFront(queue);
        DeQueue(queue);
        Visit(graph, u);
        p = graph->ver_list[u]->adj;
        while (p != NULL) {
            if (visited[p->dest]==false) {
                EnQueue(queue, p->dest);
                visited[p->dest] = true;
            }
            p = p->next;
        }
    }
    DestroyQueue(queue);
}
/* 算法7-14 结束 */
```

算法 7-15：图的连通性判断 IsConnected(*graph*)

在算法7-15中，图是否连通，实际上是根据广度优先遍历的结果来判断的。代码7-15是在代码7-13的基础上加了对结果的判断。与代码7-13一样，这段代码的测试也需要邻接表表示的图的定义和相关操作，以及链式队列和BFSv函数作为辅助。测试用的主函数main在读入并创建了图以后，简单调用IsConnected(graph)并输出其返回值。

上述辅助代码均不再重复列出。代码7-15仅给出算法7-15的核心实现。

代码7-15　图的连通性判断

```c
/* 算法7-15: 图的连通性判断 IsConnected(graph) */
bool IsConnected(LGraph graph)
{
    Vertex v;
    bool *visited, ret;
```

7.1 算法实现

```
    int count;
    visited = (bool *)malloc(sizeof(bool) * graph->n_verts);
    for (v=0; v<graph->n_verts; v++) {
        /* 初始化各顶点的已访问标志为未访问 */
        visited[v] = false;
    }
    count = 0;
    for (v=0; v<graph->n_verts; v++) {
        if (visited[v]==false) {/*从一个未访问的顶点开始广度优先遍历 */
            count++;
            BFSv(graph, v, visited);
            printf("\n");/*若要求每个连通集占一行，则在行末添加回车换行 */
        }
    }
    if (count==1) {
        ret = true;
    }
    else {
        printf("有 %d 个连通分量\n", count);
        ret = false;
    }
    return ret;
}
/* 算法7-15 结束 */
```

算法 7-16：验证六度空间理论 SixDegreesOfSeparation(*graph*, *v*)

算法7-16是广度优先遍历的应用。代码7-16与代码7-15一样，也需要邻接表表示的图的定义和相关操作，以及链式队列作为辅助。测试用的主函数main在读入并创建了图以后，读入一个顶点*v*，然后用

   printf("%.2f%%\n", SixDegreesOfSeparation(graph,v)*100.0);

输出验证结果，即满足六度空间理论的顶点数在顶点集合中的占比。

上述辅助代码均不再列出。代码7-16仅给出算法7-16的核心实现。

代码7-16　验证六度空间理论

```
/* 算法7-16: 验证六度空间理论 SixDegreesOfSeparation(graph,v) */
double SixDegreesOfSeparation(LGraph graph, Vertex v)
{
    Vertex u, cur_ver;
    bool *visited;
    int count, cur_level;
```

```c
        Queue ver_queue, level_queue;
        Position p;

        visited = (bool *)malloc(sizeof(bool) * graph->n_verts);
        for (u=0; u<graph->n_verts; u++) {
            /* 初始化各顶点的已访问标志为未访问 */
            visited[u] = false;
        }
        count = 0;
        ver_queue = (Queue)malloc(sizeof(struct QueueHeadNode));
        level_queue = (Queue)malloc(sizeof(struct QueueHeadNode));
        InitQueue(ver_queue);
        InitQueue(level_queue);
        EnQueue(ver_queue, v);
        EnQueue(level_queue, 0);
        visited[v] = true;
        count++;
        while (IsEmpty(ver_queue)==false) {
            cur_ver = GetFront(ver_queue);
            DeQueue(ver_queue);
            cur_level = GetFront(level_queue);
            DeQueue(level_queue);
            if (cur_level < 6) {
                /* 向cur_ver的下一层搜索 */
                p = graph->ver_list[cur_ver]->adj;
                while (p != NULL) {
                    if (visited[p->dest]==false) {
                        EnQueue(ver_queue, p->dest);
                        EnQueue(level_queue, cur_level+1);
                        visited[p->dest] = true;
                        count++;
                    }
                    p = p->next;
                }
            }
            else { /* 已完成6层搜索，算法结束 */
                break;
            }
        }
        DestroyQueue(ver_queue);
        DestroyQueue(level_queue);
        return (double)count/graph->n_verts;
    }
    /* 算法7-16 结束 */
```

算法 7-17：获取图的强连通分量 StronglyConnectedComponents (*graph*)

算法 7-17 至 7-19 合在一起完成有向图的强连通分量的获取。算法 7-17 给出的是核心操作，即输出图的所有强连通分量并返回其个数。其中调用的比较重要的辅助函数有两个：PostOrderDFS 将图 *graph* 中从顶点 *v* 出发的后序深度优先遍历序列存入 *dfs_seq*，并返回下一个 DFS 访问序号，这个函数的实现由代码 7-18 给出；PrintV 打印出图 *graph* 中从顶点 *v* 出发的后序深度优先遍历序列，这个函数的实现由代码 7-19 给出。

代码 7-17 给出的是算法 7-17 的实现。当然需要首先定义邻接表表示的图以及系列相关操作，这部分内容已经在代码 7-7 至 7-10 中给出，可以直接套用。但在此我们针对无权且省略顶点信息存储的图获取强连通分量，对原始定义做了裁剪，所以仍然展示裁剪后的代码。

用于测试的主函数 main 首先根据读入的数据创建一个有向无权图，随后调用代码 7-17 并输出其返回的连通集个数。

在代码 7-17 中，仅给出简化的图定义、测试用主函数和算法 7-17 的实现。读者要完成测试，需要将代码 7-17 和 7-18、7-19 拼接在一起运行。

代码 7-17 获取图的强连通分量

```c
#include <stdio.h>
#include <stdlib.h>
typedef enum { false, true } bool;
typedef int Vertex;       /* 顶点编号类型 */
typedef struct EdgeNode *Position; /* 指针即结点位置 */
struct EdgeNode {
    Vertex dest;      /* 边的另一端点编号 */
    Position next;    /* 线性表中下一个元素的位置 */
};
typedef struct HeadNode *AdjList; /* 邻接表 */
struct HeadNode {
    Position adj;   /* 邻接表头指针 */
};
typedef struct LGraphNode *LGraph; /* 邻接表表示的图 */
struct LGraphNode {
    int n_verts; /* 顶点数 */
    int m_edges; /* 边数 */
    AdjList *ver_list; /* 存储顶点邻接表 */
    bool directed; /* true为有向图, false为无向图 */
};
#define NIL -1 /* 顶点不存在时的返回值 */
```

```c
void InitGraph(LGraph graph, int kMaxVertex, bool directed);
bool ExistEdge(LGraph graph, Vertex u, Vertex v);
void InsertEdge(LGraph graph, Vertex u, Vertex v);
LGraph BuildGraph();
LGraph ReverseGraph(LGraph graph);
int PostOrderDFS(LGraph graph, Vertex v, bool visited[], Vertex
    dfs_seq[], int dfs_num);
void PrintV(LGraph graph, Vertex v, bool visited[]);
int StronglyConnectedComponents(LGraph graph);

int main(void)
{
    LGraph graph;

    graph = BuildGraph();
    printf("%d\n", StronglyConnectedComponents(graph));

    return 0;
}
void InitGraph(LGraph graph, int kMaxVertex, bool directed)
{   /* 初始化一个空的图 */
    Vertex v;
    Position p;

    graph->n_verts = 0;
    graph->m_edges = 0;
    /* 声明邻接表头结点数组graph->ver_list[kMaxVertex] */
    graph->ver_list = (AdjList *)malloc(sizeof(AdjList) *
        kMaxVertex);
    for(v=0; v<kMaxVertex; v++) {
        graph->ver_list[v] = (AdjList)malloc(sizeof(struct
            HeadNode));
        graph->ver_list[v]->adj = NULL;
    }
    graph->directed = directed;
}
bool ExistEdge(LGraph graph, Vertex u, Vertex v)
{
    Position p;
    bool ret = false;

    if (u<graph->n_verts && v<graph->n_verts) {
        p = graph->ver_list[u]->adj;
        while (p!=NULL && p->dest!=v) {
            p = p->next;
        }
```

7.1 算法实现

```c
            if (p != NULL) {
                ret = true;
            }
        }
        return ret;
    }
    void InsertEdge(LGraph graph, Vertex u, Vertex v)
    {
        Position p;

        if (ExistEdge(graph, u, v)==false) {
            p = (Position)malloc(sizeof(struct EdgeNode));
            p->dest = v;
            p->next = graph->ver_list[u]->adj;
            graph->ver_list[u]->adj = p;
            graph->m_edges++;
        }
    }
    LGraph BuildGraph()
    {
        LGraph graph;
        int n, m, i;
        Vertex u, v;

        scanf("%d %d", &n, &m);
        graph = (LGraph)malloc(sizeof(struct LGraphNode));
        InitGraph(graph, n, true);
        graph->n_verts = n;
        for (i=0; i<m; i++) {
            scanf("%d %d", &u, &v);
            InsertEdge(graph, u, v);
        }
        return graph;
    }
    LGraph ReverseGraph(LGraph graph)
    { /* 创建graph的逆向图 */
        LGraph r_graph;
        Position p;
        Vertex u, v;

        r_graph = (LGraph)malloc(sizeof(struct LGraphNode));
        InitGraph(r_graph, graph->n_verts, true);
        r_graph->n_verts = graph->n_verts;
        for (u=0; u<graph->n_verts; u++) {
```

```c
            p = graph->ver_list[u]->adj;
            while (p != NULL) {
                v = p->dest; /* 对graph中的边<u,v> */
                InsertEdge(r_graph, v, u); /* 将<v,u>插入r_graph */
                p = p->next;
            }
        }
        return r_graph;
    }
    /* 算法7-17: 获取图的强连通分量 StronglyConnectedComponents (graph) */
    int StronglyConnectedComponents(LGraph graph)
    {
        LGraph r_graph;
        Vertex v, *dfs_seq;
        bool *visited;
        int dfs_num, count;

        visited = (bool *)malloc(sizeof(bool) * graph->n_verts);
        for (v=0; v<graph->n_verts; v++) {
            visited[v] = false; /* 初始化各顶点的已访问标志为未访问 */
        }
        dfs_seq = (Vertex *)malloc(sizeof(Vertex) * graph->n_verts);
        for (dfs_num=0; dfs_num<graph->n_verts; dfs_num++) {
            dfs_seq[dfs_num] = NIL; /* 初始化各DFS访问序号对应的顶点为空 */
        }
        dfs_num = 0; /* 初始化后序深度优先遍历的序号 */
        for (v=0; v<graph->n_verts; v++) {
            if (visited[v]==false) { /* 从一个未访问的顶点开始 */
                /* 后序DFS遍历graph，顺序记录访问的顶点 */
                dfs_num=PostOrderDFS(graph,v,visited,dfs_seq, dfs_num);
            }
        }
        r_graph = ReverseGraph(graph); /* 创建graph的逆向图 */
        for (v=0; v<graph->n_verts; v++) {
            visited[v] = false; /* 初始化各顶点的已访问标志为未访问 */
        }
        count = 0; /* 初始化强连通分量计数器 */
        while (dfs_num>0) {
            dfs_num--;
            /* 总是从dfs_num最大的未访问顶点出发 */
            v = dfs_seq[dfs_num];
            if (visited[v]==false) {
                printf("{"); /* 一个强连通分量的开始 */
                PrintV(r_graph, v, visited); /* 输出顶点 */
```

7.1 算法实现

```
            printf(" }\n"); /* 一个强连通分量的结束 */
            count++; /* 统计强连通分量个数 */
        }
    }
    return count;
}
/* 算法7-17 结束 */
```

算法 7-18：后序深度优先遍历记录顶点 PostOrderDFS(*graph*, *v*, *visited*, *dfs_seq*, *dfs_num*)

代码7-18给出算法7-18的实现。

代码7-18 后序深度优先遍历记录顶点

```
/* 算法7-18: 后序深度优先遍历记录顶点 PostOrderDFS(graph, v, visited,
   dfs_seq, dfs_num) */
int PostOrderDFS(LGraph graph, Vertex v, bool visited[], Vertex
   dfs_seq[], int dfs_num)
{
    Position p;
    visited[v] = true;
    p = graph->ver_list[v]->adj;
    while (p != NULL) {
        if (visited[p->dest]==false) {
            dfs_num = PostOrderDFS(graph, p->dest, visited, dfs_seq,
                dfs_num);
        }
        p = p->next;
    }
    dfs_seq[dfs_num] = v; /* v是第dfs_num个被访问的顶点 */
    return ++dfs_num;
}
/* 算法7-18 结束 */
```

算法 7-19：后序深度优先遍历输出顶点 PrintV(*graph*, *v*, *visited*)

代码7-19给出算法7-19的实现。

代码7-19 后序深度优先遍历输出顶点

```
/* 算法7-19: 后序深度优先遍历输出顶点 PrintV(graph, v, visited) */
void PrintV(LGraph graph, Vertex v, bool visited[])
{ /* 后序遍历DFS输出顶点 */
    Position p;
```

```
        visited[v] = true;
        p = graph->ver_list[v]->adj;
        while (p != NULL) {
            if (visited[p->dest]==false) {
                PrintV(graph, p->dest, visited);
            }
            p = p->next;
        }
        printf(" %d", v);
    }
    /* 算法 7-19 结束 */
```

算法 7-20：从给定顶点出发获得一条回路 GetCircuit(*graph*, *start*)

算法 7-20 和 7-21 合在一起，完成在给定的邻接表表示的无向图中找出欧拉回路的任务。算法 7-20 给出的是核心操作，即从一个给定的顶点出发获得一条欧拉回路。

代码 7-20 给出的是算法 7-20 的实现，首先要定义邻接表表示的图以及系列相关操作，这部分内容已经在代码 7-7 至 7-10 中给出，不再赘述。用于测试的主函数 main 首先根据读入的数据创建一个无向图，随后调用代码 7-21 中的 EulerCircle 求得完整的欧拉回路并输出。

在代码 7-20 中仅给出算法 7-20 的实现和主函数。读者要完成测试，需要将代码 7-20 和 7-21 拼接在一起运行。

代码 7-20　从给定顶点出发获得一条回路

```
/* 算法7-20: 从给定顶点出发获得一条回路 GetCircuit(graph, start) */
Circuit GetCircuit(LGraph graph, Vertex start)
{
    ECList new_node;
    Circuit circuit;
    Position p;
    Vertex head, tail;

    new_node = (ECList)malloc(sizeof(struct EulerNode));
    new_node->ver = start; /* 从start顶点开始，构造回路的第一个结点 */
    new_node->next = NULL;
    circuit = (Circuit)malloc(sizeof(struct CircPtrNode));
    circuit->first = new_node;
    circuit->last = new_node;
    head = start; /* 从start开始寻找回路 */
    p = graph->ver_list[head]->adj;
    while (p!=NULL) {
        tail = p->dest; /* 当前经过<head, tail>这条边 */
```

```
            RemoveEdge(graph, head, tail);/*将经过的边删除，避免重复经过 */
            new_node = (ECList)malloc(sizeof(struct EulerNode));
            new_node->ver = tail; /* 将tail收入回路 */
            new_node->next = NULL;
            circuit->last->next = new_node;
            circuit->last = circuit->last->next;
            if (tail == start) { /* 回路结束，跳出循环 */
                break;
            }
            head = tail; /* 更新起始点，继续 */
            p = graph->ver_list[head]->adj;
        }
    return circuit;
}
/* 算法7-20 结束 */
LGraph BuildGraph()
{
    LGraph graph;
    int kMaxVertex, n, m, i;
    Vertex u, v;

    scanf("%d\n", &kMaxVertex);
    graph = (LGraph)malloc(sizeof(struct LGraphNode));
    InitGraph(graph, kMaxVertex, false);
    scanf("%d %d\n", &n, &m);
    graph->n_verts = n;
    for (i=0; i<m; i++) {
        scanf("%d %d", &u, &v);
        InsertEdge(graph, u, v);
    }
    return graph;
}

int main(void)
{
    LGraph graph;
    Circuit circuit;
    ECList cp;

    graph = BuildGraph();
    circuit = EulerCircle(graph);
    if (circuit != NULL) {
        for (cp=circuit->first; cp!=circuit->last; cp=cp->next) {
            printf("%d->", cp->ver);
        }
```

```
            printf("%d\n", cp->ver);
        }
        else {
            printf("No Euler circuit.\n");
        }
        return 0;
    }
```

算法 7-21：求欧拉回路 EulerCircle(*graph*)

代码 7-21 给出算法 7-21 的实现。其中 Clone 函数是在开始求回路之前先复制一份原图的副本，这个函数也在代码 7-21 中一并给出。

代码 7-21　求欧拉回路

```
LGraph Clone(LGraph graph)
{   /* 克隆原图的副本 */
    LGraph tmp_graph;
    Vertex v;
    Position p, tp;

    /* 创建空的副本图 */
    tmp_graph = (LGraph)malloc(sizeof(struct LGraphNode));
    InitGraph(tmp_graph, graph->n_verts, graph->directed);
    /* 以下开始复制 */
    tmp_graph->n_verts = graph->n_verts;
    tmp_graph->m_edges = graph->m_edges;
    for (v=0; v<tmp_graph->n_verts; v++) {
        p = graph->ver_list[v]->adj;
        /* 方便起见创建临时空头结点 */
        tmp_graph->ver_list[v]->adj =
                    (Position)malloc(sizeof(struct EdgeNode));
        tp = tmp_graph->ver_list[v]->adj;
        while (p != NULL) {
            tp->next = (Position)malloc(sizeof(struct EdgeNode));
            tp->next->dest = p->dest;
            p = p->next;
            tp = tp->next;
        }
        tp->next = NULL;
        /* 删除临时空头结点 */
        tp = tmp_graph->ver_list[v]->adj;
        tmp_graph->ver_list[v]->adj = tp->next;
        free(tp);
```

7.1 算法实现

```
    }
    return tmp_graph;
}
/* 算法7-21: 求欧拉回路 EulerCircle(graph) */
Circuit EulerCircle(LGraph graph)
{
    Vertex v;
    Position p;
    ECList cp;
    int degree;
    LGraph tmp_graph;
    Circuit circuit, next_circuit;

    for (v=0; v<graph->n_verts; v++) {
        /* 计算每个顶点的度，判断是否存在欧拉回路 */
        p = graph->ver_list[v]->adj;
        degree = 0;
        while (p != NULL) {
            degree++;
            p = p->next;
        }
        if (degree%2==1) {
            return NULL; /* 存在度为奇数的顶点，该无向连通图无欧拉回路 */
        }
    }
    tmp_graph = Clone(graph); /* 复制原图的副本 */
    /* 从0下标顶点开始，构造第一个当前结果回路 */
    circuit = GetCircuit(tmp_graph, 0);
    cp = circuit->first->next; /* 寻找新的回路，并入当前结果回路中 */
    while (cp != NULL) {
        if (tmp_graph->ver_list[cp->ver]->adj != NULL) {
            /* 如果找到第一个起始顶点 */
            /* 找下一个回路 */
            next_circuit = GetCircuit(tmp_graph, cp->ver);
            next_circuit->last->next = cp->next; /* 合并到主回路 */
            cp->next = next_circuit->first->next;
            free(next_circuit->first); /* 删除重复的头结点 */
        }
        cp = cp->next;
    }
    return circuit;
}
/* 算法7-21 结束 */
```

算法 7-22：利用深度优先遍历计算 *dfn* 和 *low* 的值 DfnAndLow (*graph, v, parent*)

算法 7-22 至 7-24 都是与图的双连通分量相关的，其中算法 7-22 是后面两个算法的核心，即计算后两个算法中都需要用到的 *dfn* 和 *low* 的值。

图仍然采用邻接表表示，相关定义和操作不再赘述。算法 7-22 中为了简化递归函数的接口，将记录每个顶点 v 信息的 *dfn* 和 *low*，以及深度优先遍历顶点的序号 count、v 的父顶点 parents、顶点访问标识 visited 和割点标识 points 等数组全部定义为全局变量。

代码 7-22 仅给出算法 7-22 的核心实现。测试代码在后面的代码中给出。

代码7-22　利用深度优先遍历计算 *dfn* 和 *low* 的值

```c
int Min(int x, int y)
{
    return (x<y)? x:y;
}
/* 算法7-22: 利用深度优先遍历计算dfn和low的值
   DfnAndLow(graph,v,parent) */
void DfnAndLow(LGraph graph, Vertex v, Vertex parent)
{
    Position p;
    visited[v] = true;
    dfn[v] = count;
    low[v] = count;
    parents[v] = parent;
    count++;
    p = graph->ver_list[v]->adj;  /* 沿v向下搜索 */
    while (p != NULL) {
        if (visited[p->dest]==false) {
            DfnAndLow(graph, p->dest, v);
            low[v] = Min(low[v], low[p->dest]);
        }
        else {
            if (p->dest != parent) {
                low[v] = Min(low[v], dfn[p->dest]);
            }
        }
        p = p->next;
    }
}
/* 算法7-22 结束 */
```

算法 7-23：求割点的 Tarjan 算法 ArticulationPoint (*graph*, *start*)

算法 7-23 中调用的函数 DfnAndLow 已经在代码 7-22 中给出。用于测试的主函数首先通过 BuildGraph 读入输入的数据建立一个无向图，根据图的顶点数声明几个全局数组的空间，并初始化 *count* 为 0。随后调用核心函数 ArticulationPoint，从任意指定的顶点（代码 7-23 中指定为编号 0 的顶点）出发求出割点。最后遍历 *points* 数组，将被标记为割点的顶点信息输出。

代码 7-23 给出了全局变量的定义、算法 7-23 的实现，以及主函数。读者要运行完整测试，还需要将代码 7-22 与此代码拼接。

代码 7-23　求割点的 Tarjan 算法
```
int *dfn, *low, count;
Vertex *parents;
bool *visited, *points;

void DfnAndLow(LGraph graph, Vertex v, Vertex parent);
/* 算法7-23: 求割点的Tarjan算法 ArticulationPoint (graph, start) */
void ArticulationPoint(LGraph graph, Vertex start)
{
    Vertex v;
    int n_child;

    for(v=0; v<graph->n_verts; v++) {
        visited[v] = false; /* 初始化各顶点的访问标志为未访问 */
        points[v] = false;  /* 初始化各顶点都不是割点 */
    }
    DfnAndLow(graph, start, -1);
    n_child = 0; /* 对根结点的子结点计数 */
    for (v=0; v<graph->n_verts; v++) {
        if (parents[v] != -1) { /* 若v不是根结点 */
            if (parents[v]==start) {
                n_child++;
            }
            else {
                if (low[v] >= dfn[parents[v]]) { /* 记录割点 */
                    points[parents[v]] = true;
                }
            }
        }
    }
    if (n_child >= 2) { /* 判断根结点是否割点 */
        points[start] = true; /* 记录割点 */
    }
```

```
}
/* 算法7-23 结束 */
int main(void)
{
    LGraph graph;
    Vertex v;

    graph = BuildGraph();
    dfn = (int *)malloc(sizeof(int) * graph->n_verts);
    low = (int *)malloc(sizeof(int) * graph->n_verts);
    parents = (Vertex *)malloc(sizeof(Vertex) * graph->n_verts);
    visited = (bool *)malloc(sizeof(bool) * graph->n_verts);
    count = 0;
    points = (bool *)malloc(sizeof(bool) * graph->n_verts);
    ArticulationPoint (graph, 0);
    for (v=0; v<graph->n_verts; v++) {
        if (points[v]==true) {
            printf("%c", graph->ver_list[v]->data);
        }
    }
    printf("\n");

    return 0;
}
```

算法 7-24：求割边的 Tarjan 算法 ArticulationEdge(*graph*, *start*)

代码7-24仅给出算法7-24的核心代码，其测试方法与代码7-23类似，只需要将函数ArticulationPoint替换成ArticulationEdge即可。主函数只需要调用一下ArticulationEdge函数，割边的输出由这个函数完成。

代码7-24 求割边的Tarjan算法

```
/* 算法7-24: 求割边的Tarjan算法 ArticulationEdge(graph, start) */
void ArticulationEdge(LGraph graph, Vertex start)
{
    Vertex v;
    VertInfo head, tail;

    for (v=0; v<graph->n_verts; v++) {
        visited[v] = false; /* 初始化各顶点的访问标志为未访问 */
    }
    DfnAndLow(graph, start, -1);
    for (v=0; v<graph->n_verts; v++) {
        if (parents[v] != -1) { /* 若v不是根结点 */
```

```
            if (low[v] > dfn[parents[v]]) { /* 打印割边 */
                head = graph->ver_list[parents[v]]->data;
                tail = graph->ver_list[v]->data;
                printf("(%c, %c)\n", head, tail);
            }
        }
    }
}
/* 算法7-24 结束 */
```

7.2 基础练习

练习 7-1　哥尼斯堡七桥问题

1. 实验目的

① 熟练掌握图的存储结构。

② 熟练掌握图的连通性判断方法。

2. 实验要求

（1）题目描述

在18世纪东普鲁士的哥尼斯堡城中，有一条河流穿城而过，将城市一分为二。河中有两个小岛，河上有七座桥将陆地和岛屿连接起来，如图7-1所示。

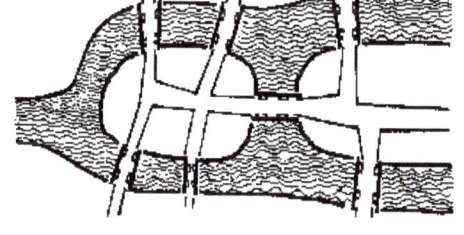

图7-1　哥尼斯堡七桥问题示意图

有人提出一个问题：能否从某地出发走过全部七座桥，而且每座桥只走过一次，最后还能回到出发点？瑞士数学家欧拉(Euler)最终解决了这个问题，并由此创立了拓扑学。

这个问题如今可以描述为判断欧拉回路是否存在的问题。欧拉回路是指不令笔离开纸面，可画过图中每条边仅一次，且最终回到起点的一条回路。现给定一个无向图，问是否存在欧拉回路？

（2）输入输出说明

输入格式：输入的第一行给出两个正整数，分别是顶点数 n（$1 < n \leq 1000$）和边数 m。随后的 m 行对应 m 条边，每行给出一对正整数，分别是该条边连通的两个顶点的编号（顶点从1到 n 编号）。

输出格式：若欧拉回路存在则输出1，否则输出0。

（3）测试用例（见表7-2）

表7-2　练习7-1测试用例

序号	输入	输出	说明
0	6 10 1 2 2 3 3 1 4 5 5 6 6 4 1 4 1 6 3 4 3 6	1	一般有解的情况
1	5 8 1 2 1 3 2 3 2 4 2 5 5 3 5 4 3 4	0	一般无解的情况
2	6 6 1 2 2 3 3 1 4 5 5 6 6 4	0	图不连通
3	1000个顶点的完全图	0	边界测试：无解最大 n
4	999个顶点的完全图	1	边界测试：有解最大 n

3. 实现要点

（1）算法分析与代码

欧拉回路的判断很简单：如果无向图连通并且所有顶点的度数都是偶数，则回路存在；否则不存在。所以问题的解决方法也很简单：首先将图读入并存储，然后判断其是否连通，最后数一下每个顶点的度数即可。

图的存储有邻接矩阵和邻接表两种。由于本题没给出边数的明确上界，那么就有可能给出一个完全图，所以我们选择用邻接矩阵来做图的存储。每个顶点需要存储的信息 ver_list，是该顶点是否在深度优先遍历中被访问过的标识，为方便理解将其重命名为 $visited$。

判断图是否连通，可以用一个简单的深度优先遍历函数DFS从任意一个顶点开始搜索，将访问过的顶点对应的标记 $visited$ 设置为1。最后检查这个标记数组，如果有顶点没被访问过，则证明图不连通。

第 i 条边的度数就是邻接矩阵第 i 行或者第 i 列中所有1的个数。我们只要顺序扫描矩阵的每行，将行元素求和，遇到奇数和即返回false。

代码7-25给出算法实现的代码，其中图的基本操作InitGraph、ExistEdge、InsertEdge已经在代码7-1、7-2、7-4中给出，不再重复。需要注意的是，在初始化时要将 ver_list 更名为 $visited$。

代码 7-25
哥尼斯堡的"七桥问题"

（2）复杂度分析

函数BuildGraph初始化一个有 n 个顶点的图时，需要初始化邻接矩阵的每个元素的值，读入 m 条边，建立图的整体时间复杂度是 $O(n^2+m)$，即 $O(n^2)$。检查连通性的函数IsConnected的主要时间都花在深度优先遍历上，对于用邻接矩阵表示的图，这个遍历的时间也是 $O(n^2)$。检查顶点度的奇偶性的函数CheckDegrees最坏情况下需要遍历每个顶点所对应的行，时间复杂度也是 $O(n^2)$。所以这个算法的整体时间复杂度是 $O(n^2)$。

除了必须用 $O(n^2)$ 的空间存储邻接矩阵表示的图，其他额外辅助空间是常数。

本题采用邻接矩阵表示图，是因为输入有可能是完全图。如果输入的图很稀疏，可改用邻接表表示图，能够将时空复杂度都降到 $O(n+m)$。

练习 7-2　判断两点是否连通

1. 实验目的

① 理解图的邻接表存储结构。
② 熟练掌握图的广度优先遍历方法。

2. 实验要求

（1）题目描述

给定稀疏图 $graph$ 中任意两点 u 和 v，请判断是否存在从 u 到 v 的路径。

（2）函数接口定义

```
bool ExistPath( LGraph graph, Vertex u, Vertex v );
```

其中，邻接表表示的图LGraph的结构定义由代码7-7给出。ExistPath判断是否存在从 u 到 v 的路径，如果是则返回true，否则返回false。

裁判定义的测试用主函数通过读入顶点数、边数，以及每条边的两个端点来建立一个图，随后读入若干对顶点 u 和 v 的编号（从0开始）并调用ExistPath进行判断，最后根据判断结果输出"Yes"或"No"。

（3）测试用例（见表7-3）

表7-3 练习7-2测试用例

序号	输入	输出	说明
0	6 9 0 1 0 2 0 3 1 2 2 3 1 4 3 4 3 5 4 5 3 0 5 3 1 5 0	Yes No No	路径存在，不唯一；路径不存在；图中无回路
1	6 9 0 1 0 2 0 3 2 1 3 2 1 4 3 4 5 3 4 5 3 5 4 1 0 2 3	Yes No Yes	图中有回路
2	2 1 0 1 2 1 0 0 1	No Yes	最小规模数据
3	略	略	最大规模随机数据

3. 实现要点

（1）算法分析与代码

本题的解法是不唯一的，可以用深度优先遍历，也可以用广度优先遍历。无论采用哪种遍历，只要从起始点 u 开始，在遍历的过程中检查访问的每个顶点，若该顶点是 v 就说明存在一条从 u 到 v 的路径；如果完成了从 u 开始的遍历都始终没有遇到 v，就说明路径不存在。由于练习 7-1 是针对深度优先遍历的应用，本题为练习广度优先遍历的应用。读者也可以自己尝试用深度优先遍历实现。

在实现时，需要一套队列作为辅助工具，可以采用代码 3-16 至代码 3-20 给出的链式队列的定义及其相关操作，在代码 7-26 中不再重复列出。

代码 7-26
判断两点是否连通

（2）复杂度分析

这个算法的时间复杂度与图的广度优先遍历是一致的。对于邻接表表示的图来说，遍历的时间复杂度是 $O(n+m)$，即图的顶点数和边数中较大的量。

在函数 ExistPath 中用到访问标识数组和一个队列，两者产生的额外空间复杂度都是 $O(n)$。需注意的是，在函数返回前一定要释放空间。

当然，如果该函数被反复多次调用，那么每次调用都要重新声明再释放空间是很不明智的做法。只是由于本题中我们仅负责实现这个函数，无权对完整程序代码进行调整，所以只能如此实现。整体而言，应该在调用此函数前将标识数组和队列创建并初始化，再传给函数 ExistPath 使用，以避免重复声明和释放空间的操作。

练习 7-3　判断广度优先遍历序列

1. 实验目的
① 理解图的邻接矩阵存储结构。
② 熟练掌握图的广度优先遍历方法。

2. 实验要求
（1）题目描述

给定一个无向图及其顶点组成的序列，请设计算法，判断这个给定的序列是否可以通过广度优先遍历得到。

（2）函数接口定义

bool IsBFS(MGraph graph, Vertex ver[ ]);

其中，邻接矩阵表示的图 MGraph 的结构定义由代码 7-1 给出，此外，代码 7-2 给出的 ExistEdge 函数也可以直接调用。IsBFS 函数判断数组 ver 中顺序存储的顶点编号（从 0 开始）是否可以通过广度优先遍历 graph 得到，如果是则返回 true，否则返回 false。

裁判定义的测试用主函数通过读入顶点数、边数，以及每条边的两个端点来建立一个无向图，随后读入若干组长度等于顶点数的整数序列，并调用 IsBFS 函数进行判断，最后根据判断结果输出"Yes"或"No"。

（3）测试用例（见表 7-4）

表 7-4　练习 7-3 测试用例

序号	输入	输出	说明
0	6 9 0 1 0 2 0 3 1 2 2 3 1 4 3 4 3 5 4 5 4 1 2 4 0 3 5 0 2 3 -1 4 5 2 0 1 3 5 4 0 1 2 3 4 4	Yes No No No	连通图；覆盖三种错误：顶点编号非法、遍历了不存在的边、顶点编号重复出现
1	7 6 0 1 0 2 0 3 2 1 3 2 4 5 3 6 2 1 0 3 5 4 1 2 3 4 5 6 7 4 5 6 3 2 0 1	Yes No Yes	非连通图，且有单顶点连通分量
2	1 0 2 1 0	No Yes	最小规模数据
3	略	略	最大规模随机数据

3. 实现要点

（1）算法分析与代码

本题只需要将广度优先遍历算法略加改写即可。首先将数组 ver 的第一个元素入队，然后从该元素开始进行广度优先遍历，同时用另一个指针同步遍历 ver 数组。遍历

时每出队一个元素 u,即循环检查 ver 中的下一个元素 v,如果 u 和 v 之间存在边,则将 v 入队,直到访问到一个不与 u 相邻的元素为止。当然,每个元素 v 在入队前都需要检查两件事:一是 v 是否为一个合法的顶点编号;二是 v 是否已经被访问过 —— 即 ver 中是否存在重复的顶点编号。跳出循环时,还需要检查一件事,即 u 的所有邻接顶点是否已经被访问过了。如果此时还有完全没接触到的邻接顶点,那么这个序列也是错误的。

要注意的是,一次广度优先遍历只能遍历一个连通分量。如果图有多个连通分量,那么在完成一次遍历后,ver 必然还没有访问完。我们需要从 ver 的下一个元素开始新一轮的广度优先遍历。

在实现时,需要一组队列作为辅助工具,可以采用代码 3-16 至代码 3-20 给出的链式队列的定义及其相关操作,在代码 7-27 中就不重复列出。

代码 7-27
判断广度优先遍历序列

(2)复杂度分析

本实验的算法时间复杂度与图的广度优先遍历是一致的。对于邻接矩阵表示的图来说,遍历的时间复杂度是 $O(n^2)$,即图的顶点数的平方。如果将图的表示法改为邻接表,这个复杂度会是 $O(n+m)$,即图的顶点数和边数中较大的量。

不过,虽然从复杂度的角度看本实验的算法和广度优先遍历是一样的,但实际上,为了检查每个顶点 u 的邻接顶点是否都已经被访问,需要一个额外的 $O(n)$ 复杂度的循环来检查。对于邻接表表示的图,这个检查的总次数与边的数量成正比。这相当于多出一倍的额外检查时间。如果要优化这一步的时间,可以牺牲一些额外的空间。例如多用一个数组存储每个顶点的度,并且在访问数组 ver 中 u 的邻接顶点时加一个计数器,然后比对计数器的值是否等于度数,这样就用额外存顶点度数的空间换取了额外的检查时间。

与练习 7-2 类似的是,在 IsBFS 函数中也用到了访问标识数组和一个队列,两者产生的额外空间复杂度都是 $O(n)$。注意:在函数返回前一定要释放空间。

7.3 进阶实验

实验 7-1 Hamilton 回路

1. 实验目的

熟练掌握图的存储与操作。

2. 实验要求

（1）题目描述

Hamilton(哈密顿，或称汉密尔顿)回路问题是要找一个能遍历图中所有顶点的简单回路，即对图中每个顶点只访问1次的回路。本题就要求判断任一给定的回路是否为Hamilton回路。

（2）输入输出说明

输入格式：输入的第一行给出两个正整数，即无向图中顶点数 n（$2<n \leqslant 200$）和边数 m。随后 m 行，每行给出一条边的两个端点，格式为"顶点1 顶点2"，其中顶点从1到 n 编号。再下一行给出一个正整数 k，是待检验的回路的条数。随后 k 行，每行给出一条待检验回路，格式为

$n_v\ v_1\ v_2 \cdots v_n$

其中，n_v 是回路中的顶点数，v_i 是路径上的顶点编号。

输出格式：对每条待检回路，如果是Hamilton回路，就在一行中输出"YES"，否则输出"NO"。

（3）测试用例（见表7-5）

表7-5 实验7-1测试用例

序号	输入	输出	说明
0	6 10	YES	
	6 2	NO	
	3 4	NO	
	1 5	NO	
	2 5	YES	
	3 1	NO	
	4 1		
	1 6		
	6 3		有非闭合，非简单回路，是简单回路但是少顶点
	1 2		
	4 5		
	6		
	7 5 1 4 3 6 2 5		
	6 5 1 4 3 6 2		
	9 6 2 1 6 3 4 5 2 6		
	4 1 2 5 1		
	7 6 1 3 4 5 2 6		
	7 6 1 2 5 4 3 1		
1	6 10	NO	有边不存在
	6 2	YES	

续表

序号	输入	输出	说明
1	3 4 1 5 2 5 3 1 4 1 1 6 6 3 1 2 4 5 4 7 1 2 3 4 5 6 1 7 5 1 4 3 6 2 5 7 3 4 5 1 6 2 3 7 5 2 6 1 4 3 5	NO NO	
2	6 10 6 2 3 4 1 5 2 5 3 1 4 1 1 6 6 3 1 2 4 5 2 7 1 2 5 1 4 3 1 7 5 1 4 3 6 2 5	NO YES	有顶点不在内
3	3 1 1 3 1 1 2	NO	最小数据
4	略	略	最大数据

3. 实现要点

一条路径是否为 Hamilton 回路，需要满足以下 4 个条件：

① 路径上的顶点数 n 应该正好等于顶点总数加一，否则不可能构成覆盖全部顶点的回路。

② 路径首尾顶点编号必须重合，否则不能返回起点。
③ 相邻两个顶点间都有边。
④ 每个顶点只能被访问一次。

前两个条件都很容易检查。第四个可以通过设置一个访问标记数组来统计访问次数，时间和额外的空间复杂度是 $O(n)$。最耗时的是第三个条件的判断，需要能很快地判断两个顶点之间是否存在边，因此邻接矩阵是个好的选择，可以仅用 $O(1)$ 时间完成。如果选用邻接表，须遍历顶点的邻接表，这个判断的时间复杂度是 $O(n)$。

实现时需要注意的是，可以在读入 k 时就判断第一个条件是否满足；但即使发现条件不满足，也不能马上进入下一条的检查，而必须把这一行剩下的输入读完，才能继续。

实验 7-2 列出连通集

1. 实验目的
① 熟练掌握图的存储与操作。
② 熟练掌握深度优先遍历和广度优先遍历操作。

2. 实验要求
（1）题目描述

给定一个有 n 个顶点和 m 条边的无向图，请用深度优先遍历算法和广度优先遍历算法分别列出其所有的连通集。假设顶点从 0 到 $n-1$ 编号。进行搜索时，假设总是从编号最小的顶点出发，按编号递增的顺序访问邻接顶点。

（2）输入输出说明

输入格式：输入的第一行给出两个整数 $n(0<n\leq 10)$ 和 m，分别是图的顶点数和边数。随后 m 行，每行给出一条边的两个端点。每行中的数字之间用 1 个空格分隔。

输出格式：按照"$\{v_1\ v_2\cdots v_k\}$"的格式，每行输出一个连通集。先输出深度优先遍历的结果，再输出广度优先遍历的结果。

（3）测试用例（见表 7-6）

表 7-6 实验 7-2 测试用例

序号	输入	输出	说明
0	8 6 0 7 0 1 2 0 4 1 2 4 3 5	{0 1 4 2 7} {3 5} {6} {0 1 2 7 4} {3 5} {6}	两种遍历顺序有不同，也有相同，有单个顶点

7.3 进阶实验

续表

序号	输入	输出	说明
1	10 12 9 6 6 1 4 6 1 4 3 1 8 6 8 2 3 7 4 7 2 5 2 3 4 3	{0} {1 4 6 8 2 5 3 7 9} {0} {1 4 6 3 7 8 9 2 5}	第一个是单独点,最大 n
2	1 0	{0} {0}	n 和 m 最小

3. 实现要点

首先必须清楚,无论是深度优先遍历还是广度优先遍历,从任一个顶点出发,完成一次遍历后访问到的顶点都是相同的,只是访问的顺序可能不同。每完成一次遍历,就把一个连通集内的顶点都走过了一遍。要列出所有的连通集,我们只需要用一个循环,对每个尚未被访问过的顶点做一趟遍历,即可列出一个连通集。

由于题目中数据的规模很小($n \leqslant 10$),所以邻接矩阵是首选的表示法;并且由于矩阵下标有序,还自然保证了"按编号递增的顺序访问"。如果采用邻接表,需要在插入边时用额外的时间去保证邻接顶点的编号是有序的。

注意:在每次遍历开始前要先输出"{",遍历中每次"访问"就是按"先空格、再输出"的格式输出,遍历结束后再输出空格、"}"和回车。

实验 7-3 诈骗电话检测 [①]

1. 实验目的

① 熟练掌握图的存储与操作;
② 熟练掌握深度优先遍历的应用。

---

① 题目引用自攀拓真题(2019 年春季)。

2. 实验要求

（1）题目描述

电信诈骗是社会"毒瘤"，本题请你编写程序实现一个较为简单的算法，从大量的通话记录中自动筛查出诈骗团伙嫌疑人。

一个通话者被判定有诈骗嫌疑，条件是其每天给不同的人拨出超过 k 个短通话，而这些人中回电话的却不超过20%。如果两个嫌疑人互相有通话，就判定他们属于同一个团伙。这里"短通话"的意思是通话时长不超过5分钟。

（2）输入输出说明

输入格式：输入的第一行给出三个正整数：k（≤ 500，诈骗判定的短通话数量阈值），n（$\leq 10^3$，不同的电话号码的数量），m（$\leq 10^5$，通话记录的条数）。随后 m 行给出当天的通话记录，每行格式为"呼出者 接收者 时长"。其中："呼出者"和"接收者"都是通话者的编号，从1到 n 编号；"时长"是通话的时间长度，以分钟为单位，一天内不超过1440分钟。

输出格式：每行按升序输出一个疑似诈骗团伙中所有成员的编号。如果有多个团伙，按照他们第一个人的编号的升序输出。同行数字间以一个空格分隔，行首尾不得有多余空格。

如果完全没有嫌疑人，则输出"None"。

（3）测试用例（见表7-7）

表7-7 实验7-3测试用例

序号	输入	输出	说明
0	5 15 31 1 4 2 1 5 2 1 5 4 1 7 5 1 8 3 1 9 1 1 6 5 1 15 2 1 15 5 3 2 2 3 5 15 3 13 1 3 12 1 3 14 1 3 10 2	3 5 6	一般情况测试，有多个团伙。 注意：1号虽然有9次通话，但只涉及7个不同人的短通话，其中与5号和15号的通话分别是6分钟和7分钟，都超过了5分钟。所以1号只给5个不同的人拨出了5个短通话，没超过阈值5次，所以1号不是嫌疑人

7.3 进阶实验

续表

序号	输入	输出	说明
0	3 11 5 5 2 1 5 3 10 5 1 1 5 7 2 5 6 1 5 13 4 5 15 1 11 10 5 12 14 1 6 1 1 6 9 2 6 10 5 6 11 2 6 12 1 6 13 1		
1	5 7 8 1 2 1 1 3 1 1 4 1 1 5 1 1 6 1 1 7 1 2 1 1 3 1 1	None	没有嫌疑人
2	4 12 12 1 2 5 1 3 5 1 4 5 1 5 5 1 6 5 1 7 5 7 1 5 8 1 5 7 9 5 7 10 5 7 11 5 7 12 5	1 7	超过 k、等于 5 分钟、等于 20% 回电三条件全检验；非回电的来电 (8 号打给 1 号) 不算
3	1 2 1 1 2 5	None	最小规模测试
4	略	略	最大规模随机数据

3. 实现要点

本题的关键任务有两个，即找出嫌疑人、列出团伙。

① 找出嫌疑人。将通话者看成有向图 G_1 中的顶点，通话记录就是一条从呼出者到接收者的有向边，边的权重是通话总时长。可以修改向图中插入边的函数 InsertEdge，将直接赋值权重修改为对权重进行累加。

完成建图后，即遍历图中每个顶点，对每个顶点遍历其出边，统计拨出的短通话次数；同时对每个拨出的短通话，检查对方是否有回拨，统计回拨的次数。这里需要特别注意的是，拨出的短通话次数可能不等于顶点的出度，回拨的次数也可能不等于该顶点的入度，不能通过简单统计出、入度来解决问题。

按图顶点编号的升序进行扫描检查，一旦发现嫌疑人，就将其编号记录到一个专门收集嫌疑人的数组。则当这一步完成时，该数组中存储的嫌疑人就是按编号升序排列好的。

② 列出团伙。当两个嫌疑人之间在 G_1 中有双向边时，属于同一个团伙。可以将所有嫌疑人看成另一个无向图 G_2 的顶点，有双向通话记录的两个顶点间在 G_2 中有边相连。根据嫌疑人之间在 G_1 中的关系，可以创建出 G_2。

列出团伙的过程，就是列出 G_2 的连通子集的过程。在实验 7-2 中已经讨论了如何用深度优先遍历和广度优先遍历列出连通子集，这里选择深度优先遍历更为方便。

实验 7-4 是否有回路

1. 实验目的

① 熟练掌握图的存储与操作。

② 熟练掌握深度优先遍历的应用。

2. 实验要求

（1）题目描述

如果有向图用邻接表表示，试设计算法判断图中是否存在回路。

（2）函数接口定义

bool IsAcyclic(LGraph graph);

其中，邻接表表示的图 LGraph 的结构定义由代码 7-7 给出。IsAcyclic 判断 *graph* 是否为无环图，如果是则返回 true，否则返回 false。

裁判定义的测试用主函数通过读入顶点数、边数以及每条边的两个端点来建立一个图，随后调用 IsAcyclic 函数进行判断，最后根据判断结果输出 "Yes" 或 "No"。

（3）测试用例（见表 7-8）

7.3 进阶实验

表 7-8 实验 7-4 测试用例

序号	输入	输出	说明
0	6 9 0 1 0 2 0 3 1 2 2 3 1 4 3 4 3 5 4 5	Yes	单个弱连通集，图中无回路
1	7 6 0 1 0 2 3 4 4 5 5 6 6 4	No	多个弱连通集，图中有回路
2	1 0	Yes	最小规模数据
3	略	略	最大规模随机数据

3. 实现要点

本题有多种解决方案，深度优先遍历算法和广度优先遍历算法都可以修改后用于判断回路。

算法一：深度优先遍历的简单版

对图中每个顶点 v，将其作为起始点调用算法 7-12 中的 DFSv 函数执行深度优先遍历。如果在执行过程中发现当前访问的顶点的邻接顶点中有 v，则说明图中存在回路，应该返回"No"。这个算法涉及大量重复的遍历，时间复杂度达到 $O(nm)$，即顶点数和边数的乘积。

算法二：深度优先遍历的优化版

为了避免重复遍历，可以记录每个顶点在遍历中的状态。但是注意：一种典型的错误做法是，简单地仅执行一遍深度优先遍历，只要遇到正在访问的顶点的邻接顶点中存在已经访问过的顶点，就判断有环。第 0 号测试数据正是用来卡住这个错误算法的——在这个图中，如果我们从 0 开始执行 DFSv，不妨假设执行顺序是 0、1、4、5，则当 5 和 4 因为没有更多邻接顶点而回退到 1 时，我们会从另一条路径 1、2、3 再次访问到 4。此时 4 已经被标记为已访问过的顶点，如果因此就判定图中有环，就是给出了错误的结论。

但是这个错误的算法帮助我们意识到，图中的顶点不是只有两种状态，除了"未被访问"这个状态外，还有"正在被访问中"和"已经彻底结束访问"这两种状态。在第 0 号测试数据中，当沿某条边到达一个顶点时，这个顶点是"正在被访问中"的状态；而当其所有邻接顶点都已经被访问过，要回退到上一层递归时，这个顶点是"已经彻底结束访问"的状态。只有当我们在对一个顶点的访问中遇到其邻接顶点也是处于"正在被访问中"的状态时，才说明有环。

理解了这一点后，实现是比较简单的，只要将算法 7-11 中的 DFS 函数改造成 IsAcyclic 函数，并将算法 7-12 中的 DFSv 改造成三状态处理：对"未被访问"的邻接顶点，递归执行 DFSv；对"正在被访问中"的邻接顶点，返回"No"，表示发现了回路，即该图不是无环图；对"已经彻底结束访问"的邻接顶点，跳过以避免重复访问。这个算法的时间复杂度就降到了与深度优先遍历一样的数量级。

算法三：广度优先遍历

算法思路即第 8 章中 8.4.1 小节介绍的"拓扑排序"算法，其时间复杂度和广度优先遍历是一致的。这个算法基于一个结论：如果有向图中不存在入度为 0 的顶点，则一定有环。读者可以在学习了算法 8-5 后，再利用其解决本题。

实验 7-5　社交网络图中顶点的"重要性"计算

1. 实验目的
① 熟练掌握图的存储与操作。
② 熟练掌握广度优先遍历的应用。

2. 实验要求
（1）题目描述

在社交网络中，个人或单位（顶点）之间通过某些关系（边）联系起来。他们受到这些关系的影响，这种影响可以理解为网络中相互连接的顶点之间蔓延的一种相互作用，可以增强也可以减弱。而顶点根据其所处的位置不同，其在网络中体现的重要性也不尽相同。

"紧密度中心性"是用来衡量一个顶点到达其他顶点的"快慢"的指标，即一个有较高中心性的顶点比有较低中心性的顶点能够更快地（平均意义下）到达网络中的其他顶点，因而在该网络的传播过程中有更重要的价值。在有 n 个顶点的网络中，顶点 v_i 的"紧密度中心性" $Cc(v_i)$ 在数学上定义为 v_i 到其余所有顶点 v_j $(j \neq i)$ 的最短距离 $d(v_i, v_j)$ 的平均值的倒数：

7.3 进阶实验

$$Cc(v_i)=\left[\frac{1}{N-1}\sum_{i\neq j}^{N}d(v_i,v_j)\right]^{-1}=\frac{N-1}{\sum_{i\neq j}^{N}d(v_i,v_j)} \qquad (公式7-1)$$

对于非连通图，所有顶点的紧密度中心性都是0。

给定一个无权的无向图及其中的一组顶点，计算这组顶点中每个顶点的紧密度中心性。

（2）输入输出说明

输入格式：输入的第一行给出两个正整数n和m，其中n（$\leq 10^3$）是图中顶点个数，顺便假设顶点从1~n编号；m（$\leq 10^4$）是边的条数。随后的m行中，每行给出一条边的信息，即该边连接的两个顶点编号，中间用空格分隔。最后一行给出需要计算紧密度中心性的这组顶点的个数k（≤ 100）以及k个顶点编号，用空格分隔。

输出格式：按照"Cc(i)=x.xx"的格式输出k个给定顶点的紧密度中心性，每个输出占一行，结果精确到小数点后2位。

（3）测试用例（见表7-9）

表 7-9 实验 7-5 测试用例

序号	输入	输出	说明
0	9 14 1 2 1 3 1 4 2 3 3 4 4 5 4 6 5 6 5 7 5 8 6 7 6 8 7 8 7 9 3 3 4 9	Cc(3)=0.47 Cc(4)=0.62 Cc(9)=0.35	一般情况测试
1	5 8 1 2 1 3 1 4	Cc(4)=0.80 Cc(3)=1.00	紧密度中心性取到最大值1：顶点3到其余顶点间的距离都是1，其紧密度中心性达到最大

续表

序号	输入	输出	说明
1	2 3 3 4 4 5 2 5 3 5 2 4 3		
2	6 8 1 2 1 3 1 4 2 3 3 4 4 5 2 5 3 5 2 4 3	Cc(4)=0.00 Cc(3)=0.00	非连通图，紧密度中心性都是0
3	略	略	边界测试：最大 n 和 m

3. 实现要点

某个顶点的"紧密度中心性"的计算，是基于该顶点到其余所有顶点的最短距离的计算。所以表面上看，我们应该调用求顶点间最短路径的经典算法（在主教材第8章中介绍），求出 v_i 到其他顶点的最短距离，再根据公式7-1进行计算。

但注意到，输入的图是一个有向**无权图**，而广度优先遍历图时，遍历顶点的顺序是"由近及远"一层一层展开的。如果我们从某个起点开始执行广度优先遍历，则这个遍历的"层数"刚好就是要计算的其他顶点与起点之间的最短距离。

在实现时需要注意的是，输入最多有 10^3 个顶点，但最多只有 10^4 条边，是一个非常稀疏的图，所以用邻接表存储是正确的选择。

标准的广度优先遍历算法需要用一个数组 *visited* 标记每个顶点是否已经被访问过；同时，我们还需要一个数组 *dist* 来记录每个顶点到起点的距离，即广度优先遍历到该顶点的层数。一次遍历后，如果图是连通的（即所有顶点都被访问过），就可以根据 *dist* 的值按照公式7-1进行计算了。

注意：如果在对第一个顶点执行广度优先遍历时发现图不连通，则程序可以立即开始输出全部顶点的紧密度中心性为0。如果第一个顶点计算完成后发现图是连通的，则在以后执行广度优先遍历后，应该都不需要重复判断图的连通性，而是直接开始按照公式7-1进行计算。要做到这一点，可以采用很多不同方法，例如在实现广度优先遍历函数时，传入一个特殊的标识参数，在函数内根据该参数判断图的连通性是否已知；或者也可以先用一个单独的函数专门判断图的连通性，只有当图连通时才执行广度优先遍历函数，否则直接输出全为0的结果。

第 8 章

图应用

主教材第 8 章介绍了几种常见的图的典型应用及其算法。具体如下：

① 图的最短路径问题主要有两种常用算法，即求单源最短路径的 Dijkstra 算法和求所有顶点之间最短路径的 Floyd 算法。

② 最小生成树是加权无向连通图的权值和最小的极小连通子图。寻找最小生成树有两个经典算法，即 Kruskal 算法和 Prim 算法。

③ 拓扑排序和关键路径算法是有向无环图相关的重要应用。

④ 二部图和网络流是图论中的两个经典问题。

本章将首先给出主教材中 8 个算法的具体实现，然后围绕图的基本操作，给出 4 道基础练习题和 6 道进阶实验题，以训练学生熟练掌握解决图论中上述经典问题的能力。本章实现的算法和习题涉及的知识内容见表 8-1。

表 8-1 第 8 章实验清单

类型	序号	标题	内容	知识点
算法	8-1	Dijkstra (*graph, s, path, dist*)	求单源最短路径的 Dijkstra 算法	单源最短路径算法
	8-2	BellmanFord (*graph, s, dist*)	求单源最短路径的 Bellman-Ford 算法	单源最短路径算法
	8-3	FloydWarshall (*graph, path, dist*)	求所有点对间最短路径的 Floyd-Warshall 算法	多源最短路径算法
	8-4	Prim (*graph*)	求最小生成树的 Prim 算法	最小生成树
	8-5	TopSort (*graph, top_s*)	拓扑排序	拓扑排序
	8-6	CriticalAnalysis (*graph*)	求图中关键活动	关键路径
	8-7	MaximumMatch (*bigraph, match*)	求解二部图最大匹配的匈牙利算法	二部图
	8-8	FindAugmentingPath (*bigraph, match, u, visited*)	找二部图匹配的增广路径	二部图
基础练习	8-1	旅游规划	求最便宜的最短路径	单源最短路径算法
	8-2	哈利·波特的考试	求使得最短距离中的最长距离最短的顶点	多源最短路径算法
	8-3	公路村村通	用最小的投入实现每个村都能够有公路通达	最小生成树
	8-4	任务调度的合理性	判定一个任务调度方案是否可行	拓扑排序
进阶实验	8-1	城市间紧急救援	使附加条件最优的最短路径的计算	单源最短路径算法
	8-2	最短路的交点	求有向加权图两对顶点最短路径的公共交点	单源最短路径算法
	8-3	打怪升级	求游戏升级的最优路径	多源最短路径算法
	8-4	最小生成树的唯一性	求最小生成树的权重和，并判断其唯一性	最小生成树
	*8-5	拆积木	从矩形顶部开始，是否可以无障碍拆完所有积木	拓扑排序
	*8-6	爱之匹配	求幸福指数之和最大的男女配对关系	二部图

8.1 算法实现

算法 8-1：求单源最短路径的 Dijkstra 算法 Dijkstra (*graph*, *s*, *path*, *dist*)

代码 8-1 中给出了求单源最短路径的 Dijkstra 算法，其中图 *graph* 是用邻接矩阵表示的，其结构定义和相关操作已经在第 7 章的代码 7-1 至 7-6 中给出，不再赘述。

主函数 main 首先读入数据建立一个带权的有向图，随后声明存储路径和距离的数组 *path* 和 *dist*，通过调用 Dijkstra (*graph*, 0, *path*, *dist*) 求得从顶点 0 到其他所有顶点的最短路径，最后输出这两个数组的元素值。

代码 8-1　求单源最短路径的 Dijkstra 算法

```c
/* 算法8-1：求单源最短路径的Dijkstra算法Dijkstra(graph, s, path, dist) */
void Dijkstra (MGraph graph, Vertex s,
               Vertex path[], GElemSet dist[])
{
    int n, i;
    Vertex v, u, w;
    bool *collected;
    GElemSet min_dist;

    n = graph->n_verts;
    collected = (bool *)malloc(sizeof(bool) * n);
    for (v=0; v<n; v++) { /* 顶点信息初始化 */
        collected[v] = false;
        /* 用源点s到其余各顶点的距离初始化dist */
        dist[v] = graph->edge_matrix[s][v];
        if (graph->edge_matrix[s][v] != graph->no_edge_value) {
            path[v] = s;
        }
        else {
            path[v] = NIL; /* 源点s与v没有边，则path[v]初始化为空 */
        }
    }
    dist[s] = 0;
```

```c
        collected[s] = true;  /* 首先将s收入集合S */
    /* 开始主循环，每次求得源点s到某个u顶点的最短路径，并加u到S集合 */
    for (i=0; i<n; i++) {
        min_dist = kMaxNum;
        for (v=0; v<n; v++) {
            if (collected[v]==false) {  /* v顶点在V-S集合中 */
                if (dist[v] < min_dist) {
                    u = v;
                    min_dist = dist[v];
                }
            }
        }  /* 找到离源点s最近的顶点u */
        collected[u] = true;    /* 已经求得从s到u的最短路径 */
        for (w=0; w<n; w++) {  /* 更新u的邻接点当前最短路径距离 */
            if (collected[w]==false &&
                (dist[u]+graph->edge_matrix[u][w]<dist[w])) {
                dist[w] = dist[u]+graph->edge_matrix[u][w];
                /* 从s到w是在路径u的基础上直接到达的*/
                /* path[s到w] = path[s到u]+[w] */
                path[w] = u;
            }
        }
    }
}
/* 算法8-1 结束 */
int main(void)
{
    MGraph graph;
    Vertex v;
    Vertex *path;
    GElemSet *dist;

    graph = BuildGraph();
    path = (Vertex *)malloc(sizeof(Vertex) * graph->n_verts);
    dist = (GElemSet *)malloc(sizeof(GElemSet) * graph->n_verts);
    Dijkstra (graph, 0, path, dist);
    for (v=0; v<graph->n_verts; v++) {
        printf("v[%d]: dist=%d, path=%d\n", v, dist[v], path[v]);
    }
    return 0;
}
```

算法 8-2：求单源最短路径的 Bellman-Ford 算法 BellmanFord (*graph*, *s*, *dist*)

算法 8-2 中给出的 Bellman-Ford 算法没有记录最短路径 *path*，所以在用于测试的主函数中只输出最后得到的 *dist* 数组的值。我们仍然采用邻接矩阵表示图，所以定义与测试方法与代码 8-1 一致，不再重复列出。代码 8-2 仅给出算法的核心实现。

代码 8-2　求单源最短路径的 Bellman-Ford 算法

```
/* 算法8-2：求单源最短路径的Bellman-Ford算法
                                   BellmanFord (graph, s, dist) */
bool BellmanFord(MGraph graph, Vertex s, GElemSet dist[])
{
    int n, i;
    Vertex v, u;

    n = graph->n_verts;
    for (v=0; v<n; v++) { /* 顶点信息初始化 */
        dist[v] = kMaxNum;; /* 初始化源顶点到各个顶点距离为无穷大 */
    }
    dist[s] = 0; /* 从源顶点开始 */
    for (i=1; i<n; i++) {
        for (u=0; u<n; u++) {
            for (v=0; v<n; v++) {
                if (graph->edge_matrix[u][v] !=
                    graph->no_edge_value){
                    if (dist[v]>dist[u]+graph->edge_matrix[u][v]) {
                        /* 对边松弛操作,更新到v的距离 */
                        dist[v] = dist[u]+graph->edge_matrix[u][v];
                    }
                }
            }
        }
    }
    for (u=0; u<n; u++) {
        for (v=0; v<n; v++) {
            if (graph->edge_matrix[u][v]!=graph->no_edge_value) {
                if (dist[v] > dist[u]+graph->edge_matrix[u][v]) {
                    return false;
                }
            }
        }
    }
    return true;
```

}
/* 算法8-2 结束 */

算法 8-3：求所有点对间最短路径的 Floyd–Warshall 算法 Floyd Warshall (*graph*, *path*, *dist*)

算法8-3中仍然采用邻接矩阵表示图，相关定义基本上与前面两个算法一致，除了一个重要的点：原地不动距离为0，即需要在InitGraph这个初始化函数中增加一行语句，在将邻接矩阵所有元素值初始化为 *graph->no_edge_value* 时，还要特别设置 *graph->edge_matrix[u][u]* = 0。

此外，函数接口中要求传入的 *path* 和 *dist* 是二维数组，在C语言中，要求知道二维数组每行的长度，即图中最多顶点数 *kMaxV* 应被定义为常数。

测试用主函数将 *path* 和 *dist* 声明为固定规模的二维数组，根据输入建立图，调用FloydWarshall(*graph*, *path*, *dist*)，最后将 *path* 和 *dist* 的元素值输出。代码8-3仅给出算法的核心代码和主函数。

代码8-3 求所有点对间最短路径的Floyd–Warshall算法

```
/* 算法8-3：求所有点对间最短路径的Floyd-Warshall算法
                         FloydWarshall (graph, path, dist) */
void FloydWarshall(MGraph graph,
             Vertex path[][kMaxV], GElemSet dist[][kMaxV])
{
    int n;
    Vertex i, j, k;

    n = graph->n_verts;
    for (i=0; i<n; i++) {  /* 初始化各对顶点之间的已知路径和距离 */
        for (j=0; j<n; j++) {
            dist[i][j] = graph->edge_matrix[i][j];
            path[i][j] = NIL;
        }
    }
    for (k=0; k<n; k++) {
        for (i=0; i<n; i++) {
            for (j=0; j<n; j++) {
                /* 如果从vi经过vk到vj的一条路径更短 */
                if (dist[i][k]+dist[k][j] < dist[i][j]) {
                    dist[i][j] = dist[i][k]+dist[k][j];
                    path[i][j] = k;
                }
            }
        }
```

            }
        }
}
/* 算法8-3 结束 */
int main(void)
{
    MGraph graph;
    Vertex u, v;
    GElemSet dist[kMaxV][kMaxV];
    Vertex path[kMaxV][kMaxV];

    graph = BuildGraph();
    FloydWarshall(graph, path, dist);
    printf("dist:\n");
    for (u=0; u<graph->n_verts; u++) {
        for (v=0; v<graph->n_verts; v++) {
            printf("%d ", dist[u][v]);
        }
        printf("\n");
    }
    printf("path:\n");
    for (u=0; u<graph->n_verts; u++) {
        for (v=0; v<graph->n_verts; v++) {
            printf("%d ", path[u][v]);
        }
        printf("\n");
    }
    return 0;
}
```

## 算法 8-4：求最小生成树的 Prim 算法 Prim(*graph*)

算法8-4中仍然采用邻接矩阵表示图，定义与算法8-3一致。在主教材中，最小生成树采用父指针数组表示，并且是全局变量，所以在代码8-4中定义为全局定长数组，其长度是图中顶点的最大数量，为常数 *kMaxV*。此外，Prim 函数在没有最小生成树时也必须返回一个值，我们将这个表示错误信息的值定义为 –1，以区别于正常的权重。

测试用主函数根据输入建立一个无向图，输出 Prim(*graph*) 的返回值，并输出 *parent* 数组的值。代码8-4仅给出算法的核心代码和主函数。

**代码8-4　求最小生成树的Prim算法**

```
#define ErrorCode -1
Vertex parent[kMaxV];
```
```

```c
/* 算法8-4：求最小生成树的Prim算法 Prim(graph) */
GElemSet Prim(MGraph graph)
{
    int n, dist[kMaxV], min_dist, count_v;
    Vertex u, v;
    GElemSet total_weight;

    n = graph->n_verts;

    dist[0] = 0; /* dist[v]记录v到U的距离；首先默认根结点在集合U里 */
    for (v=0; v<n; v++) {
        parent[v] = 0; /* 初始化所有顶点的父结点都是根结点0 */
        /* 当前其他顶点v到U的距离就是(0,v)边长 */
        dist[v] = graph->edge_matrix[0][v];
    }
    parent[0] = NIL; /* 默认0是最小生成树的根结点，没有父结点 */
    total_weight = 0; /* 累计最小生成树的权重和 */
    count_v = 1; /* 累计当前收入最小生成树的顶点数 */
    while (true) {
        min_dist = graph->no_edge_value;
        for (v=1; v<n; v++) { /* 找连通U和V-U的最短边 */
            /* 若v不在U内，且距离U更近 */
            if (dist[v]>0 && dist[v]<min_dist) {
                min_dist = dist[v];
                u = v;
            }
        }
        /* 如果找到最小边对应的u */
        if (min_dist < graph->no_edge_value) {
            total_weight += dist[u];
            dist[u] = 0; /* 将u收入U */
            count_v++;
            for (v=1; v<n; v++) { /* 更新u的邻接点v到U的距离 */
                if (dist[v]>0 &&
                  graph->edge_matrix[u][v]!=graph->no_edge_value){
                    /* 若收入u使得v到U的距离变小 */
                    if (graph->edge_matrix[u][v]<dist[v]) {
                        dist[v] = graph->edge_matrix[u][v];
                        parent[v] = u; /* 更新树 */
                    }
                }
            }
        }
        else { /* 如果找不到V-U中的最小边了 */
            break; /* 结束循环 */
```

```
        }
    }
    if (count_v < n) {
        total_weight = ErrorCode;  /* 最小生成树不存在 */
    }
    return total_weight;
}
/* 算法8-4 结束 */
int main(void)
{
    MGraph graph;
    Vertex u;

    graph = BuildGraph();
    printf("total weight = %d\n", Prim(graph));
    for (u=0; u<graph->n_verts; u++) {
        printf("%d ", parent[u]);
    }
    printf("\n");
    return 0;
}
```

算法 8-5：拓扑排序 TopSort(*graph*, *top_s*)

代码 8-5 中给出的拓扑排序算法，是基于邻接表表示的图，其结构定义和相关操作已经在第 7 章的代码 7-7 至 7-10 中给出；此外还用到一个辅助的队列，在第 3 章的代码 3-16 至 3-20 中给出，此处均不再赘述。

在核心函数 TopSort 中，首先需要获得 *graph* 中每个顶点的入度，这里实现了一个辅助函数 GetInDegree 完成这个任务。该函数遍历图中每个顶点的邻接表，将表中的每个邻接点的入度增 1。

主函数 main 首先读入数据建立一个有向无权图，随后声明存储拓扑序列的数组 *top_s*，通过调用 TopSort(*graph*, *top_s*) 求得所有顶点的拓扑序列，输出调用后的返回值，最后按拓扑序列输出顶点。代码 8-5 给出算法的核心代码、辅助函数 GetInDegree 和测试用主函数。

代码8-5　拓扑排序

```
void GetInDegree(LGraph graph, Vertex in_degree[])
{ /* 获得graph中每个顶点的入度，存入数组in_degree */
    Vertex v;
    Position p;

    for (v=0; v<graph->n_verts; v++) {
```

```c
            in_degree[v] = 0;
    }
    for (v=0; v<graph->n_verts; v++) {
        p = graph->ver_list[v]->adj;
        while (p != NULL) { /* 邻接点入度增1 */
            in_degree[p->dest]++;
            p = p->next;
        }
    }
}
/* 算法8-5: 拓扑排序 TopSort(graph, top_s) */
bool TopSort(LGraph graph, Vertex top_s[])
{
    int n, *in_degree, count_v;
    Queue queue;
    Vertex u, v;
    Position p;
    bool ret;

    n = graph->n_verts;
    count_v = 0; /* 记录已经输出的顶点数 */
    queue = (Queue)malloc(sizeof(struct QueueHeadNode));
    InitQueue(queue); /* 使用队列记录加入拓扑排序的顶点 */
    in_degree = (int *)malloc(sizeof(int) * n);
    /* 获得graph中每个顶点的入度,存入数组in_degree */
    GetInDegree(graph, in_degree);
    for (v=0; v<n; v++) {
        if (in_degree[v]==0) {
            EnQueue(queue, v);
        }
    }
    while (IsEmpty(queue)==false) {
        u = GetFront(queue);
        DeQueue(queue);
        top_s[count_v] = u;
        count_v++;
        p = graph->ver_list[u]->adj;
        while (p != NULL) {
            v = p->dest; /* 对于u的每条发出的边<u,v> */
            in_degree[v]--; /* 删除<u,v>,故v的入度减1 */
            if (in_degree[v]==0) {
                EnQueue(queue, v);
            }
```

```
            p = p->next;
        }
    }
    if (count_v == n) {
        ret = true;
    }
    else {
        ret = false;
    }
    DestroyQueue(queue);

    return ret;
}
/* 算法8-5 结束 */
int main(void)
{
    LGraph graph;
    int i;
    Vertex *top_s;

    graph = BuildGraph();
    top_s = (Vertex *)malloc(sizeof(Vertex) * graph->n_verts);
    memset(top_s, 0, sizeof(Vertex) * graph->n_verts);
    printf("该图拓扑序存在性为 %d\n", TopSort(graph, top_s));
    for (i=0; i<graph->n_verts; i++) {
        printf("%s ", graph->ver_list[top_s[i]]->data);
    }
    return 0;
}
```

算法 8-6：求图中关键活动 CriticalAnalysis (*graph*)

代码8-6中用到的邻接表表示的图和辅助队列，以及拓扑排序的代码都与算法8-5一样，不再赘述。主函数通过输入数据创建一个带权的有向图，调用核心函数CriticalAnalysis输出关键活动，最后输出这个函数的返回值。代码8-6仅列出核心函数和主函数。

代码8-6　求图中关键活动

```
/* 算法8-6: 求图中关键活动 CriticalAnalysis (graph) */
bool CriticalAnalysis(LGraph graph)
{
    int n, i;
```

```c
    Vertex u, v, *top_s;
    GElemSet weight, *earliest, *latest, completion_time;
    Position p;
    bool ret;

    n = graph->n_verts;
    top_s = (Vertex *)malloc(sizeof(Vertex) * n);
    earliest = (GElemSet *)malloc(sizeof(GElemSet) * n);
    latest = (GElemSet *)malloc(sizeof(GElemSet) * n);
    ret = TopSort(graph, top_s);
    if (ret == true) {
        for (v=0; v<n; v++) { /* 给每个事件的最早发生时间置初值为 0 */
            earliest[v] = 0;
        }
        for (i=0; i<n; i++) { /* 按拓扑序列求每个事件的最早发生时间 */
            u = top_s[i]; /* 取得拓扑序列中的顶点序号 */
            p = graph->ver_list[u]->adj;
            while (p != NULL) {
                v = p->dest; /* 对于u的每条发出的边 <u,v> */
                weight = p->weight; /* 获得 <u,v>边的权重 */
                if (earliest[v] < earliest[u]+weight) {
                    earliest[v] = earliest[u] + weight;
                }
                p = p->next;
            }
        }
        completion_time = 0;
        for (v=0; v<n; v++) { /* 所有事件的最早完成时间是earliest的最大值 */
            if (completion_time < earliest[v]) {
                completion_time = earliest[v];
            }
        }
        for (v=0; v<n; v++) { /* 给每个事件的最迟发生时间置初值为所有事件
            的最早完成时间 */
            latest[v] = completion_time;
        }
        for (i=n-1; i>=0; i--) {
            /* 按拓扑逆序求每个事件的最迟发生时间 */
            u = top_s[i]; /* 取得拓扑序列中的顶点序号 */
            p = graph->ver_list[u]->adj;
            while (p != NULL) {
                v = p->dest; /* 对于u的每条发出的边 <u,v> */
                weight = p->weight; /* 获得 <u,v>边的权重 */
                if (latest[u] > latest[v]-weight) {
```

```
                    latest[u] = latest[v] - weight;
                }
                p = p->next;
            }
        }
        for (u=0; u<n; u++) {
            p = graph->ver_list[u]->adj;
            while (p != NULL) {
                v = p->dest; /* 对于u的每条发出的边 <u,v> */
                weight = p->weight; /* 获得<u,v>边的权重 */
                if (earliest[u] == latest[v]-weight) {
                    /* 边 <u,v>对应一项关键活动 */
                    printf("<%d, %d>\n", u, v);
                }
                p = p->next;
            }
        }
    }
    return ret;
}
/* 算法8-6 结束 */
int main(void)
{
    LGraph graph;

    graph = BuildGraph();
    printf("关键路径分析结果为 %d\n", CriticalAnalysis(graph));
    return 0;
}
```

算法 8-7：求解二部图最大匹配的匈牙利算法 MaximumMatch (*bigraph*, *match*)

代码 8-7 中给出了二部图的邻接矩阵表示。BiGraph 是指向结构体 BiGraphNode 的指针，结构体中包含 U 点集顶点数 *n_u_verts* 和 V 点集顶点数 *n_v_verts*，其他与普通的图一样，有边数 *m_edges* 和邻接矩阵 *edge_matrix*。对应的初始化函数 InitGraph 需要知道 U 和 V 两个点集的规模。向图中插入有向边的函数 InsertEdge 做了简化，因为默认二部图是有向无权图，所以邻接矩阵元素是布尔型的，只表示边的存在与否。

核心代码中用到一个关键函数 FindAugmentingPath，这个函数由算法 8-8 给出，将在下节实现。

用于测试的主函数main仍然通过BuildGraph读入数据建立一个二部图，为匹配结果数组声明空间，调用核心函数并输出其返回值。

代码8-7给出除函数FindAugmentingPath外的所有代码。注意：读者要完整运行测试程序，需要将代码8-8拼接在代码8-7之后。

代码8-7　求解二部图最大匹配的匈牙利算法

```c
#include <stdio.h>
#include <stdlib.h>

typedef enum { false, true } bool;

typedef int Vertex;      /* 顶点编号类型 */
typedef struct BiGraphNode *BiGraph; /* 邻接矩阵表示的图 */
struct BiGraphNode {
    int n_u_verts; /* U点集顶点数 */
    int n_v_verts; /* V点集顶点数 */
    int m_edges; /* 边数 */
    bool **edge_matrix;/* 邻接矩阵 */
};
#define NIL -1 /* 顶点不存在时的返回值 */

void InitGraph(BiGraph bigraph, int u_size, int v_size);
void InsertEdge(BiGraph graph, Vertex u, Vertex v);
BiGraph BuildGraph();

bool FindAugmentingPath(BiGraph bigraph, Vertex match[],
                        Vertex u, bool visited[]);
/* 算法8-7：求解二部图最大匹配的匈牙利算法
                             MaximumMatch(bigraph, match) */
int MaximumMatch(BiGraph bigraph, Vertex match[])
{
    int n, n_match;
    bool *visited;
    Vertex u, v;

    n = bigraph->n_v_verts; /* 点集V的顶点数 */
    visited = (bool *)malloc(sizeof(bool) * n);
    n_match = 0;
    for (v=0; v<n; v++) {
        match[v] = NIL; /* 初始化，NIL表示未匹配 */
    }
    for (u=0; u<bigraph->n_u_verts; u++) { /* 对U集合中的每个顶点 */
        for (v=0; v<n; v++) {
            visited[v] = false; /* 初始化 */
        }
        if (FindAugmentingPath(bigraph,match,u,visited)==true) {
```

8.1 算法实现

```
                n_match++;  /* 从U顶点出发能找到增广路径,则匹配数加1 */
            }
        }
        return n_match;
    }
    /* 算法8-7 结束 */
    int main(void)
    {
        BiGraph bigraph;
        Vertex *match;

        bigraph = BuildGraph();
        match = (Vertex *)malloc(sizeof(Vertex) * bigraph->n_u_verts);
        printf("最大匹配值 = %d\n", MaximumMatch(bigraph, match));

        return 0;
    }
    void InitGraph(BiGraph bigraph, int u_size, int v_size)
    {  /* 初始化一个空的图 */
        bool *array;
        int i;
        Vertex u, v;
        bigraph->n_u_verts = u_size;
        bigraph->n_v_verts = v_size;
        bigraph->m_edges = 0;
        /* 声明二维数组graph->edge_matrix[U][V] */
        array = (bool *)malloc(sizeof(bool) *
                        bigraph->n_u_verts * bigraph->n_v_verts);
        bigraph->edge_matrix = (bool **)malloc(sizeof(bool *) *
                                            bigraph->n_u_verts);
        for (i=0; i<bigraph->n_u_verts; i++) {
            bigraph->edge_matrix[i] = &array[i*bigraph->n_v_verts];
        }
        for (u=0; u<bigraph->n_u_verts; u++) {
            for (v=0; v<bigraph->n_v_verts; v++) {
                bigraph->edge_matrix[u][v] = false;
            }
        }
    }
    void InsertEdge(BiGraph graph, Vertex u, Vertex v)
    {  /* 向图中插入有向边 <u,v> */
        graph->edge_matrix[u][v] = true;
        graph->m_edges++;
    }
```

```c
BiGraph BuildGraph()
{
    BiGraph bigraph;
    int nu, nv, m, i;
    Vertex u, v;

    scanf("%d %d %d\n", &nu, &nv, &m);
    bigraph = (BiGraph)malloc(sizeof(struct BiGraphNode));
    InitGraph(bigraph, nu, nv);
    for (i=0; i<m; i++) {
        scanf("%d %d", &u, &v);
        InsertEdge(bigraph, u, v);
    }
    return bigraph;
}
```

算法 8-8：找二部图匹配的增广路径 FindAugmentingPath(*bigraph*, *match*, *u*, *visited*)

代码 8-8 给出算法 8-8 的具体实现。此段代码应与代码 8-7 拼在一起运行。

代码 8-8　找二部图匹配的增广路径

```c
/* 算法8-8：找二部图匹配的增广路径
              FindAugmentingPath(bigraph, match, u, visited) */
bool FindAugmentingPath(BiGraph bigraph, Vertex match[],
                        Vertex u, bool visited[])
{
    bool ret;
    Vertex v;

    ret = false;
    for (v=0; v<bigraph->n_v_verts; v++) { /* u的每个邻接点v */
        if (bigraph->edge_matrix[u][v]==true&&visited[v]==false){
            visited[v] = true;
            if (match[v]==NIL ||
                FindAugmentingPath(bigraph,match,match[v],visited)
                == true) {
                    match[v] = u; /* u与v匹配 */
                    ret = true;
                    break;
            }
        }
    }
    return ret;
```

```
}
/* 算法8-8 结束 */
```

8.2 基础练习

练习8-1 旅游规划

1. 实验目的

熟练掌握Dijkstra单源最短路径算法的应用。

2. 实验要求

（1）题目描述

根据一张自驾旅游路线图，可以知道城市间的高速公路长度以及该公路要收取的过路费。现在需要编写一个程序，帮助前来咨询的游客找一条出发地和目的地之间的最短路径。如果有若干条路径都是最短的，那么需要输出最便宜的一条路径。

（2）输入输出说明

输入格式：输入的第一行给出4个正整数 n、m、s、d，其中 n（$2 \leq n \leq 500$）是城市的个数，顺便假设城市的编号为 $0 \sim (n-1)$；m 是高速公路的条数；s 是出发地的城市编号；d 是目的地的城市编号。随后 m 行，每行给出一条高速公路的信息，分别是：城市1、城市2、高速公路长度、收费额，中间以空格分隔，数字均为整数且不超过500。输入保证解的存在。

输出格式：在一行中输出路径的长度和收费总额，数字间以空格分隔，输出结尾不能有多余空格。

（3）测试用例（见表8-2）

表8-2 练习8-1 测试用例

序号	输入	输出	说明
0	4 5 0 3 0 1 1 20 1 3 2 30 0 3 4 10 0 2 2 20 2 3 1 20	3 40	一般情况测试：最便宜的路径不是最短路径；输出两条最短路径中最便宜的
1	2 1 0 1 1 0 2 3	2 3	边界测试：最小 n 和 m

续表

序号	输入	输出	说明
2	500 501 250 0 由长度和收费均为 1 的 500 条公路组成简单环路，有 1 条长度为 250、收费 249 的公路连通 0 和 250	250 249	边界测试：最大 n，有多条等长等价的道路
3	500 124750 0 499 随机数据构成完全图	略	边界测试：最大 n 和 m

3. 实现要点

（1）算法分析与代码

我们把公路看成图中的边，把城市看成顶点。由于输入有可能是完全图，所以用邻接矩阵表示比较方便。与常规图不同的是每条边有两种权重，所以原来存边的 *edge_matrix* 需要分成两个矩阵，分别存边的距离 *dist_matrix* 和费用 *cost_matrix*。为了简化函数接口，我们将起点 s 和终点 d 也都存储在图结构体中。

题目首先要求找到长度最短的路径，所以我们应采用解决单源最短路径问题的 Dijkstra 算法并加以改进。原始算法中的关键步骤，是判断当新加入的某顶点使得当前最短距离变得更小时，我们要更新最短路径，否则路径不变。而本题还要求考虑路径的费用权重，即使新加入的某顶点没有使最短距离变得更短，但如果它能产生相同的最短距离，并且费用更小，我们还是要更新最短路径。只有当经过新顶点的路径比当前最短路径长，或者虽然长度相等但是费用没有减少时，才不更新路径。

代码 8-9
旅游规划

在调用 Dijkstra 函数时，还需要增加一个数组记录当前路径的费用，当最短路径需要更新时，不仅要更新 *dist*，还需要更新 *cost*。又因为本题不要求输出路径，所以 *path* 不必要存储。代码 8-9 给出了完整的实现。

（2）复杂度分析

本题采用的算法只是在 Dijkstra 算法的基础上增加了一个费用因素的考虑，而费用引起的额外空间和时间都不超过原始问题的时空复杂度，所以算法的总体复杂度与 Dijkstra 算法是一样的。

练习 8-2　哈利·波特的考试

1. 实验目的

① 熟练掌握图的存储与操作。

② 熟练掌握 Floyd-Warshall 算法以及推广应用。

2. 实验要求

（1）题目描述

哈利·波特要考试了，他需要你的帮助。这门课学的是如何用魔咒将一种动物变成另一种动物。例如将猫变成老鼠的魔咒是haha，将老鼠变成鱼的魔咒是hehe等。反方向变化的魔咒就是简单地将原来的魔咒倒过来念，例如ahah可以将老鼠变成猫。另外，如果想把猫变成鱼，可以通过念一个直接魔咒lalala，也可以将猫变老鼠、老鼠变鱼的魔咒连起来念：hahahehe。

现在哈利·波特的手里有一本教材，里面列出了所有的变形魔咒和能变的动物。老师允许他自己带一只动物去考场，要考查他把这只动物变成任意一种指定动物的本事。于是他来问你：带什么动物去可以让最难变的那种动物（即该动物变为哈利·波特自己带去的动物所需要的魔咒最长）需要的魔咒最短？例如：如果只有猫、鼠、鱼，则显然哈利·波特应该带鼠去，因为鼠变成另外两种动物都只需要念4个字符；而如果带猫去，则至少需要念6个字符才能把猫变成鱼；同理，带鱼去也不是最好的选择。

（2）输入输出说明

输入格式：输入的第一行给出两个正整数$n(\leq 100)$和m，其中n是考试涉及的动物总数，m是用于直接变形的魔咒条数。为简单起见，我们将动物按$1 \sim n$编号。随后m行，每行给出了三个正整数，分别是两种动物的编号，以及它们之间变形需要的魔咒的长度(≤ 100)，数字之间用空格分隔。

输出格式：输出哈利·波特应该带去考场的动物的编号，以及最长的变形魔咒的长度，中间以空格分隔。如果只带一只动物是不可能完成所有变形要求的，则输出0；如果有若干只动物都可以备选，则输出编号最小的那只。

（3）测试用例（见表8-3）

表8-3 练习8-2测试用例

序号	输入	输出	说明
0	6 11 3 4 70 1 2 1 5 4 50 2 6 50 5 6 60 1 3 70 4 6 60 3 6 80 5 1 100 2 4 60 5 2 80	4 70	一般情况测试

续表

序号	输入	输出	说明
1	5 4 5 4 2 1 2 4 2 3 4 1 3 6	0	不可能的情况
2	100 100 100 个顶点组成环，每条边的长度都是 1	1 50	边界测试：最大 n，解不唯一，输出最小编号
3	100 4950 随机完全图	略	边界测试：最大 n，最大 m

3. 实现要点

（1）算法分析与代码

该问题的模型是一个图，动物就是图中的顶点，顶点之间有边表示有魔咒可以直接互变对应的两种动物，边上权值表示魔咒的字符长度。

该图如果是连通的，只需带一种动物就可以变成其他任何动物。每种动物 a_i ($1 \leq i \leq n$)要变成其他任何一种动物 a_j ($1 \leq j \leq n$)都可以找到一种魔咒组合，使其总字符长度最短，这个长度就是图中这两个顶点间的最短路径长度，记为 $dist_{ij}$。则从动物 a_i 出发，最难变的动物所需的魔咒长度就是 $max\_dist_i = \max\limits_{1 \leq j \leq n} dist_{ij}$。我们要选择的动物就是使 max_dist_i 最小的那个 a_i，即要从 $1 \leq i \leq n$ 中选择 $i*$，使得 $max\_dist_{i*} = \min\limits_{1 \leq i \leq n} max\_dist_i = \min\limits_{1 \leq i \leq n} \max\limits_{1 \leq j \leq n} dist_{ij}$。因此，问题的本质是求任意两个顶点间的最短路径长度 $dist_{ij}$，可以通过调用 n 次 Dijkstra 算法或者直接使用 Floyd-Warshall 算法求得。又因为输入可能是完全图，所以用 Floyd-Warshall 算法效果更好。

最后，只有当图不连通时，才会出现只带一种动物不可能完成所有变形要求的情况。这种情况需要特判。

代码 8-10 仅给出了核心部分的实现。关于图的结构定义以及 Floyd-Warshall 算法实现已经在代码 8-3 中给出，不再重复。只是本题不要求输出路径，所以 path 可以省略。

代码 8-10
哈利·波特的考试

（2）复杂度分析

算法的主要时间都花在 Floyd-Warshall 算法求最短距离上，这部分的时间复杂度是 $O(n^3)$。之后用两重循环求最大距离的最小值，时间复杂度是 $O(n^2)$。

除了存储图的邻接矩阵耗费的 $O(n^2)$ 空间外，额外空间是由 Floyd-Warshall 算法引起的，需要复杂度为 $O(n^2)$ 的一个二维数组存储所有顶点之间的最短距离。

练习 8-3 公路村村通

1. 实验目的
熟练掌握计算最小生成树的 Kruskal 算法的应用。

2. 实验要求
（1）题目描述

现有村落间道路的统计数据表中，列出了有可能建成标准公路的若干条道路的成本，求使每个村落都有公路连通所需要的最低成本。

（2）输入输出说明

输入格式：输入的第一行数据包括城镇数目正整数 n（≤ 1000）和候选道路数目 m（$\leq 3n$）。随后 m 行对应 m 条道路，每行给出三个正整数，分别是该条道路直接连通的两个城镇的编号以及该道路改建的预算成本。为简单起见，城镇从 1~n 编号。

输出格式：输出使每个村落都有公路连通所需要的最低成本。如果输入数据不足以保证畅通，则输出 -1，表示需要建设更多公路。

（3）测试用例（见表 8-4）

表 8-4 练习 8-3 测试用例

序号	输入	输出	说明
0	6 15 1 2 5 1 3 3 1 4 7 1 5 4 1 6 2 2 3 4 2 4 6 2 5 2 2 6 6 3 4 6 3 5 1 3 6 1 4 5 10 4 6 8 5 6 3	12	一般情况测试
1	3 1 2 3 2	-1	$m<n-1$，不可能有生成树

续表

序号	输入	输出	说明
2	5 4 1 2 1 2 3 2 3 1 3 4 5 4	-1	m 达到 $n-1$，但是图不连通
3	1000 3000 大规模数据构成连通图	略	边界测试：最大 n 和 m，连通
4	1000 3000 大规模数据构成不连通图	-1	边界测试：最大 n 和 m，不连通

3. 实现要点

（1）算法分析与代码

我们把公路建设成本看成图中对应边的权重。要保证图中 n 个结点的连通，至少需要构建 $n-1$ 条边，使得结点连接成一棵树；而要求成本最低，就意味着 $n-1$ 条边的总权重最小。这个问题就等价于求给定带权图的最小生成树问题。

由于题目中说明边的条数最多不超过 $3n$，所以对于充分大的 n，这是一个比较稀疏的图，适合用 Kruskal 算法解决。该算法有两个关键步骤：如何快速找出权重最小的边，以及判断该边的加入是否会构成回路。

① 快速找出权重最小的边。简单的解决办法是先按边的权重非递减排序，再顺序取出；另一种方法是维护一个关于边权重的最小堆，每次从堆中取出最小元。在权重值随机分布的情况下，这两种方案的效率差不多。代码 8-11 中采用了 C 语言的库函数 qsort 来进行排序。读者也可以尝试用最小堆进行实现。

代码 8-11
公路村村通

② 判断某条边的加入是否会构成回路。判断的方法是将 Kruskal 算法执行过程中形成的森林中的每一棵树看成一个连通分量，对当前待选择的边 (u,v)，判断两个端点是否在同一个连通集里。若已经属于同一个连通集了，就说明加入这条边一定会在树中形成回路，那么这条边就应该被抛弃；否则这条边不会形成回路，可以将其加入最小生成树的边集，即将两个顶点所在的两棵树（连通集）合并成一棵树（连通集）。

那么，应该如何在程序中表示一个连通集呢？在主教材第 9 章中将介绍的"不相交集"概念和高效操作，可用于解决这个问题。在此我们仅采用一种简单的实现方法，效率可能不够高，但比较容易理解。

首先将顶点编号映射到整数 $0 \sim n-1$。本题中城镇从 $1 \sim n$ 编号，则将每个编号减 1 就完成了这个映射。于是顶点编号也可以作为数组下标使用。定义长度为 n 的整型数组 v，令

① v[u]=w 表示顶点 u 和 w 属于同一个集合；
② v[u]=u 表示包含 u 的集合被命名为 u，即顶点 u 就是这个集合的名称。

在 Kruskal 算法初始化时，我们认为每个顶点都是森林里的一棵独立的树，每棵树只有一个结点。即最开始有 n 个连通集，每个连通集都只有一个顶点。那么对每个顶点 u，令 v[u]=u，就表示了这个状态。当合并两个连通集时，我们需要分别找到两个连通集的名称，然后将第二个连通集的名称改为第一个连通集的名称即可。当然，合并操作带来的问题是会造成部分顶点 u 的值不再等于 v[u]（即合并后部分集合失去了自己的名字）。但无论如何，根据定义，u 和 v[u] 都是属于同一个集合的，如果 u 不是这个集合的名字，就看 v[u] 是不是，如果不是再看 v[v[u]] 是不是，以此类推，总会找到。

在代码 8-11 中给出了核心函数 Kruskal，其调用 InitEdgeSet 函数，从原始图中抽取出边的集合，并按权重非递减排序；调用 InitVertexSet 函数，将连通集 v 初始化为 n 个单点集合。完成各种初始化后，即进入主要的取边循环，利用 IsCycle 函数判断当前候选边是否构成回路，如果答案为否就将此边收录。循环持续到收录了足够多的边，或者原图边集已经空了。如果生成树还没有形成边集就空了，说明原图不连通。

邻接表表示的图结构和建图函数已经在代码 7-7 至 7-9 中给出，不再赘述。代码 8-11 仅给出核心函数 Kruskal 及其相关的边结构和辅助函数的实现。

（2）复杂度分析

除了构建图的邻接表需要 $O(n+m)$ 时间外，InitEdgeSet 函数用了 $O(m)$ 的时间和额外的空间建立原图的边集合。将权重排序的做法在数据随机性较好的情况下，可以达到 $O(m \log m)$ 的时间复杂度，但最坏情况下这个复杂度会达到 $O(m^2)$；优点是每次取边只需要按照有序数组顺序取出即可，即只需要 $O(1)$ 的时间。但如果采用最小堆，就可以保证取出最小权重边的整体时间复杂度是 $O(m \log m)$；副作用是维护一个最小堆的程序比较复杂。

IsCycle 这个函数中最耗时的部分，是通过 Find 函数找指定顶点所属集合的名称。而 Find 函数中的 while 循环最坏情况下需要执行 n 次，这使得 Kruskal 算法核心步骤的最坏时间复杂度被降低到了 $O(n^2)$。在学习了第 9 章以后，我们将回过头来重新解决最小生成树问题，届时读者可以将两种实现方法的效率进行比较。

练习 8-4 任务调度的合理性

1. 实验目的
① 熟练掌握图的存储与操作。
② 熟练掌握利用拓扑排序算法判定有向无环图的方法。

2. 实验要求

（1）题目描述

假定一个工程项目由一组子任务构成，子任务之间有的可以并行执行，有的必须在完成了其他一些子任务后才能执行。"任务调度"包括一组子任务，以及每个子任务可以执行所依赖的子任务集。

例如，完成一个专业的所有课程学习和毕业设计可以看成一个本科生要完成的一项工程，各门课程可以看成是子任务。有些课程可以同时开设，比如英语和C程序设计，它们没有必须先修哪门课程的约束；有些课程则不可以同时开设，因为它们有先后的依赖关系，比如C程序设计和数据结构两门课程，必须先学习前者。

但是需要注意的是，对一组子任务，并不是任意的任务调度都是一个可行的方案。比如方案中存在"子任务 a 依赖于子任务 b，子任务 b 依赖于子任务 c，子任务 c 又依赖于子任务 a"，那么这三个任务哪个都不能先执行，这就是一个不可行的方案。现在需要编写程序，判定任何一个给定的任务调度是否可行。

（2）输入输出说明

输入格式：输入的第一行给出子任务数 $n(\leqslant 100)$，子任务按 $1\sim n$ 编号。随后 n 行，每行给出一个子任务的依赖集合：首先给出依赖集合中的子任务数 k，随后给出 k 个子任务编号，整数之间都用空格分隔。

输出格式：如果方案可行，则输出 1，否则输出 0。

（3）测试用例（见表8-5）

表8-5 练习8-4测试用例

序号	输入	输出	说明
0	4 0 1 1 1 1 2 2 3	1	简单情况测试
1	12 0 0 2 1 2 0 1 4 1 5 2 3 6 1 3 2 7 8	1	一般情况测试

序号	输入	输出	说明
1	1 7 1 10 1 7		
2	5 1 4 2 1 4 2 2 5 1 3 0	0	不可行的方案测试
3	100 100条有向边构成一个简单回路	0	边界测试：最大 n，不可行
4	100 随机产生可行数据	1	边界测试：最大 n，可行

3. 实现要点

（1）算法分析与代码

该问题的模型是一个有向图，子任务就是图中的顶点，顶点之间的有向边 $<a,b>$ 表示子任务 a 完成后才能执行子任务 b，也称为子任务 b 依赖于子任务 a。

一个方案是否可行的充分必要条件，是对应的有向图是否没有回路。因此问题转化为判定该有向图是否为一个有向无环图。

有向无环图的判定可采用拓扑排序算法解决：从任一不依赖任何子任务的顶点出发，逐一删除此类顶点以及从该顶点发出的有向边。如果这种策略可以一直执行到所有顶点都被删除，则说明图中没有环；否则必然在某一步发现剩下的所有顶点都依赖于其他顶点，于是其中一定存在环路。

实际问题中描述这种依赖关系的有向图一般是稀疏图，所以存储结构选择邻接表比较好。不过对于数量不大的 n 来说，邻接矩阵存储也是可行的。代码8-12套用了代码8-5，采用的是邻接表的表示法。

代码 8-12
任务调度的合理性

事实上，直接套用代码8-5，只要将BuildGraph函数根据题目的输入格式略做修改，就可以解决问题。不过这样做会有一些冗余的操作和冗余的空间占用，应该进一步做以下精简：

① 可以将入度存在邻接表头结构中，即将顶点信息类型VertInfo定义为整型，将原HeadNode结构体中存储顶点信息的 *data* 域重新命名为 *in_degree*，在读输入建立图的同时就获得每个顶点的入度。而不必像代码8-5那样，在完成建图之后才调用

GetInDegree 再次扫描邻接表以获得入度。

② 由于题目并不要求知道任务的执行序列，只需要判断拓扑排序是否能执行，所以 top_s 数组是不必要的。代码 8-12 给出了根据题意修改的 BuildGraph 函数、精简后的 TopSort 函数（注意函数接口中的 top_s 数组被删除了），以及主函数。邻接表表示的图结构和相关操作已经在第 7 章的代码 7-7 至 7-10 中给出，辅助队列在第 3 章的代码 3-16 至 3-20 中给出，此处均不再赘述。

（2）复杂度分析

算法的时空复杂度就是拓扑排序算法的时空复杂度。在采用了邻接表的前提下，需用 $O(n+m)$ 的时间和空间读入并建立图，随后用 $O(n+m)$ 的时间和 $O(n)$ 的额外辅助队列空间完成判断。

8.3 进阶实验

实验 8-1 城市间紧急救援

1. 实验目的

① 熟练掌握图的存储与操作。
② 熟练掌握 Dijkstra 单源最短路径算法的应用。

2. 实验要求

（1）题目描述

作为一个城市的应急救援队伍的负责人，你有一张特殊的全国地图。在地图上显示有多个分散的城市和一些连接城市的快速道路。每个城市的救援队数量和每一条连接两个城市的快速道路长度都标在地图上。当其他城市有紧急求助电话时，你的任务是带领救援队尽快赶往事发地，同时，一路上召集尽可能多的救援队。

（2）输入输出说明

输入格式：输入的第一行给出 4 个正整数 n、m、s、d，其中 n（$2 \leq n \leq 500$）是城市的个数，顺便假设城市的编号为 $0 \sim (n-1)$；m 是快速道路的条数；s 是出发地的城市编号；d 是目的地的城市编号。第二行给出 n 个正整数，其中第 i 个数是第 i 个城市的救援队的数目，数字间以空格分隔。随后的 m 行中，每行给出一条快速道路的信息，分别是：城市 1、城市 2、快速道路的长度，中间用空格分开，数字均为整数且不超过 500。输入保证救援可行且最优解唯一。

输出格式：第一行输出最短路径的长度和能够召集的最多的救援队数量。第二

8.3 进阶实验

行输出从 s 到 d 的路径中经过的城市编号。数字间以空格分隔，输出结尾不能有多余空格。

（3）测试用例（见表 8-6）

表 8-6 实验 8-1 测试用例

序号	输入	输出	说明
0	4 5 0 3 20 30 40 10 0 1 1 1 3 2 0 3 3 0 2 2 2 3 2	2 60 0 1 3	一般情况测试：救援队最多的路径不是最短路径；输出 2 条最短路径中可获得最多救援的
1	8 10 0 1 2 15 11 11 1 3 0 4 1 0 3 2 0 7 1 4 5 1 3 2 1 7 3 1 3 6 1 2 1 1 1 6 1 2 5 1	5 12 0 7 3 2 1	一般情况测试：5 条不同的最短路径
2	2 1 0 1 2 1 1 0 2	1 3 0 1	边界测试：最小 n 和 m
3	500 124750 0 499 随机数据构成完全图	略	边界测试：最大 n 和 m

3. 实现要点

该问题与练习 8-1 颇为相似，都是使某种附加条件最优的最短路径的计算，所以都可以用解决单源最短路径问题的 Dijkstra 算法加以改进。重要的区别是，本题要求输出的不是最短路径的长度，而是有多少条等长的最短路径，并且选择其中可以集结最多救援队的路径进行输出。

问题涉及两组数据的统计，分别是等长最短路径的条数，以及沿着某路径能集结到的救援队数量：

① 关于集结救援队：在练习8-1中，我们在判断是否更新最短路径时，为费用增加了一个判断，即只有当经过新结点的路径比当前最短路径长，或者虽然长度相等但是费用没有减少时，才不更新路径，否则都需要更新路径。本题在考虑救援队数量问题时也是类似的，当新加入的顶点带来等长最短路径时，我们需要比较该路径能集结的救援队是否更多，如果是则也需要更新路径。

② 关于最短路径条数统计：我们需要记录从s到每个顶点的最短路径的条数，这些记录初始化为0，s的记录初始化为1。每当发现一个顶点的新的更短路径时，其"最短路径条数"等同于该路径上前驱顶点的"最短路径条数"（注意这里不是更新为1）；而发现等长最短路径时，其"最短路径条数"应该加上该路径上前驱结点的"最短路径条数"（注意这里不是当前路径条数加1）。

另外，本题还要求输出路径上的城市编号，于是我们还需要存储路径上每个顶点的前驱顶点，最后从终点d开始，不断回溯找前驱顶点，直到找到起点s为止，就得到了整条路径的顶点序列。不过这样得到的路径序列是反向的，即是从d到s的，输出时要注意从序列尾开始反向输出。

输入有可能是完全图，所以用邻接矩阵表示比较方便。与练习8-1相似，我们需要同时存储边的距离dist和救援队数量team。另外在Dijkstra算法的实现中，还需要增加一个数组记录当前路径集结的救援队数量，用另一个数组记录每个顶点最短路径的条数，并且再用一个数组记录路径中每个顶点的前驱顶点。当最短路径需要更新时，不仅要更新最短路径长度，还需要更新上述三个数组。

实验 8-2 最短路径的交点

1. 实验目的
① 熟练掌握图的存储与操作。
② 熟练掌握Dijkstra单源最短路径算法的灵活应用。

2. 实验要求
（1）题目描述

给定有向加权图G和4个顶点u, v, s, t。假设图G中所有边的权值都非负，设计一个算法来判定"从u到v的最短路径"和"从s到t的最短路径"是否存在一个交点w。也即，顶点w是u到v的最短路径上的一个顶点，同时也是s到t的最短路径上的一个顶点。

注意：最短路径包含两个端点；一对顶点间的最短路径可能不止一条，求交点时必须将所有最短路径考虑在内。

8.3 进阶实验

（2）输入输出说明

输入格式：输入的第一行给出6个正整数，依次为：n（≤1000，图中顶点数），m（≤3000，图中边数），题中描述的4个顶点u、v、s、t的编号。这里假设顶点从1到n编号，并且u、v、s、t的编号均不相同。

随后m行，每行给出一条有向边的起点编号、终点编号、非负权重（≤100）。题目保证每条边都不会重复给出，同行数字间以空格分隔。

输出格式：在一行中，按编号递增的顺序输出所有交点。数字间以一个空格分隔，行首尾不得有多余空格。如果交点不存在，则在一行中输出"No Intersection"。

（3）测试用例（见表8-7）

表8-7 实验8-2测试用例

序号	输入	输出	说明
0	6 7 1 2 3 4 1 2 3 1 5 1 3 5 1 5 6 1 5 4 2 6 4 1 6 2 1	5 6	两对顶点间最短路径都不唯一。存在不相交的最短路径
1	4 4 1 2 3 4 1 2 1 3 4 1 1 4 1 3 2 1	No Intersection	有路径，无交点
2	6 10 1 2 3 4 1 3 1 1 5 1 1 6 1 2 4 2 3 1 1 3 6 2 3 2 1 5 2 1 6 4 1 6 2 1	1 2 3 6	多条最短路径形成不同的交集。起点或终点也是交点
3	5 1 1 2 3 4 2 4 0	No Intersection	无路径

续表

序号	输入	输出	说明
4	略。数据如图所示。	略	最大规模数据。卡住重复标记路径的低效算法
5	略	略	最大规模随机数据

3. 实现要点

解决问题的基本步骤是，先利用 Dijkstra 算法分别求出两对顶点之间的最短路径，将路径中的顶点集合求交，最后按规定顺序输出交集中的元素。这其中有两个难点。

难点一：原始的 Dijkstra 算法只能求出一条最短路径，而本题需要求得（并且保存）所有等长的最短路径。在原始的 Dijkstra 算法中，用数组 path 保存一条路径，即 path[v] 保存了最短路径中顶点 v 的唯一前驱顶点。如果所有最短路径都要保存，那么 v 就可能有多个前驱顶点，于是一维数组就不足以解决这个问题了，需要一个二维数组，用 path[v][i] 存储 v 的第 i 个前驱顶点。那么，当收录一个顶点 u 会使得其邻接顶点 v 得到一个更短的距离时，u 就成为 path[v][] 中存储的第一个顶点；如果得到的距离和原来的最短距离等长时，u 就成为 path[v][] 中新增加的一个顶点。

为了能正确存储新增顶点，需要知道当前顶点 v 已经有多少个等长最小距离的前驱顶点。这个计数器可以存在 path[v][0] 中，初始化为 0，表示顶点 v 没有前驱顶点。又因为任一个顶点最多能有 n-1 个前驱顶点，所以我们声明一个 n×n 的二维数组，用 path[v][1] 到 path[v][n-1] 存储前驱顶点即可。

另一方面，根据问题规模可见当顶点数最多为 1000 时，边数最多只有 3000，即当问题规模较大时图是比较稀疏的。而 path 中存的是边，对于稀疏图，用 n^2 的空间存 $O(n)$ 条边是十分浪费的。所以将 path 的每一行存为一个链表更为节省。但这就需要在更新路径时频繁声明、释放顶点空间，一定程度上影响了程序的运行时间。读者可以用两种不同的方法实现路径的存储，比较效果。

难点二：如何存储所有最短路径中的顶点集合，并且快速求交集？一个简单的解决方案是用一个数组 in 来标识路径中的顶点，对每个顶点 v，将 in[v] 初始化为 0，即表示 v 不在任何最短路径中。当求得第一对顶点间的最短路径后，可以通过**后序深度优先**

遍历，从终点通过 path 存储的信息访问最短路径中的所有顶点，并将其对应的 in 值加1。注意：在遍历过程中，遇到已经被标记为1的顶点就可以直接返回，以避免重复访问，这样保证每条边仅被访问一次。对另一对顶点做类似的操作，只是访问顶点的 in 值加2，以便与第一对顶点的标记进行区分。这样，最后 in 值为3的顶点就是两个集合的交点。

实验 8-3　打怪升级 [①]

1. 实验目的
① 熟练掌握图的存储与操作。
② 熟练掌握 Floyd-Warshall 算法以及推广应用。

2. 实验要求
（1）题目描述

很多游戏都有打怪升级的环节，玩家需要打败一系列怪兽去赢取成就和徽章。这里我们考虑一种简单的打怪升级游戏，游戏规则是：给定有 n 个堡垒的地图，堡垒之间有道路相连，每条道路上有一只怪兽把守。怪兽本身有能量，手里的武器有价值。打败怪兽需要的能量等于怪兽本身的能量，而怪兽一旦被打败，武器就归玩家所有——当然缴获的武器价值越高，玩家就越开心。

本实验的任务有两项：

① 帮助玩家确定一个最合算的空降位置，即空降到地图中的某个堡垒，使得玩家从这个空降点出发，到攻下最难攻克（即耗费能量最多）的那个堡垒所需要的能量最小。

② 从这个空降点出发，帮助玩家找到攻克任意一个其想要攻克的堡垒的最省能量的路径。如果这种路径不唯一，则选择沿途缴获武器总价值最高的解，题目保证这种解是唯一的。

（2）输入输出说明

输入格式：输入的第一行给出两个正整数 n（≤1000）和 m，其中 n 是堡垒总数，m 是怪兽总数。为简单起见，我们将堡垒从 1 到 n 编号。随后 m 行，第 i 行给出了第 i 只怪兽的信息，格式如下：

B1 B2 怪兽能量 武器价值

其中，"B1"和"B2"是怪兽把守的道路两端的堡垒编号。题目保证每对堡垒之间只有一只怪兽把守，并且"怪兽能量"和"武器价值"都是不超过 100 的正整数。

---

① 题目引用自睿抗机器人开发者大赛真题（2021年）。

再后面是一个正整数 k（$\leq n$）和玩家想要攻克的 k 个目标堡垒的编号。

输出格式：首先在一行中输出玩家空降的堡垒编号 B0。如果有多种可能，则输出编号最小的那个。

随后依次为玩家想要攻克的每个堡垒 B 推荐最省能量的攻克路径，并列出需要耗费的能量值和沿途缴获武器的总价值。注意：如果最省力的路径不唯一，则选择沿途缴获武器总价值最高的解。格式为

B0->途经堡垒1->…->B

总耗费能量 武器总价值

（3）测试用例（见表8-8）

表 8-8 实验 8-3 测试用例

序号	输入	输出	说明
0	6 12 1 2 10 5 2 3 16 20 3 1 4 2 2 4 20 22 4 5 2 2 5 3 12 6 4 6 8 5 6 5 10 5 6 1 20 25 1 5 8 5 2 5 2 1 2 6 8 5 4 2 3 6 5	5 5->2 2 1 5->1->3 12 7 5->4->6 10 7 5 0 0	空降点唯一。最短路径不唯一时选沿途缴获武器总价值最高的解。有对空降点本身的查询
1	7 17 1 2 1 5 1 4 2 8 1 5 1 5 1 6 2 10 2 3 4 19 2 5 2 9 2 6 3 1 2 7 6 12 3 1 3 12 3 5 2 10 3 6 2 1 3 7 3 1	3 3->5->1 3 15 3->5->1->2 4 20 3->5->1->2->4 5 25 3->5 2 10 3->6 2 1 3->7 3 1	空降点不唯一；等长最短路径有多条

续表

序号	输入	输出	说明
1	4 2 1 5 4 3 5 10 4 6 4 20 5 6 1 10 6 7 5 10 6 1 2 4 5 6 7		
2	2 1 2 1 1 100 1 2	1 1->2 1 100	最小规模数据，能量取边界值
3	略	略	边界测试：最大 n，一个环
4	略	略	边界测试：最大规模完全图，随机数据

3. 实现要点

将堡垒理解为无向图中的顶点，连接堡垒的道路就是图中的边。每条边有两种权重，其一是怪兽能量，其二是武器价值。题目要求的空降点与练习8-2中哈利·波特要带去考试的动物是等价的，即首先求出图中任意两点 v_i 和 v_j 间的最短距离（怪兽能量的和）$dist_{ij}$，则从 v_i 出发，攻下最难攻克（即耗费能量最多）的那个堡垒所需的能量就是 $max\_dist_i = \max\limits_{1 \leq j \leq n} dist_{ij}$。我们要选择的空降堡垒就是使 max_dist_i 最小的那个 v_i，即要从 $1 \leq i \leq n$ 中选择 i^*，使得 $max\_dist_{i^*} = \min\limits_{1 \leq i \leq n} max\_dist_i = \min\limits_{1 \leq i \leq n} \max\limits_{1 \leq j \leq n} dist_{ij}$。因为输入描述中没有给出怪兽总数（对应图中的边数）m 的上界，所以可能是完全图，应该选择用Floyd-Warshall算法求所有点对间的最短距离。

与练习8-2相比，本题在应用Floyd-Warshall算法时多了两个难点。

难点一：原始的Floyd-Warshall算法并不处理等长最短路径中取第二权重最优解的情况。题目要求在有多条等长的最短路径时，输出获取武器价值最高的解，则我们除了存储路径的二维数组 $path$ 外，还需要另外一个辅助二维数组 $weapon$ 来存储路径上获取的武器价值，即令 $weapon[i][j]$ 存储顶点 v_i 和 v_j 间最短路径上能获得的武器价值。当发现更短的距离，需要更新最短距离时，必须同步更新武器价值 $weapon$ 和路径 $path$；当发现等长的距离时，如果武器价值更高，则也需要更新 $weapon$ 和 $path$。

难点二：练习8-2中并不要求输出最短路径，本题需要按照规定格式输出路径。由于题目保证输出的路径是唯一的，所以只需要用 $path$ 存唯一的中间顶点即可，即 $path[i][j]=k$ 表示 v_i 到 v_j 的最短路径经过了顶点 v_k。于是，对每一条从起点 s 到终点 d 的路径，我们首先输出起点 s，随后调用递归函数输出 s 到 d 的路径。在递归时，如

果 $path[s][d]$ 的值是 NIL，表示两顶点间的最短路径不经过任何中间点，此时直接按格式输出 d；否则，如果 $path[s][d]=k$，则递归地输出 s 到 k 的路径和 k 到 d 的路径。

实验 8-4　最小生成树的唯一性

1. 实验目的

① 熟练掌握图的存储与操作。

② 熟练掌握求最小生成树的算法。

2. 实验要求

（1）题目描述

给定一个带权无向图，如果是连通图，则至少存在一棵最小生成树，有时最小生成树并不唯一。本题就要求计算最小生成树的总权重，并且判断其是否唯一。

（2）输入输出说明

输入格式：输入的第一行给出两个整数：无向图中顶点数 n（$\leqslant 500$）和边数 m。随后 m 行，每行给出一条边的两个端点和权重，格式为"顶点1 顶点2 权重"，其中顶点从 1 到 n 编号，权重为正整数。题目保证最小生成树的总权重不会超过 2^{30}。

输出格式：如果存在最小生成树，首先在第一行输出其总权重；如果此树唯一，则在第二行输出"Yes"，否则输出"No"。如果树不存在，则首先在第一行输出"No MST"，然后在第二行输出图的连通集个数。

（3）测试用例（见表 8-9）

表 8-9　实验 8-4 测试用例

序号	输入	输出	说明
0	5 7 1 2 6 5 1 1 2 3 4 3 4 3 4 1 7 2 4 2 4 5 5	11 Yes	边全不等，有环，唯一
1	4 5 1 2 1 2 3 1 3 4 2 4 1 2 3 1 3	4 No	有等重边，不唯一

续表

序号	输入	输出	说明
2	5 5 1 2 1 2 3 1 3 4 2 4 1 2 3 1 3	No MST 2	不连通
3	5 6 3 4 11 5 1 8 3 1 8 2 5 3 2 3 3 2 1 1	18 Yes	存在等重边，但所有环中无等重边，唯一
4	5 7 3 4 12 3 5 5 3 2 4 4 5 4 4 1 4 1 5 5 1 2 12	17 Yes	存在环中有等重边，唯一
5	略	略	最大 n，全部边都相等，唯一
6	略	略	最大完全图，随机数据，不唯一
7	1 0	0 Yes	最小 n

3. 实现要点

本题有三个主要任务需要完成：

① 建图。由于没有说明 m 的上限，有可能是完全图，所以邻接矩阵是首选。

② 判断是否为连通图，并统计连通集个数。可以用深度优先遍历实现。

③ 求最小生成树并判断是否唯一。这是最有挑战性的一个任务。什么时候最小生成树会不唯一呢？我们考虑 Kruskal 算法，每次检查当前没收录的权重最小的边，如果它不与当前树中的其他边构成环，就加入树中。如果图中没有权重相等的边，那么最小生成树必定只有一种结果，不可能不唯一。只有当遇到权重相等的边时，如果我们把刚才收录的边删掉，换另一条等权重的边还能得到解，那就说明解不唯一了。

这一步可以用一个递归函数来实现：因为我们知道树中必须正好有 $n-1$ 条边，可以将当前树中还差几条边作为一个递归参数。当这个余量为 0 时，说明最小生成树已经求出,并且当前的解唯一 —— 这种情况可以作为递归的终止条件。如果还有余量,则选择一条权重最小且不构成环的边加进树中,这一步是Kruskal算法的核心步骤。之后我们就可以将余量减1,继续递归地解决问题,并且看看这后面一步递归得到的解是不是唯一的:如果发现不是唯一的,那么直接返回不唯一的标志;如果是唯一的,那么需要将当前收录的这条边从树中删除,再看看还有没有另一条权重与之相等,还没有被收录又不构成环的边?如果有,那必定构成了另一组解。由于我们并不需要找出另一组解,解的权重已经在前面的递归过程中得到了,所以此时可以直接返回不唯一的标志。如果这种等权重且可以构成解的边不存在,那么解就是唯一的。

*实验 8-5　拆积木 [①]

1. 实验目的
① 灵活掌握图的存储与操作。
② 熟练掌握拓扑排序算法。
③ 熟练掌握最小堆的应用。

2. 实验要求
(1) 题目描述

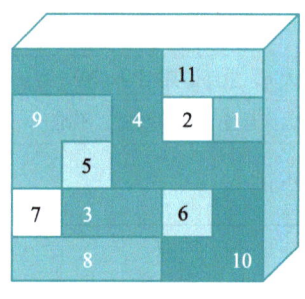

图 8-1　带编号积木搭成的长方体

给定一个由带编号的积木搭成的长方体(图8-1)。其中每块积木的厚度都一样,由若干个单位边长的相邻方块组成(相邻是指两个方块有一面重合)。现在要求将这个长方体中的积木一块一块拆掉。每块积木只能从顶端取出,并且取出时不能移动还在长方体中的其他积木。请给出一个拆积木的顺序。当然这种顺序可能是不唯一的,我们规定当有多种选择时,总是取出编号最小的那个。

(2) 输入输出说明

输入格式:输入的第一行给出两个正整数 n 和 m ($1 \leq n, m \leq 1000$),分别为长方体的高度和宽度。随后 n 行,每行给出 m 个整数,为对应位置上积木的编号。编号为不超过 10^6 的正整数,数字间以空格分隔。题目保证不同积木的编号是不同的。

输出格式:在一行中输出按照题目限定可以拆卸积木的顺序。数字间以一个空格分隔,行首尾不得有多余空格。如果拆卸到某一步发现无法继续了,则在对应位置上输出 "Impossible",然后结束。

---

① 题目引用自睿抗机器人开发者大赛真题(2023年)。

8.3 进阶实验

（3）测试用例（见表 8-10）

表 8-10 实验 8-5 测试用例

序号	输入	输出	说明
0	5 5 4 4 4 11 11 9 9 4 2 1 9 5 4 4 4 7 3 3 6 10 8 8 8 10 10	11 1 2 4 6 9 5 3 7 8 10	如图 8-1 所示，有解，且解不唯一
1	4 3 8 9 7 4 4 4 5 6 4 1 4 4	7 8 9 Impossible	无解
2	1 1 1	1	最小规模数据
3	3 4 9 9 9 9 2 2 9 3 9 9 9 9	Impossible	一块都取不出
4	1 1000 略	略	最大一行
5	1000 1 略	略	最大一列
6	1000 1000 略	略	随机最大规模数据，都是单位方块
7	1000 1000 略	略	随机最大规模数据，积木形状也随机

3. 实现要点

首先明确积木是固体，要取出一块积木，意味着同一编号的积木的所有部分都必须能被同时提取。换言之，一块积木的任何一部分的上面如果还有另一个编号的积木在，这块积木就取不出来，因为每块积木只能从顶端取出，并且取出时不能移动还在长方体中的其他积木。要顺次取出积木，必须从上面没有任何阻碍的积木开始。当一块积木被取出后，原来被它压在下面的那些积木的上方就无遮挡了；当一块积木所有朝上的面都无遮挡时，这块积木也就可以被取出了。

这是一种典型的拓扑排序过程。每块积木可看作有向图中的一个顶点，如果积木 A 有一面压在积木 B 的上面，则 A 到 B 就有一条有向边，表示 A 必须在 B 之前被取出，A 是 B 的直接前驱顶点。如果在拆积木的过程中，发现目前存在的积木中没有一块积木是没有前驱顶点的，即所有积木都被另一块积木压住，就说明这组积木是拆不开的。

实现中要注意以下几个点：

① 如何令积木对应图顶点？由于积木的编号不一定是连续的，所以需要将每块积木映射为图中的一个顶点编号，而顶点编号应该是连续的。因为已知积木编号的范围在 $[1, 10^6]$，一个简单的办法是创建一个用于映射的一维数组 *index*，其规模为 10^6+1，*index*$[a_{ij}]$=k 表示输入的 $n \times m$ 矩阵中的元素（积木编号）a_{ij} 所对应的图顶点是 v_k。这个数组的值初始化为 NIL（可定义为 -1），图的顶点个数 *n_verts* 为 0。当逐一读入矩阵元素时，如果 *index*$[a_{ij}]$=NIL，就说明编号为 a_{ij} 的积木是一个新的图顶点，将其编号设置为当前的 *n_verts*，然后 *n_verts* 增 1。

② 如何建立有向图？实际上，我们并不需要严格按照邻接矩阵或者邻接表的套路来表示图。在拓扑排序中，重要的是知道每个顶点的入度和其直接前驱。当按照输入的顺序逐行扫描矩阵中的每个元素 a_{ij} 时，我们仅需要检查其下方的元素 $a_{i+1, j}$ 是否与之相同。如果相同，则表示它们属于同一块积木，跳过不作处理；如果不同，则 *index*$[a_{ij}]$ 就是 *index*$[a_{i+1, j}]$ 这个图顶点的直接前驱，令 *index*$[a_{i+1, j}]$ 的入度增 1 即可。

③ 取出一块编号为 a 的积木后，要快速将其从图中删除，需要遍历矩阵中所有编号为 a 的元素，将其下方元素的入度减 1。但如果不想每次都遍历矩阵去找某块积木的话，可以从每个编号的积木中任选一块，存储其在矩阵中的行列位置。这样当需要删除时，就可以直接找到该位置，用深度优先遍历连通集（这里"连通集"是编号相同的元素集合）的方法，一面将访问的元素设置为 NIL，一面将其下方编号不同的顶点入度减 1。此外还要注意，所谓"深度优先遍历连通集"，是将矩阵元素看成另一个无向图的顶点，除了边界元素外，中间的每个元素都固定有 4 个方向的邻接点，我们只要顺次递归访问这 4 个元素即可，不必另外专门存一个图结构。

④ 最后一个细节问题是，当有多种选择时，题目要求总是取出编号最小的那个，以保证输出结果是唯一的。在拓扑排序中，入度为 0 的顶点会被存储在一个容器中，这个容器可以是栈，也可以是队列，当然，还可以是一个最小堆（优先级队列）。对每个入度为 0 的顶点，将之存入以积木编号为键值的最小堆里，则每次从堆里弹出的都一定是最小的编号。

这道题训练的一个重点，就是如何将实际问题对应为一个抽象的图，并且能灵活地表示一个图，而不必拘泥于教材中给出的方案。

*实验 8-6 爱之匹配

1. 实验目的
理解二部图最大匹配问题的算法和应用。

2. 实验要求

（1）题目描述

为"520"这个特殊的日子开发一个约会 App。软件的需求很简单，用户输入自己的性别、想要约会的异性的年龄范围 $[a, b]$、身高范围 $[c, d]$，需要帮所有用户匹配出系统中满足其约会条件的异性。注意：双方性别、年龄、身高的要求必须全都符合对方的要求才可以，每人最多只能匹配一位异性。

当然，同时让每个人都满意的目标其实很难达到，只要尽力配成最多对就可以了。

（2）输入输出说明

输入格式：输入的第一行给出正整数 $n(\leq 500)$，为系统中登记的用户人数。随后 n 行，每行给出一位用户的信息，格式如下：

性别 年龄 身高 $a\ b\ c\ d$

其中："性别"为 0 表示女性，1 表示男性，是该用户自己的性别；"年龄"和"身高"也是用户自己的信息，均为不超过 200 的正整数；后面 4 个数字依次表示该用户想要约会的异性的年龄下限、年龄上限、身高下限、身高上限。注意这里的范围都是闭区间，数字均为不超过 200 的正整数。同行数字间以一个空格分隔。

输出格式：在一行中输出能够同时成功配对的最大对数。

（3）测试用例（见表 8-11）

表 8-11 实验 8-6 测试用例

序号	输入	输出	说明
0	7 0 23 165 23 35 170 180 1 25 178 22 25 160 170 0 25 175 26 40 180 190 1 38 184 22 36 170 180 1 28 180 20 30 165 175 0 36 172 36 40 180 190 1 37 181 25 36 172 175	3	简单情况测试，一方所有人都能匹配
1	6 1 40 165 20 30 155 165 1 27 179 24 30 160 170 1 35 175 20 40 150 180	2	双方都有不能匹配的

续表

序号	输入	输出	说明
1	0 24 165 25 35 170 180 0 30 175 30 40 170 190 0 25 168 25 27 170 180		
2	4 1 27 179 24 30 160 170 1 35 175 20 40 150 180 0 24 165 25 35 170 180 0 30 175 30 40 170 200	2	完美匹配
3	1 1 1 1 1 1 1 200	0	最小规模
4	略	略	最大规模完美匹配
5	略	略	最大规模随机数据

3. 实现要点

问题本身是一个典型的二部图最大匹配问题，即将男生和女生分别视为二部图的两个顶点集合，对任何一对异性用户，如果他们能彼此满足对方的择偶标准，就在他们之间连一条边，表示可以匹配。在这样的一个二部图建立起来以后，就可以直接套用代码8-7和8-8来解决了。

难点在于如何根据输入信息有效地建立二部图。一个简单的方法是对某个性别中的每一个人，顺次扫描异性的每一个人，判断是否能够匹配。如果两个顶点集合的规模分别为n_0和n_1，则这个生成二部图的边的过程需要$O(n_0 \times n_1)$的时间复杂度，最坏情况下就是$O(n^2)$。在学习了后面关于高效查找的各种工具和算法后，这部分效率是可以提高的。不过，考虑到代码8-7和8-8的整体时间复杂度最坏情况下是$O(n^3)$，提升建立图的效率对整体效率的改善还是比较有限的。读者可以在学习了主教材第10~12章后，再回头改进算法，并与简单的算法做比较。

第 9 章

不相交集

主教材第 9 章介绍了不相交集的概念与实现方法，特别介绍了按秩合并和路径压缩策略，并介绍了不相交集的几个典型应用。具体如下：

① 不相交集是处理等价类、连通性等查询问题的有效手段。

② 不相交集可以用森林实现，并利用按秩合并和路径压缩策略优化 Union 和 Find 操作。

③ 不相交集的时间复杂度极低，较平衡树等数据结构更为优越。许多问题可以被巧妙地转化成维护不相交集的问题，并利用不相交集的数据结构高效求解。

本章将首先给出主教材中 7 个算法的具体实现，然后围绕不相交集的应用，给出 2 道基础练习题和 2 道进阶实验题，以训练学生熟练掌握利用不相交集解决问题的能力。本章实现的算法和习题涉及的知识内容见表 9-1。

表 9-1 第 9 章实验清单

类型	序号	标题	内容	知识点
算法	9-1	InitSet (*set*, *n*)	初始化不相交集	不相交集概念
	9-2	Find (*set*, *x*)	查找元素所在的集合	不相交集概念
	9-3	Union (*set*, *x*, *y*)	合并两个元素所在的集合	不相交集概念
	9-4	InitSet (*set*, *n*)	初始化采用按秩合并策略的不相交集	按秩合并
	9-5	Union (*set*, *x*, *y*)	利用按秩合并策略合并两个元素所在的集合	按秩合并
	9-6	Find (*set*, *x*)	以路径压缩策略查找元素所在的集合	路径压缩
	9-7	LCA (*P*, *u*, *set*, *ancestor*, *visited*)	Tarjan 算法求解最近公共祖先	不相交集应用
基础练习	9-1	文件传输	动态判断任意两机器间是否连通	不相交集应用
	*9-2	团结就是力量	求团体的个数以及所有团体合并需要的能量	最小生成树、不相交集应用
进阶实验	9-1	部落	统计给定社区中有多少个互不相交的部落，检查任意两人是否属于同一个部落	不相交集应用
	*9-2	两个序列的故事	判断 A 中连续子序列是否满足最小值不小于 B 中对应元	不相交集应用

9.1 算法实现

算法 9-1：初始化不相交集 InitSet(*set, n*)

代码9-1中给出了不相交集的结构定义：*Set*是SElemSet类型的数组，最大长度为*kMaxSize*+1，这是因为集合元素的下标从1开始，第0个元素是无用的。这里的SElemSet可以由用户定义，例如在代码2-1中其被定义为整型int。当元素类型SElemSet是整型时，元素本身的值可以作为数组下标使用，也可以作为集合的名称。所以集合的名称类型SetName也定义为SElemSet。

主函数main首先初始化了*n*个元素的集合，随后根据读入的*m*条关系信息建立集合*set*。集合建立之后，首先打印出*set*中每个元素的值，最后读入*m*条查询，根据查询结果输出yes或no。

代码9-1给出定义、主函数和初始化函数的实现。Find和Union函数将在下面两段代码中给出。读者要完整地运行程序，需要将代码9-1、9-2、9-3拼接起来。

代码9-1 初始化不相交集

```c
#include <stdio.h>
#include <stdlib.h>

#define kMaxSize 1000                    /* 集合最大元素个数 */
typedef int SElemSet;                    /* 默认元素用非负整数表示 */
typedef SElemSet SetName;                /* 默认用根结点的下标作为集合名称 */
typedef SElemSet Set[kMaxSize+1];        /* 假设集合元素下标从1开始 */

void InitSet(Set set, int n);
SetName Find(Set set, SElemSet x);
void Union(Set set, SElemSet x, SElemSet y);

int main(void)
{
    int n, m, x, y, i;
    Set set;

    scanf("%d %d", &n, &m);
    InitSet(set, n);
    for (i=0; i<m; i++) {
        scanf("%d %d", &x, &y);
```

```
            if (Find(set,x) != Find(set, y)) {
                Union(set, x, y);
            }
        }
        for (i=1; i<=n; i++) {
            printf("set[%d] = %d\n", i, set[i]);
        }
        scanf("%d", &m);
        for (i=0; i<m; i++) {
            scanf("%d %d", &x, &y);
            if (Find(set, x) == Find(set, y)) {
                printf("yes\n");
            }
            else {
                printf("no\n");
            }
        }
        return 0;
}
/* 算法9-1: 初始化不相交集 InitSet(set, n) */
void InitSet(Set set, int n)
{
    SElemSet x;
    for (x=1; x<=n; x++) {
        set[x] = x;  /* set[x]存储的是x的parent */
    }
}
/* 算法9-1 结束 */
```

算法 9-2：查找元素所在的集合 Find(set, x)

不相交集的结构定义已经在代码9-1中给出。代码9-2仅给出算法9-2的实现。

代码9-2 查找元素所在的集合

```
/* 算法9-2: 查找元素所在的集合 Find(set, x) */
SetName Find(Set set, SElemSet x)
{
    while (x != set[x]) {
        x = set[x];
    }
    return x;
}
/* 算法9-2 结束 */
```

算法 9-3：合并两个元素所在的集合 Union(set, x, y)

不相交集的结构定义已经在代码 9-1 中给出。代码 9-3 仅给出算法 9-3 的实现。

代码 9-3　合并两个元素所在的集合

```
/* 算法 9-3: 合并两个元素所在的集合 Union(set, x, y) */
void Union(Set set, SElemSet x, SElemSet y)
{
   SetName i, j;
   i = Find(set, x);
   j = Find(set, y);
   set[i] = j;
}
/* 算法 9-3 结束 */
```

算法 9-4：初始化采用按秩合并策略的不相交集 InitSet(set, n)

代码 9-4 中给出了采用按秩合并策略的不相交集的结构定义，主要的区别在于 Set 定义为一个结构数组，结构中包含该结点的父结点 parent 和秩 rank。

主函数 main 与代码 9-1 中基本相同，只是在输出 set 元素时，会输出每个元素中两个域的值。

代码 9-4 给出不相交集的结构定义、主函数、初始化和 Find 函数的实现。Union 函数将在下一段代码中给出。读者要完整地运行程序，需要将代码 9-4、9-5 拼接起来。

代码 9-4　初始化采用按秩合并策略的不相交集

```
#include <stdio.h>
#include <stdlib.h>

#define kMaxSize 1000              /* 集合最大元素个数 */
typedef int SElemSet;              /* 默认元素用非负整数表示 */
typedef SElemSet SetName;          /* 默认用根结点的下标作为集合名称 */
typedef struct SetNode {
   SElemSet parent; /* 父结点 */
   int rank;       /* 秩 */
} Set[kMaxSize+1];   /* 假设集合元素下标从1开始 */
void InitSet(Set set, int n);
SetName Find(Set set, SElemSet x);
void Union(Set set, SElemSet x, SElemSet y);
int main(void)
{
   int n, m, x, y, i;
```

```
    Set set;
    scanf("%d %d", &n, &m);
    InitSet(set, n);
    for (i=0; i<m; i++) {
        scanf("%d %d", &x, &y);
        if (Find(set,x) != Find(set, y)) {
            Union(set, x, y);
        }
    }
    for (i=1; i<=n; i++) {
        printf("set[%d].parent = %d, rank = %d\n",
            i, set[i].parent, set[i].rank);
    }
    scanf("%d", &m);
    for (i=0; i<m; i++) {
        scanf("%d %d", &x, &y);
        if (Find(set, x) == Find(set, y)) {
            printf("yes\n");
        }
        else {
            printf("no\n");
        }
    }
    return 0;
}
/* 算法9-4: 初始化采用按秩合并策略的不相交集 InitSet(set, n) */
void InitSet(Set set, int n)
{
    SElemSet x;
    for (x=1; x<=n; x++) {
        set[x].parent = x;
        set[x].rank = 0;
    }
}
/* 算法9-4 结束 */
SetName Find(Set set, SElemSet x)
{
    while (x != set[x].parent) {
        x = set[x].parent;
    }
    return x;
}
```

算法 9-5：利用按秩合并策略合并两个元素所在的集合 Union(set, x, y)

采用按秩合并策略的不相交集的结构定义已经在代码 9-4 中给出。代码 9-5 仅给出算法 9-5 的实现。

代码 9-5　利用按秩合并策略合并两个元素所在的集合

```
/* 算法9-5: 利用按秩合并策略合并两个元素所在的集合 Union(set, x, y) */
void Union(Set set, SElemSet x, SElemSet y)
{
    SetName i, j;
    i = Find(set, x);
    j = Find(set, y);
    if ( i != j ) {
        if (set[i].rank > set[j].rank) {
            set[j].parent = i;
        }
        else if (set[i].rank < set[j].rank) {
            set[i].parent = j;
        }
        else { /* set[i].rank == set[j].rank */
            set[i].parent = j;
            set[j].rank++;
        }
    }
}
/* 算法9-5 结束 */
```

算法 9-6：以路径压缩策略查找元素所在的集合 Find(set, x)

不相交集的定义和初始化、Union 函数都与代码 9-4、9-5 中一致，不再赘述。代码 9-6 仅给出算法 9-6 的实现。

代码 9-6　以路径压缩策略查找元素所在的集合

```
/* 算法9-6: 以路径压缩策略查找元素所在的集合 Find(set, x) */
SetName Find(Set set, SElemSet x)
{
    if (x != set[x].parent) {
        set[x].parent = Find(set, set[x].parent);
    }
    return set[x].parent;
}
/* 算法9-6 结束 */
```

算法 9-7：Tarjan 算法求解最近公共祖先 LCA(P, u, set, ancestor, visited)

在求最近公共祖先 LCA 之前，首先要创建一棵二叉树，BuildTree 函数可以由读者以任意方式实现。例如，可以用代码 5-12 从前序遍历序列重构出一棵二叉树。二叉树的结构定义和建树的相关操作由读者（利用第 5 章的代码）自由发挥实现，在此不再列出。

查询信息类型 Query 是指向存储线性表结构体 QueryNode 的指针，结构体中 size 为表长，主体是存储查询信息的数组 nodes。数组元素类型 Pair 是指向结构体 PairNode 的指针，结构体中包含了待查询的一对结点 (u,v) 和它们的最近公共祖先 lca。

在算法 9-7 中，用到了不相交集的操作，这部分代码见代码 9-4、9-5、9-6，在此不再赘述。测试用主函数首先建好一棵树，随后读入并存储 m 对待查询的点对，调用 LeastCommonAncestor 查询集中所有结点对的最近公共祖先，最后逐一输出结果。

核心函数 LCA 是一个递归函数，需要在函数接口中传递很多用户不需要知道的内部参数，例如辅助的不相交集、存储祖先的数组和访问标识数组等。而 LeastCommonAncestor 是对 LCA 函数的一个包装，用以将用户不需要知道的内部参数隐藏起来，给外部用户一个简洁的接口。这也是工程应用开发中常见的技巧。

需要特别提醒注意的是，应用不相交集操作时，默认元素从 1 到 n 编号，故集合规模为 n+1。这里处理的是结点的编号，而不是结点的键值。如果要直接处理键值，则集合的规模与键值上界相关，不是与结点个数相关。

代码 9-7　Tarjan 算法求解最近公共祖先

```c
/* 查询结点对的存储结构 */
typedef int Node; /* 结点为从1开始的正整数 */
typedef struct PairNode *Pair;
struct PairNode {
    Node u, v;   /* 待查询的一对结点(u,v) */
    Node lca;    /* 记录LCA(u,v) */
};
typedef struct QueryNode *Query;
struct QueryNode {
    Pair nodes;  /* 待查询的结点对数组 */
    int size;    /* 查询数量，即数组长度 */
};
/* 算法9-7: Tarjan算法求解最近公共祖先 LCA(P, u, set, ancestor,
visited) */
void LCA(Query P, Position u, Set set, Node ancestor[],
    bool visited[])
{
```

9.1 算法实现

```c
    Position v;
    Node v_data;
    int i;
    if (u==NULL) return;
    ancestor[Find(set, u->data)] = u->data; /* 初始化 */
    /* 对u的每个非空的子树 */
    v = u->left;
    if (v!=NULL) {
        LCA(P, v, set, ancestor, visited); /* 深度优先遍历 */
        Union(set, u->data, v->data); /* 将子树并到根结点u */
        ancestor[Find(set, u->data)] = u->data;/*记录这棵树的根是u*/
    }
    v = u->right; /* 右子树同上 */
    if (v!=NULL) {
        LCA(P, v, set, ancestor, visited);
        Union(set, u->data, v->data);
        ancestor[Find(set, u->data)] = u->data;
    }
    visited[u->data] = true;
    for (i=0; i<P->size; i++) { /* 对P中的每个 (u,v) 中的v*/
        v_data = 0;
        if (P->nodes[i].u==u->data) {
            v_data = P->nodes[i].v;
        }
        else if (P->nodes[i].v==u->data) {
            v_data = P->nodes[i].u;
        }
        if (visited[v_data]==true) { /* 如果v也标记过了 */
            /* 得到u 和v的LCA*/
            P->nodes[i].lca = ancestor[Find(set, v_data)];
        }
    }
}
/* 算法9-7 结束 */
void LeastCommonAncestor(BinaryTree tree, Query P)
{
    Position root;
    Set set;
    Node ancestor[kMaxSize+1]; /* 假设集合元素下标从1开始 */
    bool visited[kMaxSize+1] = {false};/* 假设集合元素下标从1开始 */
    root = tree;
    InitSet(set, kMaxSize);
```

```
        LCA(P, root, set, ancestor, visited);
}
int main(void)
{
    BinaryTree tree;
    Query P;
    int m, i;

    tree = BuildTree();  /* 创建二叉树 */
    scanf("%d", &m);
    /* 创建查询集 */
    P = (Query)malloc(sizeof(struct QueryNode));
    P->size = m;
    P->nodes = (Pair)malloc(sizeof(struct PairNode) * m);
    for (i=0; i<m; i++) {  /* 读入待查询的结点对,并初始化其LCA为空 */
        scanf("%d %d", &P->nodes[i].u, &P->nodes[i].v);
        P->nodes[i].lca = NIL;
    }
    LeastCommonAncestor(tree, P);  /* 求查询集P中所有结点对的LCA */
    for (i=0; i<m; i++) {
        printf("LCA(%d, %d) = %d\n",
                P->nodes[i].u, P->nodes[i].v, P->nodes[i].lca);
    }
    return 0;
}
```

9.2 基础练习

练习 9-1 文件传输

1. 实验目的

熟练掌握集合运算在解决问题中的应用。

2. 实验要求

（1）题目描述

当两台计算机双向连通时，文件可以在两台机器之间进行传输。给定一套计算机网络，请判断任意两台指定的计算机之间能否传输文件？

（2）输入输出说明

输入格式：输入的第一行给出网络中计算机的总数 n ($2 \leq n \leq 10^4$)，于是假设这些

9.2 基础练习

计算机从 1 到 n 编号。随后每行输入按以下格式给出：

　　I c1 c2

其中，I 表示在计算机 c1 和 c2 之间加入连线，使它们连通；或者是

　　C c1 c2

其中，C 表示查询计算机 c1 和 c2 之间能否传输文件；又或者是

　　S

这里 S 表示输入终止。

输出格式：对每个 C 开头的查询，如果 c1 和 c2 之间可以传输文件，就在一行中输出 "yes"，否则输出 "no"。当读到终止符时，在一行中输出 "The network is connected."，表示网络中所有计算机之间都能传输文件；或者输出 "There are k components."，其中 k 是网络中连通集的个数。

（3）测试用例（见表 9-2）

表 9-2　练习 9-1 测试用例

序号	输入	输出	说明
0	5 C 3 2 I 3 2 C 1 5 I 4 5 I 2 4 C 3 5 S	no no yes There are 2 components.	一般情况测试。最后不连通
1	5 C 3 2 I 3 2 C 1 5 I 4 5 I 2 4 C 3 5 I 1 3 C 1 5 S	no no yes yes The network is connected.	最后连通
2	2 S	There are 2 components.	最小 n，无连通操作
3	10000 S	There are 10000 components.	最大 n，无操作
4	略	略	最大 n，递增链，卡不按大小 union 的
5	略	略	最大 n，递减链，卡不按大小 union 的
6	略	略	最大 n，两两合并，反复查最深结点，卡不压缩路径的

3. 实现要点

（1）算法分析与代码

两台计算机连通的关系实际上就是两个元素的等价关系，所以问题实际上是等价类的划分。我们可以将每台计算机看成集合中的元素，计算机逐渐联网的过程可以看成是子集合逐渐归并的过程。

题目中需要处理三种情况：

① 对于每个I开头的连通请求，先检查两台计算机是否已经连通了（即是否已经属于同一个集合），如果没有就把它们各自所在的集合并起来。

② 对于每个C开头的请求，同样检查两台计算机是否已经连通了，如果是就输出"yes"，否则输出"no"。

③ 最后读到S时，扫描集合中的每个元素，如果其值为负数，就说明是一个独立集合的根。用计数器统计根的个数，如果个数为1，说明全部计算机都连在一个集合里了，输出全网连通；如果个数大于1，说明有多个连通的子网，就输出连通集的个数。

代码 9-8
文件传输

代码9-8给出了程序的主要部分。不相交集相关的定义和操作在代码9-4、9-5、9-6中给出，不再重复。

（2）复杂度分析

题目没有给出指令的条数，所以实现时必须采用while循环，一直读到结束符为止。这个指令的条数可以比机器（即顶点）的个数n大很多。本题实质上是不相交集操作的一个典型应用，并且实现时采用了按秩归并和路径压缩，所以时间复杂度与主教材中定理9-1的结论一致，即对$n \geqslant 2$个元素的不相交集执行$m \geqslant n$次Find/Link操作的时间复杂度为$O(mG(n))$，其中$G(n)$是主教材9.4.3小节引入的一个增长极其缓慢的函数，一般情况下其取值不超过4。空间方面，仅不相交集占用了$O(n)$的数组空间。

*练习 9-2　团结就是力量[①]

1. 实验目的

① 熟练掌握不相交集的应用。
② 熟练掌握最小生成树算法。

2. 实验要求

（1）题目描述

常言道：团结就是力量。这里定义一个群体是"团结"的，即这个群体中的任意

---

① 题目引用自攀拓真题（2021年秋季）。

两个人都是朋友。并且，假定友谊是双向且可传递的：若 A 和 B 是朋友、B 和 C 是朋友，则 A 和 C 一定是朋友。下面给定一些人与人之间的关系，要求用最少的努力将他们全部团结起来。

（2）输入输出说明

输入格式：输入的第一行给出两个正整数 n 和 m（均不超过 10^5），分别为总人数和人与人之间的关系条数。接下来 m 行，每行描述了两个人之间的关系，格式为

P1 P2 力量值

其中，P1 和 P2 是两个人的编号（所有人从 1 到 n 编号），"力量值"是区间 $[-10^3, 10^3]$ 内的一个非零整数。当"力量值"为正数时，表示 P1 和 P2 是朋友，这个值是他们团结起来的力量；当其为负数时，表示 P1 和 P2 还没有成为朋友，这个值的绝对值是团结他们所需要付出的力量。

此外，如果想要将 A 和 B 团结起来，但他们之间的关系并没有给出，则假设团结他们需要付出的力量是常数 10^4。

输出格式：根据输入的人际关系，所有人可以被划分为几个朋友群。一个朋友群的"凝聚力"被定义为这个群中所有朋友间最小的力量值。首先必须在一行中按以下格式输出这些朋友群的信息：

G1-S1 G2-S2…

其中：Gi 是朋友群的编号，即该群成员的最小编号；Si 是该群的凝聚力。按凝聚力的非递增序输出。当凝聚力并列时，按群规模（即群成员人数）的非递增序输出。如果还是并列，则按群编号的增序输出。一对数据之间用一个空格分隔，行首尾不得有多余空格。

随后在下一行输出将所有人全部团结起来需要的最小力量值。

（3）测试用例（见表 9-3）

表 9-3 练习 9-2 测试用例

序号	输入	输出	说明
0	10 13 8 3 -5 8 6 3 2 5 2 1 8 -1 3 5 -7 7 9 4 9 4 5 7 3 -3 4 3 -4 6 1 2 8 2 -6 7 4 2 6 3 -2	1-2 4-2 2-2 3-0 10-0 10011	多解时按凝聚力、人数、编号排序。有孤独一人的情况

续表

序号	输入	输出	说明
1	10 16 9 1 −5 9 8 −3 2 9 −3 1 2 −2 2 8 −4 2 3 −5 3 8 −1 8 7 −9 2 7 −9 3 4 −4 3 5 −4 7 4 −8 7 6 −1 6 5 −9 4 5 −7 9 10 −14	1-0 2-0 3-0 4-0 5-0 6-0 7-0 8-0 9-0 10-0 40	全孤独。生成树时处理复杂多环情况
2	12 14 10 12 −99 8 2 −5 8 6 3 3 5 2 1 8 −1 2 5 −7 7 9 4 9 4 5 7 2 −3 4 2 −4 6 1 2 8 3 −6 7 4 2 6 2 −2	1-2 4-2 3-2 2-0 10-0 11-0 12-0 20110	有多个不连通的生成树
3	2 1 1 2 1	1-1 0	最小规模数据
4	100000 1 9 3 1000	略	最多结点最少边
5	略	略	最大规模，单向集合1归并，卡不做按秩归并和路径压缩的操作
6	略	略	最大规模，单向集合2归并，卡不做按秩归并和路径压缩的操作
7	略	略	最大规模，以最大数为中心的集合
8	略	略	最大规模两两成对，权重随机

3. 实现要点

（1）算法分析与代码

这是一道典型的不相交集运算的应用题。根据题意，每个人可以视为一个集合元素，朋友群就是一个建立在等价的朋友关系上的集合。题目要求将所有人全部团结起来需要的最小力量值，这等价于将每个群看成图中的一个顶点，负力量值对应的就是顶点之间的边权重（取绝对值），而将所有顶点连通的最小边权重和，就是这个图的最小生成树的权重。所以这本质上是一个求最小生成树的问题。虽然图中两个群之间可能有不只一条边，但这并不影响最小生成树算法的正确性，因为只要当前最小权重的边被选中，这条边关联的原来不相交的两棵树就被合并，那么这两棵树之间多余的边自然不可能被后续选中了。

代码9-9的主函数首先根据读入的人数初始化朋友群的集合，然后通过ReadRelations函数一边读入两人关系，一边根据正力量值建群并根据负力量值将参与最小生成树计算的边存好，并返回图中的边数。在朋友群建好后，GetGroups函数统计不相交集的个数，也就是图中的顶点数，返回统计出的顶点数；此时就可以调用Kruskal函数，用Kruskal算法计算最小生成树的权重，记录在 *mst_weight* 中。最后按照题目要求的顺序输出群信息和最小权重。

本题的解法虽然不复杂，但有一些细节处理需要注意：

① 题目在两个不同的地方用到了不相交集的运算：首先是根据正力量值建立朋友群，其次是在Kruskal算法中，判断新加一条边是否会构成回路——在练习8-3"公路村村通"中，因为还没有介绍不相交集的概念，所以我们采用了简单的方法去进行判断。因为森林中的各棵树构成的连通集本质上就是不相交集，判断边的两个端点是否在同一棵树中，就是判断两个元素是否属于同一个集合。如果是，则加入此边必构成回路；如果否，则可以将两棵树（两个集合）合并。所以在本题中，我们用不相交集的Union操作实现了IsCycle函数。

如果为这两个子问题分别建立不同的集合数组进行存储，代码会有比较多的冗余。代码9-9中是将两个问题的集合用一个Set结构存储的，但在集合结构中，除了常规的父结点指针 *parent* 和秩 *rank* 之外，还增加了如下一些变量：

size：用于存储以当前结点为根的朋友群的规模（人数）。

name：用于存储朋友群的群编号，即该群成员的最小编号。

strength：用于存储朋友群的凝聚力，即这个群中所有朋友间最小的力量值。

root：朋友群根结点标识，为"true"则表示当前结点是群的根结点。

② 为什么不在建好群以后就输出群信息呢？原因是题目要求群信息的输出是有序的，所以需要先对群中元素按照要求排序。但因为元素编号就是数组下标，排序会打乱这个对应关系，使得集合中元素通过 *parent* 建立的关联完全丢失，这将导致后面的

Kruskal算法无法在群集合的基础上继续执行不相交集的操作。所以群信息（凝聚力、规模、编号）必须在建群时先行存储，等Kruskal算法执行完后才执行排序。

③ 在不相交集操作中，一般是以"x == set[x].parent"为条件来判断x是否为集合根结点。但因为Kruskal算法会将森林中的所有树合并成一棵树，而群信息输出发生在最小生成树形成之后，所以必须将原始各群的根结点信息存下来，以便后续能正确地识别各群的根结点。于是我们在集合属性中增加了root这个标识。

④ 主教材中介绍的按秩归并，本质上是将rank当成树高来处理。事实上，将秩定义为集合规模（即集合中元素个数），每次归并都将规模小的集合合并为规模大的集合的子树，也可以取得同样的效果，即时间复杂度是一样的。在建群时，我们就采用了按size大小进行合并的策略。

但在Kruskal算法中执行集合的合并操作时，我们又回到了rank。这是因为如果继续采用size作为秩将会改变原始群的规模信息，使得后续输出不正确。

⑤ 在初始化集合时，我们认为每个人都是一个独立的单人群。单人群的凝聚力应该是0，但在InitSet函数中，凝聚力被初始化为infinity，即完全没有关联的两个群要团结时需要付出的力量，是给定的常数10^4。之所以这样初始化，是因为一个群的凝聚力被定义为所有朋友间最小的力量值。当两个群被合并时，需要检查新输入的力量值是否比原来两个群的凝聚力的最小值还要小，如果更小则更新凝聚力。如果单人群的凝聚力初始化为0，则合并两个单人群时将不能得到正确的结果。

这个初始化时的特殊处理，将使得建群结束后的那些单人群的凝聚力值是不正确的。这个问题在GetGroups函数中进行了修正。当发现某个群的根结点记录的凝聚力是infinity时，就说明这是个单人群，将其凝聚力修正为0即可。

⑥ 在原始的Kruskal算法中，如果收集的边尚不足以构成树，但边集已经空了，就说明图不连通，最小生成树不存在。但在这个问题中，即使两个集合之间的边没有给出，我们也要耗费infinity的力量将它们团结在一起。设图中有n_verts个顶点，生成树应该有(n_verts-1)条边。如果只找到m<(n_verts-1)条边，则最后的结果应该是这m条边的权重和加上(n_verts-1-m) × infinity。

代码9-9
团结就是力量

代码9-9在Kruskal函数中采用了一个处理技巧，先将最小生成树的权重初始化为(n_verts-1) × infinity，即默认(n_verts-1)条边全部由不存在的边构成。在算法执行过程中，每收录一条边，就从权重中减去一个infinity，再将边的权重加入。这样，最后发现图不连通时，weight中累加的是已经收录的边权重以及不存在的边对应的infinity权重和。

（2）复杂度分析

空间复杂度比较简单，我们分别采用了长度为n和m的数组存储顶点集合和边集合。注意：虽然团结各群的行为可以抽象为求一个图的最小生成树，但我们并不需要专门声明一个结构来存储图,只需要存储边即可,所以空间复杂度是 $O(n+m)$。

主函数中调用的几个函数的时间复杂度分析如下:

① InitSet 函数:为每个顶点的属性赋初值,复杂度为 $O(n)$。

② ReadRelations 函数:设 m 条输入的关系中有 m_1 条是正的力量值,m_2 条是负的力量值。则在采用按秩归并和路径压缩的情况下,对 n 个元素对应的不相交集执行 m_1 次 Find/Link 操作的时间复杂度为 $O(m_1 G(n))$,其中 $G(n)$ 是练习 9-1 中提到的增长极其缓慢的函数。而对于负力量值,只是简单地存储为图中的边权重。所以最坏情况下是所有关系均为正力量值,则执行该函数的时间复杂度就是 $O(mG(n))$。

③ GetGroups 函数:只需要遍历一遍群集合中的所有元素,复杂度为 $O(n)$。

④ Kruskal 函数:与练习 8-3 相似,首先采用了简单的库函数进行边权重的排序,在全部 m 条输入的关系都成为图中边的最坏情况下,排序的性能取决于数据的分布特点——在数据随机性较好的情况下可以达到 $O(m \log m)$ 的时间复杂度,但最坏情况下这个复杂度会达到 $O(m^2)$。所有 n 个人都是单人群同样是 IsCycle 函数的最坏情况,而这个函数就是略加改造的 Union 函数(代码 9-5),最多被调用 $n-1$ 次,所以时间复杂度是 $O(nG(n))$。

⑤ OutputGroups 函数:采用了库函数对 n 个元素进行排序,最坏情况下复杂度会达到 $O(n^2)$;而输出信息仅对应一次扫描,故复杂度是 $O(n)$。

综上可见,对算法效率产生影响的主要是两次排序,使得时间复杂度在 $O(m \log m + n \log n)$ 和 $O(m^2+n^2)$ 之间。其中 Kruskal 算法中的排序是可以用最小堆替换的,可以保证取出最小权重边的整体时间复杂度是 $O(m \log m)$,读者可以自行尝试。第 10 章将介绍多种排序算法,读者也可以在学习了第 10 章后,采用不同的排序方法来尝试提升算法的效率。

9.3 进阶实验

实验 9-1 部落 [①]

1. 实验目的

熟练掌握集合运算在解决问题中的应用。

2. 实验要求

(1)题目描述

---

① 题目引用自团体程序设计天梯赛真题(2017年)。

在一个社区中,每个人都有自己的小圈子,还可能同时属于很多不同的朋友圈。我们认为朋友的朋友都算在一个"部落"里,请统计在一个给定社区中有多少个互不相交的部落,并且检查任意两个人是否属于同一个部落。

(2)输入输出说明

输入格式:输入的第一行给出一个正整数 n($\leq 10^4$),是已知小圈子的个数。随后 n 行,每行按下列格式给出一个小圈子里的人:

$k\ p[1]\ p[2]\cdots p[k]$

其中,k 是小圈子里的人数,$p[i]$($i=1,\cdots,k$)是小圈子里每个人的编号。这里所有人的编号从 1 开始连续编号,最大编号不会超过 10^4。

之后一行给出一个非负整数 q($\leq 10^4$),为查询次数。随后 q 行,每行给出一对被查询的人的编号。

输出格式:首先在一行中输出这个社区的总人数,以及互不相交的部落的个数。随后对每一次查询,如果他们属于同一个部落,则在一行中输出 Y,否则输出 N。

(3)测试用例(见表 9-4)

表 9-4 实验 9-1 测试用例

序号	输入	输出	说明
0	4 3 10 1 2 2 3 4 4 1 5 7 8 3 9 6 4 2 10 5 3 7	10 2 Y N	结果有多个部落
1	5 3 7 9 8 4 2 4 6 10 3 1 3 5 1 11 6 12 6 3 11 9 13 3 11 12 1 3 13 2	13 1 Y Y Y	全部属于一个部落
2	1 1 1 0	1 1	最小规模数据

续表

序号	输入	输出	说明
3	略	略	最大规模,单向集合1归并,卡不做按秩归并和路径压缩的操作
4	略	略	最大规模,单向集合2归并,卡不做按秩归并和路径压缩的操作
5	3 1 1 1 2 1 3 2 1 3 2 3	3 3 N N	全是孤立点

3. 实现要点

互不相交的部落实际上就是不相交集,一个部落对应一个集合。所以本题的解决就是将输入的关系通过并查操作建立不相交集的过程。

输入中的每个小圈子里的人全部都属于同一个集合,只要在读取圈子信息时将所有人都与第一个人做Union即可。当然做合并之前必须要先Find两个人所在的集合名称。当所有小圈子都处理完后,就可以遍历所有人的信息,统计有多少个集合的根结点。最后的查询就是非常直接的Find操作。

一个小问题是,总人数并没有直接给出。但题目中明确了所有人的编号是从1开始连续的整数,所以在读取小圈子信息时,可以用一个变量记录所有人编号的最大值,因此就得到了总人数。

*实验9-2 两个序列的故事[①]

1. 实验目的

熟练掌握集合运算在解决问题中的应用。

2. 实验要求

(1)题目描述

给定两个整数序列 $A=a_1, a_2, \cdots, a_n$ 与 $B=b_1, b_2, \cdots, b_n$,称A中长度为 $(r-l+1)$ 的连续子序列 $a_l, a_{l+1}, \cdots, a_r (1 \leq l \leq r \leq n)$ 是"好的",如果 $\min(a_l, a_{l+1}, \cdots, a_r) \geq b_{r-l+1}$。

对于所有 $1 \leq k \leq n$,请求出A中是否有长度为k的好的连续子序列。

[①] 题目引用自攀拓考试真题(2021年春季)。

（2）输入输出说明

输入格式：第一行输入一个整数 n ($1 \leq n \leq 5 \times 10^5$)，表示两个序列的长度；第二行输入 n 个整数 $a_1, a_2, \cdots, a_n$ ($1 \leq a_i \leq 10^6$)，表示序列 A；第三行输入 n 个整数 $b_1, b_2, \cdots, b_n$ ($1 \leq b_i \leq 10^6$)，表示序列 B。

输出格式：在一行中输出长度为 n 的字符串 $s_1 s_2 s_n$。若 A 中存在长度为 k 的好的连续子序列则 $s_k=1$，否则 $s_k=0$。

（3）测试用例（见表9-5）

表9-5 实验9-2 测试用例

序号	输入	输出	说明
0	5 1 3 2 5 3 6 3 3 2 3	01010	一般情况。第一位不是1
1	1 1000000 1000000	1	边界测试
2	1 1 1000000	0	边界测试
3	100 略	略	输入只有 1 或 10^6
4	5000 略	略	允许 $O(n^2)$ 算法通过得分
5	略	略	最大规模随机数据
6	略	略	答案中存在大约一半为1的最大数据，补充随机数据很难生成的情况
7	略	略	所有 a 都一样的最大数据
8	略	略	所有 b 都一样的最大数据
9	略	略	所有 a 都比 b 小的最大数据
10	略	略	所有 b 都比 a 小的最大数据

3. 实现要点

解决这个问题，至少有三种方法。具体如下：

方法一：暴力枚举。这是最简单直接的方法，是用双重嵌套循环枚举所有连续子序列，并且扫描每个子序列求其最小元素的值，并判断是否不小于对应位置的 B 元素。这种 $O(n^3)$ 算法可以通过前4组测试用例测试数据。

方法二：优化枚举。固定连续子序列的左端点，并递增枚举右端点，这样可以减少一层嵌套循环。在枚举过程中用$O(1)$时间维护子序列中的最小元素。这种$O(n^2)$算法可以通过前5组测试用例测试数据。

方法三：不相交集。对任一固定的k，如果将所有不大于b_k的a_i都染成白色，剩下大于b_k的a_i都染成黑色，显然如果存在一段长度不小于k的连续白色元素，则对应的$s_k=1$。

在观察到上述性质后，我们先将A和B两个序列分别按非递增序排序，得到两个序列：$a_{\sigma(1)} \geq a_{\sigma(2)} \geq \cdots \geq a_{\sigma(n)}$和$b_{\tau(1)} \geq b_{\tau(2)} \geq \cdots \geq b_{\tau(n)}$。如果对$b_{\tau(i)}$有$a_{\sigma(1)} \geq a_{\sigma(2)} \geq \cdots \geq a_{\sigma(j)}$被染成白色，那么对于下一个元素$b_{\tau(i+1)}$，白色的$A$元素不可能变黑，只可能把后面黑色的$A$元素染白。如此只需要对两个有序序列同步做一遍扫描，就可以将A中元素从大到小顺序染白。这个扫描的时间是$O(n)$的。

问题是，有序序列中连续白色的元素在原始序列中不一定是连续的。如果每次染白一个元素，都要去原始序列中左右扫描连续白色的长度，则复杂度就仍然是$O(n^2)$。这一步关键的优化，是意识到连续白色序列可以理解为一个集合。对于固定的b_k，在A中会对应若干个不相交的白色连续子序列，也就是若干个不相交集。如果存在一个规模不小于b_k的集合，则对应的$s_k=1$。那么，对每一个由黑变白的元素$a_{\sigma(i)}$，其在原始序列中对应第j个位置，如果原始序列中其左边的第$j-1$个元素也是白色的，则将该元素与其左边元素做Union合并；如果原始序列中其右边的第$j+1$个元素也是白色的，则将该元素与其右边元素做Union合并。这里仍然采用按秩归并和路径压缩，不过这里的"秩"是集合的规模，也即白色连续子列的长度。如此可将整体时间复杂度降到$O(nG(n))$。

第 10 章

内排序

　　主教材第 10 章介绍了一系列经典的排序算法及其复杂度分析与比较。具体如下：

　　① 插入排序、冒泡排序、选择排序这三种排序方法为基本排序方法。它们的实现方法比较简单，但时间复杂性相对较高。

　　② 归并排序、快速排序和堆排序是三种平均复杂性为 $O(n\log n)$ 的高效排序方法。

　　③ 希尔排序是对插入排序的改进，是一种介于基本排序方法和高效排序方法之间的方法，其时间复杂性依赖于增量序列的选取。

　　④ 计数排序、基数排序、桶排序是"基于分配的排序"，其他排序是"基于比较 – 交换的排序"。

　　⑤ "基于比较 – 交换的排序"最坏时间复杂度的下限是 $O(n\log n)$。"基于分配的排序"则具有线性的时间复杂性。

　　本章将首先给出主教材中 22 个算法的具体实现，然后围绕各种排序算法的应用，给出 5 道基础练习题和 5 道进阶实验题，以训练学生熟练掌握根据实际问题选择正确的排序算法解决问题的能力。本章实现的算法和习题涉及的知识内容见表 10-1。

表 10-1 第 10 章实验清单

类型	序号	标题	内容	知识点
算法	10-1	InsertionSort (*a,l,r*)	插入排序	插入排序
	10-2	ShellSort (*a,l,r*)	Shell 排序	Shell 排序
	10-3	SelectionSort (*a,l,r*)	简单选择排序	选择排序
	10-4	HeapSort (*a,l,r*)	堆排序	堆排序
	10-5	BubbleSort (*a,l,r*)	冒泡排序	冒泡排序
	10-6	Partition (*a,l,r*)	序列拆分	快速排序
	10-7	QuickSort (*a,l,r*)	快速排序	快速排序
	10-8	TwoWayMerge (*a,l_x,r_x,l_y,r_y*)	二路归并	归并排序
	10-9	MergeSort (*a,l,r*)	归并排序	归并排序
	10-10	MergeSortBottomUp (*a,l,r*)	自底向上的归并排序	归并排序
	10-11	TwoWayMergeImproved (*a,t,l,m,r*)	改进的二路归并	归并排序
	10-12	MergeSortBottomUpImproved (*a,l,r*)	改进的自底向上归并排序	归并排序
	10-13	TwoWayInversionCount (*a,l,m,r*)	二路归并求逆序对减量	归并排序
	10-14	InversionCount (*a,l,r*)	归并排序兼求逆序对数量	归并排序
	10-15	CountingSort (*a,l,r,k*)	计数排序	计数排序
	10-16	CountingSort2 (*a,l,r,radix,k,d*)	基数排序中使用的计数排序	基数排序
	10-17	MSDRadixSort (*a,l,r,radix,k,d*)	MSD 基数排序	基数排序
	10-18	LSDRadixSort (*a,l,r,radix,d*)	LSD 基数排序	基数排序
	10-19	IndexedInsertionSort (*a,idx,l,r*)	基于插入排序的索引排序	索引排序
	10-20	ElementAdjust (*a,idx,l,r*)	元素顺序调整	索引排序
	10-21	IntroSort (*a,l,r,d*)	内省排序	内省排序
	10-22	TimSort (*a,l,r*)	Tim 排序	Tim 排序
基础练习	10-1	排序	各种排序方法的效率比较	综合
	10-2	正负数分类	将一个整数序列中所有负数都放于所有非负数之前	快速排序的轴点划分
	10-3	模拟 Excel 排序	将有多个关键字的数据按指定关键字排序	快速排序
	10-4	插入排序还是归并排序	根据一趟排序的中间结果判断是哪种排序方法	插入排序、归并排序
	10-5	与零交换	在仅允许与 0 交换的限制下排序	索引排序
进阶实验	10-1	分类排序	将数组中的字符按大写字母、数字和小写字母的顺序排列	快速排序的轴点划分
	10-2	德才论	复杂组合条件下的排序	快速排序
	10-3	插入排序还是堆排序	根据一趟排序的中间结果判断是哪种排序方法	插入排序、堆排序
	10-4	统计工龄	统计每个工龄段有多少员工	计数排序
	10-5	清点代码库	统计相同数列的个数	索引排序

10.1 算法实现

算法 10-1：插入排序 InsertionSort(*a*, *l*, *r*)

测试用的主函数 main 首先读入元素个数 n，声明一个新的顺序表空间，读入 n 个元素的值，存入顺序表。然后调用插入排序函数，最后输出有序的元素序列。这个主函数将成为本章所有排序算法的通用测试函数。

代码 10-1 给出了插入排序的实现和完整的测试程序。

代码 10-1　插入排序

```c
#include <stdio.h>
#include <stdlib.h>
typedef int ElemSet; /* 默认元素为整数*/

/* 算法10-1: 插入排序　InsertionSort(a,l,r) */
void InsertionSort(ElemSet *a, int l, int r)
{
    ElemSet t;
    int i, j;
    for (i=l+1; i<=r; i++) {
        t = a[i]; /* 当前待插入的元素 */
        for (j=i; j>=(l+1); j--) {
            if (a[j-1] > t) { /* 若不是插入位置 */
                a[j] = a[j-1]; /* 位移 */
            }
            else {
                break; /* 找到插入的位置 */
            }
        }
        a[j] = t; /* 插入 */
    }
}
/* 算法10-1 结束 */
int main(void)
{
    ElemSet *a; /* 数组a的下标从0开始 */
```

```c
    int n, i;

    scanf("%d", &n);
    a = (ElemSet *)malloc(sizeof(ElemSet) * n); /* 声明空间 */
    for (i=0; i<n; i++) { /* 读入待排序列 */
        scanf("%d", &a[i]);
    }
    InsertionSort(a, 0, n-1); /* 排序 */
    for (i=0; i<n; i++) { /* 输出有序序列 */
        printf("%d ", a[i]);
    }
    return 0;
}
```

算法 10-2：Shell 排序 ShellSort(a, l, r)

测试用主函数与代码 10-1 一样，仅需将插入排序函数换成 ShellSort(a, 0, n-1)。代码 10-2 仅给出 Shell 排序的实现。

代码 10-2　Shell 排序

```c
/* 算法10-2: Shell排序 ShellSort(a,l,r) */
void ShellSort(ElemSet *a, int l, int r)
{
    int d[] = {260609, 146305, 64769, 36289,
               16001, 8929, 3905, 2161, 929,
               505, 209, 109, 41, 19, 5, 1, 0};/* Sedgewick增量序列 */
    int ld, n, m, i, j;
    ElemSet t;

    ld = 16; /* Sedgewick增量序列长度 */
    n = r - l + 1; /* 待排序列长度 */
    for (m=0; d[m]>=n; m++) ; /* 保证最大增量小于待排序列长度 */
    for ( ; m<ld; m++) {
        for (i=l+d[m]; i<=r; i++) {
            t = a[i]; /* 当前待插入的元素 */
            for (j=i; j>=(l+d[m]); j-=d[m]) {
                if (a[j-d[m]] > t) { /* 若不是插入位置 */
                    a[j] = a[j-d[m]]; /* 位移 */
                }
                else {
                    break; /* 找到插入的位置 */
                }
            }
            a[j] = t; /* 插入 */
```

            }
        }
}
/* 算法10-2 结束 */

算法 10-3：简单选择排序 SelectionSort(a, l, r)

测试用主函数与代码10-1一样，仅需将插入排序函数换成SelectionSort(a, 0, n-1)。代码10-3仅给出简单选择排序的实现，其中用到的元素交换操作Swap通过宏定义实现。

代码10-3 简单选择排序

```c
#define Swap(x, y) { ElemSet t = x; x = y; y = t; }
/* 算法10-3: 简单选择排序 SelectionSort(a,l,r) */
void SelectionSort(ElemSet *a, int l, int r)
{
    int i, j, min;
    for (i=l; i<r; i++) { /* 依次从剩余未排序序列中选取一个最小的记录 */
        min = i;
        for (j=i+1; j<=r; j++) {
            if (a[j] < a[min]) {
                min = j;
            }
        }
        Swap(a[i], a[min]); /*将当前的最小记录放入已排好序的队列的末尾*/
    }
}
/* 算法10-3 结束 */
```

算法 10-4：堆排序 HeapSort(a, l, r)

测试用主函数与代码10-1一样，仅需将插入排序函数换成HeapSort(a, 0, n-1)。代码10-4仅给出堆排序的实现，其中元素交换操作Swap在代码10-3中给出；最大堆的定义和操作在代码6-1、6-2和6-6中给出，不再赘述。

代码10-4 堆排序

```c
/* 算法10-4: 堆排序 HeapSort(a,l,r) */
void HeapSort(ElemSet *a, int l, int r)
{
    MaxHeap h;
    h = (MaxHeap)malloc(sizeof(struct BinaryHeapNode));
```

```c
        h->capacity = h->size = r - l + 1;
        h->data = a+l;
        MakeHeapDown(h); /* 建最大堆 */
        while (h->size>1) { /* 基于堆的排序 */
            Swap(h->data[0], h->data[h->size-1]);
            h->size--;
            SiftDown(h, 0);
        }
        free(h);
    }
    /* 算法10-4 结束 */
```

算法 10-5：冒泡排序 BubbleSort(*a*, *l*, *r*)

测试用主函数与代码 10-1 一样，仅需将插入排序函数换成 BubbleSort(*a*, 0, *n*-1)。代码 10-5 仅给出冒泡排序的实现，其中元素交换操作 Swap 在代码 10-3 中给出，不再赘述。

代码 10-5　冒泡排序

```c
/* 算法10-5: 冒泡排序 BubbleSort(a,l,r) */
void BubbleSort(ElemSet *a, int l, int r)
{
    int i, j;
    for (i=l; i<r; i++) {
        for (j=r-1; j>=l; j--) {
            if (a[j] > a[j+1]) {
                Swap(a[j], a[j+1]);
            }
        }
    }
}
/* 算法10-5 结束 */
```

算法 10-6：序列拆分 Partition(*a*, *l*, *r*)

算法 10-6 是快速排序中用到的一个工具，其中元素交换操作 Swap 在代码 10-3 中给出，代码 10-6 仅给出 Partition 函数的实现。要完整地测试快速排序，需要将这段代码与代码 10-7 拼接起来运行。

代码 10-6　序列拆分

```c
/* 算法10-6: 序列拆分 Partition(a,l,r) */
int Partition(ElemSet *a, int l, int r)
{
```

```
    int i, j;
    ElemSet p;
    i = l;
    j = r - 1;
    p = a[r]; /* 选择序列最后一个元素作为轴点 */
    while (1) {
        while (a[i] < p) { /* 找到i以右第一个大于或等于轴点的元素 */
            i++;
        }
        while (a[j]>p && j>l) {/*找到j以左第一个小于或等于轴点的元素*/
            j--;
        }
        if (i >= j) { /* 如果i大于或等于j，完成拆分，退出循环 */
            break;
        }
        Swap(a[i], a[j]); /* 交换a[i]和a[j]，并右移i、左移j */
        i++;
        j--;
    }
    Swap(a[i], a[r]);
/* 此时{a[l], …, a[i-1]}<=a[i]<={a[i+1], …, a[r]}*/
    return i;
}
/* 算法10-6 结束 */
```

算法 10-7：快速排序 QuickSort(a, l, r)

测试用主函数与代码 10-1 一样，仅需将插入排序函数换成 QuickSort(a, 0, n-1)。代码 10-7 仅给出快速排序的实现，其中 Partition 函数由代码 10-6 给出。要完整地测试快速排序，需要将这段代码与代码 10-6 拼接起来运行。

代码 10-7　快速排序

```
/* 算法10-7: 快速排序 QuickSort(a,l,r) */
void QuickSort(ElemSet *a, int l, int r)
{
    int i;
    if (l < r) { /* 超过1个元素才进行排序 */
        i = Partition(a, l, r);
        QuickSort(a, l, i-1);
        QuickSort(a, i+1, r);
    }
}
/* 算法10-7 结束 */
```

算法 10-8：二路归并 TwoWayMerge(a, l_x, r_x, l_y, r_y)

算法10-8是归并排序中用到的一个工具，代码10-8仅给出TwoWayMerge函数的实现。要完整地测试归并排序，需要将这段代码与代码10-9拼接起来运行。

代码10-8　二路归并

```c
/* 算法10-8 二路归并 TwoWayMerge(a,l_x,r_x,l_y,r_y) */
ElemSet *TwoWayMerge(ElemSet *a,
                     int l_x, int r_x, int l_y, int r_y)
{
    int i, j, k, n;
    ElemSet *t;
    n = (r_x-l_x+1) + (r_y-l_y+1); /* 两个序列元素的总个数 */
    t = (ElemSet *)malloc(sizeof(ElemSet) * n); /* 创建临时数组 */
    i = l_x;
    j = l_y;
    k = 0;
    while (i<=r_x || j<=r_y) {
        if (j>r_y || (i<=r_x && a[i]<=a[j])) {
            t[k] = a[i]; /* 将a[i]添加至t末尾 */
            i++;
        }
        else {
            t[k] = a[j]; /* 将a[j]添加至t末尾 */
            j++;
        }
        k++;
    }
    return t;
}
/* 算法10-8 结束 */
```

算法 10-9：归并排序 MergeSort(a, l, r)

测试用主函数与代码10-1一样，仅需将插入排序函数换成MergeSort(a, 0, n-1)。代码10-9仅给出归并排序的实现，其中TwoWayMerge函数由代码10-8给出。要完整地测试归并排序，需要将这段代码与代码10-8拼接起来运行。

代码10-9　归并排序

```c
/* 算法10-9 归并排序 MergeSort(a,l,r) */
void MergeSort(ElemSet *a, int l, int r)
{
```

10.1 算法实现

```
        int m, i;
        ElemSet *t;
        if (l < r) { /* 序列中有至少两个元素待排 */
            m = (l+r)>>1;
            MergeSort(a, l, m);
            MergeSort(a, m+1, r);
            t = TwoWayMerge(a, l, m, m+1, r);
            for (i=l; i<=r; i++) { /* 将归并后的有序序列t复制回a中 */
                a[i] = t[i-l];
            }
        }
    }
    /* 算法10-9 结束 */
```

算法 10-10：自底向上的归并排序 MergeSortBottomUp(*a*, *l*, *r*)

测试用主函数与代码10-1一样，仅需将插入排序函数换成MergeSortBottomUp $(a, 0, n-1)$。代码10-10仅给出自底向上的归并排序的实现，其中TwoWayMerge函数由代码10-8给出。要完整地测试自底向上的归并排序，需要将这段代码与代码10-8拼接起来运行。

代码10-10　自底向上的归并排序

```
int Min( int x, int y)
{
    return (x<y)? x:y;
}
/* 算法10-10: 自底向上的归并排序 MergeSortBottomUp(a,l,r) */
void MergeSortBottomUp(ElemSet *a, int l, int r)
{
    int sorted_len, n, l_x, r_x, l_y, r_y, i;
    ElemSet *t;

    sorted_len = 1; /* 当前有序子序列长度 */
    n = r - l + 1;  /* 待排元素个数，即序列长度 */
    while (sorted_len < n) {
        /* 当前有序子序列长度小于序列长度，则相邻两子序列归并 */
        l_x = l; /* 左子序列从最左端开始 */
        while (l_x <= (r-sorted_len)) {
            r_x = l_x + sorted_len - 1; /* 左子序列的右端点 */
            l_y = r_x + 1; /* 右子序列的左端点 */
            r_y = Min(l_y+sorted_len-1, r); /* 右子序列的右端点 */
            t = TwoWayMerge(a,l_x,r_x,l_y,r_y); /* 归并 */
```

```
            for (i=l_x; i<=r_y; i++){/*将归并后的有序序列t复制回a中*/
                a[i] = t[i-l_x];
            }
            l_x = r_y + 1;  /* 下一对子序列的左子序列的左端点 */
        }
        sorted_len <<= 1;   /* 有序子序列长度加倍 */
    }
}
/* 算法10-10 结束 */
```

算法 10-11：改进的二路归并 TwoWayMergeImproved(*a*, *t*, *l*, *m*, *r*)

算法 10-11 是改进的自底向上归并排序中用到的一个工具，代码 10-11 仅给出 TwoWayMergeImproved 函数的实现。要完整地测试改进的自底向上归并排序，需要将这段代码与代码 10-12 拼接起来运行。

代码10-11　改进的二路归并

```
/* 算法10-11: 改进的二路归并 TwoWayMergeImproved(a,t,l,m,r) */
void TwoWayMergeImproved(ElemSet *a, ElemSet *t,
                         int l, int m, int r)
{
    int i, j, k;
    i = l;   /* 左子序列当前待比较的元素位置 */
    j = m+1; /* 右子序列当前待比较的元素位置 */
    k = l;   /* 结果序列当前待放入的元素位置 */
    while (i<=m || j<=r) {
        if (j>r || (i<=m && a[i]<a[j])){
            t[k] = a[i];
            i++;
            k++;
        }
        else {
            t[k] = a[j];
            j++;
            k++;
        }
    }
}
/* 算法10-11 结束 */
```

算法 10-12：改进的自底向上归并排序 MergeSortBottomUpImproved (*a*, *l*, *r*)

测试用主函数与代码10-1一样，仅需将插入排序函数换成MergeSortBottomUpImproved(*a*, 0, *n*-1)。代码10-12仅给出改进的自底向上的归并排序的实现，其中TwoWayMergeImproved函数由代码10-11给出，Min函数在代码10-10中给出。要完整地测试改进的自底向上归并排序，需要将这段代码与代码10-11以及Min函数的实现拼接起来运行。

代码10-12 改进的自底向上归并排序

```c
/* 算法10-12：改进的自底向上归并排序 MergeSortBottomUpImproved(a,l,r)*/
void MergeSortBottomUpImproved(ElemSet *a, int l, int r)
{
    int sorted_len, n, l_x, r_x, r_y, count, i;
    ElemSet *t;
    sorted_len = 1; /* 当前有序子序列长度 */
    n = r - l + 1;  /* 待排元素个数，即序列长度 */
    t = (ElemSet *)malloc(sizeof(ElemSet) * n); /* 创建临时数组 */
    count = 0;
    while (sorted_len < n) {
        /* 当前有序子序列长度小于序列长度，则相邻两子序列归并 */
        count++;
        l_x = l; /* 左子序列从最左端开始 */
        while (l_x <= r) {
            r_x = Min(l_x+sorted_len-1, r);   /* 左子序列的右端点 */
            r_y = Min(r_x+sorted_len, r);     /* 右子序列的右端点 */
            if (count%2==1) {
                TwoWayMergeImproved(a, t, l_x, r_x, r_y);/*a并入t*/
            }
            else {
                TwoWayMergeImproved(t, a, l_x, r_x, r_y);/*t并入a*/
            }
            l_x = r_y + 1; /* 下一对子序列的左子序列的左端点 */
        }
        sorted_len <<= 1;   /* 有序子序列长度加倍 */
    }
    if (count%2==1) {
        for (i=l; i<=r; i++) { /* 将归并后的有序序列t复制回a中 */
            a[i] = t[i];
        }
    }
}
/* 算法10-12 结束 */
```

算法 10-13：二路归并求逆序对减量 TwoWayInversionCount (a, l, m, r)

算法 10-13 是归并排序兼求逆序对数量中用到的核心函数，代码 10-13 仅给出 TwoWayInversionCount 函数的实现。要完整地测试归并排序兼求逆序对数量的算法，需要将这段代码与代码 10-14 拼接起来运行。

代码 10-13　二路归并求逆序对减量

```c
/* 算法10-13: 二路归并求逆序对减量 TwoWayInversionCount(a,l,m,r) */
int TwoWayInversionCount(ElemSet *a, int l, int m, int r)
{
    int i, j, k, count;
    ElemSet *t;
    t = (ElemSet *)malloc(sizeof(ElemSet)*(r-l+1));/*创建临时数组*/
    i = l;
    j = m+1;
    k = 0;
    count = 0;
    while (i<=m || j<=r) {
        if (j>r || (i<=m && a[i]<=a[j])) {
            t[k] = a[i]; /* 将a[i]添加至t末尾 */
            i++;
        }
        else {
            t[k] = a[j]; /* 将a[j]添加至t末尾 */
            j++;
            count += (m-i+1);
        }
        k++;
    }
    for (i=l; i<=r; i++) { /* 将归并后的有序序列t复制回a中 */
        a[i] = t[i-l];
    }
    return count;
}
/* 算法10-13 结束 */
```

算法 10-14：归并排序兼求逆序对数量 InversionCount(a, l, r)

测试用主函数与代码 10-1 一样，仅需将调用插入排序函数的一行代码更换为调用 InversionCount(a, 0, n-1) 函数并输出其返回值。代码 10-14 仅给出归并排序兼求逆序对数量算法的实现，其中TwoWayInversionCount函数由代码10-13给出。要完整地测试算法10-14，需要将这段代码与代码10-13拼接起来运行。

代码10-14　归并排序兼求逆序对数量
```
/* 算法10-14: 归并排序兼求逆序对数量 InversionCount(a,l,r) */
int InversionCount(ElemSet *a, int l, int r)
{
    int m, count;

    count = 0;
    if (l < r) { /* 序列中有至少两个元素待排 */
        m = (l+r)>>1;
        count += InversionCount(a, l, m);
        count += InversionCount(a, m+1, r);
        count += TwoWayInversionCount(a, l, m, r);
    }
    return count;
}
/* 算法10-14 结束 */
```

算法 10-15：计数排序 CountingSort(a, l, r, k)

测试用主函数与代码10-1一样，仅需将插入排序函数换成CountingSort(a, 0, n-1, kMaxKey)，并且在主函数前用宏定义给出kMaxKey的值即可。代码10-15仅给出计数排序的实现。

代码10-15　计数排序
```
/* 算法10-15: 计数排序 CountingSort(a,l,r,k) */
void CountingSort(ElemSet *a, int l, int r, ElemSet k)
{
    ElemSet *b;
    int *cnt, i, p;
    /* 临时存放有序序列的数组 */
    b = (ElemSet *)malloc(sizeof(ElemSet) * (r-l+1));
    cnt = (int *)malloc(sizeof(int) * (k+1)); /* 计数数组 */
    memset(cnt, 0, sizeof(int)*(k+1)); /* 初始全零 */
    for (i=l; i<=r; i++) {
        cnt[a[i]]++;
    }
    for (i=1; i<=k; i++) {
        cnt[i] += cnt[i-1];
    }
    for (i=r; i>=l; i--) {
```

```
            p = cnt[a[i]]-1;/*a[i]应该在b中的位置。注意b数组下标从0开始*/
            b[p] = a[i];    /* 将a[i]放入 */
            cnt[a[i]]--;
        }
        for (i=l; i<=r; i++) {
            a[i] = b[i-l]; /* 将有序的b放回a中。注意b数组下标从0开始 */
        }
    }
    /* 算法10-15 结束 */
```

算法 10-16：基数排序中使用的计数排序 CountingSort2(*a*, *l*, *r*, *radix*, *k*, *d*)

算法10-16是基数排序中用到的核心函数，代码10-16给出CountingSort2函数的实现，同时也给出针对整型元素的GetDigit函数的实现。要完整地测试基数排序，需要将这段代码与代码10-17或10-18拼接起来运行。

代码10-16　基数排序中使用的计数排序

```
typedef int DigitSet; /* 默认元素的每一位为整数*/
DigitSet GetDigit(ElemSet ai, int radix, int k, int d)
{ /* 得到ai在基数radix下元组表示的第k位 */
    return (ai/(int)pow(radix, d-k))%radix;
}

/* 算法10-16: 基数排序中使用的计数排序 CountingSort2(a,l,r,radix,k,d) */
int *CountingSort2(ElemSet *a,
                   int l, int r, int radix, int k, int d)
{
    ElemSet *b;
    DigitSet *c;
    int *cnt, i, p;
    /* 临时存放有序序列的数组 */
    b = (ElemSet *)malloc(sizeof(ElemSet) * (r-l+1));
    /* 存储元素第k位的数组 */
    c = (DigitSet *)malloc(sizeof(DigitSet) * (r-l+1));
    cnt = (int *)malloc(sizeof(int) * radix);  /* 计数数组 */
    memset(cnt, 0, sizeof(int)*radix);  /* 初始全零 */
    for (i=l; i<=r; i++) {
        /* 得到a[i]在基数radix下元组表示的第k位 */
        c[i-l] = GetDigit(a[i], radix, k, d);
        cnt[c[i-l]]++;
```

10.1 算法实现

```
        }
        for (i=1; i<radix; i++) {
            cnt[i] += cnt[i-1];
        }
        for (i=r; i>=l; i--) {
            /* a[i]应该在b中的位置。注意b数组下标从0开始 */
            p = cnt[c[i-l]]-1;
            b[p] = a[i];      /* 将a[i]放入 */
            cnt[c[i-l]]--;
        }
        for (i=l; i<=r; i++) {
            a[i] = b[i-l]; /* 将有序的b放回a中。注意b数组下标从0开始 */
        }
        free(b);
        free(c);
        return cnt;
    }
    /* 算法10-16 结束 */
```

算法 10-17：MSD 基数排序 MSDRadixSort(*a, l, r, radix, k, d*)

测试用主函数与代码10-1一样，仅需将插入排序函数换成MSDRadixSort(*a*, 0, *n*-1, 10, 1, kMaxDigit)函数，表示待排元素为不超过*kMaxDigit*位的十进制整数，并且在主函数前用宏定义给出*kMaxDigit*的值即可。代码10-17仅给出MSD基数排序的实现，其中CountingSort2函数由代码10-16给出。要完整地测试算法10-17，需要将这段代码与代码10-16拼接起来运行。

代码10-17　MSD基数排序

```
/* 算法10-17: MSD基数排序 MSDRadixSort(a,l,r,radix,k,d) */
void MSDRadixSort(ElemSet *a,
                  int l, int r, int radix, int k, int d)
{
    int *cnt, i;

    if (l>=r || k>d) { /* 子序列长度不足1，或计数位超过元组长度 */
        return;
    }
    cnt = CountingSort2(a, l, r, radix, k, d);
    for (i=0; i<=(radix-2); i++) {
        MSDRadixSort(a, l+cnt[i], l+cnt[i+1]-1, radix, k+1, d);
    }
    MSDRadixSort(a, l+cnt[i], r, radix, k+1, d);
```

```
        free(cnt);
}
/* 算法10-17 结束 */
```

算法 10-18：LSD 基数排序 LSDRadixSort(*a*, *l*, *r*, *radix*, *d*)

测试用主函数与代码 10-1 一样，仅需将插入排序函数换成 LSDRadixSort(*a*, 0, *n*-1, 10, *kMaxDigit*) 函数，表示待排元素为不超过 *kMaxDigit* 位的十进制整数，并且在主函数前用宏定义给出 *kMaxDigit* 的值即可。代码 10-18 仅给出 LSD 基数排序的实现，其中 CountingSort2 函数由代码 10-16 给出。要完整地测试算法 10-18，需要将这段代码与代码 10-16 拼接起来运行。

代码 10-18 LSD 基数排序

```
/* 算法10-18: LSD基数排序 LSDRadixSort(a,l,r,radix,d) */
void LSDRadixSort(ElemSet *a, int l, int r, int radix, int d)
{
    int i;
    for (i=d; i>0; i--) {
        CountingSort2(a, l, r, radix, i, d);
    }
}
/* 算法10-18 结束 */
```

算法 10-19：基于插入排序的索引排序 IndexedInsertionSort(*a*, *idx*, *l*, *r*)

测试用的主函数 main 与代码 10-1 中略有不同，不仅需要为存储待排数据声明一段顺序存储空间，还需要声明一个等长的整型数组 *idx* 用于存储索引。在顺序读入数据时，需要将第 *i* 个元素的索引值初始化为 *i*。调用 IndexedInsertionSort 完成索引排序后，还需要调用算法 10-20 的 ElementAdjust 函数，将原始序列按照索引调整为有序序列，最后输出有序序列。

代码 10-19 给出了基于插入排序的索引排序的实现和完整的测试程序。

代码 10-19 基于插入排序的索引排序

```
#include <stdio.h>
#include <stdlib.h>

typedef int ElemSet; /* 默认元素为整数*/
/* 算法10-19: 基于插入排序的索引排序 IndexedInsertionSort(a,idx,l,r) */
void IndexedInsertionSort(ElemSet *a, int *idx, int l, int r)
{
```

```c
    int t, i, j;
    for (i=l+1; i<=r; i++) {
        t = idx[i];
        for (j=i; j>=(l+1); j--) {
            if (a[idx[j-1]] > a[t]) {
                idx[j] = idx[j-1];
            }
            else {
                break;
            }
        }
        idx[j] = t;
    }
}
/* 算法10-19 结束 */
int main(void)
{
    ElemSet *a;  /* 数组a的下标从0开始 */
    int *idx;    /* 元素索引 */
    int n, i;
    scanf("%d", &n);
    a = (ElemSet *)malloc(sizeof(ElemSet) * n);
    idx = (int *)malloc(sizeof(int) * n);
    for (i=0; i<n; i++) {
        scanf("%d", &a[i]);
        idx[i] = i;
    }
    IndexedInsertionSort(a, idx, 0, n-1);
    ElementAdjust(a, idx, 0, n-1);
    for (i=0; i<n; i++) {
        printf("%d ", a[i]);
    }
    return 0;
}
```

算法 10-20：元素顺序调整 ElementAdjust(*a*, *idx*, *l*, *r*)

在执行了算法 10-19 之后，算法 10-20 将原始序列按照索引调整为有序序列。代码 10-20 仅给出调整算法的实现，其测试需要跟代码 10-19 拼接在一起进行。

代码10-20 元素顺序调整

```
/* 算法10-20: 元素顺序调整 ElementAdjust(a,idx,l,r) */
void ElementAdjust(ElemSet *a, int *idx, int l, int r)
{
    ElemSet t;
    int i, j, k;
    for (i=l; i<=r; i++) {
        if (idx[i] != i) {
            j = i;
            t = a[i];
            while (idx[j] != i) {
                a[j] = a[idx[j]];
                k = idx[j];
                idx[j] = j;
                j = k;
            }
            a[j] = t;
            idx[j] = j;
        }
    }
}
/* 算法10-20 结束 */
```

算法 10-21：内省排序 IntroSort(*a*, *l*, *r*, *d*)

测试用主函数与代码10-1一样，仅需将插入排序函数换成IntroSort(*a*, 0, *n*−1, *kThrD*)函数，表示执行深度不超过*kThrD*的递归，并且在主函数前用宏定义给出*kThrD*的值即可。代码10-21仅给出内省排序的实现，其中InsertionSort函数由代码10-1给出，HeapSort函数由代码10-4给出，Partition函数由代码10-6给出。要完整地测试算法10-21，需要将代码10-21与这三段代码拼接起来运行。

代码10-21 内省排序

```
#define kThrLen 3
/* 算法10-21: 内省排序 IntroSort(a,l,r,d) */
void IntroSort(ElemSet *a, int l, int r, int d)
{
    int i;
    if ((r-l) < kThrLen) { /* 若小于短子序列的阈值 */
        InsertionSort(a, l, r);
    }
    else if (d == 0) {
```

```
        HeapSort(a, l, r);
    }
    else {
        i = Partition(a, l, r);
        IntroSort(a, l, i-1, d-1);
        IntroSort(a, i+1, r, d-1);
    }
}
/* 算法10-21 结束 */
```

算法 10-22：Tim 排序 TimSort(a, l, r)

算法10-22主要涉及有序段的归并和栈的操作。代码10-22中将有序段类型 *Runs* 定义为指向 RunNode 结构体的指针，结构体中存储了有序段在原始数组 *a* 中的起始下标 *start* 和这个有序段的长度 *len*。链式栈用于临时存放有序段，栈元素类型 SElemSet 定义为 Runs。

在 Tim 排序中，除了需要用到第 3 章已经给出的栈的常规操作（初始化、判空、入栈、取顶、出栈、销毁）外，还需要一个特殊的 Peek 函数，该函数在不改变栈内元素的前提下，返回栈顶开始第 *k* 个元素的值。

注意：Tim 排序中用到的归并函数 Merge 是将栈顶两个段弹出进行归并，并将结果压回栈顶。由于栈顶两个段在原始数组 *a* 中一定是相邻的，所以用于执行归并的二路归并函数 TwoWayMerge 与代码 10-8 中的不同。这里的二路归并默认将数组 *a* 中**相邻的**两个有序段进行归并，所以传入的参数简化为待归并的左边子序列的左、右端点和右边子序列的右端点的下标。此外，将归并后的有序序列从临时数组复制回 *a* 的操作也改在归并函数内部进行。

代码10-22给出了 Tim 排序的完整实现。

代码10-22　Tim排序
```
#include <stdio.h>
#include <stdlib.h>

typedef int ElemSet; /* 默认元素为整数*/
#define kMinRun 4
#define Swap(x, y) { ElemSet t = x; x = y; y = t; }

typedef struct RunNode *Runs;
struct RunNode {
    int start; /* 有序段在a中的起始下标 */
    int len;   /* 有序段长度 */
};
```

```c
/* 堆栈定义及操作 */
typedef enum {false, true} bool;
typedef Runs SElemSet;
#define NIL NULL
typedef struct StackNode *Position;  /* 指针即结点位置 */
struct StackNode {
    SElemSet data;    /* 存储数据 */
    Position next;    /* 链式栈中下一个元素的位置 */
};
typedef struct StackHeadNode *Stack;
struct StackHeadNode {
    int size;         /* 链式栈中当前元素个数 */
    Position top;     /* 链式栈的栈顶指针, 初始化为NULL */
};
void InitStack(Stack stack);
bool IsEmpty(Stack stack);
void Push (Stack stack, SElemSet x);
SElemSet Top (Stack stack);
SElemSet Peek(Stack stack, int k);
void Pop (Stack stack);
void DestroyStack(Stack stack);
/* 堆栈定义及操作结束 */

void Reverse(ElemSet *a, int l, int r);
Runs GetRun(ElemSet *a, int l, int r);
void TwoWayMerge(ElemSet *a, int l, int m, int r);
void Merge(ElemSet *a, Stack stack);

/* 算法10-22: Tim排序 TimSort(a,l,r) */
void TimSort(ElemSet *a, int l, int r)
{
    int n, p;
    Stack stack;
    Runs run, s1, s2, s3, s4;

    stack = (Stack)malloc(sizeof(struct StackHeadNode));
    InitStack(stack);
    p = l;  /* 初始化有序段的起始位置 */
    while (p <= r) {
        run = GetRun(a, p, r);  /* 获取一个有序段 */
        Push(stack, run);            /* 存入栈中 */
        p += run->len;               /* 下一个有序段的起始位置 */
        while (stack->size > 1) {/* 检查栈中元素。此时至少有两个元素 */
            s1 = Peek(stack, 1);
            s2 = Peek(stack, 2);
```

10.1 算法实现

```
            if (stack->size==2) { /* 只有两个段 */
                if (s1->len>s2->len) { /* 需要归并 */
                    Merge(a, stack);    /* s2与s1归并 */
                }
                else { /* 不需要归并 */
                    break;
                }
            }
            else { /* 至少三个段 */
                s3 = Peek(stack, 3);
                if (s2->len<=s1->len ||
                    s3->len<=(s1->len+s2->len)) { /* 需要归并 */
                    if (s1->len<=s3->len) { /* s2与s1归并 */
                        Merge(a, stack);
                    }
                    else { /* s2与s3归并 */
                        s1 = Top(stack); Pop(stack); /* 先弹出s1 */
                        Merge(a, stack); /* s2与s3归并 */
                        Push(stack, s1); /* 恢复s1在栈中的位置 */
                        if (stack->size>3) {
                            /* 归并可能引起 s2、s3、s4不满足约束 */
                            s2 = Peek(stack, 2);
                            s3 = Peek(stack, 3);
                            s4 = Peek(stack, 4);
                            if (s4->len<=(s3->len+s2->len)) {
                                /* s2与s1归并 */
                                Merge(a, stack);
                            }
                        }
                    }
                }
                else { /* 不需要归并 */
                    break;
                }
            }
        }
    }
    while (stack->size>1) {
        Merge(a, stack);
    }
    DestroyStack(stack);
}
/* 算法10-22 结束 */
```

```c
int main(void)
{
    ElemSet *a; /* 数组a的下标从0开始 */
    int n, i;
    scanf("%d", &n);
    a = (ElemSet *)malloc(sizeof(ElemSet) * n);
    for (i=0; i<n; i++) {
        scanf("%d", &a[i]);
    }
    TimSort(a, 0, n-1);
    for (i=0; i<n; i++) {
        printf("%d ", a[i]);
    }
    return 0;
}

/* 堆栈操作 */
void InitStack(Stack stack)
{ /* 初始化一个空的链式栈 */
    stack->size = 0;
    stack->top = NULL;
}

bool IsEmpty(Stack stack)
{ /* 判断栈是否为空 */
    if (stack->size == 0)
        return true;
    else
        return false;
}

void Push (Stack stack, SElemSet x)
{
    Position new_node;
    new_node = (Position)malloc(sizeof(struct StackNode));
    new_node->data = x;
    new_node->next = stack->top;
    stack->top = new_node;
    stack->size++;
}

SElemSet Top (Stack stack)
{
    if (IsEmpty(stack)) {
        printf("错误: 栈为空。\n");
```

10.1 算法实现

```
            return NIL;
        }
        else {
            return stack->top->data;
        }
    }

    SElemSet Peek(Stack stack, int k)
    { /* 返回栈顶开始第k个元素的值 */
        Position p;
        int i;

        p = stack->top;
        for (i=1; i<k; i++) {
            if (p==NULL) {
                break;
            }
            else {
                p = p->next;
            }
        }
        if (i < k) {
            printf("错误: 不存在第%d个元素。\n", k);
            return NIL;
        }
        else {
            return p->data;
        }
    }

    void Pop (Stack stack)
    {
        Position temp;

        if (IsEmpty(stack)) {
            printf("错误: 栈为空。\n");
        }
        else {
            temp = stack->top;
            stack->top = stack->top->next;
            free(temp);
            stack->size--;
        }
    }

    void DestroyStack(Stack stack)
```

```c
{
    free(stack);
}
/* 堆栈操作结束 */
void Reverse(ElemSet *a, int l, int r)
{
    int i, j;
    for (i=l,j=r; i<j; i++,j--) {
        Swap(a[i], a[j]);
    }
}
Runs GetRun(ElemSet *a, int l, int r)
{ /* 从a[l]开始找长度不小于kMinRun的非递减段，并返回段长度 */
    bool is_dec;
    int i, j;
    ElemSet t;
    Runs run;

    run = (Runs)malloc(sizeof(struct RunNode));
    run->start = l;
    if (l==r) {
        run->len = 1;
    }
    else {
        is_dec = (a[l]>a[l+1]); /* 是否严格递减 */
        for (i=l+1; i<=r; i++) {
            if ((is_dec==true && a[i]>=a[i-1]) ||
                (is_dec==false && a[i]<a[i-1])) {
                break;
            }
        }
        if (is_dec==true) {
            Reverse(a, l, i-1);
        }
        while (i<=r && (i-l)<kMinRun) {
            t = a[i];
            for (j=i; j>=(l+1); j--) {
                if (a[j-1] > t) {
                    a[j] = a[j-1];
                }
                else {
                    break;
                }
```

10.1 算法实现

```
            }
            a[j] = t;
            i++;
        }
        run->len = i - l;
    }
    return run;
}
void TwoWayMerge(ElemSet *a, int l, int m, int r)
{
    int i, j, k;
    ElemSet *t;
    t = (ElemSet *)malloc(sizeof(ElemSet)*(r-l+1));/*创建临时数组*/
    i = l;
    j = m+1;
    k = 0;
    while (i<=m || j<=r) {
        if (j>r || (i<=m && a[i]<=a[j])) {
            t[k] = a[i]; /* 将a[i]添加至t末尾 */
            i++;
        }
        else {
            t[k] = a[j]; /* 将a[j]添加至t末尾 */
            j++;
        }
        k++;
    }
    for (i=l; i<=r; i++) { /* 将归并后的有序序列t复制回a中 */
        a[i] = t[i-l];
    }
}

void Merge(ElemSet *a, Stack stack)
{   /* 将栈顶两个段弹出进行归并,并将结果压回栈顶 */
    Runs s1, s2;

    s1 = Top(stack); Pop(stack);
    s2 = Top(stack); Pop(stack);
    TwoWayMerge(a, s2->start, s1->start-1, s1->start+s1->len-1);
    s2->len += s1->len;
    Push(stack, s2);
}
```

10.2 基础练习

练习 10-1 排序

1. 实验目的

了解不同的排序算法在各种数据情况下的表现。

2. 实验要求

（1）题目描述

给定 n 个（长整型范围内的）整数，要求输出从小到大排序后的结果。

（2）输入输出说明

输入格式：输入的第一行给出正整数 n（$\leq 10^5$），随后一行给出 n 个（长整型范围内的）整数，其间以空格分隔。

输出格式：在一行中输出从小到大排序后的结果，数字间以一个空格分隔，行末不得有多余空格。

（3）测试用例（见表10-2）

表 10-2 练习 10-1 测试用例

序号	输入	输出	说明
0	1 123	123	只有 1 个元素
1	11 4 981 10 -17 0 -20 29 50 8 43 -5	-20 -17 -5 0 4 8 10 29 43 50 981	测试基本正确性
2	略	略	10^3 个随机整数
3	略	略	10^4 个随机整数
4	略	略	10^5 个随机整数
5	略	略	10^5 个顺序整数
6	略	略	10^5 个逆序整数
7	略	略	10^5 个基本有序的整数
8	略	略	10^5 个随机正整数，每个数字不超过 1000

3. 实现要点

（1）算法分析与代码

本题旨在测试不同的排序算法在各种数据情况下的表现，所以给出了9组具有不同特点的数据,分别测试排序算法的正确性和效率。代码10-23中的主函数与代码10-1的主函数相似,其中调用的XSort函数可以被替换成前面给出的任何一种排序算法。

代码10-23
通用排序测试

输出部分做了细节上的改动,即先输出第一个元素,再对剩下的元素按照"先空格再打印"的格式输出,以满足题目"行末不得有多余空格"的要求。

(2)复杂度分析

建议读者将自己得到的不同排序算法在各组数据下的运行时间,与对该算法进行理论分析得到的时间复杂度做对比,看看实际运行效果是否与理论相吻合。

练习 10-2 正负数分类

1. 实验目的

熟练掌握快速排序中的轴点划分算法在解决问题中的应用。

2. 实验要求

(1)题目描述

给定一个整数序列,要求将序列中所有负数都放于所有非负数之前。

(2)函数接口定义

void Partition(ElemSet *a, int n);

其中:ElemSet是用户定义的数据类型,此处定义为int;序列元素存储在数组 a 中,可以是任意int范围内的整数;n 是数组 a 的长度,其值不超过 10^5。数组下标从0开始。

函数Partition需要将 a 中的所有负数都放于所有非负数之前,并将调整后的序列仍然存在 a 中返回。注意:结果可能不唯一,返回任何一组正确的结果即可。

(3)测试用例(见表10-3)

表 10-3 练习 10-2 测试用例

序号	输入(n, a)	输出(a)	说明
0	10 0 -1 1 2 -3 0 -4 -5 -6 0	-6 -1 -5 -4 -3 0 2 1 0 0	一般情况。0出现在两端
1	1 -1	-1	最小规模
2	略	略	最大规模随机整数
3	略	略	最大规模顺序整数
4	略	略	最大规模逆序,且负数占一半

3. 实现要点

（1）算法分析与代码

本题当然可以通过任何一种排序算法将序列元素排为非递减序，就可以得到正确的输出。但一般情况下，基于交换的排序最好的平均时间复杂度是 $O(n \log n)$；其他排序如计数排序、基数排序等，效率依赖于元素键值的大小，本题键值范围是 $[-2^{31}, 2^{31})$，而 n 最大只有 10^5，显然不会比基于比较的排序更快。

注意到题目并不要求输出的序列严格有序，只是将数字划分为两类而已。一个简单的办法是另外开一个长度为 n 的数组，并准备两个指针分别指向空数组的两端。顺序扫描数组 a，遇到负数则存入左端，左指针右移一位；否则存入右端，右指针左移一位。这样做的好处是完全不需要比较和交换元素，但需要 $O(n)$ 的额外空间，并且要将数据在两个数组间来回复制。

要避免 $O(n)$ 的额外空间消耗，可以采用代码 10-6 中的轴点划分算法，以 0 为轴点，只需要执行一次划分，更为快捷。必须注意的一个细节问题是：在快速排序中，如果遇到与轴点等值的元素，左、右两边的指针都应该停下来，进行元素交换；否则当所有元素都等于轴点时，会造成极端偏离中心的划分，使得算法效率降低到 $O(n^2)$。但在本题中，只需要执行一次划分，不需要有这个顾虑。另外，如果取轴点值为 0，则等于轴点的元素必须被划分到右侧，不可以留在左侧，所以需要将 Partition 函数中 j 指针的移动条件从 $a[j] > p$ 修改为 $a[j] >= p$，才能得到正确的结果。

需要说明的是，轴点为 0 并不是唯一的选择，也可以将轴点的值设置为 -1。读者可以尝试修改代码实现这种选择。

代码 10-24 给出了完整的实现。

代码 10-24
正负数分类

（2）复杂度分析

轴点划分只需要将左、右两个指针从两个端点向中间扫描，每个元素只需要被访问一次，至多交换一次，所以时间复杂度是 $O(n)$。最坏情况是负数和非负数各占一半，且负数全部出现在非负数的后面（右侧），此时需要 $n/2$ 次交换。最好情况是输入即满足要求，不需要做任何交换，仅须扫描一遍即可。

练习 10-3 模拟 Excel 排序

1. 实验目的
熟练掌握快速排序的库函数调用。

2. 实验要求

（1）题目描述

Excel 可以对一组记录按任意指定列排序。请编写程序实现类似功能。

（2）输入输出说明

输入格式：输入的第一行包含两个正整数 n ($\leq 10^5$) 和 c，其中 n 是记录的条数，c 是指定排序的列号。之后有 n 行，每行包含一条学生记录。每条学生记录由学号（6位数字，保证没有重复的学号）、姓名（不超过8位且不包含空格的字符串）、成绩（[0, 100]内的整数）组成，相邻属性用一个空格隔开。

输出格式：在 n 行中输出按要求排序后的结果：当 c =1 时，按学号递增排序；当 c =2 时，按姓名的非递减字典序排序；当 c =3 时，按成绩的非递减排序。当若干学生具有相同姓名或者相同成绩时，则按他们的学号递增排序。

（3）测试用例（见表10-4）

表10-4 练习10-3测试用例

序号	输入	输出	说明
0	3 1 000007 James 85 000010 Amy 90 000001 Zoe 60	000001 Zoe 60 000007 James 85 000010 Amy 90	按学号排序
1	4 2 000007 James 85 000010 Amy 90 000001 Zoe 60 000002 James 98	000010 Amy 90 000002 James 98 000007 James 85 000001 Zoe 60	按姓名排序，有重名
2	4 3 000007 James 85 000010 Amy 90 000001 Zoe 60 000002 James 90	000001 Zoe 60 000007 James 85 000002 James 90 000010 Amy 90	按成绩排序，有相同成绩
3	1 2 999999 Williams 100	999999 Williams 100	边界测试：最小 N、最大学号、最长姓名、最大分数
4	100000 1 随机生成大数据	略	边界测试：最大 N，按学号排序
5	100000 2 随机生成大数据	略	边界测试：最大 N，按姓名排序
6	100000 3 随机生成大数据	略	边界测试：最大 N，按成绩排序

3. 实现要点

（1）算法分析与代码

本题其实就是一个简单的排序。略为复杂的地方在于，当按"姓名"或"成绩"排序而出现并列数据时，要按主关键字即"学号"排序。这要求我们在实现排序算法时，根据需要修改用于比较大小的语句。此外，因为要求对同一批数据的不同属性排序，且对不同属性的排序规则还不一样，所以，如果不想对每一种属性都实现一个不同的排序函数，就必须将教材中仅用于对整数数组排序的函数进行修改，以使其成为真正通用的排序工具。

一个通用的排序函数必须能接受任何类型的数组，用于比较大小的关键功能由用户定义的比较函数来执行。在C语言的stdlib.h库函数中提供了非常易用的qsort函数，采用了优化实现的快速排序算法，其调用格式为

qsort(数组名, 元素个数, sizeof(数组元素类型), 比较大小的函数);

其中，比较大小的函数由用户自行定义，该函数接受两个指向待比较元素的指针*a和*b，返回一个整数。当要求按递增排序时，返回正数表示*a的分量比*b的大，负数反之，相等时返回0。

考虑到每个学生记录包含三个关键字，我们用结构体数组存储全体学生的记录。根据题目要求，不需要实现三个大部分代码重复但比较规则不同的排序函数，而仅需要为每个规则实现一个用于比较的函数即可。

代码10-25
模拟Excel排序

注意到用户自定义函数的返回值与字符串比较的库函数strcmp返回值的意义是一致的，所以在按学号排序时可以直接调用并返回strcmp的结果，如代码10-25中的CmpID函数。

在实现代码10-25中的CmpName和CmpGrade函数时，我们只要略微修改CmpID的代码，当要比较的关键字相同时不是返回0，而是返回"学号"的比较结果，就解决了并列数据时按"学号"排序的问题。

（2）复杂度分析

算法的时空复杂度与qsort函数的实现相关。

因为函数是优化实现的快速排序，对于大规模随机生成的n个数据而言，qsort的时间复杂度是$O(n \log n)$。

在额外空间使用方面，qsort采用非递归实现，并且采用了一些技巧使得栈的最大需求不会超过$(1+\log n)$，所以在函数中自定义辅助栈的规模为常数（$8 \times$ sizeof(void*)-2=30）。

练习 10-4 插入排序还是归并排序

1. 实验目的
熟练掌握插入排序和归并排序的特性。

2. 实验要求
（1）题目描述

根据维基百科的定义：

插入排序是迭代算法，逐一获得输入数据，逐步产生有序的输出序列。每步迭代中，算法从输入序列中取出一个元素，将之插入有序序列中正确的位置。如此迭代直到全部元素有序。

归并排序进行如下迭代操作：首先将原始序列看成 n 个只包含一个元素的有序子序列，然后每次迭代归并两个相邻的有序子序列，直到最后只剩下一个有序的序列。

现给定原始序列和由某排序算法产生的中间序列，请判断该算法究竟是哪种排序算法。

（2）输入输出说明

输入格式：输入的第一行给出正整数 n（≤ 100），随后一行给出原始序列的 n 个整数，最后一行给出由某排序算法产生的中间序列。这里假设排序的目标序列是升序。数字间以空格分隔。

输出格式：首先在第一行中输出"Insertion Sort"表示插入排序或输出"Merge Sort"表示归并排序，然后在第二行中输出用该排序算法再迭代一轮的结果序列。题目保证每组测试的结果是唯一的。数字间以空格分隔，且行首尾不得有多余空格。

（3）测试用例（见表10-5）

表 10-5 练习 10-4 测试用例

序号	输入	输出	说明
0	10 3 1 2 8 7 5 9 4 6 0 1 2 3 7 8 5 9 4 6 0	Insertion Sort 1 2 3 5 7 8 9 4 6 0	插入的中间步骤，有不需要交换的元素
1	10 3 1 2 8 7 5 9 4 0 6 1 3 2 8 5 7 4 9 0 6	Merge Sort 1 2 3 8 4 5 7 9 0 6	归并有不成双，有不需要交换的元素
2	4 3 4 2 1 3 4 2 1	Insertion Sort 2 3 4 1	最小 n，插入第一步没变
3	4 3 1 4 2 1 3 2 4	Merge Sort 1 2 3 4	最小 n，归并第一步
4	略	略	最大 n，插入
5	略	略	最大 n，归并，后面 n 位没变化
6	14 4 2 1 3 13 14 12 11 8 9 7 6 10 5 1 2 3 4 11 12 13 14 6 7 8 9 5 10	Merge Sort 1 2 3 4 11 12 13 14 5 6 7 8 9 10	卡住归并检查片段长度的错误算法，连续长度有三种

3. 实现要点

（1）算法分析与代码

本题的解决分两个步骤，首先根据两个输入序列的特点判断排序的类型，随后将该排序算法再迭代一轮并输出结果。

① 判断类型

首先需要分析两种排序算法的特点：

插入排序的特点：序列分成两部分，前面一部分是有序的，后面一部分尚未处理的序列没有变化。

归并排序的特点：序列可以分割为等长的有序段（除了末尾一段长度可能不同）。

比较这两种排序算法的特点，显然检查算法是否为插入排序是比较容易的。函数 IsInsertion 首先通过顺次比较两个相邻数字，找到第二个数组有序部分的边界，并记录第一个破坏升序关系的数组元素下标 i。如果的确是插入排序的结果，则两个数组从位置 i 直到末尾的元素都应该是相同的；否则就一定不是插入排序。

② 继续迭代

插入排序的继续迭代很简单，只要把算法从无序部分的第一个元素开始执行一次循环即可（将算法 10-1 的外层 i 循环删去，从某一个指定位置开始插入）。相比之下，归并排序的继续迭代就复杂得多，因为判断当前归并段的长度是一个关键的难点。

首先需要明确的是，如果从头开始扫描，得到连续有序的子序列长度，这个长度**不一定**是归并段的长度。所有连续有序子序列的最短长度也不一定对——最后一组测试数据就是专门设计出来卡这个错误的。

一种保证正确的做法是：从原始序列出发，每执行一趟归并，就将结果与第二个数组做比较，直到两者完全一致。但其实有更省力的做法：因为题目保证结果是唯一的，所以第二个数组至少是归并了一次的结果，即归并段的长度至少是 2。根据这个前提，只需顺次检查两个相邻有序段之间，左侧段的尾元素是否小于或等于右侧段的头元素。如果是，则归并段长度至少为 4。重复前面的操作，可以判断归并段长度是否为 8。以此类推。

代码 10-26
插入排序还是归并排序

在得到正确的归并段长度后，就将非递归的归并排序执行一趟即可。代码 10-26 中的归并函数是在代码 10-22 中 TwoWayMerge 函数的基础上修改的。

执行一趟排序并输出可以在同一个循环中完成，甚至不需要存储执行后的结果。但这就需要将输出分别写在 NextInsertion 和 NextMerge 两个模块里，以不同的方式实现。而模块化是一种比较专业的编程习惯，例如我们为输出结果这个功能专门编写了一个函数 PrintResults，使得程序更容易理解。而要在执行下一步归并后也能调用这个函数进行输出，我们就必须在 NextMerge 函数中把结果另外存放，这是为了程序的可读性而牺牲了空间。但是因为没有规定原始数据不能破坏，所以可以将存储原始序列的数组用于存储归并后的结果，不必另外再声明临时数组空间。

代码 10-26 给出了算法的完整实现。

（2）复杂度分析

除了输入输出部分显然需要 $O(n)$ 的时空复杂度外，其他几个主要函数的时间复杂度分析如下：

① IsInsertion 函数将数组 b 扫描了一遍，时间复杂度是 $O(n)$，额外空间是 $O(1)$。

② NextInsertion 函数执行的是插入排序中的一趟插入，最坏情况下时间复杂度是 $O(n)$，额外空间是 $O(1)$。

③ MergeLength 函数中，内循环的次数是 $O(n/len)$，于是存在常数使得总循环次数为 $C(n/2 + n/4 + \cdots n/2^k)$，其中 $k = \log n$。经过简单计算可得总时间复杂度为 $O(n)$，额外空间是 $O(1)$。

④ TwoWayMerge 函数的时间复杂度与归并长度成正比，并且因为重复利用了数组 a，所以额外空间仍然是 $O(1)$。

⑤ NextMerge 函数本质上是执行了一次归并排序，其时间复杂度为 MergeLength 的复杂度加上用 TwoWayMerge 将所有元素归并一趟的复杂度，仍然是 $O(n)$。因为重复利用了数组 a，所以额外空间仍然是 $O(1)$。

综上，算法的整体时间复杂度为 $O(n)$。除了存储输入的两个数组占用了 $O(n)$ 空间外，额外的空间复杂度是 $O(1)$。

练习 10-5　与零交换

1. 实验目的
理解并掌握索引排序的原理与应用。

2. 实验要求
（1）题目描述

将 { 0, 1, 2, $\cdots$, n-1 } 的任意一个子序列进行排序并不困难。这里加一点难度，要求只能通过一系列 Swap(0, *) —— 即将一个数字与 0 交换 —— 的操作，将初始序列增序排列。例如对于初始序列 { 4, 0, 2, 1, 3 }，可以通过下列操作完成排序：

Swap(0, 1) $\Rightarrow$ { 4, 1, 2, 0, 3 }

Swap(0, 3) $\Rightarrow$ { 4, 1, 2, 3, 0 }

Swap(0, 4) $\Rightarrow$ { 0, 1, 2, 3, 4 }

本题要求针对一个初始序列，找出将前 n 个非负整数进行增序排列所需的与 0 交换的最少次数。

(2)输入输出说明

输入格式：输入的第一行给出正整数 $n(\leq 10^5)$，随后一行给出 $\{0, 1, 2, \cdots, n-1\}$ 的一个排列。数字间以空格分隔。

输出格式：在一行中输出将给定序列进行增序排列所需的与 0 交换的最少次数。

(3)测试用例（见表 10-6）

表 10-6　练习 10-5 测试用例

序号	输入	输出	说明
0	10 3 5 7 2 6 4 9 0 8 1	9	2 个大环和 1 个单元环
1	略	略	最大 n，两两倒序
2	略	略	50000 个数全倒序
3	10 0 5 7 2 6 4 9 3 8 1	10	初始值为 0
4	1 0	0	最小 n
5	2 1 0	1	次小 n

3. 实现要点

(1)算法分析与代码

本题虽然表面上看是一个排序问题，实质却是利用了索引排序的按环调整的原理。根据"n 个数字的排列由若干个独立的环组成"这个结论，先将环中的一个元素临时存放，空出一个位置，再将环中的下一个应该在此位置上的元素放到正确的位置上，从而产生下一个空位，……以此类推，直到环中所有元素都就位了，最后把临时存放的第一个元素放到最后的空位上。本题中所谓的"与 0 交换"，这个 0 就等价于调整环的过程中产生的空位。所以代码 10-27 的核心函数 CntSwaps 就是算法 10-20 的改写。

注意到不同的环需要与 0 交换的次数是不同的。环分三种：

① 只有一个元素，不需要任何交换就直接到位了。

② 有 n 个元素，其中包括 0。这时环中除 0 以外的每个元素都要和 0 交换一次，而 0 不需要跟自己交换，所以共需要 $n-1$ 次交换。

③ 有 n 个元素，其中不包括 0。这时需要先用一次交换把 0 换到环里，使得当前的环具有 $n+1$ 个元素；随后根据②的推理，需要 $(n+1)-1$ 次交换完成调整；算上开始的 1 次交换，共需要 $n+1$ 次交换。

若 n 个元素的序列中包含 m 个单元环、k 个多元环，则交换次数为

$$n_0-1+\sum_{i=1}^{k-1}(n_i+1)=\sum_{i=1}^{k-1}n_i+k-2=n-m+k-2$$

其中，n_0 是包含 0 的环中元素的个数，n_i 是第 i 个不包含 0 的环中元素的个数。

在实现时其实并不需要真去统计各种环的个数，只需要设置一个计数器 cnt 来统计每个环中元素的个数，并且根据环的类型来决定最后是要加 1 还是减 1，抑或根本不用计算。

最后还有一个问题是关于索引 idx 的初始化。因为 $idx[k]=i$ 表示 $a[i]$ 是原序列中第 k 大的元素，而在本题中第 k 大元素的值就是 k，所以这里的 idx 应该满足的条件是 $a[idx[k]]=k$。由此可见，如果 $a[i]=k$，则可以推出 $idx[k]=i$，即 $idx[a[i]]=i$。

代码 10-27 给出了算法的完整实现。

代码 10-27
与零交换

（2）复杂度分析

存储原始序列的数组 a 占用了 $O(n)$ 的空间。此外，还需要额外的 $O(n)$ 空间存储索引。而核心函数 CntSwaps 用 $O(n)$ 的时间将 a 中元素调整到位，所以算法的整体时间复杂度是 $O(n)$。

10.3 进阶实验

实验 10-1　分类排序

1. 实验目的
熟练掌握快速排序中的轴点划分算法在解决问题中的应用。

2. 实验要求
（1）题目描述

若有大写字母、小写字母和数字组成的集合存放在一维数组中，请编写算法，使得数组中的字符按大写字母、数字和小写字母的顺序排列。

（2）函数接口定义

void Partition(ElemSet *a, int n);

其中：ElemSet 是用户定义的数据类型，此处定义为 char；序列元素存储在数组 a 中，可以是大写字母、小写字母或数字；n 是数组 a 的长度，其值不超过 10^5。数组下标从 0 开始。

函数 Partition 需要将 a 中的字符按大写字母、数字和小写字母的顺序排列，并将调整后的序列仍然存在 a 中返回。注意：结果可能不唯一，返回任何一组正确的结果即可。

（3）测试用例（见表10-7）

表10-7 实验10-1测试用例

序号	输入（n, a）	输出（a）	说明
0	10 0zA9ayZA30	AZA0930zay	一般情况。0出现在两端
1	1 1	1	最小规模
2	略	略	最大规模随机数据
3	略	略	最大规模顺序数据
4	略	略	最大规模逆序，且三种各占1/3

3. 实现要点

本题与练习10-2类似，当然也可以通过任何一种排序算法得到正确的输出。一般情况下，基于交换的排序最好的平均时间复杂度是 $O(n \log n)$。需要注意的是，在ASCII码表中，三种数据的顺序是"数字＜大写字母＜小写字母"，所以用于比较大小的函数会略复杂一些，不能直接通过比较两个字符的大小来决定顺序。

其他排序如计数排序、基数排序等，排序效率依赖于元素键值的大小。由于输入的字符仅包含26种大写字母、26种小写字母、10种数字，可以将其映射为 [0, 62) 区间内的整数，而 n 最大是 10^5，所以多用一个长度为62的映射数组来统计每种字符的出现频率。最后扫描这个数组，顺序输出字符即可。这种方法的时间复杂度是 $O(n+m)$，其中 m 是字符的种类数量，当 $n \gg m$ 时，可以认为时间复杂度是 $O(n)$。但这种方法需要额外占用 $O(m)$ 空间。

更优的方法与练习10-2类似，可以采用代码10-6中的轴点划分算法。只是轴点划分一次只能把数据分为两类，所以需要将这个步骤执行两次。注意到两次执行的轴点选择和比较大小的方法是不一样的。第一次划分时，可以从ASCII码表中任选位于大写和小写字母之间的字符，例如"^"，首先用**升序**比较，将小写字母都换到数组最右边的位置。随后任选数字与大写字母之间的字符，例如"?"，采用**降序**比较，将大写字母和数字分开。具体实现时，可以分别实现两个划分函数来完成这两步划分。优秀的工程师应该可以将这两个函数用一种统一的方法实现，即将轴点和比较函数都作为函数的参数传入，可以最大程度地复用代码。

实验 10-2 德才论

1. 实验目的
熟练掌握快速排序算法的应用。

2. 实验要求
（1）题目描述

宋代史学家司马光在《资治通鉴》中有一段著名的"德才论"："是故才德全尽谓之圣人，才德兼亡谓之愚人；德胜才谓之君子，才胜德谓之小人。凡取人之术，苟不得圣人，君子而与之，与其得小人，不若得愚人。"

现给出一批考生的德才分数，请根据司马光的理论给出录取排名。

（2）输入输出说明

输入格式：输入的第一行给出三个正整数：n（$\leq 10^5$）为考生总数；l（≥ 60）为录取最低分数线，即德分和才分均不低于 l 的考生才有资格被考虑录取；h（<100）为优先录取线。德分和才分均不低于优先录取线 h 的考生被定义为"才德全尽"，此类考生按德才总分从高到低排序；才分不达线但德分达线的一类考生属于"德胜才"，也按总分排序，但排在第一类考生之后；德才分均低于 h，但是德分不低于才分的考生属于"才德兼亡"但尚有"德胜才"者，按总分排序，但排在第二类考生之后；其他达到最低线 l 的考生也按总分排序，但排在第三类考生之后。

随后 n 行，每行给出一位考生的信息，包括准考证号、德分、才分，其中准考证号为 8 位整数，德才分为区间 [0, 100] 上的整数。数字间以空格分隔。

输出格式：输出的第一行首先给出达到最低分数线的考生人数 m。随后 m 行，每行按照输入格式输出一位考生的信息，考生按输入中说明的规则从高到低排序。当某类考生中有多人总分相同时，按其德分降序排列；若德分也并列，则按准考证号的升序输出。

（3）测试用例（见表 10-8）

表 10-8 实验 10-2 测试用例

序号	输入	输出	说明
0	14 60 80 10000001 64 90 10000002 90 60 10000011 85 80 10000003 85 80 10000004 80 85 10000005 82 77	12 10000013 90 99 10000012 80 100 10000003 85 80 10000011 85 80 10000004 80 85 10000007 90 78	五类考生都存在，且有总分并列、德分并列

续表

序号	输入	输出	说明
0	10000006 83 76 10000007 90 78 10000008 75 79 10000009 59 90 10000010 88 45 10000012 80 100 10000013 90 99 10000014 66 60	10000006 83 76 10000005 82 77 10000002 90 60 10000014 66 60 10000008 75 79 10000001 64 90	
1	1 60 99 23333333 60 99	1 23333333 60 99	最小 n
2	略	略	最大 n，随机数据
3	略	略	只有一、三类，最大 n，各一半
4	略	略	只有二、四类，最大 n，各一半
5	2 60 90 10000001 58 50 20000002 20 59	0	无人及格

3. 实现要点

本题难点有两个：一是处理排序时的两种并列问题；二是输出并不是完全按排序的顺序，而是先按类别，同类内才按排序顺序输出。

在排序之前，可以在读输入时先把不及格的人排除，随后将所有及格的考生按题目要求进行排列，最后在输出之前，需要扫描这个有序的考生名单，根据每个人的分数构成将之存储到相应的4种考生类型之中，再顺序扫描每种类型进行输出。

显然，我们应该用一个结构体数组去存储所有及格考生的信息。如果调用qsort函数解决问题，在自己定义的比较函数中，首先比较两个元素的总分，若不等就可以返回相应的1或-1；并列时要继续比较德分；再次并列时要比较准考证号。要注意分数是按降序排列的，而准考证号是按升序排列的。

在分类时，可以简单地设立4个结构体数组，把扫描到的考生元素直接复制到相应的数组中。但这样会过多消耗空间。事实上，我们不需要复制考生，仅需要知道当前要分类的这个考生在原始考生数组中的位置而已，所以设立4个整数数组，存储考生的位置下标即可。

最后要进一步考虑的问题是：本题的输出分类只有4种，如果不注意编程风格，可以简单地把程序中的多段代码复制4遍来解决问题。但如果分类有40种，这样的程序能很容易地进行修改吗？如果分类的数量不固定，而是由题目输入给定的，这样的程序还能正确工作吗？读者可以思考如何更统一地解决这个问题。

实验 10-3 插入排序还是堆排序

1. 实验目的
熟练掌握插入排序和堆排序的特性。

2. 实验要求
（1）题目描述

练习 10-4 已给出维基百科关于插入排序和归并排序的定义。维基百科给出的堆排序定义如下：**堆排序**是将输入分为有序和无序两部分，迭代地从无序部分找出最大元素放入有序部分。它利用了最大堆的堆顶元素最大这一特征，使得在当前无序区中选取最大元素变得简单。

现给定原始序列和由某排序算法产生的中间序列，请判断该算法究竟是哪种排序算法。

（2）输入输出说明

输入格式：输入的第一行给出正整数 n (≤ 100)，随后一行给出原始序列的 n 个整数，最后一行给出由某排序算法产生的中间序列。这里假设排序的目标序列是升序。数字间以空格分隔。

输出格式：首先在第一行中输出"Insertion Sort"表示插入排序或输入"Heap Sort"表示堆排序，然后在第二行中输出用该排序算法再迭代一轮的结果序列。题目保证每组测试的结果是唯一的。数字间以空格分隔，且行首尾不得有多余空格。

（3）测试用例（见表 10-9）

表 10-9 实验 10-3 测试用例

序号	输入	输出	说明
0	10 3 1 2 8 7 5 9 4 6 0 1 2 3 7 8 5 9 4 6 0	Insertion Sort 1 2 3 5 7 8 9 4 6 0	插入的中间步骤，有不需要交换的元素
1	10 3 1 2 8 7 5 9 4 6 0 6 4 5 1 0 3 2 7 8 9	Heap Sort 5 4 3 1 0 2 6 7 8 9	堆排序的一般情况
2	4 3 4 2 1 3 4 2 1	Insertion Sort 2 3 4 1	最小 n，插入第一步没变
3	4 3 2 4 1 3 2 1 4	Heap Sort 2 1 3 4	最小 n，堆排序第一步

续表

序号	输入	输出	说明
4	略	略	最大 n，插入
5	略	略	最大 n，堆排序，后面若干位没变化

3. 实现要点

本题与练习10-4的思路非常相似，解决分两个步骤：首先要根据两个输入序列的特点判断排序的类型，随后将该排序算法再迭代一轮并输出结果。

① 判断类型

首先需要分析两种排序算法的特点：

插入排序的特点：序列分成两部分，前面一部分是有序的，后面一部分尚未处理的序列没有变化。

堆排序的特点：序列的前一部分是未排序的最大堆，后一部分是有序的，且有序部分的最小值应大于根结点的值。

比较这两种排序的特点，显然检查算法是否为插入排序是比较容易的，并且仍然可以用代码10-26完成这个任务。

② 继续迭代

插入排序的继续迭代也与代码10-26相同。

堆排序的继续迭代需要做三件事：

① 找到当前堆的末尾位置，可以从后向前扫描序列，令每个元素与根结点（即第0个元素）比较，当找到第一个小于根结点的元素时，这个元素的位置就是当前堆的末尾位置。

② 把根结点与末尾位置上的元素交换，完成一步排序。

③ 把剩下的堆元素调整成最大堆，即对前面被换到根结点位置的元素做一次下滤。

注意：堆中元素是从数组下标0开始存储的，所以当发现第 i 个元素是当前堆的最后一个元素时，堆中实际上有 $i+1$ 个元素；并且计算左、右子结点下标的公式也与一般从下标1开始存储的堆不同。

实验10-4 统计工龄

1. 实验目的

熟悉计数排序的应用。

2. 实验要求

（1）题目描述

给定公司 n 名员工的工龄，要求按工龄增序输出每个工龄段有多少员工。

（2）输入输出说明

输入格式：输入首先给出正整数 n（$\leq 10^5$），即员工总人数。随后给出 n 个整数，即每个员工的工龄，范围为 [0, 50]。

输出格式：按工龄的递增顺序输出每个工龄的员工数，格式为"工龄:人数"。每项占一行。如果人数为 0 则不输出该项。

（3）测试用例（见表 10-10）

表 10-10 实验 10-4 测试用例

序号	输入	输出	说明
0	8 10 2 0 5 7 2 5 2	0:1 2:3 5:2 7:1 10:1	一般情况
1	100000 个人的工龄全为 0	0:100000	最大 n，极端情况
2	100000 个人的工龄按递减顺序给出	略	最大 n，排序的最坏情况

3. 实现要点

一种简单的解决方法是将数据全部存储在一个数组中，调用 qsort 函数排序，接着顺序扫描排序后的数组，先输出当前工龄，再用一个计数器统计等于当前工龄的数字有多少个。这种方法的平均时间复杂度是 $O(n \log n)$，即快速排序的效率。当然需要一个长度为 n 的数组来存储全部数据。

注意到虽然员工人数很多（最多达到 10^5），但是工龄的范围却很小，在 [0, 50] 中只有 51 个不同的值。而且我们并不需要存储每个员工的信息，只需要统计这 51 个可能的数值分别出现多少次就可以了，所以计数排序应该是更好的选择。方法如下：

① 建立长度为 51 的整型数组 cnt，并初始化为 0。

② 逐一读入员工的工龄，记为 x；将 $cnt[x]$ 的值加 1，即将每个 $cnt[x]$ 当成工龄为 x 的员工计数器。

③ 顺序扫描 cnt 数组，对非 0 的 $cnt[x]$，输出 x 和 $cnt[x]$ 的值。

这样实现的时间复杂度是 $O(n+m)$，其中 m 是工龄范围，在本题中是大大小于 n 的。而我们只需要长度为 m 的数组就可以了。

实验 10-5　清点代码库[①]

1. 实验目的
熟悉计数排序的应用。

2. 实验要求
（1）题目描述

转自新浪微博："阿里代码库有几亿行代码，但其中有很多功能重复的代码，比如单单快排就被重写了几百遍。请设计一个程序，能够将代码库中所有功能重复的代码找出。各位大佬有啥想法，我当时就懵了，然后就挂了……"

这里把问题简化一下：首先假设两个功能模块如果接受同样的输入，总是给出同样的输出，则它们就是功能重复的；其次把每个模块的输出都简化为一个整数（在 int 范围内）。于是可以设计一系列输入，检查所有功能模块的对应输出，从而查出功能重复的代码。本实验的任务就是设计并实现这个简化问题的解决方案。

（2）输入输出说明

输入格式：输入的第一行中给出两个正整数 n（$\leq 10^4$）和 m（$\leq 10^2$），对应功能模块的个数和系列测试输入的个数。随后 n 行，每行给出一个功能模块的 m 个对应输出，数字间以空格分隔。

输出格式：首先在第一行输出不同功能的个数 k。随后 k 行，每行给出具有这个功能的模块的个数，以及这个功能的对应输出。数字间以一个空格分隔，行首尾不得有多余空格。输出按模块个数非递增顺序，如果有并列，则按输出序列的递增序给出。

注意：数列 $\{a_1,\cdots,a_m\}$ 比 $\{b_1,\cdots,b_m\}$ 大是指存在 $1 \leq i < m$，使得 $a_1=b_1$，…，$a_i=b_i$ 成立，且 $a_{i+1}>b_{i+1}$。

（3）测试用例（见表 10-11）

表 10-11　实验 10-5 测试用例

序号	输入	输出	说明
0	7 3 35 28 74 -1 -1 22 28 74 35 -1 -1 22 11 66 0 35 28 74 35 28 74	4 3 35 28 74 2 -1 -1 22 1 11 66 0 1 28 74 35	一般情况

[①]　题目引用自团体程序设计天梯赛真题（2021 年）。

10.3 进阶实验

续表

序号	输入	输出	说明
1	7 3 −1 −1 22 35 1287 4 351 28 74 −1 −1 22 11 66 0 351 28 74 351 28 74	4 3 351 28 74 2 −1 −1 22 1 11 66 0 1 35 1287 4	卡字符串比对
2	7 3 35 28 74 −1 −1 22 11 66 35 −1 −1 22 11 66 40 35 28 74 35 28 74	4 3 35 28 74 2 −1 −1 22 1 11 66 35 1 11 66 40	k 并列且数字并列至最后一位不同
3	1 1 0	1 1 0	最小规模
4	略	略	最大规模，最后一位不同
5	略	略	最大规模，全相同
6	略	略	最大规模，一半随机数据

3. 实现要点

本题并不复杂，就是按照规则处理并列条件的排序，可以调用 qsort 函数解决，只是在写比较大小的函数时，需要小心处理并列的情况。问题是每个功能模块包含 m 个整数，直接调用 qsort 函数，每次交换元素时就需要交换 m 个整数，这与只交换一个整数相比，理论上会慢 m 倍。

效率更高的方法是利用索引排序，这样每次只需要交换两个元素的索引。不过这样做的副作用是，比较大小的函数比直接排序复杂。

第 11 章

查　找

主教材第 11 章介绍了数据结构的一个关键应用问题——查找。具体如下：

① 查找是在一个含有众多数据元素（或记录）的结构化数据集中找出某个"特定的"数据元素（或记录），是数据结构上最频繁的操作之一。

② 常用的查找方法可以分为静态查找和动态查找。

③ 典型的静态查找技术包括采用线性结构的查找算法，如顺序查找、索引查找、二分查找（或称折半查找）和二分查找的改进算法插值查找、斐波那契查找等，以及采用树形结构的静态最优查找树。

④ 动态查找的常用工具有采用树形结构的二叉查找树和 AVL 树。

⑤ 散列查找算法又称哈希查找算法，是一种借助散列表（哈希表）查找目标元素的动态方法，查找效率最高时对应的时间复杂度为 $O(1)$。

本章将首先给出主教材中 12 个算法的具体实现，然后围绕各种排序算法的应用，给出 4 道基础练习题和 5 道进阶实验题，以训练学生熟练掌握各种查找算法解决问题的能力。本章实现的算法和习题涉及的知识内容见表 11-1。

表 11-1　第 11 章实验清单

类型	序号	标题	内容	知识点
算法	11-1	SequentialSearch (*record, n, key*)	顺序表的顺序查找	顺序查找
	11-2	BinarySearch (*record, low, high, key*)	二分查找	二分查找
	11-3	IndexSequentialSearch (*record, idx, m, l, key*)	索引表的顺序查找	顺序查找
	11-4	SearchBST (*bstree, key*)	二叉查找树的查找	二叉查找树
	11-5	InsertBST (*bstree, x*)	二叉查找树的插入	二叉查找树
	11-6	DeleteBST (*bstree, key*)	二叉查找树的删除	二叉查找树
	11-7	InsertAVL (*tree, x*)	AVL 树的插入	AVL 树
	11-8	RRSingleRotation (*root*)	AVL 树的左单旋转（RR 型）	AVL 树
	11-9	LRDoubleRotation (*root*)	AVL 树的先左后右双向旋转（LR 型）	AVL 树
	11-10	StringHash (*string, table_size*)	英文字典的散列	散列
	11-11	SearchHash (*htable, key*)	开放定址法散列查找	散列
	11-12	InsertHash (*htable, x*)	开放定址法散列插入	散列
基础练习	11-1	垃圾分类	给定垃圾，输出分类	二分查找
	11-2	是否二叉查找树	判断给定二叉树是否二叉查找树	二叉查找树
	11-3	AVL 树的根	将一系列数字插入初始为空的 AVL 树，输出根结点	AVL 树
	11-4	整型关键字的散列映射	用除留取余法映射整型关键字，并用线性探测解决冲突	散列
进阶实验	11-1	集合相似度	求两个整数集合公共部分占总元素个数的百分比	二分查找
	11-2	查找树判断	判断给定键值序列是否二叉查找树的前序遍历序列	二叉查找树
	11-3	树种统计	根据卫星得到的数据统计树种信息，顺序输出每个树种所占比例	AVL 树
	*11-4	笛卡儿树	给定一棵二叉树，判断该树是否为笛卡儿树	二叉查找树、优先级队列
	*11-5	新浪微博热门话题	列出出现频率最高的热门话题	散列

11.1 算法实现

算法 11-1：顺序表的顺序查找 SequentialSearch(*record*, *n*, *key*)

代码 11-1 中给出了简化的顺序表结构：Records 是 RecordNode 类型的结点，至少包含一个 ElemSet 类型的关键字 *key*。这里的 ElemSet 可以由用户定义，例如在代码 11-1 中其被定义为整型 int。

主函数 main 首先声明了一个新的顺序表空间，读入元素个数 *n* 以及 *n* 个元素的值，存入顺序表。然后持续读入待查找的元素 *key*，输出查找的结果，直到输入为 −1 时停止。注意：算法 11-1 中将第 0 个元素作为岗哨，不存真实数据，所以声明空间时需要将规模定义为 (*n*+1)，即多申请一个单元。

代码 11-1 顺序表的顺序查找

```
#include <stdio.h>
#include <stdlib.h>
typedef int ElemSet;     /* 默认元素为整数*/
typedef int Position;    /* 数组下标是元素的位置 */
typedef struct RecordNode {
    ElemSet key; /* 关键字 */
    /* 其他属性由用户自定义 */
} Records;
/* 算法 11-1 顺序表的顺序查找 SequentialSearch(record, n, key) */
Position SequentialSearch(Records record[], int n, ElemSet key)
{   /* 注意元素下标从 1 开始 */
    Position i;
    record[0].key = key; /* 第 0 个位置设为岗哨 */
    i = n;
    while (record[i].key != key) {
        i--;
    }
    return i;
}
/* 算法 11-1 结束 */
```

```c
int main(void)
{
    Records *record;
    int n, key, i;

    scanf("%d", &n);
    record = (Records *)malloc(sizeof(Records) * (n+1));
    for (i=1; i<=n; i++) {  /* 注意元素下标从 1 开始 */
        scanf("%d", &record[i].key);
    }
    scanf("%d", &key);
    while (key != -1) {
        printf("%d ", SequentialSearch(record, n, key));
        scanf("%d", &key);
    }
    return 0;
}
```

算法 11-2：二分查找 BinarySearch(*record*, *low*, *high*, *key*)

顺序表的结构定义和用于测试算法的主函数 main 已经在代码 11-1 中给出，主函数 main 中仅需要将查找函数的调用替换为 BinarySearch(*record*, 1, *n*, *key*)，故代码 11-2 不再赘述，仅给出算法 11-2 的实现。

代码 11-2　二分查找

```c
/* 算法 11-2 二分查找 BinarySearch(record, low, high, key) */
Position BinarySearch(Records record[], int low, int high,
 ElemSet key)
{ /* 注意元素下标从 1 开始 */
    Position pos, mid;

    pos = 0;  /* 第 0 个位置设为岗哨 */
    if (low <= high) {
        mid = (low + high)>>1;
        if (key < record[mid].key) {
            pos = BinarySearch(record, low, mid-1, key);
        }
        else if (key > record[mid].key) {
            pos = BinarySearch(record, mid+1, high, key);
        }
        else { /* key = record[mid].key */
            pos = mid;
        }
    }
```

11.1 算法实现

```
    }
    return pos;
}
/* 算法11-2 结束 */
```

算法 11-3：索引表的顺序查找 IndexSequentialSearch(record, idx, m, l, key)

除了前面已经定义过的Records之外，代码11-3还给出了索引结构：Index 是 IndexNode 类型的结点，至少包含一个ElemSet类型的关键字 *key*，记录数据块中最大关键字的值；另有一个 *link*，记录数据块第一个记录在表中的位置。因为数据采用顺序表结构存储，位置Position就是数组下标，所以为整型int。

主函数main首先读入索引表的规模 *m* 和数据块的规模 *l*，随后分别声明索引表的空间和数据存储空间，读入数据并存入顺序表 *record*。在存入的过程中，同时设置好索引表中的最大关键字 *key* 和索引 *link*。然后持续读入待查找的元素 *key*，输出查找的结果，直到输入为-1时停止。

代码11-3 索引表的顺序查找
```c
#include <stdio.h>
#include <stdlib.h>
typedef int ElemSet;    /* 默认元素为整数*/
typedef int Position;  /* 数组下标是元素的位置 */
typedef struct RecordNode {
    ElemSet key;         /* 关键字 */
    /* 其他属性由用户自定义 */
} Records;
typedef struct IndexNode {
    ElemSet key;     /* 数据块中最大关键字值 */
    Position link;  /* 数据块第一个记录在表中的位置 */
} Index;

/* 算法11-3 索引表的顺序查找
             IndexSequentialSearch(record, idx, m, l, key) */
Position IndexSequentialSearch(Records record[], Index idx[],
                               int m, int l, ElemSet key)
{  /* 注意元素下标从1开始 */
   Position ret;
   int start, i, j;

   ret = 0; /* 初始化为查找不成功的返回值0 */
   for (i=1; i<=m; i++) {
       if (key <= idx[i].key) {
```

```c
                break;
            }
        }
        if (i <= m) {
            start = idx[i].link; /* 在record中查找的起始位置 */
            for (j=0; j<l; j++) {
                if (key == record[start+j].key) {
                    break; /* 在start+j位置上找到了key */
                }
            }
            if (j < l) {
                ret = start + j; /* 查找成功 */
            }
        }
        return ret;
}
/* 算法11-3 结束 */
int main(void)
{
    Records *record;
    Index *idx;
    int n, m, l, key, i, j, k, max_rec;
    scanf("%d %d", &m, &l);
    idx = (Index *)malloc(sizeof(Index) * (m+1)); /* 注意元素下标
        从1开始 */
    record = (Records *)malloc(sizeof(Records) * (m*l+1));
    for (k=1, i=1; i<=m; i++) { /* 注意元素下标从1开始 */
        max_rec = -1;
        idx[i].link = k;
        for (j=0; j<l; j++) {
            scanf("%d", &record[k]);
            if (record[k].key>max_rec) {
                max_rec = record[k].key;
            }
            k++;
        }
        idx[i].key = max_rec;
    }
    scanf("%d", &key);
    while (key != -1) {
        printf("%d ",IndexSequentialSearch(record, idx, m, l, key));
        scanf("%d", &key);
```

```
    }
    return 0;
}
```

算法 11-4：二叉查找树的查找 SearchBST(*bstree*, *key*)

代码 11-4 中给出了二叉查找树的结构定义，这个定义与算法 5-1 中的二叉树结构是一致的，只是数据元素的类型 TElemSet 在这里被定义为指向数据记录结点 Records 的指针。因为采用了链式结构来表示二叉树，所以算法中的空结点指针 NIL 被定义为 C 语言中的 NULL 指针。

主函数 main 对二叉查找树相关的三个核心操作进行了简单的测试：首先读入元素个数 n 以及 n 个元素的值，用函数 InsertBST（在算法 11-5 中给出）顺次插入一棵初始为空的二叉查找树；随后读入一个待查找的元素键值，调用函数 SearchBST 找到其在树中的位置，并根据查找结果输出；调用函数 DeleteBST（在算法 11-6 中给出）将该元素删除，并再次调用函数 SearchBST 找其在树中的位置，根据查找结果输出。

注意：代码 11-4 中仅给出函数 SearchBST 的实现，另外两个函数将由代码 11-5、11-6 给出。读者要进行完整的测试，需要将三段代码拼接在一起运行。

代码 11-4　二叉查找树的查找
```
#include <stdio.h>
#include <stdlib.h>
typedef int ElemSet;    /* 默认元素为整数*/
typedef struct RecordNode {
    ElemSet key; /* 关键字 */
    /* 其他属性由用户自定义 */
} Records;
typedef Records *TElemSet;
typedef struct BinaryTreeNode *Position; /* 树结点指针是元素的位置 */
typedef struct BinaryTreeNode *BinaryTree;
struct BinaryTreeNode {
    TElemSet data;       /* 数据元素 */
    BinaryTree left;     /* 左孩子指针 */
    BinaryTree right;    /* 右孩子指针 */
};
#define NIL NULL

Position SearchBST(BinaryTree bstree, ElemSet key);
BinaryTree InsertBST(BinaryTree bstree, TElemSet x);
BinaryTree DeleteBST(BinaryTree bstree, ElemSet key;
```

```c
int main(void)
{
    TElemSet x;
    BinaryTree bstree;
    int n, i;
    ElemSet key;
    Position p;

    bstree = NIL;
    scanf("%d", &n);
    for (i=0; i<n; i++) {
        x = (TElemSet)malloc(sizeof(Records));
        scanf("%d", &x->key);
        bstree = InsertBST(bstree, x);
    }
    scanf("%d", &key);
    p = SearchBST(bstree, key);
    if (p!=NIL) {
        printf("Found key = %d\n", p->data->key);
    }
    else {
        printf("NotFound.\n");
    }
    bstree = DeleteBST(bstree, key);
    p = SearchBST(bstree, key);
    if (p!=NIL) {
        printf("Found key = %d\n", p->data->key);
    }
    else {
        printf("NotFound.\n");
    }
    return 0;
}
/* 算法11-4 二叉查找树的查找 SearchBST(bstree, key) */
Position SearchBST(BinaryTree bstree, ElemSet key)
{
    Position ret;

    ret = NIL; /* 初始化为查找不成功的返回值NIL */
    if (bstree != NIL) {
        if (key < bstree->data->key) {
            ret = SearchBST(bstree->left, key);
        }
        else if (key > bstree->data->key) {
            ret = SearchBST(bstree->right, key);
```

11.1 算法实现

```
        }
        else { /* key == bstree.data.key */
            ret = bstree;
        }
    }
    return ret;
}
/* 算法 11-4 结束 */
```

算法 11-5：二叉查找树的插入 InsertBST(*bstree*, *x*)

数据结构定义及用于测试的主函数都已经在代码 11-4 中给出。代码 11-5 仅给出插入算法的核心实现。

代码 11-5　二叉查找树的插入

```
/* 算法 11-5 二叉查找树的插入 InsertBST(bstree, x) */
BinaryTree InsertBST(BinaryTree bstree, TElemSet x)
{
    if (bstree == NIL) { /* 若是空树 */
        bstree = (BinaryTree)malloc(sizeof(struct BinaryTreeNode));
        bstree->data = x;
        bstree->left = bstree->right = NIL;
    }
    else { /* 若不是空树 */
        if (x->key < bstree->data->key) {
            bstree->left = InsertBST(bstree->left, x);
        }
        else if (x->key > bstree->data->key) {
            bstree->right = InsertBST(bstree->right, x);
        } /* x.key == bstree.data.key 时不重复插入 */
    }
    return bstree;
}
/* 算法 11-5 结束 */
```

算法 11-6：二叉查找树的删除 DeleteBST(*bstree*, *key*)

数据结构定义及用于测试的主函数都已经在代码 11-4 中给出。代码 11-6 仅给出删除算法的核心实现。

代码 11-6　二叉查找树的删除

```
/* 算法 11-6 二叉查找树的删除 DeleteBST(bstree, key) */
BinaryTree DeleteBST(BinaryTree bstree, ElemSet key)
```

```c
{
    BinaryTree t;
    if (bstree == NIL) { /* 若是空树 */
        printf("错误: %d不在树中。\n", key);
    }
    else { /* 若不是空树 */
        if (key < bstree->data->key) {
            bstree->left = DeleteBST(bstree->left, key);
        }
        else if (key > bstree->data->key) {
            bstree->right = DeleteBST(bstree->right, key);
        }
        else { /* key == bstree.data.key 找到了，删除之 */
            if (bstree->left!=NIL && bstree->right!=NIL) {
                /* 左右子树都有 */
                t = bstree->left; /* t用于寻找中序遍历中bstree的直接前驱 */
                while (t->right != NIL) {
                    t = t->right;
                }
                bstree->data = t->data; /* 用前驱的数据替换bstree的数据 */
                bstree->left = DeleteBST(bstree->left,
                    t->data->key); /* 从左子树中删掉t */
            }
            else { /* 至多只有一棵子树 */
                t = bstree;
                if (bstree->left == NIL) {
                    bstree = bstree->right;
                }
                else if (bstree->right == NIL) {
                    bstree = bstree->left;
                } /* 此时bstree指向唯一子树或NIL */
                free(t); /* 释放删除的结点空间 */
            }
        }
    }
    return bstree;
}
/* 算法11-6 结束 */
```

算法 11-7：AVL 树的插入 InsertAVL(*tree*, *x*)

代码11-7中定义的AVL树结构，只是在普通二叉查找树的结构中多加了一个

11.1 算法实现

height，用于记录结点高度。其他数据结构的定义与代码 11-4 是一致的。

主函数 main 首先读入元素个数 n 以及 n 个元素的值，用函数 InsertAVL 顺次插入一棵初始为空的 AVL 树，最后输出该树的先序遍历序列。因为二叉查找树的中序遍历是有序的，所以根据先序遍历的正确性就可以验证这棵树的正确性。

注意：函数 InsertAVL 在实现时需要调用的旋转函数将在代码 11-8、11-9 中给出。读者要进行完整的测试，需要将三段代码拼接在一起运行。

代码 11-7　AVL 树的插入

```c
#include <stdio.h>
#include <stdlib.h>
typedef int ElemSet;    /* 默认元素为整数 */
typedef struct RecordNode *Records;
struct RecordNode {
    ElemSet key;  /* 关键字 */
    /* 其他属性由用户自定义 */
};

typedef Records TElemSet;
typedef struct AVLTreeNode *Position;  /* 树结点指针是元素的位置 */
typedef struct AVLTreeNode *AVLTree;
struct AVLTreeNode {
    TElemSet data;    /* 数据元素 */
    int height;       /* 结点高度 */
    AVLTree left;     /* 左孩子指针 */
    AVLTree right;    /* 右孩子指针 */
};
#define NIL NULL

int GetHeight(AVLTree tree);
int Max( int x, int y );
AVLTree RRSingleRotation(AVLTree root);
AVLTree LLSingleRotation(AVLTree root);
AVLTree LRDoubleRotation(AVLTree root);
AVLTree RLDoubleRotation(AVLTree root);
AVLTree InsertAVL(AVLTree tree, TElemSet x);
void Visit(AVLTree tree);
void PreOrder(AVLTree tree);

int main(void)
{
    TElemSet x;
    AVLTree tree;
    int n, i;

    tree = NIL;
```

```c
        scanf("%d", &n);
        for (i=0; i<n; i++) {
            x = (TElemSet)malloc(sizeof(struct RecordNode));
            scanf("%d", &x->key);
            tree = InsertAVL(tree, x);
        }
        PreOrder(tree);
        return 0;
}
int GetHeight(AVLTree tree)
{
        if (tree == NIL) {
            return 0;
        }
        else {
            return tree->height;
        }
}
int Max( int x, int y )
{
        return (x>y)? x:y;
}
/* 算法11-7 AVL树的插入 InsertAVL(tree, x) */
AVLTree InsertAVL(AVLTree tree, TElemSet x)
{
        if (tree == NIL) { /* 若是空树, 为x创建新的根结点 */
            tree = (AVLTree)malloc(sizeof(struct AVLTreeNode));
            tree->data = x;
            tree->height = 1;
            tree->left = tree->right = NIL;
        }
        else { /* 若不是空树 */
            if (x->key < tree->data->key) {
                tree->left = InsertAVL(tree->left, x);
                if (GetHeight(tree->left)-GetHeight(tree->right) > 1)
                    { /* 左子树变高失衡 */
                        if (x->key < tree->left->data->key) {
                            /* 右单旋转(LL型) */
                            tree = LLSingleRotation(tree);
                        }
                        else { /* 先左后右双向旋转 (LR型) */
                            tree = LRDoubleRotation(tree);
```

```
                    }
                }
            }
            else if (x->key > tree->data->key) {
                tree->right = InsertAVL(tree->right, x);
                if (GetHeight(tree->left)-GetHeight(tree->right) < -1) {
                    /* 右子树变高失衡 */
                    if (x->key > tree->right->data->key)
                        { /* 左单旋转（RR型）*/
                            tree = RRSingleRotation(tree);
                        }
                    else { /* 先先右后左双向旋转（RL型）*/
                            tree = RLDoubleRotation(tree);
                        }
                }
            } /* x.key == bstree.data.key 时不重复插入 */
        }
        tree->height = Max(GetHeight(tree->left),
            GetHeight(tree->right)) + 1;
        return tree;
}
/* 算法11-7 结束 */
void Visit(AVLTree tree)
{
    printf("%d\n", tree->data->key);
}

void PreOrder(AVLTree tree)
{
    if (tree != NULL) {
        Visit(tree);
        PreOrder(tree->left);
        PreOrder(tree->right);
    }
}
```

算法 11-8：AVL 树的左单旋转（RR 型）RRSingleRotation(*root*)

数据结构定义及用于测试的主函数都已经在代码 11-7 中给出。代码 11-8 仅给出算法 11-8 及其对称的右单旋（LL 型）算法的核心实现。

代码 11-8　AVL 树的左/右单旋转（RR/LL 型）

```
/* 算法11-8: AVL树的左单旋转（RR型）RRSingleRotation(root) */
AVLTree RRSingleRotation(AVLTree root)
```

```
{
    AVLTree new_root;
    new_root = root->right;
    root->right = new_root->left;
    new_root->left = root;
    root->height = Max(GetHeight(root->left),
                      GetHeight(root->right)) + 1;
    new_root->height = Max(GetHeight(new_root->left),
                          GetHeight(new_root->right)) + 1;
    return new_root;
}
/* 算法 11-8 结束 */

AVLTree LLSingleRotation(AVLTree root)
{ /* AVL 树的右单旋转（LL 型）*/
    AVLTree new_root;
    new_root = root->left;
    root->left = new_root->right;
    new_root->right = root;
    root->height = Max(GetHeight(root->left),
                      GetHeight(root->right)) + 1;
    new_root->height = Max(GetHeight(new_root->left),
                          GetHeight(new_root->right)) + 1;
    return new_root;
}
```

算法 11-9：AVL 树的先左后右双向旋转（LR 型）LRDoubleRotation(*root*)

数据结构定义及用于测试的主函数都已经在代码 11-7 中给出。代码 11-9 仅给出算法 11-9 及其对称的先右后左双向旋转（RL 型）算法的核心实现。

代码 11-9 AVL 树的先左后右/先右后左双向旋转（LR/RL 型）

```
/* 算法 11-9: AVL 树的先左后右双向旋转（LR 型）LRDoubleRotation(root) */
AVLTree LRDoubleRotation(AVLTree root)
{
    AVLTree middle, new_root;
    middle = root->left;
    new_root = middle->right;
    middle->right = new_root->left;
    new_root->left = middle;
    root->left = new_root->right;
    new_root->right = root;
```

```c
    middle->height = Max(GetHeight(middle->left),
                         GetHeight(middle->right)) + 1;
    root->height = Max(GetHeight(root->left),
                       GetHeight(root->right)) + 1;
    new_root->height = Max(middle->height, root->height) + 1;
    return new_root;
}
/* 算法11-9 结束 */
AVLTree RLDoubleRotation(AVLTree root)
{/* AVL树的先右后左双向旋转 （RL型）*/
    AVLTree middle, new_root;
    middle = root->right;
    new_root = middle->left;
    middle->left = new_root->right;
    new_root->right = middle;
    root->right = new_root->left;
    new_root->left = root;
    middle->height = Max(GetHeight(middle->left),
                         GetHeight(middle->right)) + 1;
    root->height = Max(GetHeight(root->left),
                       GetHeight(root->right)) + 1;
    new_root->height = Max(middle->height, root->height) + 1;
    return new_root;
}
```

算法 11-10：英文字典的散列 StringHash(*string*, *table_size*)

代码 11-10 中默认散列值类型 HashVal 为 int 型。用于测试的主函数 main 读入长度不超过 10（即 *kMaxLen*）个字符的字符串 *string*，以及散列表的表长 *table_size*，调用 StringHash 函数计算 *string* 的散列值并输出。

代码 11-10 英文字典的散列

```c
#include <stdio.h>
#include <stdlib.h>
typedef int HashVal;    /* 默认散列值为int型*/
#define kMaxLen 10

/* 算法11-10: 英文字典的散列 StringHash(string, table_size) */
HashVal StringHash(char string[], int table_size)
{
    HashVal hash_v;
    int i;
```

```
        hash_v = 0;
        i = 0;
        while (string[i] != '\0') {
            hash_v = (hash_v<<5) + (string[i]-'a');
            i++;
        }
        return hash_v%table_size;
    }
    /* 算法11-10 结束 */
    int main(void)
    {
        char string[kMaxLen+1];
        int table_size;

        scanf("%s %d", string, &table_size);
        printf("%d", StringHash(string, table_size));

        return 0;
    }
```

算法 11-11：开放定址法散列查找 SearchHash(*htable*, *key*)

代码11-11中给出了散列表的结构定义：HashTable是指向HashNode结构体的指针。在HashNode结构体内，散列表数据存在数组*ht*中，数组规模由散列表表长*table_size*决定，其类型DataSet是一个结构体，包含Records类型的数据*data*和该数据在散列表中的状态*status*；散列表当前数据元素的个数存为*size*。注意：数据在散列表中的状态有三种类型：Empty（空）、Active（活跃）、Inactive（不活跃）。

主函数main首先读入散列表表长，并据此调用InitHashTable创建一个散列表；随后读入将要插入表中的元素个数*n*以及*n*个元素的键值，调用InsertHash（将在代码11-12中给出）逐一插入散列表*htable*中；最后逐一打印出散列表中的非空单元存储的数据键值。算法11-11提供的查找功能函数SearchHash是被InsertHash调用的。

在代码11-11中，除给出数据结构定义和main函数外，仅给出算法11-11对应的查找函数SearchHash的实现。插入函数InsertHash在代码11-12中给出。读者在执行完整测试时，需要将代码11-11和11-12拼接起来运行。

代码11-11　开放定址法散列查找

```
#include <stdio.h>
#include <stdlib.h>

#define NIL NULL
typedef int HashVal;    /* 默认散列值为int型 */
```

11.1 算法实现

```c
typedef HashVal Position;  /* 数组下标是元素的位置 */
typedef int ElemSet;    /* 默认数据类型是整数 */
typedef enum {Empty, Active, Inactive} Status; /* 三种状态 */

typedef struct RecordNode *Records;
struct RecordNode {
    ElemSet key; /* 关键字 */
    /* 其他属性由用户自定义 */
};

typedef struct DataNode {
    Records data;  /* 数据 */
    Status status; /* 该数据的状态 */
}DataSet;

typedef struct HashNode *HashTable;
struct HashNode {
    DataSet *ht;     /* 散列表数据 */
    int size;         /* 散列表当前数据元素个数 */
    int table_size; /* 散列表表长 */
};

HashTable InitHashTable( int table_size );
HashVal Hash(ElemSet key, int table_size);
Position SolveCollision(ElemSet key, int count);
Position SearchHash(HashTable htable, ElemSet key);
void InsertHash(HashTable htable, Records x);

int main(void)
{
    HashTable htable;
    int table_size, n, i;
    Records x;

    scanf("%d", &table_size);
    htable = InitHashTable(table_size);
    scanf("%d", &n);
    for (i=0; i<n; i++) {
        x = (Records)malloc(sizeof(struct RecordNode));
        scanf("%d", &x->key);
        InsertHash(htable, x);
    }
    for (i=0; i<htable->table_size; i++) {
        if (htable->ht[i].status==Active) {
            printf("ht[%d] = %d\n", i, htable->ht[i].data->key);
        }
    }
```

```c
        return 0;
    }
HashTable InitHashTable( int table_size )
{
    HashTable htable;
    int i;
    htable = (HashTable)malloc(sizeof(struct HashNode));
    htable->ht = (DataSet *)malloc(sizeof(DataSet) * table_size);
    for (i=0; i<table_size; i++) {
        htable->ht[i].data = NIL;
        htable->ht[i].status = Empty;
    }
    htable->table_size = table_size;
    htable->size = 0;
    return htable;
}

HashVal Hash(ElemSet key, int table_size)
{
    return key%table_size;
}
Position SolveCollision(ElemSet key, int count)
{
    return 1;
}
/* 算法11-11: 开放定址法散列查找 SearchHash(htable, key) */
Position SearchHash(HashTable htable, ElemSet key)
{
    HashVal hash_v;
    Position p;
    int count;
    hash_v = Hash(key, htable->table_size); /* 求得散列地址 */
    p = hash_v;
    count = 0; /* 记录冲突次数 */
    while (htable->ht[p].status!=Empty &&
           htable->ht[p].data->key!=key) {
        count++; /* 记录1次冲突 */
        p += SolveCollision(key, count); /* 求下一探查地址 */
        if (p >= htable->table_size) {
            p %= htable->table_size;
        }
```

```
    }
    return p;
    /* 这时 htable.ht[p].data.key==key或 htable.ht[p].status==Empty */
}
/* 算法 11-11 结束 */
```

算法 11-12：开放定址法散列插入 InsertHash(*htable*, *x*)

数据结构定义及用于测试的主函数都已经在代码 11-11 中给出。代码 11-12 仅给出算法 11-12 的核心实现。

代码 11-12　开放定址法散列插入
```
/* 算法11-12: 开放定址法散列插入 InsertHash(htable, x) */
void InsertHash(HashTable htable, Records x)
{
    Position p;
    p = SearchHash(htable, x->key);
    if (htable->ht[p].status != Active) {
        htable->ht[p].data = x;
        htable->ht[p].status = Active;
        htable->size++;
    }
}
/* 算法 11-12 结束 */
```

11.2　基础练习

练习 11-1　垃圾分类

1. 实验目的

熟练掌握二分查找的应用。

2. 实验要求

（1）题目描述

据《南华早报》2019 年 7 月 15 日文章：上海严格的垃圾分类新规令不少居民抓狂，这催生出大量帮助找出正确分类答案的 App 和小程序。目前仅微信上就至少有 280 种与垃圾处理有关的 App，在苹果应用商店也达 130 种。支付宝表示，已有 60 多家独立 App 开发商申请为该平台提供类似服务。

本题要求实现一个简单的垃圾分类小助手。

（2）输入输出说明

输入格式：输入首先给出官方分类指南中每种物品的归属。在第一行给出一个正整数 n（$\leq 10^5$），即物品数量。随后 n 行，每行给出一个物品名称（长度不超过10，由小写英文字母和下划线组成的字符串）和该物品所属的分类（1代表干垃圾，2代表湿垃圾，3代表可回收物，4代表有害垃圾）。题目保证所有物品名称无重复。

随后每行给出一个查询物品的名称（格式与指南物品名称相同）。最后一行给出结束符 #，表示查询终止，这一行不需要查询。

输出格式：对每个查询的物品，在一行中给出其所属分类：Gan Laji 代表干垃圾；Shi Laji 代表湿垃圾；Ke Hui Shou 代表可回收物；You Hai Laji 代表有害垃圾。如果查询的物品不在指南中，则输出 ? 表示不知道。

（3）测试用例（见表11-2）

表11-2　练习11-1测试用例

序号	输入	输出	说明
0	4 bao_zhi 3 dian_chi 4 dan_ke 2 bei_ke 1 dan_ke dian_chi ren_zha bao_zhi bei_ke #	Shi Laji You Hai Laji ? Ke Hui Shou Gan Laji	5种输出都有
1	1 _ 4 a z _ #	? ? You Hai Laji	最小规模数据，最短字符串
2	2 zuichangzi 1 zuichangfu 2 _____ zuichangzi #	? Gan Laji	最长字符串
3	略	略	最大规模随机数据

3. 实现要点

（1）算法分析与代码

本题要求对每个需要查询的物品，快速得到其分类信息。因为所有规定分类的物品都事先给出了，这个数据集合在后续的查询过程中是固定不变的，所以这是一个典型的静态查找问题，二分查找是一个比较合适的选择。

可以直接套用代码 11-2 给出的 BinarySearch 函数，只是因为题目中要比较的键值不是数字，而是一个字符串，所以需要将原代码中直接比较 key 和 $record[mid].key$ 的部分替换成字符串比较函数 strcmp(key, $record[mid].key$)。

在代码 11-1 中定义了通用的数据类型 Records，在此可以根据题目要求将其具体化：将关键字 key 的类型定义为给定长度的字符串，即物品名称；并且存储该物品的垃圾分类的类型。垃圾类型 Type 用 enum 定义，在对应 0 的位置上定义 "不知道"。随后根据题目描述，用 1 代表干垃圾、2 代表湿垃圾、3 代表可回收物、4 代表有害垃圾。注意到 BinarySearch 函数默认将数据存储在数组中，且数组的第 0 个元素不放真实数据。所以存放数据集合的 $items$ 数组的第 0 个位置为空，对应的分类类型定义为 "不知道"，这就使得查询结果的输出可以被 Output 函数统一处理了。

当然，二分查找能正确执行的前提条件是数据是有序存放在数组中的，因此在调用 BinarySearch 之前，必须先将 $items$ 按照物品名称排序。代码 11-13 中调用了库函数 qsort 来完成排序任务，读者也可以自行实现其他的排序算法。一个需要注意的细节是排序从 $items[1]$ 开始。

代码 11-13
垃圾分类

（2）复杂度分析

输入部分的用时显然是 $O(n)$。排序利用了库函数，其平均时间复杂度为 $O(n \log n)$。对每一个查询的物品，二分查找的时间复杂度最坏情况下是 $O(\log n)$。题目没有给出查询次数，不妨设查询次数为 m，则处理查询和输出的时间就是 $O(m \log n)$。

另一种解决方案是将物品名称进行散列，如果散列函数设计得好，在散列表中的插入和查找都能达到 $O(1)$ 时间，效率更优。读者可以自行尝试。

练习 11-2　是否二叉查找树

1. 实验目的

① 熟练掌握二叉查找树的性质。
② 熟练掌握二叉树的遍历。

2. 实验要求

（1）题目描述

本题要求实现函数，判断给定二叉树是否为二叉查找树。

（2）函数接口定义

  bool IsBST(BinaryTree tree);

其中，BinaryTree 相关的数据类型的定义如下：

```
typedef int TElemSet;   /* 树结点元素为整型 */
typedef struct BinaryTreeNode *BinaryTree;
struct BinaryTreeNode {
    TElemSet data;          /* 数据元素 */
    BinaryTree left;        /* 左孩子指针 */
    BinaryTree right;       /* 右孩子指针 */
};
```

  函数 IsBST 判断给定的 tree 是否为二叉查找树，如果是则返回 true，否则返回 false。

  注意：题目保证所有键值均为正整数。

  （3）测试用例（见表 11-3）

表 11-3　练习 11-2 测试用例

序号	传入参数	返回	说明
0	二叉树（根4，左3(左1(右2))，右5(右7(左6,右8))）	true	一般情况，判断为是
1	二叉树（根4，左5(左1,右6),右3(右7)）	false	一般情况，判断为否
2	二叉树（根4，左3(左2,右7),右5(左1,右6)）	false	左右子树都对，但答案是 false
3	1	true	只有一个结点
4	空树	true	空树

3. 实现要点

（1）算法分析与代码

一个简单的后序遍历思路是：先检查左、右子树是否为二叉查找树，如果都是，再检查根结点和左、右子结点的关系是否正确，如果也是，就返回true。但第二组测试用例证明了这种思路是**错误**的。关键在于根结点不仅要和左、右子结点满足查找树的有序关系，还要和整个左、右子树中的所有结点满足有序关系。

要修正这个错误，在检查根结点时就不是只和其左、右子结点做比较，它必须大于左子树中的最大值，并且小于右子树中的最小值才可以。如果左、右两边的检查都没问题，还应记得在返回前更新当前子树的最大、最小值：最大值应该等于右子树的最大值，如果没有右子树就是根结点的值；同理，最小值应该等于左子树的最小值，如果没有左子树就是根结点的值。

在具体实现中，由于需要知道子树所有结点值的上下界，在递归检查子树时，仅传根结点地址是不够的，还得把当前子树的最大、最小值一起当成参数传递。于是题目中给定的 IsBST 函数不能直接用于递归。在代码 11-14 中，用另一个 Checker 函数作为核心递归函数。

代码 11-14
是否二叉查找树

（2）复杂度分析

本题的算法是树的后序遍历的应用，每个树结点被访问了一次，所以复杂度是 $O(n)$。

练习 11-3　AVL 树的根

1. 实验目的
熟练掌握 AVL 树的插入与旋转操作。

2. 实验要求

（1）题目描述

将给定的一系列数字插入初始为空的 AVL 树，请输出最后生成的 AVL 树的根结点的值。

（2）输入输出说明

输入格式：第一行给出一个正整数 n（≤20），随后一行给出 n 个整形 int 范围内的不同的整数，其间以空格分隔。

输出格式：在一行中输出顺序插入上述整数到一棵初始为空的 AVL 树后，该树的根结点的值。

（3）测试用例（见表 11-4）

表 11-4 练习 11-3 测试用例

序号	输入	输出	说明
0	5 88 70 61 96 120	70	LL 旋转、RR 旋转
1	7 88 70 61 96 120 90 65	88	RL 旋转、LR 旋转
2	11 89 80 66 96 120 90 72 68 67 85 69	72	深度 LL 旋转
3	20 92 83 77 68 52 41 30 22 9 127 148 150 161 179 183 195 201 134 115 101	127	最大 N，深度 RL 旋转
4	1 1	1	最小 N

3. 实现要点

（1）算法分析与代码

本题比较简单，就是 AVL 树 4 种旋转操作的运用。程序主体利用一个循环读入数据，逐一插入一棵初始为空的 AVL 树中。因为题目给出的数据为整数，所以将数据元素类型 TElemSet 简单地定义为 int 即可。

代码 11-15 给出了程序的框架和主函数，其中 AVL 树的插入和旋转操作都已经在代码 11-7 至 11-9 中给出了，故不再赘述。当然需要指出的细节是：因为 TElemSet 的定义发生了变化，所以 InsertAVL 中对于元素的引用也必须做相应的修改，即将代码 11-7 中的 *x->key* 改为 *x*，*tree->data->key* 改为 *tree->data*。

代码 11-15
AVL 树的根

（2）复杂度分析

本题执行了 n 次 AVL 树的插入操作，每次插入的时间复杂度为 $O(\log n)$，所以总的时间复杂度为 $O(n \log n)$。

练习 11-4 整型关键字的散列映射

1. 实验目的

① 熟练掌握除留取余法散列映射。

② 熟练掌握用线性探测解决冲突的机制。

2. 实验要求

（1）题目描述

给定一系列整型关键字和素数 p，用除留取余法定义的散列函数 H(*key*) = *key* % *p* 将关键字映射到长度为 p 的散列表中。用线性探测法解决冲突。

（2）输入输出说明

输入格式：输入的第一行首先给出两个正整数 n（≤1000）和 p（≥n 的最小素数），分别为待插入的关键字总数以及散列表的长度。第二行给出 n 个整型关键字。数字间以空格分隔。

输出格式：在一行内输出每个整型关键字在散列表中的位置。数字间以空格分隔，但行末尾不得有多余空格。

（3）测试用例（见表 11-5）

表 11-5 练习 11-4 测试用例

序号	输入	输出	说明
0	4 5 24 15 61 88	4 0 1 3	无冲突的一般情况
1	4 5 24 39 61 15	4 0 1 2	有冲突的情况
2	5 5 24 39 61 15 39	4 0 1 2 0	有重复关键字
3	1000 1009 1000 个随机数	略	边界测试：最大 n

3. 实现要点

（1）算法分析与代码

本题比较直接，就是除留取余法以及线性探测法的练习。解决问题的基本步骤如下：

① 根据给定的表长 p 创建一个散列表。

② 对每个关键字，首先用散列函数得到其直接映射到的位置，检测有无冲突。

③ 若发现关键字已经在表中，则输出其位置。

④ 若有冲突但该位置上不是该关键字，则用线性探测法查找下一个可能的位置。

⑤ 将关键字插入找到的位置并输出其位置。

问题的关键函数是 SearchHash，即开放定址法散列查找，其中的冲突解决函数 SolveCollision 对应的线性探测法均在代码 11-11 中给出，这里不再赘述。而插入函数根据题目的要求改为插入的同时还输出元素的位置，除了将代码 11-12 中的函数名改为 InsertHashAndPrint 之外，还在函数末尾加了一行输出语句。

代码11-16
整型关键字的散列映射

一个细节问题是：题目要求"数字间以空格分隔，但行末尾不得有多余空格"。一种处理方法是将第一个输出作为前后均无空格的特殊情况，不在for循环中处理；用for循环将第二个及以后的元素统一按前有空格的格式输出。代码11-16中的主函数中展示了另外一种处理技巧，即用一个变量 *space* 记录是否需要空格的状态，将其初始化为0（即不需要输出空格）。这样做的好处是可以统一用for循环处理所有的输出，只要在第一个元素被输出后将 *space* 的状态改为1，此后发现状态为1就在调用InsertHashAndPrint之前输出一个空格即可。不过这样做的缺点是每次循环都多了一次判断。

（2）复杂度分析

散列表的系列插入/查找操作的效率与数据规模 n 没有直接的关系，平均情况下是装填因子 α 的函数。

11.3　进阶实验

实验11-1　集合相似度 [①]

1. 实验目的

熟练掌握排序与二分查找的应用。

2. 实验要求

（1）题目描述

给定两个整数集合，它们的相似度定义为 $Nc/Nt \times 100\%$。其中，Nc 是两个集合都有的不相等整数的个数，Nt 是两个集合总共的不相等整数的个数。本实验的任务就是计算任意一对给定集合的相似度。

（2）输入输出说明

输入格式：输入的第一行给出一个正整数 n（≤ 50），为集合的个数。随后 n 行，每行对应一个集合。每个集合首先给出一个正整数 m（$\leq 10^4$），为集合中元素的个数，然后跟 m 个 $[0, 10^9]$ 区间上的整数。

之后一行给出一个正整数 k（≤ 2000），随后 k 行，每行对应一对需要计算相似度的集合的编号（集合从1到 n 编号）。数字间以空格分隔。

输出格式：对每一对需要计算的集合，在一行中输出它们的相似度（为保留小数

[①] 题目引用自攀拓真题（2013年秋季）。

11.3 进阶实验

点后2位的百分比数字）。

（3）测试用例（见表11-6）

表 11-6　实验 11-1 测试用例

序号	输入	输出	说明
0	3 3 99 87 101 4 87 101 5 87 7 99 101 18 5 135 18 99 2 1 2 1 3	50.00% 33.33%	一般情况
1	2 3 1 2 3 3 0 1000000000 4 1 1 2	0.00%	完全不相似
2	2 4 0 0 0 9 2 9 0 1 1 2	100.00%	完全一致
3	略	略	最大规模，但大量重复
4	略	略	最大规模随机数据

3. 实现要点

解决这个问题，需要执行两个基本步骤：首先将每个集合 s_i 中的元素去重，统计不相等整数的个数 cnt_i；随后对每一对需要计算的集合，求它们的交集规模 N_c。于是可知两个集合 s_i 和 s_j 总共的不相等整数的个数是 $(cnt_i+cnt_j-N_c)$，则 $N_c/(cnt_i+cnt_j-N_c) \times 100$ 就是要求的结果。

① **元素去重**：首先将元素排序，然后用两个指针遍历数组：其中一个指针 i 用于跳过所有重复的元素，找到下一个与前面一个元素不同的元素；另一个指针 j 指向前面一个元素第二次出现的位置。将位置 i 上的元素复制到位置 j，如此循环，即可保证 j 位置之前的所有元素都是不同的。最后指针 j 中存储的数值就是这个集合的 cnt 值，即不相等整数的个数。在得到 cnt 的同时，数组中不相等的整数也有序地排列在前 cnt 个位置中。

② **求两个集合的交集**：求两个集合 s_i 和 s_j 的公共元素，可以遍历其中一个集合的

所有元素，检查每个元素是否在另一个集合里。因为两个集合都已经是有序的，所以二分查找是合适的选择。如果遍历集合 s_i，在集合 s_j 中做二分查找，则最坏时间复杂度就是 $O(cnt_i \log cnt_j)$。可见，为了获得最快的效果，应该选择遍历规模较小的集合，在规模较大的集合中做二分查找。

实验 11-2 查找树判断

1. 实验目的
① 熟练掌握二叉查找树的性质。
② 熟练掌握二叉树的遍历。

2. 实验要求
（1）题目描述

对于二叉查找树，规定任一结点的左子树仅包含严格小于该结点的键值，而其右子树包含大于或等于该结点的键值。如果交换每个结点的左子树和右子树，得到的树叫作镜像二叉查找树。

现在给出一个整数键值序列，请编写程序，判断该序列是否为某棵二叉查找树或某镜像二叉查找树的前序遍历序列，如果是，则输出对应二叉树的后序遍历序列。

（2）输入输出说明

输入格式：输入的第一行包含一个正整数 n（≤1000）。第二行包含 n 个整数，为给出的整数键值序列，序列中的各整数以空格分隔。

输出格式：输出的第一行首先给出判断结果，如果输入的序列是某棵二叉查找树或某镜像二叉查找树的前序遍历序列，则输出"YES"，否则输出"NO"。如果判断结果是"YES"，下一行输出对应二叉树的后序遍历序列。数字间以空格分隔，但行首尾不能有多余的空格。

（3）测试用例（见表 11-7）

表 11-7 实验 11-2 测试用例

序号	输入	输出	说明
0	7 8 6 5 7 10 8 11	YES 5 7 6 8 11 10 8	一般情况测试；有重复键值
1	7 8 10 11 8 6 7 5	YES 11 8 10 7 5 6 8	镜像成立
2	7 8 6 8 5 10 9 11	NO	不成立

续表

序号	输入	输出	说明
3	16 100 70 60 62 68 65 69 200 150 140 160 155 300 400 500 450	YES 65 69 68 62 60 70 140 155 160 150 450 500 400 300 200 100	多个结点只有 1 个子结点
4	17 85 92 100 120 110 105 88 90 50 20 30 40 35 36 32 28 15	YES 105 110 120 100 90 88 92 36 32 35 40 28 30 15 20 50 85	同上，但测试镜像
5	7 8 6 7 5 10 11 9	NO	树两层的左右大小定义不一致
6	1 −1	YES −1	边界测试：最小 n
7	略	略	边界测试：最大 n

3. 实现要点

通常需要给定两种遍历序列才可能确定一棵二叉树的结构，但是本题只给出了前序遍历序列。注意到根据二叉查找树的性质，对其进行中序遍历必定得到一个有序的升序序列，而类似地，对镜像二叉查找树进行中序遍历必定得到一个有序的降序序列。于是我们只要先将给定的序列排序，就得到了中序遍历序列，再结合输入的前序遍历序列，就可以构建唯一确定的一棵树了。在练习 5-3 中，我们已经讨论过如何根据前序和中序遍历序列构建一棵二叉树。

另一方面，仔细分析本题可以发现，由于二叉查找树有特殊性质，其实不需要真去构建二叉树才能得到其后序遍历序列。首先前序遍历的第一个元素是根结点，而根结点必然是后序遍历序列的最后一个元素，所以可以直接将输入的第一个元素复制为后序遍历序列的最后一个元素。又由于在二叉查找树中，根结点左子树的全部键值都严格小于根结点，所以只要顺序扫描前序遍历序列中根结点后面的元素，凡小于根结点的一定都属于左子树，而一旦发现大于等于根结点的元素，则这个元素及以后的元素一定属于右子树。镜像二叉查找树反之。在找到两棵子树的元素后，由于二叉查找树或镜像二叉查找树的定义可以用递归表示，可以继续递归地解决两个子问题，直接生成后序遍历序列。

实现中需要注意处理的问题是，需要正确判断到底是二叉查找树还是镜像二叉查找树。为此可以在递归函数的参数中加一个整型 *tag* 标识，例如 1 表示二叉查找树、2 表示镜像二叉查找树、3 表示不确定（当递归函数最开始被调用时，我们不知道是哪一种）。在递归判断时，除了检查子序列本身的顺序是否有矛盾，还要检查当前确定的 *tag* 跟上一层传进来的 *tag* 是否有矛盾。例如测试用例 5 就检查这个问题：根据根结点 8

来划分判断，应该是左小右大的二叉查找树；但是递归到左子树{6,7,5}时，发现是左大右小的镜像二叉查找树。虽然左子树本身没有矛盾，但是其类型与上一层的类型不一致，所以也是错的。

实验 11-3　树种统计

1. 实验目的
熟练掌握二叉查找树的性质及在解决问题中的应用。

2. 实验要求

（1）题目描述

随着卫星成像技术的应用，自然资源研究机构可以识别每一棵树的种类。请编写程序帮助研究人员统计每种树的数量，计算每种树占总数的百分比。

（2）输入输出说明

输入格式：输入的第一行给出一个正整数 n（$\leq 10^5$），为树的数量。随后 n 行，每行给出卫星观测到的一棵树的种类名称。种类名称是不超过30个英文字母和空格组成的字符串（大小写有区分，且首字符不是空格）。

输出格式：按字典序递增输出各种树的种类名称及其所占总数的百分比，其间以空格分隔，精确到小数点后4位。

（3）测试用例（见表11-8）

表 11-8　实验 11-3 测试用例

序号	输入	输出	说明
0	29 Red Alder Ash Aspen Basswood Ash Beech Yellow Birch Ash Cherry Cottonwood Ash Cypress Red Elm Gum	Ash 13.7931% Aspen 3.4483% Basswood 3.4483% Beech 3.4483% Black Walnut 3.4483% Cherry 3.4483% Cottonwood 3.4483% Cypress 3.4483% Gum 3.4483% Hackberry 3.4483% Hard Maple 3.4483% Hickory 3.4483% Pecan 3.4483% Poplan 3.4483% Red Alder 3.4483%	一般情况测试

续表

序号	输入	输出	说明
0	Hackberry White Oak Hickory Pecan Hard Maple White Oak Soft Maple Red Oak Red Oak White Oak Poplan Sassafras Sycamore Black Walnut Willow	Red Elm 3.4483% Red Oak 6.8966% Sassafras 3.4483% Soft Maple 3.4483% Sycamore 3.4483% White Oak 10.3448% Willow 3.4483% Yellow Birch 3.4483%	
1	1 A test for the longest strings	A test for the longest strings 100.0000%	边界测试：最小 n，最长树种名
2	略	百分比全部为 0.001n0%	边界测试：最大，随机生成不重复的大数据
3	略	略	边界测试：最大 n

3. 实现要点

问题的关键在于，需要反复查找某种输入树并将其个数加 1。如果简单地将最多 n 个输入树种存为数组，则每次查找最坏情况下都需要线性时间复杂度 $O(n)$，于是总查找时间将达到 $O(n^2)$。

二分查找可以达到 $O(\log n)$ 的查找效率，但前提条件是数组里的数据有序。

二叉查找树可以比较有效地提高查找效率。如果树比较平衡，则单次插入和查找都可以达到 $O(\log n)$ 的复杂度，因此总体时间复杂度可能降低到 $O(n \log n)$。不过最坏情况下可能形成单边倾斜的二叉查找树，这时的效率只有 $O(n^2)$。

用二叉查找树的另一个好处是，对其进行中序遍历就可以得到按字典序递增的输出序列。

*实验 11-4　笛卡儿树

1. 实验目的

熟悉二叉查找树和优先级队列的性质。

2. 实验要求

（1）题目描述

笛卡儿树是一种特殊的二叉树，其结点包含两个关键字 $k1$ 和 $k2$，并且满足如下两个条件：首先，笛卡儿树是关于 $k1$ 的二叉查找树，即结点左子树的所有 $k1$ 值都比该结点的 $k1$ 值小，右子树的所有 $k1$ 值都比该结点的 $k1$ 值大；其次，所有结点的 $k2$ 关键字满足优先级队列（不妨设为最小堆）的顺序要求，即该结点的 $k2$ 值比其子树中所有结点的 $k2$ 值小。给定一棵二叉树，请判断该树是否为笛卡儿树。

（2）输入输出说明

输入格式：输入的第一行给出正整数 n（≤ 1000），为树中结点的个数。随后 n 行，每行给出一个结点的信息，包括结点的 $k1$ 值、$k2$ 值、左子结点编号、右子结点编号。设结点从 $0 \sim (n-1)$ 顺序编号。若某结点不存在子结点，则该位置给出 -1。

输出格式：如果该树是一棵笛卡儿树则输出 YES；否则输出 NO。

（3）测试用例（见表 11-9）

表 11-9 实验 11-4 测试用例

序号	输入	输出	说明
0	6 8 27 5 1 9 40 -1 -1 10 20 0 3 12 21 -1 4 15 22 -1 -1 5 35 -1 -1	YES	一般情况，YES 测试
1	6 8 27 5 1 9 40 -1 -1 10 20 0 3 12 11 -1 4 15 22 -1 -1 50 35 -1 -1	NO	一般情况，NO 测试
2	7 8 27 5 1 9 40 -1 -1 10 20 0 3 12 22 -1 4 15 21 6 -1 5 35 -1 -1 13 23 -1 -1	NO	$k1$ 满足二叉查找树，但 $k2$ 不满足最小堆顺序

11.3 进阶实验 417

续表

序号	输入	输出	说明
3	6 8 27 5 1 9 40 -1 -1 10 20 0 3 12 21 -1 4 11 22 -1 -1 5 35 -1 -1	NO	$k2$ 满足最小堆顺序，但 $k1$ 不满足二叉查找树
4	9 11 5 3 -1 15 3 4 7 5 2 6 0 6 8 -1 -1 9 6 -1 8 10 1 2 1 2 4 -1 -1 20 7 -1 -1 12 9 -1 -1	NO	$k2$ 满足最小堆顺序；$k1$ 的每棵子树都满足二叉查找树条件，但整棵树不满足二叉查找树条件——即简单的后序遍历不能给出正确结果
5	1 1 1 -1 -1	YES	边界测试：最小 n
6	略	略	边界测试：最大 n 随机数据

3. 实现要点

本题主要分为两个子问题：一是根据输入的信息构建二叉树，二是根据树的结构判断其是否满足笛卡儿树的性质。

构建树的过程比较简单，由于题目给出了每个结点的左、右孩子指针，所以可以根据信息直接建立结点与结点之间的连接。

判断该树是否满足笛卡儿树的性质，需要分别对 $k1$ 和 $k2$ 进行判断：

① 对 $k1$ 要检查该树是否满足二叉查找树的性质 —— 这个算法在练习 11-2 中已经介绍了，不再赘述。

② 对 $k2$ 要检查树是否满足最小堆的顺序要求。这个判断可以用一次简单的后序遍历来完成，即先检查左、右子树是否都满足条件，若是，则将当前结点的 $k2$ 值与左、右子树的 $k2$ 最小值比，确定是否满足条件；否则返回 NO。

注意到题目是用 0~(n-1) 整型编号代表树结点的，所以可以把每个结点的信息存储在结构体数组中，将结构体中的左、右指针定义为整型。又因为题目没有直接说明哪个结点是根，所以需要在建立树的过程中为每个结点设置一个标记 *tag*，初始化为 1（即有可能是根结点）。在建立结点的过程中，不断将当前结点左、右孩子的 *tag* 设置为 0（即有父结点的结点不可能是根）。最后扫描一遍所有结点的 *tag* 值，应该存在唯一的一个 *tag* 不为 0 的结点，那就是根结点了。

*实验 11-5　新浪微博热门话题

1. 实验目的
① 掌握选择部分字段应用英文字典的散列移位法进行散列映射的技巧。
② 熟练掌握用链地址法解决冲突的机制。

2. 实验要求

（1）题目描述

新浪微博可以在发言中嵌入"话题"，即将发言中的话题文字写在一对"#"之间，就可以生成话题链接，点击链接可以看到有多少人在和自己讨论相同或者相似的话题。新浪微博还会随时更新热门话题列表，并将最热门的话题放在醒目的位置推荐大家关注。

本题目要求实现一个简化的热门话题推荐功能，从大量英文（因为中文分词处理比较麻烦）微博中解析出话题，找出被最多条微博提到的话题。

（2）输入输出说明

输入格式：输入的第一行给出一个正整数 n（$\leq 10^5$）。随后 n 行，每行给出一条英文微博，其长度不超过 140 个字符。任何包含在一对最近的"#"中的内容均被认为是一个话题，如果长度超过 40 个字符，则只保留前 40 个字符。输入保证"#"成对出现。

输出格式：第一行输出被最多条微博提到的话题，第二行输出其被提到的微博条数。如果这样的话题不唯一，则输出按字母序最小的话题，并在第三行输出"And k more ..."，其中 k 是另外几条热门话题的条数。输入保证至少存在一条话题。

注意：两条话题被认为是相同的，如果在去掉所有非英文字母和数字的符号并忽略大小写区别后，它们是相同的字符串；同时它们有完全相同的分词。输出时除首字母大写外，只保留小写英文字母和数字，并用一个空格分隔原文中的单词。

（3）测试用例（见表 11-10）

表 11-10　实验 11-5 测试用例

序号	输入	输出	说明
0	4 This is a #test of 1 topic#. Another #Test of (1)topic.# This is a #Hot# topic This is a test of 1 topic	Test of 1 topic 2	一般测试

续表

序号	输入	输出	说明
1	4 This is a #test of topic#. Another #Test of topic.# This is a #Hot# #Hot# topic Another #hot!# #Hot# topic	Hot 2 And 1 more ...	并列热门；同一微博重复提到的话题只算一次
2	3 Test #for@diff words# Test #ford iff words# #more than# one #topics.#	For diff words 1 And 3 more ...	分词不同，算两个不同的话题；同一微博可包含多个话题
3	100000 随机产生话题，其中有话题包含138个字符	略	边界测试：最大 n，最长微博，最长话题

3. 实现要点

本题要求统计关键字出现的次数，并输出出现次数最多的关键字。用散列表解决问题的难点在于，如何有效地为长达40个字符的关键字设计散列函数。

设计这种散列函数有很多种方法，最简单的就是采用算法11-10中提出的英文字典的散列移位法。如果用无符号长整数存放移位值，并且采用一个字符占6位的规则（因为有26个小写字母、10个数字、空格，共37个不同的字符），那么每个话题都只有5个字母参与计算。对于长度不超过5的字符串是比较好的，但是对于比较长的句子，就需要判断是哪5个字母的随机性比较好。

根据英文的特点，句子开头经常出现的单词比较固定，如"the""a""this"等，所以最前面的5个字母不是最好的选择。相比之下，末尾的5个字母随机性略好一些。另一方面，英文常用单词的组合是有限的，所以如果取连续的5个字母，随机性仍然不会太好。一个改进的办法是隔位取字母，比如只取奇数位或者偶数位的字母进行移位。

如果移位法效果充分好，可以设计一个长度为 p（$\geq n$的最小素数）的散列表，采用链地址法解决冲突。

在具体实现中，每个表元素结构体需要存储话题字符串和它被提到的次数。需要注意的是，同一条微博如果反复提到同一个话题，则不能重复计算。为了避免重复计算，可以在表元素中加一个变量，记录最后一次提到该话题的微博的编号。

第 12 章

高级查找

主教材第 12 章介绍了几种高级查找方法。具体如下:

① 线段树是在特定区域内对数据元素查找的工具,它高效地支持在线维护修改和查询。

② 跳表是在有序链表的基础上引入"分层"的思想,使得查找、插入和删除操作的时间复杂度降低。

③ 红黑树是一种"弱"平衡二叉树,它利用结点的颜色保持树的平衡性。

④ 树堆是基于堆的二叉查找树,它通过引入随机数使得树的期望形态保持近似平衡。

⑤ KD 树是分割 k 维数据空间的数据结构,主要应用于多维空间关键数据的搜索。

⑥ 四叉树是一种空间索引树,每一个结点都代表着一块矩形区域。当空间数据对象分布比较均匀时,具有比较高的空间数据插入和查询效率。

本章将首先给出主教材中 10 个算法的具体实现,然后围绕各种高级查找算法的应用,给出两道基础练习题和三道进阶实验题,以训练学生熟练掌握利用各种高级查找算法解决问题的能力。本章实现的算法和习题涉及的知识内容见表 12-1。

表 12-1　第 12 章实验清单

类型	序号	标题	内容	知识点
算法	12-1	BuildSegTree (*seg_tree, array, l, r, p*)	构建最小值线段树	线段树
	12-2	Update (*seg_tree, l, r, p, idx, value*)	求最小值线段树的单点更新	线段树
	12-3	Query (*seg_tree, l, r, p, ql, qr*)	求最小值线段树的区间查询	线段树
	12-4	RangeUpdate (*seg_tree, lazy, l, r, p, ql, qr, c*)	求最小值线段树的区间增值更新	线段树
	12-5	GetPrefixSum (*c, k*)	树状数组区间求前缀和	树状数组
	12-6	Update (*c, n, k, d*)	树状数组单点更新	树状数组
	12-7	RRotate (*rbtree, x*)	红黑树中的右旋	红黑树
	12-8	InsertAdjust (*rbtree, x*)	红黑树中插入结点后的调整	红黑树
	12-9	DeleteAdjust (*rbtree, x*)	删除黑结点及颜色调整	红黑树
	12-10	InsertTreap (*treap, x*)	树堆的插入	树堆
基础练习	12-1	是否红黑树	给定染色的二叉查找树的前序遍历，判断是否为红黑树	红黑树
	*12-2	三逆序组	统计数组中三逆序组的个数	线段树
进阶实验	12-1	树种统计（用红黑树和树堆重新尝试第 11 章实验 11-3）	根据卫星得到的数据统计树种信息，顺序输出每个树种所占比例	红黑树、树堆
	*12-2	染成红黑树	给定二叉查找树的后序遍历，问是否可能染成红黑树	红黑树
	*12-3	逆序对	反转任意子序列后，有多少个逆序对	树状数组或线段树

12.1 算法实现

算法 12-1：构建最小值线段树 BuildSegTree(*seg_tree*, *array*, *l*, *r*, *p*)

算法 12-1~12-4 是关于线段树 4 个重要操作的描述。在代码 12-1 中首先给出了线段树的结构定义，即将线段树 SegTree 定义为元素类型为 ElemSet 的数组。测试用主函数 main 对线段树相关的 4 个操作分别进行了调用：在读入一系列元素值后，调用 BuildSegTree 初始化线段树；随后根据读入的区间端点，调用 Query（见代码 12-3）求出该区间内的最小值并输出；再根据读入的点更新位置和数值，调用 Update（见代码 12-2）完成单点更新，并再次输出 Query 的结果，以确认更新内容正确；最后根据读入的区间端点和区间增值，调用 RangeUpdate（见代码 12-4）进行区间更新，并再次输出 Query 的结果，以确认更新内容正确。

代码 12-1 求最小值线段树的初始化

代码 12-1 中只给出测试框架和算法 12-1 的实现。读者如果要完整地运行测试程序，需要将代码 12-1~12-4 拼接起来运行。

算法 12-2：求最小值线段树的单点更新 Update(*seg_tree*, *l*, *r*, *p*, *idx*, *value*)

代码 12-2 给出算法 12-2 的具体实现。本段代码必须与代码 12-1 拼接在一起，才能进行测试。

代码 12-2　求最小值线段树的单点更新

```
/* 算法12-2: 求最小值线段树的单点更新 Update(seg_tree, l, r, p, idx,
value) */
void Update(SegTree seg_tree, int l, int r, Position p, Position idx,
    ElemSet value)
{
    Position m, lp, rp;
    if (l==r) {
        seg_tree[p] = value; /* 更新叶结点 */
    }
    else {
```

```
        m = (l+r)>>1;  /* 二分的中点位置 */
        lp = (p<<1);   /* 左孩子位置 */
        rp = lp + 1;   /* 右孩子位置 */
        if (idx <= m) {
            Update(seg_tree, l, m, lp, idx, value);
        }
        else {
            Update(seg_tree, m+1, r, rp, idx, value);
        }
        seg_tree[p] = Min(seg_tree[lp], seg_tree[rp]); /* 求最小值 */
    }
}
/* 算法 12-2 结束 */
```

算法 12-3：求最小值线段树的区间查询 Query(*seg_tree*, *l*, *r*, *p*, *ql*, *qr*)

代码 12-3 给出算法 12-3 的具体实现。本段代码必须与代码 12-1 拼接在一起，才能进行测试。

代码 12-3　求最小值线段树的区间查询

```
/* 算法 12-3: 求最小值线段树的区间查询 Query(seg_tree, l, r, p, ql, qr) */
ElemSet Query(SegTree seg_tree, int l, int r, Position p, int ql,
    int qr)
{
    ElemSet ret, left, right;
    Position m, lp, rp;
    if ((qr<l) || (ql>r)) { /* [ql, qr]与[l,r]完全无交集 */
        ret = kMaxNum; /* 返回一个大常数 */
    }
    else if ((ql<=l) && (r<=qr)) { /* [ql, qr]完全包含[l,r] */
        ret = seg_tree[p];
    }
    else { /* [ql, qr]与[l,r]有交集 */
        m = (l+r)>>1;  /* 二分的中点位置 */
        lp = (p<<1);   /* 左孩子位置 */
        rp = lp + 1;   /* 右孩子位置 */
        left = Query(seg_tree, l, m, lp, ql, qr);
        right = Query(seg_tree, m+1, r, rp, ql, qr);
        ret = Min(left, right);
    }
    return ret;
```

```
}
/* 算法12-3 结束 */
```

算法 12-4：求最小值线段树的区间增值更新 RangeUpdate(*seg_tree*, *lazy*, *l*, *r*, *p*, *ql*, *qr*, *c*)

代码12-4给出算法12-4的具体实现。本段代码必须与代码12-1拼接在一起，才能进行测试。

代码 12-4 求最小值线段树的区间增值更新

```
/* 算法12-4: 求最小值线段树的区间增值更新 RangeUpdate(seg_tree, lazy, l,
r, p, ql, qr, c) */
void RangeUpdate(SegTree seg_tree, SegTree lazy, int l, int r,
Position p, int ql, int qr, ElemSet c)
{
    Position m, lp, rp;
    if ((ql<=l) && (r<=qr)) { /* [ql, qr]完全包含[l,r] */
        lazy[p] += c; /* 加懒惰标记 */
        seg_tree[p] += lazy[p]; /* 更新结点值 */
    }
    else if ((qr>=l) && (ql<=r)){ /* [ql, qr]与[l,r]有交集 */
        lp = (p<<1); /* 左孩子位置 */
        rp = lp + 1; /* 右孩子位置 */
        if (lazy[p] != 0) { /* 下推懒惰标记，可以写成一个函数调用 */
            seg_tree[lp] += lazy[p]; /* 更新左孩子 */
            lazy[lp] += lazy[p];
            seg_tree[rp] += lazy[p]; /* 更新右孩子 */
            lazy[rp] += lazy[p];
            lazy[p] = 0; /* 清除当前结点seg_tree[p]的懒惰标记 */
        }
        m = (l|r)>>1; /* 二分的中点位置 */
        RangeUpdate(seg_tree, lazy, l, m, lp, ql, qr, c);
        RangeUpdate(seg_tree, lazy, m+1, r, rp, ql, qr, c);
        seg_tree[p] = Min(seg_tree[lp], seg_tree[rp]); /* 求最小值 */
    }
}
/* 算法12-4 结束 */
```

算法 12-5：树状数组区间求前缀和 GetPrefixSum(*c*, *k*)

代码12-5除了给出算法12-5的具体实现外，还给出了测试用主函数main。测试比较简单:首先调用单点更新函数 Update(见代码12-6),将顺序读入的 n 个数据逐一更新到树状数组 c 中,并输出最后得到的 c 中的元素;随后调用算法12-5中的 GetPrefixSum 函数逐一计算前缀和 s,并输出最后得到的 s 中的元素。

代码12-5中只给出测试框架和算法12-5的实现。读者如果要完整地运行测试程序,需要将代码12-5和12-6拼接起来运行。

代码12-5　树状数组区间求前缀和

```c
#include <stdio.h>
#include <stdlib.h>
#include <memory.h>

typedef int ElemSet;   /* 默认元素为整型 */

ElemSet GetPrefixSum(ElemSet c[], int k);
void Update(ElemSet c[], int n, int k, ElemSet d);

#define kMaxSize 1000

int main(void)
{
    ElemSet a[kMaxSize], c[kMaxSize], s[kMaxSize];
    int n, k;

    memset(c, 0, sizeof(c));
    scanf("%d", &n);
    for (k=1; k<=n; k++) {
        scanf("%d", &a[k]);
        Update(c, n, k, a[k]);
    }
    for (k=1; k<=n; k++) {
        printf("%d ", c[k]);
    }
    printf("\n");
    for (k=1; k<=n; k++) {
        s[k] = GetPrefixSum(c, k);
    }
    for (k=1; k<=n; k++) {
        printf("%d ", s[k]);
    }
    printf("\n");
    return 0;
}

/* 算法12-5 树状数组区间求前缀和 GetPrefixSum(c, k) */
ElemSet GetPrefixSum(ElemSet c[], int k)
{
```

12.1 算法实现

```
    ElemSet sum;
    sum = 0;
    while (k > 0) {
        sum += c[k];
        k -= (k & -k);
    }
    return sum;
}
/* 算法 12-5 结束 */
```

算法 12-6：树状数组单点更新 Update(*c*, *n*, *k*, *d*)

代码12-6给出算法12-6的具体实现。本段代码必须与代码12-5拼接在一起，才能进行测试。

代码12-6　树状数组单点更新
```
/* 算法12-6 树状数组单点修改的伪代码: Update(c, n, k, d) */
void Update(ElemSet c[], int n, int k, ElemSet d)
{
    while (k <= n) {
        c[k] += d;
        k += (k & -k);
    }
}
/* 算法12-6 结束 */
```

算法 12-7：红黑树中的右旋 RRotate(*rbtree*, *x*)

算法12-7~12-9给出了红黑树的插入与删除操作中的关键算法。代码12-7~12-9分别与之对应，同时代码12-7中还给出了红黑树的结构定义与所有操作的完整测试。

红黑树类型 *RBTree* 定义为指向结构体 RBTreeNode 的指针。在 RBTreeNode 结构体中，除了常规的二叉树结构中的数据元素 *data*、左孩子 *left* 和右孩子 *right* 之外，还有 *color* 记录结点颜色，以及 *parent* 作为指针指向其父结点。数据元素类型 TElemSet 在此被更通用地定义为 Records 类型，即指向一个存储数据的结构体 RecordNode 的指针。在红黑树中，结点大小是由该结点指向的数据结构体中的 *key* 值决定的，在代码12-7中，这个 *key* 被定义为整型。

在测试用主函数 main 中，首先顺序读入输入的 *n* 个数据的 *key* 值，并调用 InsertRBT 函数将数据逐一插入一棵初始为空的红黑树 *rbtree* 中；随后调用 PreOrder 函数，输出这棵树的先序遍历——在先序遍历中，对结点的访问由 Visit 函数实现，定义为输出黑色结点的键值，或输出红色结点的键值的负数值。因为红黑树也是二叉查找树，其中序遍历是有序序列，所以只要知道其先序遍历即可唯一确定树的结构。通过输出正确的先序遍历序列，就可以验证插入结果的正确性。

在接下来的测试中，依次读入 m 个键值，调用 DeleteRBT 函数将其从 *rbtree* 中删除，随之用 PreOrder 函数输出结果树的先序遍历序列，以检查删除是否正确。

代码 12-7~12-9
红黑树中的右旋及其他操作代码

代码 12-7 给出了 InsertRBT、DeleteRBT、PreOrder、Visit 及 InsertRBT 函数中需要的右旋（即算法 12-7）和对称的左旋操作。其他操作在后续代码中给出。读者要完整运行测试，需要将代码 12-7~12-9 拼接在一起执行。

算法 12-8：红黑树中插入结点后的调整 InsertAdjust(*rbtree*, *x*)

代码 12-8 给出红黑树插入函数中调用的核心调整函数，需要和代码 12-7 拼接在一起运行测试。

算法 12-9：删除黑结点及颜色调整 DeleteAdjust(*rbtree*, *x*)

代码 12-9 给出红黑树删除函数中调用的核心调整函数，需要和代码 12-7 拼接在一起运行测试。

注意到这里专门实现了 IsBlack 和 IsRed 两个函数来判断结点颜色，这是因为结点有可能是空的。当位置 x 上是空指针 NIL 时，无法直接通过检查 *color* 来判断颜色，必须特殊处理，将空指针判定为黑色。

算法 12-10：树堆的插入 InsertTreap(*treap*, *x*)

代码 12-10
树堆的插入

代码 12-10 给出了树堆的结构定义：*Treap* 是指向结构体 TreapNode 的指针。在 TreapNode 中，除了二叉树中常规的数据元素 *data* 和左、右孩子指针外，重要的是有整型优先级 *priority*。

用于测试的主函数 main 读入 n 个输入的键值，并顺次调用 InsertTreap 函数插入初始为空的树堆 *treap* 中。最后调用 PreOrder 输出该树的先序遍历序列，访问结点时不仅输出该结点的键值，同时输出其随机优先级，以验证结果的正确性。

12.2 基础练习

练习 12-1 是否红黑树 [①]

1. 实验目的

① 充分理解红黑树的性质。

② 熟练掌握二叉树的遍历操作。

2. 实验要求

（1）题目描述

给定一棵染了红/黑颜色的二叉查找树，请判定其是否满足红黑树定义。

（2）输入输出说明

输入格式：输入首先给出整数 k（≤ 30），是测试数据的组数。每一组测试数据在第一行给出正整数 n（≤ 30），为树中结点个数；第二行给出该二叉查找树的先序遍历序列。树中所有键值都是正整数，但我们用负号表示该对应结点是红色的，其他没有负号的结点是黑色的。同行数字之间以空格分隔。

输出格式：对每组数据，如果对应的二叉查找树是红黑树，就在一行中输出"Yes"，否则输出"No"。

（3）测试用例（见表 12-2）

表 12-2 练习 12-1 测试用例

序号	输入	输出	说明
0	3 9 7 -2 1 5 -4 -11 8 14 -15 9 11 -2 1 -7 5 -4 8 14 -15 8 10 -7 5 -6 8 15 -11 17	Yes No No	两种输出都有。 No 的情形包括：红结点有红色孩子、黑高不全等
1	2 1 -1 3 -2 3 1	No No	最小规模数据，根是红色的

[①] 题目引用自攀拓真题（2017 年秋季）。

续表

序号	输入	输出	说明
2	3 9 7 -2 1 5 -4 -11 8 14 -15 5 1 2 3 4 5 5 5 4 3 2 1	Yes No No	复杂交错的红黑树； 全黑单边树
3	略	略	最大规模数据

3. 实现要点

（1）算法分析与代码

解决这个问题主要有两件事情要做：

① 根据输入的先序遍历序列构建对应的二叉查找树。

② 判别一棵二叉查找树是否为红黑树。

第一步：构建树

我们在第 5 章练习 5-3 中已经给出了解答（见代码 5-27）。但因为本题的输入与练习 5-3 略有不同，结点的颜色信息藏在键值的正负属性里，所以需要做一些额外的操作，但整体思路是一样的。

在读入输入的先序遍历序列 *preorder* 之后，首先将其复制到存储中序遍历序列的数组 *inorder* 中，注意：在复制时将所有表示红色的负数转换成正数，然后调用库函数 qsort 将 *inorder* 按升序排序，就对应了二叉查找树的中序遍历。有了先序和中序遍历的两个序列，就可以仿照代码 5-27 中的 BuildTree 函数，完成树的构建。

在代码 12-11 中，RBTreeNode 的结构与代码 12-7 中的定义略有不同，不需要父指

代码 12-11
是否红黑树

针 *parent*，但需要一个整型变量 *black_height* 来记录该结点的黑高。在构建树的函数 BuildTree 中对应的修改是：在处理根结点时，要将其黑高初始化为 0，并根据 *perorder*[0] 的正负为根结点的颜色赋值。其他处理与代码 5-17 相同。

第二步：判别红黑树

判别一棵二叉查找树是否为红黑树，需要检查以下三个特性：

① 根结点是黑色的。

② 如果一个结点是红色的，那么它的两个孩子都是黑色。

③ 对于每个结点，从该结点到其所有子孙叶结点的路径中所包含的黑结点数量（即黑高）必须相等。

第一个特性在读入 perorder 之后就可以立即进行判断了，如果 perorder[0] 是负数，则说明根结点是红色，输出 "No"。

在根结点是黑色的情况下，才需要构建这棵二叉查找树，通过 Check 函数判断另外两个特性。

Check 函数本质上是执行了树的后序遍历。对于非空树（空树显然是红黑树），如果当前子树的根结点是红色的，则首先需要检查第二个特性，其任何一个子结点如果是红色的，则可判定结论为 false。这一步之后，如果结论为 true，递归检查其左、右子树。在左、右子树都返回 true 的情况下，判断当前结点是否满足第三个特性——即判断其左、右子树的黑高是否相等。如果相等，则当前返回值应该是 true，并且要在返回前更新当前结点的黑高：如果当前结点是黑色的，则黑高为左子树黑高（或右子树黑高）加 1；否则就等于左子树黑高（或右子树黑高）。

（2）复杂度分析

对每一组测试，读取输入数据需要 $O(n)$ 时间。随后通过对先序遍历序列进行排序而获得中序遍历，这一步由库函数 qsort 完成，其平均时间复杂度是 $O(n \log n)$。构建树 BuildTree 是一个先序遍历过程，在确定根结点在 inorder 中的位置时，用了一个线性扫描，所以函数的整体时间复杂度是 $O(n^2)$。判断函数 Check 是一个后序遍历过程，对当前结点的判定只需要常数时间，所以时间复杂度是 $O(n)$。最后释放树空间的 DestroyTree 也是一个后序遍历，时间复杂度是 $O(n)$。因为总共有 k 组测试数据，所以整体时间复杂度是 $O(kn^2)$。

在空间复杂度方面，除了用固定长度为 kMaxN 的数组存储先序和中序遍历序列外，每组测试数据会在内存中占用一棵树的空间，即 $O(n)$。如果不及时释放空间，那么 k 组测试将占用 $O(k \times kMaxN)$ 的空间。如果及时释放空间，则空间复杂度是 $O(kMaxN)$。

*练习 12-2　三逆序组[①]

1. 实验目的
熟练掌握线段树的应用技巧。

2. 实验要求
（1）题目描述

在一个序列中，两个元素 a_i 和 a_j 逆序是指它们满足 $i<j$，且 $a_i>a_j$。这两个元素称为一个**逆序对**。在第 10 章中介绍了利用归并排序求逆序对数量的算法（代码 10-14）。本题的要求更具挑战一些，要求**三逆序组**的数量。

[①]　题目引用自攀拓真题（2015 年冬季）。

所谓三逆序组，即三个元素满足 $i<j<k$，且 $a_i>a_j>a_k$。例如在序列 {5,1,4,3,2} 中，共有4个三逆序组，分别为（5,4,3）、（5,4,2）、（5,3,2）和（4,3,2）。为简化问题，我们假设序列 a 是从1到 n 的一个排列。

（2）输入输出说明

输入格式：输入首先在一行中给出一个区间 $[3, 10^5]$ 中的正整数 n，随后一行给出从1到 n 的一个排列。数字间以一个空格分隔。

输出格式：在一行中输出给定排列中三逆序组的数量。

（3）测试用例（见表12-3）

表 12-3　练习 12-2 测试用例

序号	输入	输出	说明
0	22 1 2 3 4 5 16 6 7 8 9 10 19 11 12 14 15 17 18 21 22 20 13	8	小规模数据，暴力可解
1	1800 略	略	暴力算法将超时，但答案不超过 2^{31}
2	100000 略	略	最大规模随机数据，答案超过 2^{31}
3	100000 略	略	最大规模全逆序，答案取最大值
4	略	0	中等规模数据，答案是0
5	3 3 2 1	1	最小规模数据

3. 实现要点

（1）算法分析与代码

本题至少有三种不同的解决方法。

方法一：简单枚举

这个思路十分简单，对每个读入的数据 a_k，检查所有在它之前读入的 a_j（$j<k$）是否比它大。如果发现一个 $j<k$ 满足条件 $a_j>a_k$，则检查所有在 a_j 之前读入的 a_i（$i<j<k$）是否比 a_j 大。如果发现一个满足条件的 i，就得到了一个三逆序组。用一个计数器累计发现的三逆序组的数量即可。

容易发现这个算法需要写三层嵌套循环，时间复杂度是 $O(n^3)$。对于规模很小的数据，如测试数据第0、4、5组，是可以得到正确解的；但若数据规模稍大，则不能在规定时间内计算出结果。

方法二：分段扫描计数

对任何一个元素 a_i，如果在它前面有 n_1 个元素比它大，后面有 n_2 个元素比它小，那么以 a_i 为中间数的三逆序组就共有 $n_1 \times n_2$ 个。于是，对输入的每个数据 a_i，可以分段扫描其前面的数据 a_j ($j<i$)，统计比 a_i 大的元素的个数 n_1 以及其后面的数据 a_j ($j>i$)，统计比 a_i 大的元素的个数 n_2；将所有的 $n_1 \times n_2$ 累加，也能得到结果。

这个算法只需要写两层嵌套循环，时间复杂度降到了 $O(n^2)$，可以在规定时间内多通过一组测试（即测试数据第一组）。但处理大规模数据还是不够快。

方法三：用线段树分段计数

方法二中，为了统计 a_i 前后两段中满足条件的元素个数，采用了线性扫描的算法。有什么方法可以把这一步的效率提高到 $O(\log n)$ 吗？答案是：用线段树。

与主教材中递归生成的线段树略有不同，这里将线段树 *seg_tree* 用顺序表存储的完全二叉树来表示，采用非递归方法实现相关功能会更加快捷。原始数据 $a_1\sim a_n$ 按从小到大的顺序，存放在完全二叉树的最底层。因为本题将数据简化为从 1 到 n 的一个排列，所以可以认为最底层的第 $1\sim n$ 个结点就对应数字 1 到 n。*seg_tree* 中每个内部结点，存放**其左子树中已经插入的数字的个数**。

图 12-1 给出了将序列 {5,1,4,3,2} 的前 3 个数字插入线段树后的结果。图中结点上方的数字是 *seg_tree* 的数组下标，其最底层的下标为 8~12 的结点对应原始数据 1~5，即 *seg_tree*[7+i] 的值如果为 1，就表示数字 i 已经被插入了。而 *seg_tree* 的内部结点的数值表示该结点的左子树所对应的底层结点中有多少个 1，例如 *seg_tree*[1]=2，表示其左子树覆盖的区间 [1, 4] 中已经插入了两个数字。

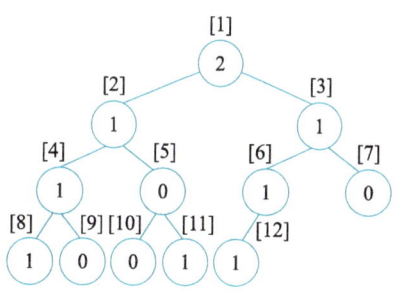

图 12-1　将 5、1、4 插入后的线段树

这个插入数字 i 的过程可以理解为对线段树的单点更新，在代码 12-12 中由函数 Update 实现，方法为：首先将数字 i 对应位置 p 的 *seg_tree*[p] 的值为 1，然后从当前位置开始向上更新父结点的值——如果当前结点是左孩子，则意味着其父结点的左子树中多了一个数字，即令其父结点的值增 1；若是右孩子，则对其父结点的值没有影响。如此一直更新到根结点。

代码 12-12
三逆序组

利用这样定义的线段树，就可以快速查询某个指定区间已经插入了多少个数字。特别地，对任一尚未插入的数字 i，可以快速查到有多少个小于 i 的数字已经被插入树中。在代码 12-12 中由函数 Query 实现，方法为：从数字 i 对应的位置 p 出发，自底向上查询父结点的值——如果当前结点是右孩子，则其父结点的值表示左孩子（即比当前结点覆盖区间小的区域内）中已经插入了多少个数字，将其累加到计数器中；如果当前结点是左孩子则不做处理，继续向上查询。如此一直查询到根结点，累加的值就是在 i 进入我们视野之前已被插入树中小于 i 的数字的个数。

在理解 Query 和 Update 这两个线段树的核心操作之后，就可以快速计算任一 a_i 前后两段中满足条件的元素个数了。代码12-12的主程序分4步解决这个问题：

① 声明线段树空间。设一个完美二叉树高度为 h，则其共有 $2^{h+1}-1$ 个结点，其底层一定有 2^h 个结点。我们需要的完全二叉树必须满足条件 $n \leq 2^h$，即底层至少有 n 个结点。同时，底层上方的完美二叉树共有 2^h-1 个结点，再加上多余的 seg_tree[0]，就需要占用 2^h 个结点的空间。代码中令 tree_size 为线段树内部结点的个数（包括 seg_tree[0]），通过 while 循环不断累乘2得到满足条件 $n \leq 2^h$ 的最小的 tree_size，这样就得到 seg_tree 的结点总数为 tree_size+n。这样的线段树中，seg_tree[1] 是根结点，原始数据 i 对应的结点下标为 tree_size-1+i。

② 对每个输入的数据 a_i，统计已在树中比 a_i 大的元素的个数 large[i]。因为 i 是从0开始的，所以当 a_i 被读入时，i 等于树中已有数字的个数。通过调用 Query 函数可以快速查到有多少个**小于** a_i 的数字已被插入树中，其与 i 的差就是有多少个**大于** a_i 的数字已被插入树中。完成 large[i] 的计算后，再将 a_i 插入树中。

③ 将线段树清空，按输入的**逆序**逐一处理 a_i，统计已在树中（即在 a_i 之后输入的），比 a_i 小的元素的个数 small[i]——这一步直接调用 Query 即可。完成 small[i] 的计算后，再将 a_i 插入树中。

④ 累加 large[i]×small[i]，得到答案。

注意：一个结点是其父结点的左孩子还是右孩子，可以根据结点下标的奇偶性来判断。在 Query 函数和 Update 函数中采用了比 i%2 更快的技巧，即如果 i&1 的值为1，说明 i 是奇数，对应结点为右孩子；如果 ~i&1 的值为1，说明 i 是偶数，对应结点为左孩子。

（2）复杂度分析

线段树的 Query 和 Update 操作都是自底向上沿着一条到根结点的路径执行的，函数时间复杂度都与树高成正比，故为 $O(\log n)$——因为对于结点总数为 $O(n)$ 的完全二叉树而言，其高度是 $O(\log n)$。于是易见算法的时间复杂度为 $O(n \log n)$。

当然，如果输入的序列 a 不是一个简单的排列，一般情况下需要先将序列排序。调用库函数进行排序的时间复杂度由库函数的实现方法决定，平均复杂度一般达到 $O(n \log n)$。

12.3 进阶实验

实验 12-1 树种统计

1. 实验目的
熟练掌握红黑树、树堆等动态平衡二叉查找树的性质，以及其在实际应用中的效果。

2. 实验要求
本题要求已经在第 11 章实验 11-3 中给出。在学习了红黑树和树堆之后，请分别用这两种二叉查找树来解决这个问题，并与实验 11-3 的解决方案（采用先排序再二分查找，或用简单二叉查找树，或用 AVL 树）进行比较。

3. 实现要点
要比较各种不同实现方法的效果，需要自行设计测试数据，使得每种方法都有一组数据对应其最坏情况。即当一组数据使得其中一种方法达到最慢时，观察另外几种算法的表现，从而更清楚地理解不同的平衡策略达到的不同效果。

*实验 12-2　染成红黑树 [①]

1. 实验目的
理解红黑树的平衡性质。

2. 实验要求
（1）题目描述

给定一系列二叉查找树，请判断每棵树是否可以染色成为合法的红黑树。

（2）输入输出说明

输入格式：输入的第一行给出一个正整数 k（$\leqslant 10$），即待处理的二叉查找树的数量，随后给出 k 棵树的信息。每棵树首先在一行中给出正整数 n（$\leqslant 30$），为树中结点个数；下一行给出 n 个结点整数键值的后序遍历序列。同行数字间以空格分隔。

输出格式：对每棵给定的二叉查找树，如果可以将其染色成为合法的红黑树，就在一行中输出"Yes"，否则输出"No"。

（3）测试用例（见表 12-4）

[①] 题目引用自攀拓真题（2020 年秋季）。

表 12-4　实验 12-2 测试用例

序号	输入	输出	说明
0	3 9 1 4 5 2 8 15 14 11 7 9 1 4 5 8 7 2 15 14 11 8 6 5 8 7 11 17 15 10	Yes No Yes	一般情况
1	1 11 1 3 2 6 5 7 4 9 11 10 8	No	红结点下多一个黑结点导致不平衡
2	1 9 1 3 2 6 5 8 7 4 9	No	根结点没有右子树
3	2 20 1 2 4 3 6 8 7 5 10 12 11 14 16 15 13 9 18 20 19 17 20 1 3 2 5 7 6 9 11 10 8 13 15 14 17 20 19 18 16 12 4	Yes Yes	最不平衡但 yes 的树
4	4 4 1 2 3 4 4 4 3 2 1 7 1 2 3 7 6 5 4 9 3 2 4 1 7 8 6 9 5	No No No No	单边偏树，喇叭口树，之字形树
5	4 1 2 3 3 3 2 3 1 2 8 7 2 9 10	Yes No Yes Yes	最小规模，次小规模
6	略	略	最大规模随机、完全树

3. 实现要点

解题步骤主要分两步：

① 根据后序遍历序列构建二叉查找树。这一步的思路可以借鉴练习12-1，通过将键值排序得到二叉查找树的中序遍历序列，然后根据中序与后序序列构建二叉树。构建的过程也与练习12-1类似，区别只是要从后序序列的最后一个位置确定根结点。

② 判断能否染色。关键在于什么时候**不能**染色——根据红黑树的性质，任一结点到其所有子孙叶结点的黑高都必须相等，并且任意路径上不能有两个相邻的红结点。根据这两个性质可以推出，高度为 h 的红黑树，其黑高至少为 $h/2$。换言之，如果存在一个结点 x，其到子孙叶结点的最长路径长度 $h_{max}(x)$ 超出最短路径长度 $h_{min}(x)$ 的2倍，则即使将最短路径上的所有结点都染黑，最长路径上的结点都染成红黑相间，也不可能令两条路径上黑结点个数相等，就不可能染成合法的红黑树了。

在具体实现时，$h_{max}(x)$ 可以简单通过后序遍历求树高得到；在求树高的同时，还可以通过计算"空路径长度"[①]（null path length）求得 $h_{min}(x)$。当一次遍历计算出每个结点的最长、最短路径长度后，就可以通过先序遍历逐一判断每个结点是否不能染色了。

*实验 12-3 逆序对[②]

1. 实验目的

熟练掌握树状数组或线段树的应用技巧。

2. 实验要求

（1）题目描述

给定一个1到 n 的排列，我们已经学会了如何统计其中逆序对的个数。如果将其中一段连续子序列逆转，又会有多少个逆序对呢？

例如给定序列 $\{2,1,3\}$ 中有一个逆序对；将后两个数字逆转后得到 $\{2,3,1\}$，就有两个逆序对了。

（2）输入输出说明

输入格式：输入首先在一行中给出一个正整数 n（$\leq 10^3$），随后一行给出1到 n 的一个排列 $\{a_0,\cdots,a_{n-1}\}$。数字间以空格分隔。

输出格式：对于每一对下标 $0\leq i\leq j<n$，计算逆转了从 a_i 到 a_j 的元素后，序列中逆序对的个数。在一行中输出这 $n(n+1)/2$ 个整数，按照 i 优先的顺序。即：前 n 个数字对应逆转了 $\{a_0,a_0\}$，$\{a_0,a_1\}$，$\cdots$，$\{a_0,\cdots,a_{n-1}\}$ 的结果；下面 n-1 个数字对应逆转了 $\{a_1,a_1\}$，

---

① 主教材第6章6.5.1中定义为：以结点 x 为根的子树中最近的空缺叶结点离结点 x 的距离。
② 题目引用自攀拓真题（2018年冬季）。

$\{a_1,a_2\}$，…，$\{a_1,\cdots,a_{n-1}\}$ 的结果；以此类推。

一行中的数字间以一个空格分隔，行首尾不得有多余空格。

（3）测试用例（见表 12-5）

表 12-5　实验 12-3 测试用例

序号	输入	输出	说明
0	3 2 1 3	1 0 2 1 2 1	小规模数据
1	1 1	0	最小规模数据
2	略	略	较大规模顺序输入
3	略	略	较大规模逆序输入
4	略	略	最大规模随机数据

3. 实现要点

解决这个问题的方法有很多种，任何一种方法都至少要有双重嵌套循环，用于枚举每一对下标 i 和 j。关键问题是如何快速计算一个序列的逆序对个数。

方法一：直接计算序列全部元素的逆序对

首先将指定的子序列逆转，然后调用第 10 章的代码 10-14，利用归并排序求结果序列的逆序对数。这样的时间复杂度是 $O(n \log n)$。这样的操作需要对每一对下标 i 和 j 执行，所以整体时间复杂度高达 $O(n^3 \log n)$。

方法二：巧用线段树

注意到当 $\{a_i,\cdots,a_j\}$ 逆转后，a_i 之前的数字和 a_j 之后的数字没有发生变化，则以这些数字开头或结尾的逆序数都没有发生变化。如果已知原始序列的逆序数为 n_{inv}，原始 $\{a_i,\cdots,a_j\}$ 的顺序数为 n_{ij}，则该子序列的逆序数 m_{ij} 就是元素对的数量总和 s_{ij} 减去顺序数 n_{ij}。当该子序列被逆转后，所有的顺序对变成逆序对，所有的逆序对变成顺序对。于是可知，逆转后全序列的逆序对数量应为 $n_{inv}-m_{ij}+n_{ij}=n_{inv}-(s_{ij}-n_{ij})+n_{ij}=n_{inv}-s_{ij}+2n_{ij}$。

这里 n_{inv} 只需要用 $O(n \log n)$ 的时间计算一次；s_{ij} 可以累加，即 $s_{ij} = s_{ij-1} + (j-i)$；$n_{ij}$ 可以利用练习 12-2 中线段树的 Query 函数求得，一次操作的时间复杂度为 $O(\log n)$。

方法三：树状数组求顺序数

树状数组最擅长解决的是求数组前缀和的问题。在此我们将数字 1~n 对应初始值为 0 的树状数组 c，读入 a_j 相当于单点修改 $c[a_j]$ 的值为 1，则 a_j 对应的前缀和就等于在 a_j 之前读入的比 a_j 小的元素的个数，也就是顺序数 n_{ij}。

使用树状数组，一次操作的时间复杂度也是 $O(\log n)$，但代码简单很多，会比采用线段树的代码快常数倍。

以上两种算法的整体时间复杂度都降到了 $O(n^2 \log n)$。建议读者将各种不同的算法都实现一下，进行比较分析。

第 13 章

外排序

主教材第 13 章介绍了外存运算的经典算法——外排序。具体如下：

① 外排序是指将外存文件中的待排序对象通过内存与外存之间的数据交换以及被交换到内存中那些数据的内排序，完成对整个外存文件的排序。

② 外排序学习的重点是掌握利用尽可能少的 I/O 操作完成文件排序过程的技术。

③ 多路归并排序即把多个顺串归并成一个顺串，可以采用胜者树和败者树这两种完全二叉树形式的选择树，其中败者树由于操作简便而更为常用。

④ 多路归并时，各初始顺串的长度不同会对外存扫描的次数产生影响。以顺串在外存中所占的块数为权值，通过最佳归并树进行多路归并，可以使对外存的 I/O 降到最少，提高归并执行的效率。

⑤ 置换选择排序的核心思想是利用最小堆对数据进行处理，以产生尽可能长的顺串。

⑥ 对海量的外部数据进行排序时，可采用并行归并排序和分布式外部归并排序的算法，充分利用更多的处理器和计算节点。

本章将首先给出主教材中 5 个算法的具体实现，然后围绕败者树和置换选择排序等算法，给出一道基础练习题和一道进阶实验题，帮助学生熟悉外排序中使用的重要技术。本章实现的算法和习题涉及的知识内容见表 13-1。

表 13-1 第 13 章实验清单

类型	序号	标题	内容	知识点
算法	13-1	InitLoserTree (*tree, array, size*)	初始化败者树	败者树
	13-2	Play (*tree, p, left, right*)	从内部结点到根结点的路径上进行比赛	败者树
	13-3	RePlay (*tree, i*)	重构时从外部结点到根结点的路径上重新进行比赛	败者树
	13-4	MultiMerge (*tree, racer, buffer_pool, f, size*)	利用败者树进行多路归并排序	多路归并排序
	13-5	ReplacementSelection (*ram_array, m, file_in, file_out*)	置换选择算法	置换选择
基础练习	*13-1	数据去重	将多文件中的数据去重后有序输出到文件	多路归并排序
进阶实验	*13-1	文件排序	指定一个输入文件和一个输出文件，要求先将生成的有序段输出到若干中间文件，再完成中间文件的归并排序	外排序

13.1 算法实现

算法 13-1：初始化败者树 InitLoserTree(*tree*, *array*, *size*)

败者树相关的操作由算法 13-1~13-4 给出。代码 13-1 给出败者树的结构定义和测试框架，以及初始化函数的实现。另外 3 个算法的实现由后续代码给出。如果读者要运行完整的测试，需要将代码 13-1~13-4 拼接在一起。

代码 13-1~13-4
败者树相关操作

败者树的类型 *LoserTree* 是指向结构体 LoserTreeNode 的指针。在结构体中，数组 *L* 存放原始的元素，数组 *B* 是存放下标的胜者树数组，此外还有当前选手数 n、最底层外部结点数 n_L、最底层外部结点之上的结点总数 n_B。

在执行测试之前，需要准备若干输入文件，每个文件的名称为不超过 *kMaxStrLen*-1 个字符的字符串，每个文件中包含有若干升序排列的整数。另外准备一个输出文件，存储将所有输入文件中的整数归并为一个升序序列的结果。

主函数 main 首先获得输入文件数 n，随后依次读入输出文件名称，以及全部 n 个输入文件的名称，打开这些文件，准备好读写。随后进行归并前的准备工作：创建败者树结点；初始化空的输出缓冲区；将每个输入文件的第一个数据读入败者树准备比赛，读入该文件的一块数据到输入缓冲区。

缓冲区实质上是一个顺序存储的队列，其类型 *Buffers* 是指向结构体 BufferNode 的指针。在结构体中有存储数据的数组 *b*，队列的队首指针 *front* 和队尾指针 *rear*，还有记录缓冲区容量的 *capacity*。

核心操作由 MultiMerge 函数完成，该函数执行多路归并，并将结果写入输出文件。最后关闭所有文件。

败者树是 MultiMerge 函数中用到的工具，代码 13-1 中给出了败者树的初始化实现。

算法 13-2：从内部结点到根结点的路径上进行比赛 Play(*tree*, *p*, *left*, *right*)

代码 13-2 给出了算法 13-2 的实现，即代码 13-1 在初始化败者树时调用的 Play 函数，同时还给出了其调用的 Winner 和 Loser 函数。

算法 13-3：重构时从外部结点到根结点的路径上重新进行比赛 RePlay(*tree*, *i*)

代码 13-3 给出了算法 13-3 的实现，即 MultiMerge 函数中为了重新进行比赛从而取得胜者索引调用的 RePlay 函数。

算法 13-4：利用败者树进行多路归并排序 MultiMerge(*tree*, *racer*, *buffer_pool*, *f*, *size*)

代码 13-4 给出了算法 13-4 的实现，同时还给出了一系列缓冲区（队列）操作和返回全局胜者的函数实现。

算法 13-5：置换选择算法 ReplacementSelection(*ram_array*, *m*, *file_in*, *file_out*)

算法 13-5 的实现中用到了堆排序和一系列缓冲区操作，虽然部分操作的代码已经在前面给出过，但为了方便读者运行测试，还是在代码 13-5 中重复列出了。

代码 13-5
置换选择算法

测试比较简单，将待处理的整数序列写在输入文件 in.txt 中，再准备好一个输出文件 out.txt。核心函数 ReplacementSelection 根据输入文件中的数据生成顺串，并以每个顺串占一行的形式将结果写入输出文件。

13.2　基础练习

*练习 13-1　数据去重

1. 实验目的

熟悉多路归并排序的算法应用。

2. 实验要求

（1）题目描述

13.2 基础练习

给定 k 个包含非递增序排列的 $[-10^8, 10^8]$ 区间内整数的文件，请将这些整数按**严格递减序**写入指定的输出文件。注意结果文件中不得出现重复的数据。

（2）输入输出说明

输入格式：输入的第一行给出整数 k（≤ 100），是输入数据文件的个数。随后 k 行，每行给出一个输入文件名，为仅由英文字母、数字和英文句点"."组成的长度不超过 10 的字符串。最后一行给出输出文件名，格式与输入文件名相同。

在每个输入文件中，有若干整数，每个整数占一行，按非递增序排列。

输出格式：将去重归并后的数据写入输出文件中，每个整数占一行，按严格递减序排列。

（3）测试用例（见表 13-2）

表 13-2 练习 13-1 测试用例

序号	输入描述
0	5 个小规模文件，数据随机有重复
1	3 个大规模文件，第一个文件中的全部数据都排在输出的最前面，第三个文件的全部数据都排在输出的最后面
2	3 个大规模文件，全部数据都相等
3	最小规模测试：只有一个输入文件，包含一个数字
4	100 个大规模文件，随机数据

3. 实现要点

（1）算法分析与代码

本题只要在代码 13-1~13-4 的基础上略加修改即可。需要修改的部分如下：

① 在 main 函数中改变读取文件名的顺序，先读输入文件，再读输出文件。

② 将 *EndCode* 定义为 -1e9，即当键值大为胜者时，用超小数表示文件结束。

③ Winner 和 Loser 的定义需要反向。

④ 在 MultiMerge 函数中增加一个变量 *pre_output*，用以记录最后一个写入输出缓冲区的数据。只有当新的胜者与 *pre_output* 不同时，才将新的胜者写入输出缓冲区。

代码 13-6 仅给出修改后的核心函数 MultiMerge。

代码 13-6 数据去重的核心算法

（2）复杂度分析

采用败者树对 k 个顺串进行归并，除了初始化需要 $O(k)$ 时间外，每次处理一个新的数据并重构败者树的时间为 $O(\log k)$。设数据总量为 n，则整体时间复杂度为 $O(k+n\log k)$。

13.3 进阶实验

* 实验 13-1 文件排序

1. 实验目的

理解外排序的基本流程。

2. 实验要求

（1）题目描述

指定一个输入文件和一个输出文件。输入文件中包含若干在 $[-10^8, 10^8]$ 区间上的整数。本题要求模拟外排序的流程。

先编写程序 a，读入指定的输入文件名和输出文件名，采用置换选择算法根据输入生成非降序的有序顺串，每个顺串存为一个文件，文件名为 "编号.txt"，其中 "编号" 即为顺串的编号，从 1 开始。每个顺串在文件中的存储格式为每个整数占一行。题目规定程序 a 可使用的数据数组的最大规模为 100。在程序 a 结束前，将输出文件名和生成的顺串文件的数量依次写入文件 "0.txt"，文件名与数量值各占一行。

随后编写程序 b，从 "0.txt" 文件中读入信息，将生成的顺串文件进行归并，并将归并得到的非降序有序序列写入指定的输出文件。

（2）输入输出说明

输入格式：输入给出两个文件名，为仅由英文字母、数字和英文句点 "." 组成的长度不超过 10 的字符串，依次为输入文件名和输出文件名。在输入文件中有若干整数，每个整数占一行。

输出格式：在中间文件和结果（输出）文件中，每个整数占一行，按非降序排列。

（3）测试用例（见表 13-3）

表 13-3 实验 13-1 测试用例

序号	输入描述
0	100 个随机数据，只生成一个顺串
1	大规模递增序数据
2	大规模递减序数据
3	大规模随机数据

3. 实现要点

本实验要求读者将本章的全部算法联合起来应用。程序 a 可以在代码 13-5 的基础上略做修改，不是将所有顺串输出到一个文件里，而是将每个顺串存储为一个文件，并按照生成的顺序编号命名文件。程序 b 可在代码 13-1~13-4 的基础上实现。需要注意的只是多路归并的最大顺串数量不再是一个常数，相应的缓冲区、败者树的空间都只能动态声明。

第 14 章

索 引

主教材第 14 章介绍了索引的概念和相关技术。具体如下：

① 索引是把关键码与其主文件中数据记录位置相关联的过程，索引文件是用于记录这种联系的文件组织结构。

② 索引技术的目的是在支持高效数据检索的同时，支持高效的插入和删除操作，是数据库的核心技术之一。

③ 根据属性的值来查找记录的技术称为倒排索引技术。倒排索引的每一项包括一个属性值和具有该属性值的那些记录地址。

④ 线性索引被组织成简单的"关键码 – 地址指针"序列，按照关键码的顺序进行排序，其常用检索技术是二分检索。数据规模太大，索引文件无法完全存储到内存时，可以采用二级线性索引。

⑤ B/B+ 树都是动态的索引结构，本质上是平衡的多分树。B+ 树同时支持随机检索和顺序检索（尤其是范围检索），在实际中应用比较多。

⑥ 对于唯一值极少（低基数）的数据域适合采用位图索引技术，用位串来代表数据库列中是否存储该数据域取值。

⑦ 签名文件被广泛地应用于文本信息检索中，其核心思想是把文本的特征用签名位串来表示。

⑧ R 树是一种用于处理多维数据的数据结构，可以用来索引二维或更高维的区域对象组成的空间数据。R* 算法对 R 树的分裂等策略加以改进，其应用更广泛。

主教材中没有给出算法伪码，故本章没有相应的算法实现部分，而是将 B+ 树和倒排索引相关的重要操作通过两道基础练习题和两道进阶实验题给出，帮助学生熟悉索引技术的运用。本章习题涉及的知识内容见表 14-1。

表 14-1　第 14 章实验清单

类型	序号	标题	内容	知识点
基础	*14-1	B+ 树的查找	实现查找功能	B+ 树
	*14-2	基于词频的文件相似度	以两文件的公共词汇占总词汇的比例来定义相似度，计算文件相似度	倒排文件索引
进阶	*14-1	3 阶 B+ 树	实现初始化、插入、打印功能	B+ 树
	*14-2	迷你搜索引擎	实现一种简单的搜索引擎功能，快速满足多达十万条关键字查询请求	倒排文件索引

14.1 基础练习

*练习 14-1　B+ 树的查找

1. 实验目的

熟练掌握 B+ 树的查找算法。

2. 实验要求

（1）题目描述

按照主教材中的定义，B+ 树的叶结点中存储的是指向原始记录的指针，每个记录中有一个关键码，所有记录按关键码的顺序（本题定义为升序）存储在叶结点中。上面各层结点中的关键码均是下一层相应结点中最大关键码的复写。

请实现 B+ 树的查找功能，即对于给定的关键码 key，返回指向 key 所在记录的指针。

（2）函数接口定义

  Position FindLeaf(BTreeHead btree, ElemSet key);
  TElemSet SearchBTree(BTreeHead btree, ElemSet key);
其中，各种数据类型的定义如下：

```
typedef int ElemSet;    /* 默认元素为整数 */
typedef struct RecordNode {
    ElemSet key; /* 关键码 */
    /* 其他属性由用户自定义 */
} Records;
typedef Records *TElemSet;
typedef struct BTreeNode *Position; /* 树结点指针是元素的位置 */
typedef struct BTreeNode *BTree;
struct BTreeNode {
    int num_keys;       /* 关键码个数 */
    TElemSet *data;     /* 存储带关键码的记录的数组 */
    BTree *children;    /* 孩子指针数组 */
    BTree parent;       /* 父结点指针 */
    bool leaf;          /* 叶结点标识 */
    BTree pre;          /* 叶结点的前一个结点指针 */
```

```
        BTree next;           /* 叶结点的下一个结点指针 */
};
typedef struct HeadNode *BTreeHead; /* B+ 树的头指针 */
struct HeadNode {
    BTree root;  /* B+树的根结点 */
    BTree first; /* 指向具有最小关键码的第一个叶结点 */
    int order;   /* B+树的阶 */
};
```

函数接口定义中：

① ElemSet 是用户定义的数据类型，例如 int、double 或者 char 等，要求可以通过 >、==、< 进行比较，此处定义为整型。

② 带关键码的原始记录类型为结构体 Records，包含关键字 key 以及其他内容。

③ B+树的类型 *BTree* 是指向结构体 BTreeNode 的指针。一棵 B+ 树的结点包含存储数据（即指向原始记录的指针，类型命名为 TElemSet）的数量 *num_keys*、存储数据的数组 *data*、存储子树指针的数组 *children*、父结点指针 *parent*，此外，如果是叶结点，则标识 *leaf* 值为 true，同时叶结点被存储为一个双向链表，由双向指针 *pre* 和 *next* 分别指向其前一个叶结点和后一个叶结点。

④ B+树的头结点 BTreeHead 存储根结点的位置 *root*、叶结点链表的第一个结点位置 *first*，以及树的阶 *order*。

要求实现的函数有两个：

① FindLeaf 函数：在 *btree* 中寻找包含关键码 *key* 的叶结点。如果这个叶结点存在，则返回该结点的位置（即指向该叶结点的指针）；如果不存在，则返回可以插入这个关键码的叶结点的位置。当然这样的位置可能不唯一，如果有两种选择，规定总是选择靠右边的结点。

② SearchBTree 函数：在 *btree* 中寻找以 *key* 为关键码的原始记录，返回其位置。如果记录不存在，则返回空指针 NULL。

注意：两个函数都默认 *btree* 不是 NULL。

裁判测试函数读入 B+树的阶 *order* 和插入关键码的个数 *n*，随后读入 *n* 个不重复的关键码，顺次插入一棵初始为空的 B+树。插入过程中会首先调用 FindLeaf 找到可以插入的叶结点。主程序再读入查询次数 *m* 和 *m* 个待查询的关键码，调用 SearchBTree 函数进行查询。如果查到了，就输出 SearchBTree 返回的指针所指向的记录的关键码，否则输出"Not Found"。

（3）测试用例（此处 ElemSet 定义为 int）（见表 14-2）

14.1 基础练习

表 14-2 练习 14-1 测试用例

序号	输入	输出	说明
0	3 9 3 1 4 5 9 2 8 7 0 7 -1 0 3 5 6 8 10	Not Found 0 3 5 Not Found 8 Not Found	小规模一般情况测试
1	3 1 1 3 0 1 2	Not Found 1 Not Found	最小 B+ 树
2	略	略	最大规模随机数据

3. 实现要点

（1）算法分析与代码

查找算法的思路很简单，对于一棵非空的 B+ 树，首先调用 FindLeaf 函数，从根结点出发找到 key 所在的叶结点，然后在这个叶结点中查找 key 的具体位置。由于本题中给定的 B+ 树阶数很小，所以简单顺序扫描即可。

查找叶结点需要从根结点开始，顺序扫描途经结点的 data 域，找到第一个不小于 key 的关键码所在的位置 i（即数组下标）。此时前边扫描过的所有子树中的最大值都严格小于 key，所以 key 不可能在前边的子树里。如果 key 值正好位于第 i−1 棵子树的最大值和第 i 棵子树的最小值之间，则将其插入两棵子树中的任意一棵都是可以的。根据题目规定，应该选第 i 棵子树，所以这里无论如何都应该选择第 i 棵子树，向下继续查找，直到到达一个叶结点。

一个需要特殊处理的情况是 key 值超过了某一结点中所有关键码的最大值，这说明 key 值肯定找不到了。但我们不能就此停步，还是要继续向下查找适合其插入的叶结点，而适合插入最大值的叶结点一定在最后一棵子树中。

代码 14-1 给出了两个函数的具体实现。

（2）复杂度分析

主教材中已经分析过，存储了 n 个数据的 m 阶 B+ 树的树高是 $O(\log_m n)$。函数 FindLeaf 执行了从根结点到叶结点的扫描，并且在每个途经结点处做一次时间复杂度为 $O(m)$ 的顺序查找，所以整体时间复杂度是 $O(m \log_m n)$。函数 SearchBTree 在调用 FindLeaf 之后，对叶结点做一次时间复杂度为 $O(m)$ 的顺序查找，所以整体时间复杂度是 $O(m+m \log_m n)$。

代码 14-1
B+ 树的查找

之所以对每个结点做顺序查找，是因为 m 很小，不值得用二分查找。当 m 比较大时，用二分查找替换顺序查找，可以把 $O(m)$ 顺序查找时间降低到 $O(\log m)$。

*练习 14-2　基于词频的文件相似度

1. 实验目的
掌握倒排文件索引技术的应用。

2. 实验要求
（1）题目描述

实现一种简单原始的文件相似度计算，即以两文件的公共词汇占总词汇的比例来定义相似度。为简化问题，这里不考虑中文（因为分词的情况非常复杂），只考虑长度不小于 3 且不超过 10 的英文单词，长度超过 10 的只考虑前 10 个字母。

（2）输入输出说明

输入格式：输入首先给出正整数 n（≤100），为文件总数。随后按以下格式给出每个文件的内容：首先给出文件正文，最后在一行中只给出一个字符"#"，表示文件结束。在 n 个文件内容结束之后，给出查询总数 m（≤10^4），随后 m 行，每行给出一对文件编号，其间以空格分隔。这里假设文件按给出的顺序从 1 到 n 编号。

输出格式：针对每一条查询，在一行中输出两文件的相似度，即两文件的公共词汇量占两文件总词汇量的百分比，精确到小数点后 1 位。注意：这里的一个"单词"只包括仅由英文字母组成的长度不小于 3 且不超过 10 的英文单词，长度超过 10 的只考虑前 10 个字母。单词间以任何非英文字母隔开。另外，大小写不同的同一单词认为是相同的单词，例如"You"和"you"是同一个单词。

（3）测试用例（见表 14-3）

表 14-3　练习 14-2 测试用例

序号	输入	输出	说明
0	3 Aaa Bbb Ccc # Bbb Ccc Ddd # Aaa2 ccc Eee is at Ddd@Fff # 2 1 2 1 3	50.0% 33.3%	一般简单测试。注意 Aaa2 被解析为 Aaa；ccc 与 Ccc 是相同的；is 和 at 被忽略；Ddd@Fff 应被分解成 Ddd 和 Fff 两个词

续表

序号	输入	输出	说明
1	2 This is a test for repeated repeated words. # All repeated words shall be counted only once. A longlongword is the same as this longlongwo. # 1 1 2	23.1%	同一文件内重复出现的单词不重复计算；太长的单词只考虑前 10 个字母
2	2 This is a test to show ... # Not similar at all # 1 1 2	0.0%	完全不同
3	2 These two files are the same # these.two_files are the SAME # 1 1 2	100.0%	完全相同
4	100 个文件、10000 条查询 输入文件总规模不超过 2MB	略	边界测试：最大 n 和 m；有一个文件包含了全部单词；有一个单词出现在所有文件里

3. 实现要点

（1）算法分析与代码

本题的关键难点在于快速找出两文件的公共词汇。一方面在读入文件内容时需要将单词解析出来，统计出有多少个不同的单词，保存为该文件对应的词汇表；另一方面，在求两文件的公共词汇表时需要能快速判断文件 A 中的某单词是否在文件 B 的词汇表中，也就是必须建立从单词找到文件的"倒排索引"。

无论是从文件到单词的索引，还是从单词到文件的倒排索引，都需要快速检索到某单词。可以选择的检索技术有很多，例如 B+ 树、二叉查找树等。这里采用了针对字符串关键字建立的散列表，用直接的移位法将单词映射为 long long 型数字，再用除留余数法计算散列映射的值进行插入。因为英文字母有 26 个，所以仍然采用每个字母占 5 位的策略进行移位。又因为输入总规模不超过 2 MB，按每个单词最少占 4 B（3 个字母加1个分隔符）计算，总词汇表中最多要存50万个单词，所以可以建立一个规模为500009（大于50万的最小素数）的散列表，并且用开放定址法中的线性探测（即第11章的算法11-11和11-12）处理冲突。

在建立散列表的同时，当每个单词被插入散列表或者是被找到时，需要在该单词对应的倒排索引中记录该单词出现在哪个文件里，而且这个记录中不能有重复的文件。

另一方面，我们还必须建立文件的词汇索引表，记录每个文件有多少个不同的单词，并且记录每个单词在散列表中的位置。

当需要判断两文件的相似度时，为提高效率，我们可选择词汇量比较少的那个文件，检查其词汇表中的每个单词，根据该单词的倒排索引查出其是否在另一文件中出现，进行相应的计数和计算。

在实现中需要注意的是：

① 由于本题不涉及删除，且建立充分大的散列表保证插入不会失败，所以在第11章代码11-11和11-12的基础上简化了散列表定义及初始化。

② 为了存储文件到单词的索引，可为每个文件建立带头结点的索引链表，即创建头结点数组 *file*，在头结点中存储该文件的词汇量，在链表结点中存储词汇表中单词在散列表中的位置。

③ 为了存储单词到文件的倒排索引，散列表的每个结点也需要存储文件索引链表，每个链表结点存储该单词所在的文件编号，而头结点还需要存储单词。为了避免同一文件中重复的单词被重复插入，可在散列表中每个单词的头结点记录最近插入的文件编号，若当前文件编号与最近文件编号一致，则不重复插入。另外为节省空间，将原来记录结点状态的 Status 取消，当头结点的文件编号为0时就表示该结点为空，否则为满。

④ 由于只需要输出计算结果，所以原文不需要保存。在解析单词时，我们可以用一个函数过滤掉所有非字母符号，然后将字母全转为小写再返回合适长度的单词（太短的被抛弃，太长的被截断）。在散列表中存储的是经过转换后的单词。

⑤ 作为专业程序员，应该在程序退出前释放 *htable* 和 *file* 占据的空间。此处为节省篇幅，将释放空间的程序省略。

算法完整实现见代码14-2。

代码 14-2
基于词频的文件相似度

（2）复杂度分析

设 n 个文件共有 k 个单词，则建立倒排索引表和建立词汇表都是将分解出的单词和对应的文件编号插入对应单链表的表头，插入时间都是常数，所以总共需要 $O(n+k)$ 的时间。而散列表的查找和操作都是 $O(1)$ 的，因为一个单词最多10个英文字母，按照每个字母占5 B的规律映射到一个64位整数中是可以完整存储的，所以实际上不会发生冲突。

最耗时的是Similarity这个函数，要对一个文件词汇表中的每个单词，去线性扫描倒排索引表，看其中是否存在另一个文件的编号。如果一个文件词汇量为$O(k)$，而每个单词的倒排索引表中都有$O(n)$个结点被扫描，则这部分的最坏时间复杂度就是$O(nk)$。如果要提高这部分的效率，可以用其他方法存储倒排索引表，例如用平衡的二叉查找树、B+树等，可以将时间复杂度降到$O(k \log n)$。读者可以尝试更多提高效率的方法。

14.2　进阶实验

＊实验 14-1　3 阶 B+ 树

1. 实验目的
熟练掌握B+树的结构定义和插入算法。

2. 实验要求
（1）题目描述

B+树的定义与练习14-1一致，即叶结点中关键码升序排列，上层结点存储下一层相应结点中最大关键码。本题请实现3阶B+树的插入和打印功能。

（2）输入输出说明

输入格式：输入的第一行给出正整数n（$\leq 10^3$），为待插入的关键码总数。随后一行给出n个待插入的关键码，均为不超过10^3的正整数，其间以空格分隔。假设B+树的初始状态为空树。

输出格式：对每个待插入的关键码，如果其不在当前3阶B+树中，则将其插入。当插入的位置不唯一时，规定总是选择靠右边的叶结点。如果该关键码已经存在，则不要插入，而是输出一行"Key x is duplicated"，其中x是那个重复的关键码的值。

处理完全部n个关键码后，在一行中按从左到右的顺序输出底层叶结点，格式为"[a,b,c]"，其中a、b、c为三个关键码值。对于空位，在对应位置上输出"#"。叶结点间没有空格。

（3）测试用例（见表14-4）

表 14-4 实验 14-1 测试用例

序号	输入	输出	说明
0	15 3 1 4 5 9 2 8 7 0 0 3 5 6 8 10	Key 0 is duplicated Key 3 is duplicated Key 5 is duplicated Key 8 is duplicated [0,1,#][2,3,#][4,5,#][6,7,#][8,9,10]	一般情况测试
1	14 1 2 3 4 5 6 7 8 9 10 11 12 13 14	[1,2,#][3,4,#][5,6,#][7,8,#][9,10,#] [11,12,#][13,14,#]	顺序插入
2	13 13 12 11 10 9 8 7 6 5 4 3 2 1	[1,2,3][4,5,#][6,7,#][8,9,#][10,11,#][12,13,#]	逆序插入
3	1 999	[999,#,#]	最小 n
4	略	略	最大规模随机数据

3. 实现要点

本题有三个任务：

① 在插入关键码之前，查找其是否已经存在于树中。这个功能在练习 14-1 中已经实现过了，代码 14-1 可以直接用在这里。

② 向树中插入一个不重复的关键码。这一步又分为两个阶段：先找到适合插入这个关键码的叶结点，然后向这个结点中插入新的关键码。前一步在代码 14-1 中已经做过，后一步最好用一个专门的函数实现，因为这个功能后面还会重复用到。不妨命名这个函数为 InsertToNode。一般地，在向一个指定结点中插入一个新的关键码时，不仅要插入 data，还要同步插入这个码对应的子树 children。对于叶结点，新数据对应的子树是 NULL，但对上层结点就需要注意传入正确的子树位置。

如果插入不引起溢出，问题就解决了。如果溢出，就需要处理结点分裂的问题。结点分裂不是仅在叶结点执行，而是有可能自底向上影响一系列的祖先结点，所以这是一个循环的过程，每次循环处理一层结点的分裂，逐级向上，直到没有溢出。这里有几个实现细节需要注意：

- 分裂是在插入完成后才判定并执行的。为了方便起见，m 阶 B+ 树通常会声明长度为 $m+1$ 的数据数组 data 和指针数组 children，这使得第 $m+1$ 个数据的插入还可以执行。在插入正常执行完后，才根据结点中 num_keys 的值判断是否产生了溢出。

- 当创建了新的兄弟结点，复制后一半记录到新结点时，对应子树的父指针也要同步迁移。

- 新的兄弟结点对应父结点中一棵新的子树，需要将其关键码的最大值插入父结点，可以调用 InsertToNode 函数完成。同时，不要忘记分裂前的溢出结点中的关键码最大值可能发生了改变，需要一路向上更新其祖先结点中对应的值，直到根结点为止。

- 新的叶结点需要插入叶结点的双向链表中。
- 根结点的分裂需要特殊处理。

当插入调整最终停在某个不溢出的结点时，其祖先结点中存储的对应子树的最大值可能被改变，所以还需要从该结点出发，一路向上做更新，直到根结点为止。

③ 顺序输出叶结点。注意到B+树的头结点结构中有一个 $first$ 指针，是叶结点双向链表的头指针。从这个头指针指向的叶结点出发，沿着 $next$ 方向顺序输出每个叶结点的内容即可。

事实上这种判断文件相似度的算法是过分简单且不太合理的，例如两篇文章如果很短，则即使只有一句话重复，相似度也会比较大；而两篇文章如果很长，那么即使有一整段重复，相似度也会比较小。而且如果有些单词出现在所有文件中，则这些单词对区分文件其实是没有帮助的，这种方法没有考虑过滤这种无效单词的问题，等等。所以真正计算文件相似度的算法要更复杂一些，例如将单词在文件中出现的频率也考虑在内，形成文件的单词频率向量，再计算两个向量的相关度。如果需要统计两个文件词汇表的并集以及其中每个单词出现的频率，该如何修改程序？这个问题留给读者思考。

*实验 14-2 迷你搜索引擎

1. 实验目的
掌握倒排文件索引技术的应用。

2. 实验要求
（1）题目描述

实现一种简单的搜索引擎功能，快速满足多达 10^5 条关键字查询请求。

（2）输入输出说明

输入格式：输入首先给出正整数 n（$\leqslant 100$），为文件总数。随后按以下格式给出每个文件的内容：第一行给出文件的标题，随后给出不超过100行的文件正文，最后在一行中只给出一个字符"#"，表示文件结束。每行不超过50个字符。在 n 个文件内容结束之后，给出查询总数 m（$\leqslant 10^5$），随后 m 行，每行给出不超过10个英文单词，其间以空格分隔，每个单词不超过10个英文字母，不区分大小写。

输出格式：针对每一条查询，首先在一行中输出包含全部该查询单词的文件总数；如果总数为0，则输出"Not Found"。如果有找到符合条件的文件，则按输入的先后顺序输出这些文件，格式为：第一行输出文件标题，随后顺序输出包含查询单词的那些行内容。注意：不能把相同的一行重复输出。

（3）测试用例（见表14-5）

表 14-5　实验 14-2 测试用例

序号	输入	输出	说明
0	4 A00 Gold silver truck # A01 Shipment of gold damaged in a fire # A02 Delivery of silver arrived in a silver truck # A03 Shipment of gold arrived in a truck # 2 what ever silver truck	0 Not Found 2 A00 silver truck A02 of silver a silver truck	一般简单测试。注意两个单词同时出现在文件 A00 的第二行，但是这一行不能重复输出；在文件 A02 中 silver 出现在两行里，所以要分别输出两行；文件 A03 只包含 truck，不满足条件
1	1 个文件，1 个查询，包含 10 个单词	略	测试最长查询
2	略	略	100 个文件、100000 条查询 输入文件总规模不超过 2 MB；有一个文件包含了全部单词；有一个单词出现在所有文件里

3. 实现要点

本题与练习 14-2 有相似之处，都需要为单词建立文件的倒排索引。不同的是，在这里的倒排索引中不仅要记录该单词出现在哪些文件里，还要记录出现在该文件的哪几行。

对于每条查询，我们逐一检查每个单词的倒排索引表，得到包含该单词的文件集合；然后将下一个单词的文件集合与当前集合求交集。再次扫描查询的每个单词，检查其倒排索引表中属于交集的每个文件，记录包含该单词的行号。最后对交集中的每个文件，将包含查询单词的所有行号进行排序，再顺序输出相应的行。

具体实现时，与练习14-2的相似之处不再赘述，这里只提几个细节问题：

① 在本题中，我们不再需要文件的单词索引表，但是需要保存每个文件的全部内容，而且是按行保存。所以我们需要一个二维字符串数组 *file*，其中 *file*[*i*][*j*] 存储第 *i* 个文件的第 *j* 行内容。

② 倒排索引表中除了存储文件编号外，还需要记录行号。一个简单的办法是为每个单词的结点建立一个二维数组 *position*，其中 *position*[*i*][*j*]=true 表示该单词出现在第 *i* 个文件的第 *j* 行。这种方法的好处是结构简单，查询和插入都比链表操作快；缺点显然是太浪费空间，因为很少有单词出现在所有文件的所有行。如果空间有限，可以用链表存储该单词所在的文件，同时在链表结点内再存储一个保存行号的链表。

③ 在练习14-2中建立倒排索引时采用不断从表头插入的方法，这样形成的链表是按输入文件的倒序排列的。而本题要求按正序输出，所以一个解决方案是将插入的位置改在表尾，这样就不得不为每个索引表加一个尾指针；另一个方案是在求完交集后再将交集链表反转，只要线性复杂度的额外时间即可。由于文件链表是有序的，所以求交的时间复杂度与链表长度成线性关系。

④ 在对每个文件要输出的行号进行记录时，可以不需要排序，而是借助一个长度等于总行数的布尔型数组，初始化为false。当某查询单词出现在第 *i* 行时，就将第 *i* 个数值设为true。最后输出时，只要顺序扫描这个数组，将每个true所在位置对应的行输出即可，也同时解决了两个单词出现在同一行可能引起的重复输出问题。

在真实的搜索引擎中，并不会将一个文件中的所有单词都作为关键词建立倒排表，英文关键词处理时会屏蔽一些"停用词"（如"a""is""the"等几乎出现在所有文件中的词），并且需要"抽词干"（如将take、took、taking、taken都处理为词干take）。网络上有开源的处理工具，读者可以学习使用这些工具，将这个迷你搜索引擎做得更完善。

第 15 章

算法设计基础

主教材第 15 章介绍了四大类算法：枚举法及其改进（即回溯法与分支限界法）、分治法、动态规划、贪心法。具体如下：

① 枚举法：是解决一类可枚举问题的最直接的方法。

② 回溯法与分支限界法：在枚举的过程中，如果可以设计出充分有效的方法尽早排除一部分不可能成为解的方案，则有望提高效率。回溯法是基于对博弈树的深度优先搜索，分支限界法一般是基于广度优先搜索。

③ 分治法：通过递归地解决子问题而最终解决整个问题的方法。子问题的划分和解的合成效率，都会直接影响整个算法的效率。

④ 动态规划：当用分治法解决优化问题时，发现问题具有最优子结构，并且直接递归分治会产生大量重复子问题，则可以通过存储子问题的解来避免重复计算，从而提高效率。

⑤ 贪心法：当问题具有单一最优子结构的特点，且局部最优选择等价于全局最优选择时，贪心法是一种有效的解决方案。同时，贪心法也是一类解决困难问题的启发式算法。

本章将首先给出主教材中 14 个算法的具体实现，然后围绕这四大类算法，给出 6 道基础练习题和 5 道进阶实验题，训练学生熟练掌握利用各种经典算法技术解决问题的能力。本章实现的算法和习题涉及的知识内容见表 15-1。

表 15-1　第 15 章实验清单

类型	序号	标题	内容	知识点
算法	15-1	BookAssignment (T)	小规模分书问题的嵌套循环算法	枚举法
	15-2	IterBruteForce (T)	枚举法的嵌套循环实现	枚举法
	15-3	RecBruteForce (T, s, i, n)	枚举法的递归实现	枚举法
	15-4	BookAssignmentBF ($table, s, i, n, m$)	分书问题的递归枚举算法	枚举法
	15-5	Backtracking (i, n)	回溯法的通用伪代码	回溯法
	15-6	PointSetReconstruction ($x, D, n, left, right$)	点集重构问题回溯算法的伪代码	回溯法
	15-7	DivideAndConquer (a, l, n)	分治法的伪代码描述	分治法
	15-8	RecFib (n)	第 n 项斐波那契数的递归计算	分治法
	15-9	Fib (n)	第 n 项斐波那契数的循环计算	动态规划
	15-10	OptimalMatrixOrdering (m, p, r, n)	计算 $m_{1,n}$ 的动态规划算法	动态规划
	15-11	ActivitySelection (a, k, n)	活动安排问题的贪心算法	贪心法
	15-12	Knapsack (W, s, x, n)	连续背包问题的贪心算法	贪心法
	15-13	Knapsack01 (W, s, x, f, n, i)	离散背包 (0-1 背包) 问题的递归分治解法	分治法
	15-14	Knapsack01 (W, s, opt, n)	整数重量限制下离散背包问题的动态规划解法	动态规划
基础练习	15-1	分书问题	n 个人分 m 本书，要求尽可能优化时间复杂度	枚举法
	15-2	n 皇后问题	在 $n×n$ 的国际象棋棋盘上放 n 个皇后，要求任意两个皇后间不能互相攻击	回溯法
	*15-3	旅行商问题	要求找到一条从驻地出发，经过每个城市仅一次，最后回到驻地的路线使总旅费最少	分支限界法
	15-4	最长公共子序列	找出两个给定序列的最长公共子序列	动态规划
	15-5	带权的活动安排问题	给每个俱乐部加权重，要求审批通过的所有俱乐部的总权重和最大	动态规划
	15-6	教室安排问题	为每项活动安排可以使用的教室，保证所有活动在安排上不能有冲突，则最少需要多少间教室	贪心法
进阶实验	15-1	0-1 背包问题的回溯剪枝解	0-1 背包问题的回溯剪枝解	回溯法
	15-2	0-1 背包问题的分支限界解	0-1 背包问题的分支限界解	分支限界法
	15-3	拼题 A 打卡奖励	打卡卷子花费 m 分钟获得 c 金币，问最多获得的金币数	动态规划
	15-4	有多少红黑树	给定结点树 n，问有多少棵不同的红黑树	动态规划
	*15-5	代金券	n 个商品、n 个代金券，花 d 元钱能买多少商品	贪心法

15.1 算法实现

算法 15-1：小规模分书问题的嵌套循环算法 BookAssignment(T)

代码 15-1 中给出了关系矩阵 *T* 的类型定义，矩阵 *Matrix* 定义为指向结构体 MatrixNode 的指针。MatrixNode 中包含固定规模的二维数组 *t*，其行号对应人的编号、列号对应书的编号，此外还有矩阵的行数 *row* 和列数 *col*。

算法 15-1 中检查状态合法性由函数 Check 实现。需要注意的细节是，由于关系矩阵的下标是从 0 开始的，而书的编号是从 1 开始的，所以将书的编号对应到下标时要减 1。

用于测试的 main 函数首先读入分书问题中的人数和书的数量，据此声明关系矩阵 *T* 的空间，并读入关系矩阵的值。随后调用 BookAssignment 求解，在求解的过程中输出每个满足条件的解。

代码 15-1　小规模分书问题的嵌套循环算法

```c
#include <stdio.h>
#include <stdlib.h>
typedef enum { false, true } bool;
typedef int ElemSet;  /* 默认矩阵元素为整型 */
#define kMaxPeople 3
#define kMaxBook 4
typedef struct MatrixNode *Matrix;
struct MatrixNode {
    ElemSet t[kMaxPeople][kMaxBook];
    int row;
    int col;
};
bool Check( int s1, int s2, int s3, Matrix T )
{
    bool ret;
    /* 检查约束条件（1）：不同的人分到不同的书 */
    ret = (s1!=s2 && s2!=s3 && s3!=s1);
```

```c
        /* 检查约束条件（2）：第i个人喜欢第si本书 */
        /* 数组下标从0开始，所以书的编号要减1 */
        ret =  ret && (T->t[0][s1-1] == 1
                    && T->t[1][s2-1] == 1
                    && T->t[2][s3-1] == 1);

        return ret;
}
/* 算法15-1：小规模分书问题的嵌套循环算法 BookAssignment(T) */
void BookAssignment( Matrix T )
{  /* 3人分4本书 */
    int s1, s2, s3;

    for (s1=1; s1<=4; s1++) {
        for (s2=1; s2<=4; s2++) {
            for (s3=1; s3<=4; s3++) {
                if (Check(s1, s2, s3, T)==true) {
                    printf("(%d, %d, %d)\n", s1, s2, s3);
                }
            }
        }
    }
}
/* 算法15-1 结束 */
int main(void)
{
    Matrix T;
    int n_people, n_book, i, j;
    scanf("%d %d", &n_people, &n_book);
    T = (Matrix)malloc(sizeof(struct MatrixNode));
    T->row = n_people;
    T->col = n_book;
    for (i=0; i<n_people; i++) {
        for (j=0; j<n_book; j++) {
            scanf("%d", &T->t[i][j]);
        }
    }
    BookAssignment(T);
    free(T);

    return 0;
}
```

算法 15-2：枚举法的嵌套循环实现 IterBruteForce(T)

代码 15-2 尝试给出一个比代码 15-1 更为通用的示范模板。

首先关系矩阵不再是固定规模的二维数组，而是根据具体问题的规模动态声明空间的二维数组。函数 Create2DArray 用于动态声明数组空间，Free2DArray 用于释放空间。

用于检查一组状态 s 合法性的函数 Check，在实际应用中应根据实际问题给定的约束进行检查。在此仍然以分书问题为例，按照代码 15-1 中的两个约束进行检查。

由于状态数组的规模 n 在通用情况下是一个可变的参数，这里用 Print 函数实现了一个更为通用的状态输出函数。

在核心函数 IterBruteForce 中，假设不同的状态分量对应不同的值域规模，所以另外用一个数组 S 来存储状态向量数组 s 中各个分量的规模。只是在代码 15-2 中，简单化地假设所有规模都等于一个常数 $kMaxS$。这部分代码在实际应用时应根据实际问题进行修改。在随后的循环求解部分，为了能够执行简单的测试，这里假设状态向量只有三个分量，所以只写了三重嵌套循环。实际上，这个循环嵌套的层数等于状态向量的分量个数 n。

代码 15-2　枚举法的嵌套循环实现

```
#include <stdio.h>
#include <stdlib.h>
#include <memory.h>

typedef enum { false, true } bool;
typedef int ElemSet; /* 默认矩阵元素为整型 */
typedef struct MatrixNode *Matrix;
struct MatrixNode {
   ElemSet **t;
   int row;
   int col;
};
#define kMaxS 4 /* 解分量的值域规模|S|的上限 */
ElemSet **Create2DArray(int row, int col)
{  /* 动态声明row行col列的二维数组 */
   ElemSet *a, **t;
   int i;

   a = (ElemSet *)malloc(sizeof(ElemSet) * row * col);
   t = (ElemSet **)malloc(sizeof(ElemSet *) * row);
   for (i=0; i<row; i++)
      t[i] = &a[col*i];
   return t;
}
```

```
void Free2DArray (ElemSet **t)
{   /* 释放二维数组空间 */
    free(t[0]);
    free(t);
}
bool Check( int s[], Matrix T )
{   /* 仍然按分书问题的两个约束进行检查 */
    int n, i, j;
    bool ret;

    ret = true; /* 初始化返回值 */
    n = T->row; /* 解的分量数等于关系矩阵的行数 */
    for (i=0; i<n; i++) { /* 检查每个解分量 */
        for (j=i+1; j<n; j++) {
            if (s[i] == s[j]) {
                ret = false; /* 不满足约束条件（1）*/
                break;
            }
        }
        if (T->t[i][s[i]-1] == 0) {
            ret = false; /* 不满足约束条件（2）*/
        }
        if (ret == false) {
            break;
        }
    }
    return ret;
}
void Print( int *s, int n )
{   /* 输出一组解 */
    int i;

    printf("(%d", s[0]);
    for (i=1; i<n; i++) {
        printf(", %d", s[i]);
    }
    printf(")\n");
}
/* 算法15-2：枚举法的嵌套循环实现 IterBruteForce(T) */
void IterBruteForce( Matrix T )
{   /* 以下代码仅为示范模板 */
    int *s; /* 解的状态分量 */
    int *S; /* 解分量的值域规模 */
```

15.1 算法实现

```c
    int n, i;
    n = T->row; /* 解的分量数等于关系矩阵的行数 */
    s = (int *)malloc(sizeof(int) * n);
    S = (int *)malloc(sizeof(int) * n);
    /* 这里假设所有解分量的值域规模都是kMaxS */
    for (i=0; i<n; i++) {
        S[i] = kMaxS;
    }
    /* 以下循环求解 */
    for (s[0]=1; s[0]<=S[0]; s[0]++) {
        for (s[1]=1; s[1]<=S[1]; s[1]++) {
            /* 如果n大于3, 则这里还有更多层嵌套 */
            for (s[n-1]=1; s[n-1]<=S[n-1]; s[n-1]++) {
                if (Check(s, T)==true) {
                    Print(s, n);
                }
            }
        }
    }
}
/* 算法15-2 结束 */
int main(void)
{
    Matrix T;
    int n_people, n_book, i, j;
    scanf("%d %d", &n_people, &n_book);
    T = (Matrix)malloc(sizeof(struct MatrixNode));
    T->row = n_people;
    T->col = n_book;
    T->t = Create2DArray(T->row, T->col);
    for (i=0; i<n_people; i++) {
        for (j=0; j<n_book; j++) {
            scanf("%d", &T->t[i][j]);
        }
    }
    IterBruteForce(T);
    Free2DArray(T->t);
    free(T);
    return 0;
}
```

算法 15-3：枚举法的递归实现 RecBruteForce (*T*, *s*, *i*, *n*)

递归解决问题时，必须知道当前子问题的范围，所以递归函数比循环函数多了三个参数：状态数组 *s* 必须在 main 函数中先声明，再作为参数传递；递归需要知道子问题的范围，即当前处理的状态编号 *i* 和状态总数 *n*。

测试算法 15-3 的辅助函数与代码 15-2 相同，所以代码 15-3 只列出核心函数 RecBruteForce 和主函数 main，其他辅助函数不再赘述。读者运行完整测试时，只需将代码 15-2 中的 IterBruteForce 和 main 函数替换为代码 15-3 即可。

代码 15-3　枚举法的递归实现

```
/* 算法15-3: 枚举法的递归实现 RecBruteForce (T, s, i, n) */
void RecBruteForce( Matrix T, int *s, int i, int n )
{ /* 以下代码仅为示范模板 */
   if (i > n) { /* 完成了一组状态的枚举 */
       if (Check(s, T) == true) {
           Print(s, n);
       }
   }
   else {
       /* 这里假设所有解分量的值域规模都是 kMaxS */
       /* 数组下标从 0 开始，所以 s 的编号要减 1 */
       for (s[i-1]=1; s[i-1]<=kMaxS; s[i-1]++) {
           RecBruteForce (T, s, i+1, n);
       }
   }
}
/* 算法15-3 结束 */
int main(void)
{
   Matrix T;
   int *s;  /* 解的状态分量 */
   int n_people, n_book, i, j;
   scanf("%d %d", &n_people, &n_book);
   T = (Matrix)malloc(sizeof(struct MatrixNode));
   T->row = n_people;
   T->col = n_book;
   T->t = Create2DArray(T->row, T->col);
   for (i=0; i<n_people; i++) {
       for (j=0; j<n_book; j++) {
           scanf("%d", &T->t[i][j]);
       }
```

15.1 算法实现

```
    }
    s = (int *)malloc(sizeof(int) * T->row);
    RecBruteForce (T, s, 1, T->row);
    Free2DArray(T->t);
    free(T);
    return 0;
}
```

算法 15-4：分书问题的递归枚举算法 BookAssignmentBF (*table*, *s*, *i*, *n*, *m*)

算法 15-4 是算法 15-3 在一个具体问题上的应用。在代码 15-4 中，将代码 15-2 的 Check 函数展开在 BookAssignmentBF 函数中，并增加了对状态判定结果 *result* 的跟踪，尽可能避免无效的判断操作。

辅助函数与代码 15-2 一致，main 函数中只是将函数调用语句改为 "BookAssignmentBF (table, s, 0, n, m);"，故不再赘述，仅列出核心函数。注意：这里假设人的编号和书的编号都是从 0 开始的。

代码 15-4 分书问题的递归枚举算法

```
/* 算法15-4: 分书问题的递归枚举算法 BookAssignmentBF (table, s, i, n, m) */
void BookAssignmentBF( Matrix table, int *s, int i, int n, int m )
{
    bool result;
    int j;
    
    if (i == n) { /* 完成了一组状态的枚举 */
        result = true;
        for (i=0; i<n; i++) { /* 检查约束条件（1）*/
            for (j=0; j<n; j++) {
                if (i!=j && s[i]==s[j]) { /* 不同的人分到了同一本书 */
                    result = false;
                    break;
                }
            }
            if (result == false) {
                break;
            }
        }
        if (result == true) { /* 约束条件（1）满足，检查约束条件（2）*/
            for (i=0; i<n; i++) {
                if (table->t[i][s[i]] != 1) {
                    /* 第 i 个人不喜欢自己分到的书 */
```

```
                        result = false;
                        break;
                    }
                }
            }
            if (result == true) { /* 条件（1）和（2）都满足 */
                Print(s, n);
            }
        }
        else {
            for (s[i]=0; s[i]<m; s[i]++) {
                BookAssignmentBF(table, s, i+1, n, m);
            }
        }
    }
}
/* 算法15-4 结束 */
```

算法 15-5：回溯法的通用伪代码 Backtracking (*i*, *n*)

算法15-5给出的回溯法模板，仍然是以分书问题为例的。代码15-5中给出了Backtracking函数的具体实现，同时给出了检查约束条件的Check函数。其他辅助函数与代码15-2相同；main函数与代码15-3基本相同，只需将核心函数的调用改为"Backtracking (T, s, 1, T->row);"，故不再赘述。

代码15-5　回溯法的通用伪代码

```
bool Check( int s[], Matrix T, int i )
{ /* 仍然按分书问题的两个约束进行检查 */
    int n, j;
    bool ret;

    ret = true; /* 初始化返回值 */
    n = T->row; /* 解的分量数等于关系矩阵的行数 */
    for (j=1; j<i; j++) { /* 检查每个解分量 */
        if (s[i-1] == s[j-1]) {
            ret = false; /* 不满足约束（1）*/
            break;
        }
    }
    if (T->t[i-1][s[i-1]-1] == 0) {
        ret = false; /* 不满足约束（2）*/
    }
    return ret;
}
```

15.1 算法实现

```
/* 算法15-5: 回溯法的通用伪代码 Backtracking (i, n) */
bool Backtracking( Matrix T, int *s, int i, int n )
{   /* 以下代码仅为示范模板                                    */
    /* 函数参数中除了必须的i和n, 还需要传入特定问题的相关参数 */
    /* 以分书问题为例, 还需要传入关系矩阵T和解向量s           */

    bool result;

    result = false;
    if (i > n) { /* 所有分量均已解决, 成功结束 */
        Print(s, n);
        result = true;
    }
    else {
        /* 这里假设所有解分量的值域规模都是kMaxS */
        /* 数组下标从0开始, 所以s的编号要减1 */
        for (s[i-1]=1; s[i-1]<=kMaxS; s[i-1]++) {
            /* 如果(s[1], …, s[i])满足问题得解的约束条件 */
            if (Check(s, T, i) == true) {
                /* 继续深度优先搜索 */
                result = Backtracking (T, s, i+1, n);
                /* 如果S[i+1]中所有元素都不能构成部分解 */
                if (result == false) {
                    /* 消除s[i]的影响, 回溯到(s[1], …, s[i-1]) */
                }
            }
            if (result == true) { /* 找到解 */
                break; /* 找到一组解就结束 */
                /* 若需要找到所有解, 则不跳出 */
            }
        } /* 结束对S[i]中所有s[i]的检查*/
    }
    return result;
}
/* 算法15-5 结束 */
```

算法 15-6: 点集重构问题回溯算法的伪代码 PointSetReconstruction (*x, D, n, left, right*)

在代码15-6中, 距离集合的类型 *Dist* 定义为指向结构体 DistNode 的指针。在 DistNode 结构体中, 包含存储距离值的数组 *dist*、标识每个距离值是否被删除的数组 *deleted*、数组长度 *capacity*, 以及当前还未被删除的元素数量 *size*。

代码 15-6
点集重构问题回溯算法

主函数main首先读入m个距离值，创建距离集合D，然后将距离值dist进行递减排序；根据m反推出坐标点x的数量n，声明存储坐标点集合的数组x并初始化。在完成了准备工作后，首先确定x[0]为0，x[n-1]为最大距离值，并将最大距离值从集合D中删除，随后调用核心函数PointSetReconstruction求解，并输出结果。

算法 15-7：分治法的伪代码描述 DivideAndConquer(n)

代码 15-7
分治法的伪代码描述

代码15-7将归并排序用分治法模板改写，展示分治法的"分""治""合"。DivideAndConquer函数中的Divide、Conquer、Merge函数，在代码15-7中都是根据排序的要求实现的。用这个算法思路解决其他问题时，这三个函数应该对应不同的实现。

算法 15-8：第 n 项斐波那契数的递归计算 RecFib(n)

代码15-8非常简单。注意：由于斐波那契数呈指数级增长，所以对比较小的n也会得到很大的计算结果。这里假设输出在long long型整数范围内。

代码15-8　第n项斐波那契数的递归计算
```c
#include <stdio.h>
/* 算法15-8: 第n项斐波那契数的递归计算 RecFib(n) */
long long RecFib(int n)
{
    if (n <= 1) {
        return 1;
    }
    else {
        return RecFib(n-1)+RecFib(n-2);
    }
}
/* 算法15-8 结束 */
int main(void)
{
    int n;
    scanf("%d", &n);
    printf("%lld", RecFib(n));
    return 0;
}
```

15.1 算法实现

算法 15-9：第 n 项斐波那契数的循环计算 Fib(n)

代码 15-9 是对算法 15-9 的实现。同样需要注意，测试时应保证输出在 long long 型整数范围内。

代码 15-9　第 n 项斐波那契数的循环计算

```c
#include <stdio.h>
#include <stdlib.h>
/* 算法15-9: 第n项斐波那契数的循环计算 Fib(n) */
long long Fib(int n)
{
    long long answer, f0, f1;
    int i;
    if (n <= 1) {
        answer = 1;
    }
    else {
        f0 = 1;
        f1 = 1;
        for (i=2; i<=n; i++) {
            answer = f1 + f0; /* Fib(i) = Fib(i-1)+Fib(i-2) */
            f0 = f1;          /* f0 = Fib(i-1) */
            f1 = answer;      /* f1 = Fib(i) */
            /* 准备好计算下一个 Fib(i+1) */
        }
    }
    return answer;
}
/* 算法15-9 结束 */
int main(void)
{
    int n;
    scanf("%d", &n);
    printf("%lld", Fib(n));
    return 0;
}
```

算法 15-10：计算 $m_{1,n}$ 的动态规划算法 OptimalMatrixOrdering (m, p, r, n)

代码 15-10 不仅实现了算法 15-10 给出的计算最优解的方法，而且利用求解过程中记录的子问题划分位置矩阵 p，用 PrintOrder 函数递归输出了计算乘积的最优顺序。

主函数 main 根据读入的矩阵个数 n 声明 m 矩阵和 p 矩阵的空间，并且将 n 个矩阵的行列数顺序存储在长度为 $n+1$ 的数组 r 中。调用 OptimalMatrixOrdering 函数计算出最优解并记录最优划分，用 PrintOrder 函数输出最优顺序，最后输出最少的乘法次数。

例如主教材中给出的样例问题：$M_{[1\times 100]}=M_{1[1\times 2]}\times M_{2[2\times 5]}\times M_{3[5\times 1]}\times M_{4[1\times 100]}$，对应代码 15-10 的输入是 $n=4$，$r[]=\{1, 2, 5, 1, 100\}$；产生的输出为 $((M_1)\times((M_2)\times(M_3)))\times(M_4)$。

代码 15-10 计算 $m_{1,n}$ 的动态规划算法

算法 15-11：活动安排问题的贪心算法 ActivitySelection(*a*, *k*, *n*)

代码 15-11 中给出的活动集合类型为 *Activities*，是指向结构体 ActivityNode 的指针。结构体中存储一个活动的开始时间 *start* 和结束时间 *finish*。

主函数 main 首先建立 n 个活动的集合 a。注意到真正的活动是从 1 开始编号的，$a[0]$ 是一个虚设的活动，其开始和结束时间都是 0。这样做是为了递归处理的一致性，不需要将第一个活动特殊对待。随后将所有活动按 *finish* 的非递减序排序（因为 $a[0].finish$ 是最小的 0，所以排序后仍然在最前面），然后调用核心函数 ActivitySelection 完成求解并输出结果。

代码 15-11　活动安排问题的贪心算法

```
#include <stdio.h>
#include <stdlib.h>

typedef struct ActivityNode *Activities;
struct ActivityNode {
    int start;   /* 开始时间 */
    int finish;  /* 结束时间 */
};

int CmpFinish(const void *a, const void *b)
{
    return (((const struct ActivityNode*)a)->finish
            > ((const struct ActivityNode*)b)->finish)? 1:-1;
}

/* 算法15-11: 活动安排问题的贪心算法 ActivitySelection(a, k, n) */
int ActivitySelection(Activities a, int k, int n)
{   /* a[k] 是最新被收录进最优解的活动 */
    int i;
    /* 寻找开始时间在a[k]结束之后的最早结束的活动 */
```

```
        for (i=k+1; i<=n; i++) {
            if (a[i].start >= a[k].finish) {
                break;
            }
        }
        if (i <= n) {
            return (1+ActivitySelection(a, i, n));
        }
        else {
            return 0;
        }
    }
    /* 算法 15-11 结束 */
    int main(void)
    {
        Activities a;
        int n, i;
        scanf("%d", &n);
        a = (Activities)malloc(sizeof(struct ActivityNode) * (n+1));
        a[0].finish = 0; /* a[0] 是一个虚设的活动，其结束时间为 0 */
        a[0].start = 0;
        for (i=1; i<=n; i++) {
            scanf("%d", &a[i].start);
        }
        for (i=1; i<=n; i++) {
            scanf("%d", &a[i].finish);
        }
        qsort(a, n+1, sizeof(struct ActivityNode), CmpFinish);
        printf("%d", ActivitySelection(a, 0, n));
        return 0;
    }
```

算法 15-12：连续背包问题的贪心算法 Knapsack(W, s, x, n)

代码 15-12 中给出的物品集合类型 *Objects* 是指向结构体 ObjNode 的指针。结构体中存储一个物品的序号 *idx*、重量 *w* 和价值 *v*。注意：在此段代码中，重量和价值都是 double 类型的实数。

主函数 main 首先读入物品总数量 *n* 和背包总承重 *W*，随后为物品集合 *s* 和解 *x* 声明空间；读入物品信息后，调用核心函数 Knapsack 求解并输出最优结果，以及解 *x* 的各分量值。

代码15-12　连续背包问题的贪心算法

```c
#include <stdio.h>
#include <stdlib.h>
#include <memory.h>
typedef double ElemSet; /* 物品重量和价值均为实数 */
#define eps (1e-9)
typedef struct ObjNode *Objects;
struct ObjNode {
    int idx;      /* 序号 */
    ElemSet w;    /* 重量 */
    ElemSet v;    /* 价值 */
};
int CmpUnitValue(const void *a, const void *b)
{
    ElemSet va, vb;

    va=((const struct ObjNode*)a)->v/((const struct ObjNode*)a)->w;
    vb=((const struct ObjNode*)b)->v/((const struct ObjNode*)b)->w;
    return (va < vb)? 1:-1;
}
/* 算法15-12: 连续背包问题的贪心算法 Knapsack( W, s, x, n ) */
ElemSet Knapsack( ElemSet W, Objects s, double *x, int n )
{
    ElemSet f_value;
    int i;

    f_value = 0; /* 初始化优化函数f最优解的值 */
    /* 将物品s[]按单价 s[i].v/s[i].w 非递增排序 */
    qsort(s, n, sizeof(struct ObjNode), CmpUnitValue);
    for (i=0; i<n; i++) {
        if (W > eps) {
            /* 第i件物品的原始序列号为s[i].idx */
            x[s[i].idx] = 1.0; /* 首先默认第i件物品可以被完整收入背包 */
            if (W < s[i].w) {  /* 如果不能完整放下 */
                x[s[i].idx] = W / s[i].w;    /* 只取s[i]的x[i]部分 */
            }
            f_value += x[s[i].idx] * s[i].v; /* 将s[i]的x[i]部分收入背包 */
            W -= x[s[i].idx] * s[i].w;       /* 更新背包剩余承重量 */
        }
        else {
            break; /* 背包已经装满 */
        }
    }
```

15.1 算法实现

```
        return f_value;
}
/* 算法15-12 结束 */
int main(void)
{
    Objects s;
    double *x;
    ElemSet W;
    int n, i;

    scanf("%d %lf", &n, &W);
    s = (Objects)malloc(sizeof(struct ObjNode) * n);
    x = (double *)malloc(sizeof(double) * n);
    memset(x, 0, sizeof(double) * n);
    for (i=0; i<n; i++) {
        scanf("%lf", &s[i].w);
    }
    for (i=0; i<n; i++) {
        scanf("%lf", &s[i].v);
        s[i].idx = i;
    }
    printf("%.2f\n", Knapsack( W, s, x, n ));
    for (i=0; i<n; i++) {
        printf("%.2f ", x[i]);
    }
    return 0;
}
```

算法 15-13：离散背包（0-1背包）问题的递归分治解法 Knapsack01 (*W*, *s*, *x*, *f*, *n*, *i*)

代码15-13中给出的物品集合类型仍然是*Objects*，是指向结构体ObjNode的指针。只是结构体中不再存储物品的序号*idx*，仅存储重量*w*和价值*v*。此外，最优解数组*opt*和最优解的总价值*opt_value*被设置为全局变量，以简化核心函数的接口。

主函数main首先读入物品总数量*n*和背包总承重*W*，随后为物品集合*s*、局部解*x*和全局最优解*opt*声明空间；读入物品信息后，调用核心函数Knapsack01求解并输出最优结果，以及解*opt*的各分量值。

代码15-13 离散背包（0-1背包）问题的递归分治解法

```
#include <stdio.h>
#include <stdlib.h>
#include <memory.h>
```

```c
typedef double ElemSet; /* 物品重量和价值均为实数 */
#define eps (1e-9)
typedef struct ObjNode *Objects;
struct ObjNode {
    ElemSet w;   /* 重量 */
    ElemSet v;   /* 价值 */
};
ElemSet opt_value;
int *opt;

ElemSet Max(ElemSet x, ElemSet y)
{
    return (x>y)?x:y;
}

/* 算法15-13: 离散背包问题的递归分治解法 Knapsack01( W, s, x, f, n, i ) */
ElemSet Knapsack01( ElemSet W, Objects s, int *x, ElemSet f, int n,
    int i )
{
    ElemSet take_it, drop_it;
    int j;
    if (i>=n || W<eps) { /* 如果s[]已经处理完或背包已满 */
        if (f > opt_value) { /* 当前整体可行解更优,则更新最优解 */
            opt_value = f;
            for (j=0; j<n; j++) {
                opt[j] = x[j];
            }
        }
        return 0.0; /* 空集子问题的最优解为0.0 */
    }
    else if (s[i].w <= W) { /*  s[i]有可能被放进背包 */
        x[i] = 1; /* 放入,并计算最优结果 */
        take_it = s[i].v + Knapsack01( W-s[i].w, s, x, f+s[i].v,
            n, i+1 );
        x[i] = 0; /* 舍弃并计算最优结果 */
        drop_it = Knapsack01( W, s, x, f, n, i+1 );
        return Max(take_it, drop_it); /* 返回两种选择中较好的解 */
    }
    else { /* s[i]太重,不能放进背包 */
        x[i] = 0; /* 舍弃,递归处理剩下的问题 */
        return Knapsack01( W, s, x, f, n, i+1 );
    }
}
/* 算法15-13 结束 */
```

```c
int main(void)
{
    Objects s;
    ElemSet W;
    int *x;
    int n, i;
    scanf("%d %lf", &n, &W);
    s = (Objects)malloc(sizeof(struct ObjNode) * n);
    x = (int *)malloc(sizeof(int) * n);
    memset(x, 0, sizeof(int) * n);
    opt = (int *)malloc(sizeof(int) * n);
    memset(opt, 0, sizeof(int) * n);
    for (i=0; i<n; i++) {
        scanf("%lf", &s[i].w);
    }
    for (i=0; i<n; i++) {
        scanf("%lf", &s[i].v);
    }
    opt_value = 0.0;
    printf("%.2f\n", Knapsack01( W, s, x, 0.0, n, 0 ));
    for (i=0; i<n; i++) {
        printf("%d ", opt[i]);
    }
    return 0;
}
```

算法 15-14：整数重量限制下离散背包问题的动态规划解法 Knapsack01(*W*, *s*, *opt*, *n*)

代码 15-14 仅给出算法 15-14 的实现，其中用到的二维数组的空间声明和释放函数不再赘述。这里 ObjNode 的定义与代码 15-13 的区别在于重量 *w* 必须为整型，否则无法作为数组下标使用。主函数 main 也与代码 15-12 基本相同，只是将最优解数组和对应重量的输入类型改为整型。

代码 15-14　整数重量限制下离散背包问题的动态规划解法

```c
/* 算法15-14: 整数重量限制下离散背包问题的动态规划解法 Knapsack01( W, s, opt, n ) */
ElemSet Knapsack01( int W, Objects s, int *opt, int n )
{
    ElemSet **f, **x, ret;
    int i, w;
```

```c
/* f[w][i]存储背包承重w和物品集合s[i]~s[n]对应子问题的优化函数最优值 */
f = Create2DArray(W+1, n);
/* x[w][i]存储背包承重w和物品集合s[i]~s[n]对应子问题的最优选择 */
x = Create2DArray(W+1, n);
for (i=0; i<n; i++) {
    f[0][i] = 0.0; /* 承重为0时最大价值为0.0 */
}
for (w=W; w>=0; w--) {  /* 存储最小规模子问题的解 */
    if (w < s[n-1].w) {
        f[w][n-1] = 0.0;
        x[w][n-1] = 0;
    }
    else {
        f[w][n-1] = s[n-1].v;
        x[w][n-1] = 1;
    }
}
for (i=n-2; i>=0; i--)  {
    for (w=1; w<=W; w++) {
        f[w][i] = f[w][i+1]; /* 先默认舍弃s[i] */
        x[w][i] = 0;
            /* 如果放入背包结果更好 */
        if (w>=s[i].w && f[w][i]<(s[i].v+f[w-s[i].w][i+1])) {
            f[w][i] = s[i].v+f[w-s[i].w][i+1]; /* 则将s[i]放入背包 */
            x[w][i] = 1;
        }
    }
}
ret = f[W][0];      /* 结束计算时，f[W][0]中存储的是优化函数的最优值 */
opt[0] = x[W][0]; /* 承重为W时第一个物品的最优解 */
for (i=1; i<n; i++) { /* 获得剩余物品的最优解 */
    if (opt[i-1]==1) { /* 如果前一个物品被放入背包 */
        /* 则下一个物品对应承重为W-s[i-1].w时的最优解 */
        opt[i] = x[W-s[i-1].w][i];
        W -= s[i-1].w; /* 更新当前剩余承重 */
    }
    else { /* 如果前一个物品被舍弃 */
        opt[i] = x[W][i]; /* 则下一个物品对应承重不变的最优解 */
    }
}
Free2DArray(f);
Free2DArray(x);
```

```
        return ret;
}
/* 算法15-14 结束 */
```

15.2 基础练习

练习 15-1 分书问题

1. 实验目的

掌握枚举法的应用技巧。

2. 实验要求

(1) 题目描述

分书问题是指：已知 n 个人对 m 本书的喜好（$n \leq m$），现要将 m 本书分给 n 个人，每个人只能分到一本书，每本书也最多只能分给一个人，并且还要求每个人都能分到自己喜欢的书。本题要求实现 BookAssignment 函数，用比代码15-4更高效的方法，列出所有满足要求的方案。

(2) 函数接口定义

void BookAssignment(Matrix table, int n, int m);

其中，***Matrix*** 类型的定义如下：

```
typedef int ElemSet; /* 默认矩阵元素为整型 */
typedef struct MatrixNode *Matrix;
struct MatrixNode {
    ElemSet **t;
    int row;
    int col;
};
```

函数接口定义中，***table*** 是关系矩阵，$table[i][j]=1$ 表示第 i 个人喜欢第 j 本书，否则取值为0；n 和 m 分别为人的数量和书的数量，均为 [2, 8] 区间内的整数。

要求该函数按递增顺序输出所有满足要求的解状态 s，输出时调用裁判给出的函数：

void Print(int *s, int n);

其中，s 是状态向量数组，n 是人的数量。若没有解，则在一行中输出"No Solution"。

注意：两组解状态满足 $s_1 < s_2$ 是指存在下标 $0 \leq k < n$，使得 $s_1[i] = s_2[i]$ 对所有 $i < k$ 成立，并且 $s_1[k] < s_2[k]$。

（3）测试用例（见表 15-2）

表 15-2　练习 15-1 测试用例

序号	传入参数值			输出	说明
	table	n	m		
0	0 1 0 1 1 0 1 0 1 1 0 0	3	4	(2, 3, 1) (4, 1, 2) (4, 3, 1) (4, 3, 2)	一般情况
1	1 0 1 0 1 0 0 0 0 0 1 0	3	4	No Solution	无解
2	1 1 1 1	2	2	(1, 2) (2, 1)	最小规模
3	略	8	8	略	最大规模 全 1
4	略	8	8	略	最大规模 全 0
5	略	8	8	略	最大规模 随机

3. 实现要点

（1）算法分析与代码

本题有三个要点需要注意：

① 由于人数和书的数量都是变量，所以不适合用简单的嵌套循环进行枚举。然而题目定义的函数接口并不适合进行递归，因为没有传递任何子问题规模的参数。所以如果要用递归求解，还需要另外设计一个递归函数接口，在题目要求实现的函数中调用这个真正用于解决问题的递归函数。在代码 15-15 中，解决问题的递归函数是 BARecursion，其中涉及的解状态数组 *s* 和用于优化效率的标记数组 *book*，都在题目要求实现的函数 BookAssignment 中声明。

代码 15-15
分数问题的优化枚举算法

② 题目要求在无解的情况下输出 "No Solution"，这要求 BARecursion 函数在结束执行时返回一个布尔值，告知其在执行过程中是否曾经输出过解。这个返回值要在调用 Print 函数输出后设置为 true，并且一旦为真，就必须在返回上一层递归时保持为真的状态。

③ 虽然代码15-4略做修改后可以被套用来解决这个问题，但其效率并不是最好的。最大问题在于检查约束条件（1）即同一本书只能分给一个人时，采用了两重循环，使得这一步的时间复杂度为 $O(n^2)$。代码15-15对这个环节进行了优化，采用标记数组 *book* 来记录每本书是否已经被分配过，则对第 *i* 个人，其正在被分配第 *s*[*i*] 本书，如果这本书对应的 *book*[*s*[*i*]] 值为 false，说明该书没有被分配，是可以分给第 *i* 个人的；否则就不满足条件（1）。如此就将这个条件检查的时间复杂度降到了 $O(n)$。当然代价是多用了一个 $O(m)$ 空间的数组，是典型的用空间换时间的策略。

（2）复杂度分析

在主教材中已经分析了分书问题的枚举法的复杂度，即枚举所有解状态的时间复杂度为 $O(m^n)$，对枚举出的每一组解进行判定的时间复杂度被优化为 $O(n)$，所以整体时间复杂度为 $O(m^n \times n)$。额外的空间复杂度是由解状态数组和标识数组产生的，一共是 $O(n+m)$。

练习 15-2 *n* 皇后问题

1. 实验目的
掌握回溯法的应用技巧。

2. 实验要求

（1）题目描述

在 *n*×*n* 的国际象棋棋盘上放 *n* 个皇后，要求任意两个皇后间不能互相攻击。根据国际象棋规则，皇后可直行、横行、斜行任意多格进行攻击，故问题的要求实际上是：任意两个皇后不能放在同一行、同一列，或同一斜线（斜率为 ±1）上。请设计回溯算法解决 *n* 皇后问题。

（2）函数接口定义

  void Queens(int n);

其中 *n* 是棋盘的规模，为 [4, 20] 区间内的整数。

设问题的解表示为状态向量 $\mathbf{s}=(s_1,\cdots,s_n)$，其中 $s_i=j$ 表示第 *i* 行的皇后放在第 *j* 列上。要求函数 Queens 输出满足要求的解状态 **s** 中**最大**的一组，输出时调用裁判给出的函数：

  void Print(int *s, int n);

其中，*s* 是状态向量数组，*n* 是棋盘的规模。

注意：两组解状态满足 $s_1<s_2$ 是指存在下标 $0 \leqslant k<n$，使得 $s_1[i]=s_2[i]$ 对所有 $i<k$ 成立，并且 $s_1[k]<s_2[k]$。

（3）测试用例（见表15-3）

表 15-3　练习 15-2 测试用例

序号	输入	输出	说明
0	7	(7 5 3 1 6 4 2)	一般情况
1	4	(3 1 4 2)	最小规模数据
2	20	(20 18 16 19 17 8 6 9 3 1 4 12 5 2 13 11 14 7 15 10)	最大规模数据

3. 实现要点

（1）算法分析与代码

回溯法与枚举法最根本的区别是，回溯法不是在完成了一组状态枚举后才判断其是否合法，而是在每个状态取值时就进行判断。在 n 皇后问题中，我们尝试将棋子一枚一枚放置到棋盘上，在第 i 行的皇后落子时，需要检查两个条件：

① 同一列是否有不止一个子，即对 $i \ne j$，是否有 $s_i = s_j$。若有则不能放置。

② 同一斜线上是否有不止一个子，即对 $i \ne j$，是否有 $s_i - s_j = i - j$ 或 $s_i - s_j = j - i$。若有则不能放置。

代码 15-16
n 皇后问题

在代码 15-16 中，上述判断由函数 IsValid 完成。

回溯法的核心函数是递归函数 BackTracking，是在代码 15-5 的基础上略加修改得到的。由于要求输出最大的一组解，所以在枚举每个分量时是按列号递减的顺序执行的。

最后，在题目要求实现的函数 Queens 中完成解状态数组的声明和初始化，随后执行递归函数的正确的初始调用，以求出一组解。

（2）复杂度分析

回溯法的时间复杂度难以做准确的评估，但分析其上界还是比较简单的。

因为有 n 枚棋子，每一枚有 n 个可选择的位置，所以探测位置的操作最多执行 $O(n^n)$ 次。在每个位置上，需要执行一次 IsValid 检查，这个函数中只有一重 for 循环，所以时间复杂度是 $O(n)$。于是可知，算法的整体时间复杂度是 $O(n^{n+1})$。但这个上界距离真实的时间开销过于遥远了。

注意到 IsValid 的剪枝效果会保证每枚棋子放置的列号不相等，最终的解一定是整数 1 到 n 的一个排列，这就将解空间的规模从 $O(n^n)$ 降低到了 $O(n!)$。代码 15-16 中给出的 IsValid 函数用了 $O(n)$ 的时间做检查，这使得整体时间复杂度为 $O(n \times n!)$。如果仿照代码 15-15 中的 book，再声明三个额外的数组分别存每一列、每个对角线、每个反对角线上是否存在棋子的信息，则 IsValid 的时间复杂度可以降到 $O(1)$，读者可以自行尝试进行优化。

算法用到的额外空间复杂度是 $O(n)$，一方面用于存储解的状态，另一方面用于递归。

*练习 15-3 旅行商问题

1. 实验目的
掌握分支限界算法的应用技巧。

2. 实验要求
（1）题目描述

旅行商需要到若干城市去推销商品，已知各城市间的旅费，要求找到一条从驻地出发经过每个城市仅一次，最后回到驻地的路线，使总旅费最少。请设计分支限界算法解决这个问题。

（2）函数接口定义

  int TSP(MGraph graph);

其中，MGraph 类型的定义如下：

```
typedef int Vertex;       /* 顶点编号类型 */
typedef int GElemSet;     /* 边权重类型 */
typedef struct MGraphNode *MGraph; /* 邻接矩阵表示的图 */
struct MGraphNode {
    int n_verts; /* 顶点数 */
    int m_edges; /* 边数 */
    GElemSet **edge_matrix;/* 邻接矩阵 */
    GElemSet no_edge_value; /* 表述没有边时的权重值 */
    bool directed; /* true为有向图, false为无向图 */
};
```

题目保证传入的图 *graph* 不超过 10 个顶点，*no_edge_value* 取值为 10^9。要求函数 TSP 返回旅行商问题的最小费用，如果根本不存在周游路线，则返回 0。

（3）测试用例（见表 15-4）

表 15-4 练习 15-3 测试用例

序号	输入（点数、边数、每条边的端点和权重）	输出	说明
0	5 20 0 1 20 0 2 30 0 3 10 0 4 11 1 0 15 1 2 16 1 3 4 1 4 2 2 0 3	28	一般情况

续表

序号	输入（点数、边数、每条边的端点和权重）	输出	说明
0	2 1 5 2 3 2 2 4 4 3 0 19 3 1 6 3 2 18 3 4 3 4 0 16 4 1 4 4 2 7 4 3 16		
1	3 3 0 1 1 0 2 1 1 2 1	0	不存在周游路线
2	1 0	0	最小规模数据
3	略	10	最大规模完全图，全部权重都是1
4	略	略	最大规模随机数据

3. 实现要点

（1）算法分析与代码

分支限界法的关键是定义上界函数值 UB 和下界函数值 LB。在旅行商问题中，上界函数比较容易定义，初始化为无穷大，随后得到的任意一条周游路线的费用都可以作为 UB。下界函数值 LB 可以简单地定义为当前得到的部分解的费用。在决策树中进行搜索时，每到达一个叶结点就得到了一个可行解，更新 UB 的值。如果在某个中间结点发现该结点对应的部分解的费用 LB 已经有 $LB \geq UB$ 了，则该结点对应的整棵子树都可以被剪掉。这就是代码15-17给出的TSP函数的基本思路。

这个简单的算法有很多优化方案。例如可以将 LB 定义得更复杂，以得到更快剪枝的效果；还可以在执行广度优先搜索时，将普通的先进先出队列用优先级队列替换，每次选择 LB 值最小的结点出列。这样做的好处是当遇到一个出列的结点有 $LB \geq UB$ 时，程序就可以结束了，因为队列中其他所有结点的 LB 值都不会更小，于是所有剩余的结点都可以被剪掉。代码15-17中即采用了优先级队列的方案。

注意到TSP中用两种类型区分图中的顶点和决策树中的结点，图顶点类型 *Vertex* 即是一个顶点的编号，从0开始；决策树中的结点类型是 *Tree*，是指向 TreeNode 的指针。在 TreeNode 结构体中，除了存储图顶点编号 idx、从根到该结点的部分解的费用作为下

界 lb、当前部分解中包含的顶点数量 cnt 之外，还有一个父指针 $parent$——即决策树中的结点是通过父指针链接的。

代码 15-17 仅给出核心函数 TSP，其中用到的优先级队列以及多个辅助函数在代码 15-18 中给出。

在核心函数中，首先用到了一个优先级队列，其队列元素是决策树的结点指针，用于比较的键值是树结点中的下界值 lb。明确了上述信息后，只要将第 6 章中相关操作的代码做相应修改即可。

代码 15-17、15-18 旅行商问题的核心函数与辅助函数

此外，还有几个重要的辅助函数：

① IsLeaf 函数：用于判断当前被激活的树结点 u 是否为决策树中的一个叶结点。叶结点对应的一定是图中一条周游路径的最后一个顶点，所以判定的规则是：从根结点到 u 的路径上已经包含了全部的顶点，并且从 u 到起点之间存在一条有向边，可以完成一个闭环。

② UpdateUB 函数：计算以 u 为叶结点的一条周游路径的全长。从起点到 u 的路径长度已经存储在 lb 中，只要再加上 u 到起点 0 的边长就得到了全长。如果这个长度比当前的上界 UB 小，就更新 UB 的值。

③ IsNextV 函数：判断 v_idx 是否有可能是 u 扩展出来的下一个决策树的结点。可以扩展需要满足两个条件：一是从 u 对应的图顶点出发，到 v_idx 顶点有一条有向边；二是 u 对应的部分解，即从根结点到 u 的路径上没有出现过 v_idx。因为决策树是由父指针链接的，所以这里采用的方案是自 u 的父结点开始向上扫描整个路径，检查路径上每个顶点的编号是否与 v_idx 重复。

④ LB 函数：计算 v_idx 顶点的下界函数值。u 是 v_idx 顶点在决策树中的父结点，其对应的部分解的路径长度已经存储在 u 的 lb 中。则当从 u 扩展到 v_idx 时，只需要再加上扩展的这条边的权重即可。

（2）复杂度分析

与回溯法一样，分支限界法的准确时间复杂度是很难评估的。算法的时间复杂度上界是找到一条周游路径的时间与周游路径数量的乘积。周游路径的数量有可能达到 $O(n!)$，代码 15-18 中 IsNextV 的实现方式使获得一条有 n 个顶点的周游路径需要 $O(n^2)$ 时间。

可以采用空间换时间的策略提高周游路径的验证效率，例如用专门的空间存储每条路径当前可选的顶点集合，将验证时间降为 $O(1)$，则获得周游路径的时间就降到 $O(n)$ 了。但实现代码会比较复杂。

还可以将 LB 定义得更复杂，以得到更快剪枝的效果。但另一方面需要注意，计算更复杂的 LB 所多耗费的时间与更好剪枝所节省的时间相比，不一定是划算的。读者可以尝试更多的优化策略，与本题的解答做比较。

空间复杂度比较高是分支限界法的最大缺点。事实上，优先级队列的规模在最坏情况下可以达到 $O((n-1)!)$。例如测试用例第 3 组，10 个顶点、权重全部相等的完全图，会迫使算法全程无法剪枝，优先级队列中最多会放入 362880（即 9!）个结点。

练习 15-4 最长公共子序列

1. 实验目的
掌握动态规划算法的应用技巧。

2. 实验要求
（1）题目描述

给定序列 $X=\{x_1, x_2, \cdots, x_n\}$，其子序列是从该序列中删去若干元素后得到的序列。一个包含 n 个元素的序列有 2^n 个子序列。给定两个序列 $X=\{x_1, x_2, \cdots, x_n\}$ 和 $Y=\{y_1, y_2, \cdots, y_m\}$，请设计算法找出 X 和 Y 的一个最长公共子序列。

（2）函数接口定义

  int LCS(char x[], int n, char y[], int m);

其中，x 和 y 为给定的字符串，n 是 x 的长度，m 是 y 的长度。注意字符串数组的下标从 0 开始。函数 LCS 需要在一行中输出一组最长公共子序列，并返回最长公共子序列的长度。最长公共子序列可能是不唯一的，输出任意一组均可。

（3）测试用例（见表 15-5）

表 15-5 练习 15-4 测试用例

序号	输入	输出	说明
0	catcga gtaccgtca	tcga 4	一般情况，解不唯一（例如 ctca 是另一组解）
1	Abcdefg 1234567890	0	没有公共子序列
2	abcdefghijklmn abcdefghijklmn	abcdefghijklmn 14	完全一致的两个序列
3	Z Z	Z 1	最小规模字符串
4	略	略	最大规模随机数据

3. 实现要点
（1）算法分析与代码

设 $X_i=\{x_1, x_2, \cdots, x_i\}$ 和 $Y_j=\{y_1, y_2, \cdots, y_j\}$ 的一个最长公共子序列为 $Z_k=\{z_1, z_2, \cdots, z_k\}$，

则有以下两种可能：

① $x_i = y_j$，此时必有 $z_k = x_i = y_j$，且 Z_{k-1} 必是 X_{i-1} 和 Y_{j-1} 的最长公共子序列。

② $x_i \neq y_j$，记 X_{i-1} 和 Y_j 的最长公共子序列为 $Z^{(1)}$，X_i 和 Y_{j-1} 的最长公共子序列为 $Z^{(2)}$，此时 Z_k 必是 $Z^{(1)}$ 和 $Z^{(2)}$ 中较长的那个。

记 $l_{i,j}$ 为 X_i 和 Y_j 的最长公共子序列的长度，则由最优子结构性质得到以下递推式：

$$l_{i,j} = \begin{cases} 0 & 若 i=0 或 j=0 \\ l_{i-1,j-1}+1 & 若 i,j>0 且 x_i=y_j \\ \max\{l_{i-1,j}, l_{i,j-1}\} & 若 i,j>0 且 x_i \neq y_j \end{cases}$$

最后，$l_{n,m}$ 就是两个原始序列的最长公共子序列的长度。这就是代码15-19中LCS函数的算法原理，只是在实现时要注意，因为C语言中字符串数组的下标是从0开始的，所以算法中的 x_i 和 y_j 对应程序中的 $x[i-1]$ 和 $y[j-1]$。

代码 15-19
最长公共子序列

LCS中调用了GetLCS函数来获得一个最长公共子序列，这是上述过程的逆推理。从两个序列的末尾倒推，如果当前两元素相同，则它们一定是最长公共子序列的最后一个元素，将其放入 seq 的末尾，再递归解决 x 和 y 的长度分别减1的子问题；如果不相同，则最长公共子序列的最后一个元素一定是从 $l_{i-1,j}$ 和 $l_{i,j-1}$ 之中较大的那个子问题中得到的，即如果 $l_{i-1,j}$ 比较大，那么递归解决 x 长度减1的子问题，否则递归解决 y 长度减1的子问题。

（2）复杂度分析

求最长公共子序列长度的计算是由两个嵌套for循环完成的，这部分的时间复杂度是 $O(nm)$。获得子序列的递归函数GetLCS实际上是将两个序列分别逆向扫描了一遍，时间复杂度是 $O(n+m)$。因为需要一个二维数组存储长度，所以空间复杂度是 $O(nm)$。

注意：如果不要求打印最长公共子序列，只要求长度，则观察到 $l_{i,j}$ 的值实际上仅与其所在行的元素和前一行的元素有关，所以只用两个一维数组就可以实现，额外空间复杂度可以降低到 $O(\min\{n, m\})$。

练习 15-5 带权的活动安排问题

1. 实验目的

掌握动态规划算法的应用技巧。

2. 实验要求

（1）题目描述

假设只有一间活动室可用，现有 n 个俱乐部来申请使用，每个俱乐部的活动都有一个计划开始的时间和结束的时间，并且每个俱乐部的活动还有一个权重。要求审批通过的所有活动在时间安排上不能有冲突（即前一个活动的结束时间不迟于后一个活动的开始时间），并且通过的所有俱乐部的总权重和最大。请设计算法解决这个问题。

（2）函数接口定义

　　int WeightedActivitySelection(Activities a, int n);

其中，Activities 类型的定义如下：

```
typedef struct ActivityNode *Activities;
struct ActivityNode {
   int start;  /* 开始时间 */
   int finish; /* 结束时间 */
   int weight; /* 权重 */
};
```

函数接口定义中，*a* 是存放活动集合的数组，共有 *n* 个活动，并且按 *finish* 的非递减序存放。其中 *a*[0] 是一个虚设的活动，其开始时间、结束时间和权重均为 0。要求函数 WeightedActivitySelection 返回最优解的总权重和。

（3）测试用例（见表 15-6）

表 15-6　练习 15-5 测试用例

序号	输入（活动数；开始、结束、权重）	输出	说明
0	17 2 3 2 4 5 1 1 6 1 7 17 2 16 19 3 18 28 2 29 35 1 34 37 1 34 37 1 34 37 3 36 43 1 42 45 1 44 57 2 56 59 1 56 59 1 56 59 1 58 66 1	13	小规模数据。卡贪心算法
1	3 4 5 1 2 3 1 7 10 1	3	全部活动都可以批准

15.2 基础练习

续表

序号	输入（活动数；开始、结束、权重）	输出	说明
2	3 4 5 1 3 6 2 2 7 3	3	全冲突，选权重最大的一个
3	1 1 2 1	1	最小规模输入
4	略	略	最大规模，活动分两组，各有一半的俱乐部。两组之间不冲突，但两组内的所有活动都有同样的开始和结束时间
5	略	略	最大规模随机数据

3. 实现要点

（1）算法分析与代码

将所有俱乐部按活动结束时间从早到晚排序。记前 i 个俱乐部子问题的最大权重和为 w_i，则对于第 i 个俱乐部的申请可分两种情况：

① 不批准，则此时的权重和就是前 $i-1$ 个俱乐部子问题的最大权重和。

② 批准，则此时的权重和就是前 $k(i)$ 个俱乐部子问题的最大权重和加上当前权重 $a_i.weight$，其中 $k(i)$ 是与 i 不冲突的最后一个结束的俱乐部的序号。

而 w_i 就是上述两种情况中的较大值。这个最优子结构性质可以用反证法简单地证明，在此不再赘述。代码 15-20 给出了上述算法的实现。

代码 15-20
带权的活动安排问题

注意：贪心算法是不能得到正确结果的，测试数据第 0 组就是专门设计出来卡各种贪心算法的。

（2）复杂度分析

这个算法比较简单，最大开销发生在找不冲突的活动时，双重 for 循环耗费了 $O(n^2)$ 时间，测试数据第 4 组可令算法达到最坏情况。读者可以尝试用二分查找取代线性扫描，为每个活动 a_i 找到不冲突的最后一个结束的俱乐部的序号，如果各俱乐部的结束时间都不相同，则可以将时间复杂度降低到 $O(n \log n)$。

额外使用的空间是记录权重和的数组 w，复杂度为 $O(n)$。

练习 15-6 教室安排问题

1. 实验目的

掌握贪心算法的应用技巧。

2. 实验要求

（1）题目描述

假设有 n 个俱乐部来申请使用活动教室，每个俱乐部的活动都有一个计划开始时间和结束时间。要求为每项活动安排可以使用的教室，保证所有活动在安排上不能有冲突（即前一个活动的结束时间不迟于后一个活动的开始时间），问最少需要多少间教室？

（2）函数接口定义

int ActivityScheduling(Activities a, int n);

其中，Activities 类型的定义如下：

```
typedef struct ActivityNode *Activities;
struct ActivityNode {
    int start;  /* 开始时间 */
    int finish; /* 结束时间 */
};
```

函数接口定义中，a 是存放活动集合的数组，共有 n 个活动，并且按 $start$ 的非递减序存放。其中 $a[0]$ 是一个虚设的活动，其开始时间、结束时间均为 0。要求函数 ActivityScheduling 返回最少需要的房间数。

（3）测试用例（见表 15-7）

表 15-7 练习 15-6 测试用例

序号	输入（活动数；开始、结束）	输出	说明
0	8 1 2 3 4 5 6 1 9 7 20 10 11 12 13 13 14	2	小规模数据。卡错误的贪心算法
1	3 4 5 2 3 7 10	1	全部活动都可以放入一个房间
2	略	略	最大规模全冲突，需要 n 个房间
3	1 1 2	1	最小规模输入
4	略	略	最大规模随机数据

3. 实现要点

（1）算法分析与代码

首先需要注意，一种**错误的**贪心算法是这样的：在主教材中已经讨论过"活动安排问题"，即在一间教室中安排尽可能多的不冲突的活动，这个问题是可以用贪心法求解的。那么利用这个贪心算法先把尽可能多的活动排进第一个教室，然后再将此算法用于将剩下的活动排进第二个教室，以此类推，直到所有活动都被安排完。然而这个算法并不一定能得到正确的解，测试数据第 0 组就是专门设计用来卡住这个错误算法的。

如果将所有活动按**开始时间**从早到晚排序，得到 $a_1.start \leqslant a_2.start \leqslant \cdots \leqslant a_n.start$。记所有活动的最早开始时间为 $begin$，最迟结束时间为 end。如果把所有活动对应的时间区间在时间轴的区间 $[begin, end]$ 上叠放，则任何一个时间点上同时活动的俱乐部都必须单独占一间教室。记任意时间点 t 同时活动的俱乐部数量为 $m(t)$，则最优解就是所有时间点上同时活动的俱乐部数量的最大值，即 $\max\{m(t) \mid t \in [begin, end]\}$。

于是贪心的原则是：非必要不开新的教室。即在按活动的开始时间从早到晚安排教室时，先顺序扫描前面开放的教室，找到第一间可以不冲突地把当前俱乐部排进去的教室，就将这个俱乐部安排在这间教室。只有当前面开放的所有教室都与当前俱乐部有冲突时，才为这个俱乐部新开一间教室。

要证明这个贪心策略是正确的，可以用反证法。设最优解需要 m 间教室，而贪心策略给出的解严格大于 m。记贪心策略下第一个被安排到第 $m+1$ 间教室的活动为 a_i，则 a_i 与比其早开始的至少 m 个活动有冲突，即在 a_i 开始的这个时间点上，至少有 $m+1$ 个活动在同时进行——把它们放在 m 个教室里是不可能的，这与 m 是最优解矛盾。命题得证。

代码 15-21 给出了这个问题的解决方法。其中函数 IsCompatible 检查俱乐部 i 是否可以被放入第 k 间教室，有多种不同的解方案。这里采用了比较简单的线性扫描法，即用一个数组 $room$ 记录每个俱乐部被分配的教室序号，从第 $i-1$ 个俱乐部开始检查，按照开始时间的非递增序，找到教室 k 中最后开始的活动。如果最后开始的活动能在第 i 个俱乐部开始前结束，就可以放入俱乐部 i；否则就不可以。当然这个方法不是最优的。

代码 15-21
教室安排问题

（2）复杂度分析

在函数 ActivityScheduling 中实际上有三重循环。最坏情况是测试数据第二组，即 n 个活动需要 n 间教室，此时第二层的 k 循环内嵌的 IsCompatible 函数需要循环 $i-k$ 次，而 k 要循环 $i-1$ 次，所以对固定的 i，k 循环的时间复杂度是 $O(i^2)$。再加上 i 循环了 n 次，于是得到整体时间复杂度为 $O(n^3)$。

这个算法需要额外的数组存储每个俱乐部被安排的教室序号，以及每个子问题对应的最优解，空间复杂度是 $O(n)$。

实际上，改变 IsCompatible 的实现方法是可以将时间复杂度降到 $O(n^2)$ 的。这个优化留给读者去思考。

15.3 进阶实验

实验 15-1 0-1 背包问题的回溯剪枝解

1. 实验目的
掌握回溯剪枝法的应用技巧。

2. 实验要求
（1）题目描述

0-1 背包问题的定义是：给定一个总承重为 W 的背包和 n 件物品的集合 $S=\{s_1, \cdots, s_n\}$，其中第 i 件物品有其重量 w_i 和价值 v_i。要求一种分派方案 $\bar{x}=(x_1, \cdots, x_n)$，在满足约束条件 $R: \sum_{i=1}^{n} x_i \cdot w_i \leq W$（即装入的物品总重量不超过背包承重）的前提下，使优化函数 $f(\bar{x})=\sum_{i=1}^{n} x_i \cdot v_i$ 取极大值（即装入的物品总价值最大）。其中 x_i 是整数，取值或为 1 或为 0，即每一件物品只有两种选择，或者完全放进背包，或者被完全舍弃。

试设计回溯法解决 0-1 背包问题。

（2）函数接口定义

ElemSet Knapsack01(ElemSet W, Objects s, int *x, int n);

其中，各种数据类型的定义如下：

```
typedef double ElemSet; /* 物品重量和价值均为实数 */
#define eps (1e-9) /* 当实数的绝对值小于eps时,可认为是0.0 */
typedef struct ObjNode *Objects;
struct ObjNode {
    ElemSet w;   /* 重量 */
    ElemSet v;   /* 价值 */
};
```

函数接口定义中，W 是背包总承重，s 是存储物品集合的数组，x 是待求的分派方案数组，n 是物品数量。要求函数 Knapsack01 求出 0-1 背包问题的最优解，将最优分派方案存在 x 数组中，并返回优化函数的极大值。题目保证 n 不超过 20，所有物品的总重量和总价值均不超过 10^{10}。

15.3 进阶实验

（3）测试用例（见表15-8）

表 15-8 实验 15-1 测试用例

序号	输入 （n, W；一行重量，一行价值）	输出 （最优价值、分派方案）	说明
0	5 11.8 1.1 2.1 5.35 6.24 7.2 1.5 6.3 18.13 22.7 28.8	40.83 （0 0 1 1 0）	小规模数据。卡贪心算法
1	略	略	最大规模，全部物品都可以放入
2	略	略	最大规模，只能放入一个物品
3	1 1.0 1.1 1.0	0.00 （0）	最小规模输入
4	略	略	最大规模随机数据

3. 实现要点

回溯法即在枚举每个物品的两个状态时，利用一些特殊性质进行剪枝，例如利用物品能否装入当前背包为条件进行剪枝。更进一步，如果还记录当前剩余问题的总价值，那么当前部分解的价值与剩余总价值的和如果都不超过当前求得的最优解，也可以剪枝。

回溯法一般用递归函数实现。题目所规定的函数接口不能直接用于递归，所以还需要实现一个真正用于递归求解的函数，被函数 Knapsack01 调用。

实验 15-2　0-1 背包问题的分支限界解

1. 实验目的
掌握分支限界法的应用技巧。

2. 实验要求
本题的要求、函数接口、测试数据均与实验15-1一致，故不再赘述。试设计分支限界法解决 0-1 背包问题。

3. 实现要点

一般在设计分支限界法时是以最小值为优化目标的，例如练习 15-3 中的旅行商问题。然而在 0-1 背包问题中，我们的优化目标是**最大化**背包中物品的总价值，所以需要将相对大小关系取反。仍然需要定义上界函数值 UB 和下界函数值 LB。其中下界函数值比较容易定义，初始化为无穷小，随后得到的任意一个可行解都可以作为 LB。上界函数值 UB 可以简单地定义为当前得到的部分解的价值加上剩余问题中物品的价值总和，其含义是：在当前部分解的基础上，如果能将剩下所有的物品全部收入囊中，最多能获得多少价值。在决策树中进行搜索时，每到达一个叶结点就得到了一个可行解，更新 LB 的值。如果在某个中间结点发现该结点已经有 UB≤LB 了，则该结点对应的整棵子树都可以被剪掉。

其实算法中的剪枝条件与上一个实验中回溯法的剪枝条件是一样的，区别只是分支限界法是利用一个优先级队列进行广度优先搜索，每次选择 UB 值最大的结点出列。

实现时可以在代码 15-17 的基础上进行改写，其中 UB 函数值可以有多种实现和优化的方法，例如先将所有物品按单价从大到小排序等。读者可以自行尝试。

实验 15-3　拼题 A 打卡奖励[①]

1. 实验目的
掌握动态规划算法的应用技巧。

2. 实验要求
（1）题目描述

拼题 A 的教育超市搞打卡活动，指定了 n 张打卡卷，第 i 张打卡卷需要 m_i 分钟做完，完成后可获得 c_i 枚奖励的金币。活动规定每张打卡卷最多只能做一次，并且不允许提前交卷，活动总时长为 m 分钟。请计算出最多可以赢得多少枚金币。

（2）输入输出说明

输入格式：输入的第一行给出两个正整数 $n(\leq 10^3)$ 和 $m(\leq 365 \times 24 \times 60)$，分别对应打卡卷的数量和以"分钟"为单位的活动总时长（不超过一年）。随后一行给出 n 张打卡卷要花费的时间 $m_i(\leq 600)$，最后一行给出 n 张打卡卷对应的奖励金币数量 $c_i(\leq 30)$。上述均为正整数，一行内的数字之间以空格分隔。

输出格式：在一行中输出最多可以赢得的金币数量。

（3）测试用例（见表 15-9）

表 15-9　实验 15-3 测试用例

序号	输入	输出	说明
0	5 110 70 10 20 50 60 28 1 6 18 22	40	一般情况，卡贪心

[①] 题目引用自睿抗机器人开发者大赛真题（2021 年）。

15.3 进阶实验

续表

序号	输入	输出	说明
1	1 1 1 1	1	最小规模
2	1 1 2 1	0	无奖金
3	略	0	最大规模、最小时间、无奖金
4	略	略	所有数据取到最大值
5	略	略	最大规模，小额随机奖金
6	略	略	最大规模随机数据

3. 实现要点

这实际上是0-1背包问题：活动总时长m相当于背包的总承重，所有备选卷的做题总时长不能超过m；完成一张卷子所获得的金币奖励相当于放入背包的物品价值。因为不能提前交卷，所以每张卷子花费的时间或者是0，或者是m_i，即要么做完全程，要么完全放弃。题目要求的最多可获得的金币数量，就是0-1背包问题中要求的放入背包的最大价值。又因为题目中的时间和金币数都是整数，所以可以用动态规划求解。

理解了题意后，可以直接套用代码15-14来解决。但是注意到一个问题：因为m（对应代码15-14中的W）最大值达到$365 \times 24 \times 60 > 5 \times 10^5$，$n$的最大值是$10^3$，这就需要声明一个超过$5 \times 10^8$个整数的二维数组，要占将近4 GB空间。如果没有这么大的空间可用应如何解决？

另一方面，金币总量的最大值只有30×10^3个，比m少了一个数量级，更适合作为动态规划状态数组的分量。令$f(c, i)$表示子问题$s[1]\sim s[i]$获得c枚金币需要的**最少时间**，则有递推式：

$$f(c, i) = \begin{cases} \min\{f(c, i-1), m_i + f(c-c_i, i-1)\} & c_i \leq c \\ f(c, i-1) & 0 \leq c < c_i \end{cases}$$

于是$f(c, n)$就是将全部卷子考虑在内，能获得c枚金币的最少时间。当然这个时间如果大于m，就说明c枚金币是不可能获得的。我们可以按c的递减序扫描$f(c, n)$的值，遇到第一个$f(c^*, n) \leq m$时，对应的c^*就是m时间内能获得的最多的金币数量。

注意到计算$f(c, i)$时仅需要用到$f(*, i-1)$的值，所以实际上用两个一维数组就可以解决问题，空间复杂度可以降低一维。

实验 15-4　有多少红黑树[①]

1. 实验目的
掌握动态规划算法的应用技巧。

2. 实验要求
（1）题目描述

给定正整数 n，存在多少棵有 n 个内部结点（即空结点不算）的不同的红黑树？

（2）输入输出说明

输入格式：在一行中给出一个正整数 $n(\leq 500)$。

输出格式：在一行中输出有 n 个内部结点的不同的红黑树的个数。因为这个数字可能非常大，所以只要输出答案对 1000000007 取余的结果。

（3）测试用例（见表 15-10）

表 15-10　实验 15-4 测试用例

序号	输入	输出	说明
0	5	8	小规模数据，暴力可解
1	29	125363472	答案不超过 int，不用取余数
2	略	略	中大规模数据，需要取余
3	略	略	最大规模数据
4	1	1	最小规模数据

3. 实现要点

考虑以 r 为根结点有 i 个结点的一棵子树，首先可以发现的规律是：如果其左子树有 k 个结点，对应 n_l 种不同的结构，其右子树有 $i-k-1$ 个结点，对应 n_r 种不同的结构，则这棵树就共有 $n_l \times n_r$ 种不同的结构。本题虽然并不是优化问题，但仍然具有最优子结构的特点，即全局解是由局部解构成的，所以仍然可以用动态规划的思路解决。

注意到子问题的根结点 r 有两种可能的颜色：红色或黑色。

① 当 r 为红色结点时，其左、右子树的根结点必须全是黑色的，且其左、右子树的黑高比 r 的黑高要减少 1 层。

② 当 r 为黑色结点时，其左、右子树的根结点分 4 种情况：全红、全黑、左红右黑、右红左黑。其子树的黑高与 r 的黑高之间的关系对应为：若子树根结点是红色，则

[①]　题目引用自攀拓真题（2015 年秋季）。

黑高不变；若是黑色，则黑高差1层。

发现了这个规律后，递推式就容易导出了。记 $black(i, j)$ 为有 i 个内部结点，黑高为 j，根结点为黑色的红黑树子树的不同结构的个数；$red(i, j)$ 为有 i 个内部结点，黑高为 j，根结点为红色的红黑树子树的不同结构的个数。则有

$$red(i, j) = \sum_{k<i} black(k, j-1) \times black(i-k-1, j-1)$$

$$black(i, j) = \sum_{k<i} red(k, j) \times red(i-k-1, j) + \sum_{k<i} black(k, j-1) \times black(i-k-1, j-1)$$

$$+ \sum_{k<i} red(k, j) \times black(i-k-1, j-1) + \sum_{k<i} black(k, j-1) \times red(i-k-1, j)$$

初始状态为：有0个黑结点的树为空树，有1种可能；有0个红结点的树不合法，有0种可能。即 $black(0, 0) = 1$，$red(0, 0) = 0$。最后答案就是 $\sum_{j} black(n, j)$，即根结点为黑色，有 n 个内部结点，在所有可能的黑高下的结构数总和。

在实现时，需要注意两个问题：

① 什么是正确的计算顺序？要保证在计算每个 $black$ 和 red 值时，等式右边的所有值都是已经正确计算过的；

② 对任一结点数 i，什么是该子树黑高的上界？

这两个问题留给读者思考。

*实验 15-5 代金券

1. 实验目的
掌握贪心算法的应用技巧。

2. 实验要求
（1）题目描述

设购物车中有 n 种商品，现在有 n 种代金券，可以在购买任何一种商品时获得抵扣优惠。同时，若有 d 元钱，怎么能买到最大数量的商品？

每种代金券可以多次使用，每种商品也可以购买多次，但是一种代金券只能在购买一种商品时用一次。例如代金券1可以用在商品1上，然后还可以用代金券2继续购买商品1；同时代金券1还可以用在商品2上，但代金券1不可以再次用于购买商品1。

举个具体的例子：假设有4种商品，价格分别为10元、12元、15元、20元。另有4种优惠券，可以分别抵扣6元、7元、8元、9元。如果现在有30元，则一种最佳购买方案是：

① 用4种代金券分别购买10元的商品各1次，付出40-6-7-8-9=10元。

② 购买12元的商品3次，分别用去面值最大的3种代金券，付出36-7-8-9=12元。

③ 购买15元的商品1次，用去9元代金券，付出15-9=6元。

如此最后剩下2元，不够买任何商品，此时获得了最多8件商品。

（2）输入输出说明

输入格式：输入的第一行给出两个正整数：$n(\leq 10^5)$ 为商品种类数（同时也是代金券种类数），$d(\leq 10^6)$ 为现金量（以元为单位）。第二行给出 n 种商品的价格，第三行给出 n 种代金券的抵扣价。均为不超过 10^9 的正整数，且保证代金券的最高抵扣价小于最低的商品价格。同行数字间以空格分隔。

输出格式：在一行中输出两个数字，依次为可以购买的商品的最大数量、剩余现金的最大值，其间以一个空格分隔。

（3）测试用例（见表15-11）

表15-11 实验15-5测试用例

序号	输入	输出	说明
0	4 30 12 20 15 10 9 6 8 7	8 2	一般情况
1	5 1270 188 100 170 101 154 20 43 10 50 35	15 0	正好花完钱
2	2 100 28 25 18 14	4 58	全买下
3	5 40 188 100 170 101 154 20 43 10 50 35	0 40	钱不够
4	5 100 188 100 170 101 154 20 43 10 50 35	1 50	只能买1个
5	1 1 1000000000 999999999	1 0	最小规模
6	略	略	较大规模，全为等价
7	略	略	最大规模随机

3. 实现要点

设第 i 种商品价格为 p_i，使用第 j 种面值为 c_j 的代金券后，需要支付的实际金额为

$a_{i,j}$，则有 $a_{i,j} = p_i - c_j$。所有可能的支付金额显然有 n^2 种。问题等价于求从这 n^2 种实付金额中选最大数量的不同种类，使得金额总数不超过给定数字 d。

这个问题也可以理解为 0-1 背包问题，即将金额理解为背包重量，每一种实付金额可以理解为一件重量为 $a_{i,j}$、价值为 1 的物品，要求重量不超过 d 的情况下，装入背包的价值最高。又因为重量和价值都是整数，所以可以用动态规划求解。

但注意到动态规划需要 $O(dn^2)$ 的时间复杂度，而实际上贪心法可以更快。

从生活常识的角度看，在手里只有 d 元钱的情况下，显然每次买最便宜的商品，可以买到的商品就是最多的。换言之，将 $a_{i,j}$ 按非降序排列，然后从小到大顺序购买对应的商品，直到所需金额超出 d，就可以得到一组最优解。这种贪心法的正确性证明非常简单，留给读者自己去完成。

在理解了贪心法的基础上，剩下的问题就是如何快速求解。

最简单的方法是：计算出所有的 $a_{i,j}$，排序，然后顺序累计费用。这种算法首先需要 $O(n^2)$ 的空间复杂度，即最多需要存 100 亿个整数，如果没有这么大的空间可用，这种算法就是不可行的。在空间足够的情况下，排序的平均时间复杂度是 $O(n^2 \log n)$。

聪明一点的方法是：首先将所有商品的原价 $\{p_i\}$ 按非降序排列，将所有代金券 $\{c_j\}$ 按面值非增序排列，将计算出的 $a_{i,j} = p_i - c_j$ 放入一个 $n \times n$ 矩阵 A 中。可以观察到一个规律，即该矩阵的元素每一行从左到右都是非降序的，每一列从上到下也是非降序的。这种矩阵有个特殊名称叫"杨氏矩阵"（Young tableau）。

显然左上角元素 $a_{0,0}$ 是最小值，如果它不超过 d 就可以先购买之；而下一个最小元只会出现在 $a_{0,0}$ 周围的三个元素 $\{a_{0,1}, a_{1,0}, a_{1,1}\}$ 中，不可能出现在其他地方。一般而言，如果 $a_{i,j}$ 是当前的最小元，则下一个最小元只会出现在集合 $\{a_{k,j+1}, k \leq i+1\}$ 或 $\{a_{i+1,k}, k \leq j\}$ 中。这相当于对矩阵 A 中的元素从左上角开始做广度优先搜索，搜索时用优先级队列最小堆取代普通队列，就可以每次用 $O(\log n)$ 的时间获得一个当前子问题的最小值了。注意：矩阵 A 只是作为辅助说明算法的工具出现，在实现时没必要存储整个矩阵，只需 $O(n)$ 的空间存储商品原价和代金券面值，并用最大容量为 $2n$ 的最小堆辅助即可。在最坏情况下，时间复杂度是 $O(n^2 \log n)$。

第 16 章

高级算法设计

主教材第 16 章介绍了几种针对一类"难"问题（即难以在多项式时间内精确求得最优解的问题）的求解策略。具体如下：

① 近似算法是能够在多项式时间内求得近似最优解的方法，通常使用"近似比"来衡量近似算法找到的解与最优解之间的差距。

② 启发式搜索算法引入针对具体问题的启发式信息，以减小解空间的搜索范围，从而加速问题求解过程。

③ 随机算法引入随机策略来降低最坏情况发生的概率，从而设计出在平均情况下高效的算法。

本章将首先给出主教材中 8 个算法的具体实现，然后围绕这三类算法，给出 5 道进阶实验题，帮助学生更好地理解这些算法的思路和应用。本章实现的算法和习题涉及的知识内容见表 16-1。

表 16-1　第 16 章实验清单

类型	序号	标题	内容	知识点
算法	16-1	VertexCoverApproximation (E)	顶点覆盖问题的近似算法	近似算法
	16-2	KnapsackGreedyApproximation (W,s,x,n)	基于贪心策略的离散背包问题近似算法	近似算法
	16-3	KnapsackDPApproximation (W,s,x,n,eps)	基于动态规划的离散背包问题近似算法	近似算法
	16-4	A ($h, init\_state, goal\_state$)	A 算法	启发式搜索
	16-5	HillClimbing ($f, init\_solution, E$)	爬山算法	局部搜索
	16-6	SimulatedAnnealing ($init\_solution, E, T, alpha, k, iter\_num, eps$)	模拟退火算法	局部搜索
	16-7	PowMod (a, i, n)	计算 $a^i \bmod n$ 的幂取模算法	随机算法
	16-8	MillerRabin_IsPrime (n,k)	Miller-Rabin 素数测试算法	随机算法
进阶实验	16-1	0-1 背包问题的近似解	比较基于贪心和动态规划的近似算法的效率	近似算法
	*16-2	旅行商问题	用模拟退火解决此问题	局部搜索
	*16-3	九宫数独	根据 9×9 的格子上的已知数字，推理所有剩余空格的数字，并且满足 1~9 每个数字在每一行、每一列和每一个 3×3 格内的数字都只出现一次	启发式搜索
	*16-4	五子棋	设计两个不同段位的五子棋机器人	启发式搜索
	*16-5	最小生成树	设计期望时间为线性的随机算法求最小生成树	随机算法

16.1 算法实现

算法 16-1：顶点覆盖问题的近似算法 VertexCoverApproximation(*E*)

在顶点覆盖问题中，两个重要的数据结构是顶点覆盖集合和边的集合。在代码 16-1 中，顶点覆盖集合类型 *VertexCover* 是指向结构体 VCNode 的指针，VCNode 结构体中用数组 *ver* 存储顶点，*size* 存储集合的规模；边集类型 *EdgeSet* 是指向结构体 EdgeSetNode 的指针，类似地，EdgeSetNode 结构体中用数组 *e* 存储边，*size* 存储集合的规模。图中的边类型为 *Edges*，是指向 EdgeNode 的指针，EdgeNode 结构体中存储一条边的两个端点 *u* 和 *v*。

代码 16-1
顶点覆盖问题的近似算法

用于测试的主函数 main 读入 *m* 条边，调用核心函数 VertexCoverApproximation 求出边集合 *E* 的一个近似顶点覆盖集合 *C*，最后列出 *C* 中的顶点。

算法 16-2：基于贪心策略的离散背包问题近似算法 KnapsackGreedyApproximation(*W*,*s*,*x*,*n*)

算法 16-2 的思路很简单，即分别利用按原价贪心和按单价贪心两种算法求出两组解，取两者中较优的解。在代码 16-2 中，按原价贪心算法（GreedyByValue）和按单价贪心算法（GreedyByUnitValue）的代码实现几乎完全一样，区别只是排序的规则不同，所以用同一个函数 Greedy 来实现，将不同的排序比较函数 Cmp 作为参数传入，以避免代码的重复。

代码 16-2
基于贪心策略的离散背包问题近似算法

用于测试的主函数 main 读入物品数量 *n* 和背包承重 *W*，最后分别读入 *n* 个重量和价值，调用核心函数 KnapsackGreedyApproximation 求解并输出结果。

算法 16-3：基于动态规划的离散背包问题近似算法 KnapsackDPApproximation(*W*,*s*,*x*,*n*,*eps*)

算法 16-3 的原理是对原始问题的物品价值进行缩放，然后调用 Knapsack01 函数处理缩放后具有较小整数价值的0-1背包问题。这里的Knapsack01与第15章代码15-14不同，却是与实验15-3中的解法相似。令$f[i][v]$存储前i个物品中选取总价值至少为v的物品所需要的最小重量，最后找到重量在承重范围内的最大的v即可。与

代码16-3
基于动态规划的离散背包问题近似算法

实验要求不同的是，这里还需要求得最优解对应的状态向量，所以用$x[i][v]$存储$s[1]$~$s[i]$对应总价值至少为v的子问题的最优选择，在求出最后解后，从最后一个物品的最优选择开始，倒推每一个i对应的最优选择，记录到解向量中即可。代码16-3给出了具体实现。

用于测试的主函数main在读入物品数量、背包承重、缩放精度以及每件物品的重量和价值后，首先直接调用Knapsack01函数求出真正的最优解，随后调用KnapsackDPApproximation求得近似解，以便直观地比较近似效果。当然，测试时要注意，直接调用Knapsack01函数求解的前提条件是测试机上有充分大的空间，可以存储$n \times \Sigma v_i$个重量值和解状态。

算法 16-4：A 算法 A (*h*, *init_state*, *goal_state*)

算法16-4中的OPEN表和CLOSED表被存为Tables类型，是指向顺序表结构体TableNode的指针。TableNode是一个标准的顺序表结构，其数组元素类型为States，是指

代码 16-4~16-6
A 算法及相关操作

向存储结点StateNode的指针。StateNode结构体存储一个搜索结点的状态，包括当前棋盘布局（用一个64位整数存储）、从初始状态到此状态的步数g、从初始状态到此状态再到目标状态的步数f，以及该状态在搜索树中的父结点指针*parent*。

为清晰起见，代码16-4只给出包含核心代码在内的程序主框架，其中关于OPEN和CLOSED表的操作在代码16-5中给出，棋盘相关操作在代码16-6中给出。

用于测试的主函数main读入棋盘的初始和终止状态，调用A算法求解，最后输出每一步的解决过程。要执行完整测试，读者需要将三段代码拼接在一起运行。

注意：在代码16-5中，ExtractMin函数需要从表中取出f最小的棋盘，这里采用了最简单的线性扫描全表的方法，读者可以自行尝试用最小堆结构取代标准顺序表结构，提高这一步的效率。

算法 16-5：爬山算法 HillClimbing(*f*, *init_solution*, *E*)

代码16-7以最优顶点覆盖问题为例，给出了算法16-5的一种具体实现。按照主教材中的定义，评价函数f定义为：被当前顶点集合覆盖的边的数量×2−集合中的顶点

个数。

顶点集合类型 *VertexSet* 是指向结构体 VertSetNode 的指针，VertSetNode 中存储了顶点状态数组 in（in[v] 取值为 true 表示顶点 v 在解集中）、图中总顶点数 n_verts、当前解集中的顶点数 in_v、当前解集覆盖的边数 in_e，以及当前解的评价值 f。

用于测试的主函数 main 读入图的信息，即顶点和边的数量，以及每条边用两个端点表示的 m 条边；调用 InitSet 产生一个空的解集作为初始状态，最后调用爬山算法 HillClimbing 得到结果并输出。

代码 16-7
爬山算法

算法 16-6：模拟退火算法 SimulatedAnnealing(*init_solution*, *E*, *T*, *alpha*, *k*, *iter_num*, *eps*)

代码 16-8 仍然是以最优顶点覆盖问题为例，给出了算法 16-6 的一种具体实现。按照主教材中的定义，能量函数 *E* 定义为：集合中的顶点个数 − 被当前顶点集合覆盖的边的数量 ×2。

顶点集合类型以及集合初始化与代码 16-7 相似，区别只是将当前解的评价值 f 换成了能量值 E。核心函数 SimulatedAnnealing 中涉及两个重要的函数：E 函数计算将指定顶点加入解集或从解集中删除之后得到的能量值，Accept 函数更新当前解。

代码 16-8
模拟退火算法

用于测试的主函数 main 读入图的信息，即顶点和边的数量以及每条边用两个端点表示的 m 条边；调用 InitSet 函数产生一个空的解集作为初始状态，最后读入模拟退火需要的参数，调用模拟退火算法 SimulatedAnnealing 得到结果并输出。

算法 16-7：计算 $a^i \bmod n$ 的幂取模算法 PowMod(*a*, *i*, *n*)

算法 16-7 的测试很简单，读入参数 *a*、*i*、*n*，调用实现该算法的核心函数 PowMod 计算，输出结果即可。算法实现见代码 16-9。

代码 16-9
幂取模算法

算法 16-8：Miller-Rabin 素数测试算法 MillerRabin_IsPrime(*n*, *k*)

代码 16-10 的核心函数 MillerRabin_IsPrime 中用到了代码 16-9 中的 PowMod 函数，在此不再重复列出。读者要执行完整的测试，需要将 PowMod 函数的实现代码与代码 16-10 拼接运行。测试也很

代码 16-10
Miller-Rabin 素数测试算法

简单，读入参数 n、k，调用核心函数计算，输出结果即可。

16.2 进阶实验

实验 16-1　0-1 背包问题的近似解

1. 实验目的

理解并熟悉近似算法的应用与分析。

2. 实验要求

试分别用基于贪心策略和基于动态规划策略的近似算法求解 0-1 背包问题，并比较分析两者的近似比和时空效率。请自行设计测试数据和函数接口，并绘制图表展示两种算法的近似比以及时间、空间变化曲线。

3. 实现要点

两种算法的实现都已在代码 16-2 和代码 16-3 中给出，所以本实验的重点不在于实现，而在于测试数据的设计。必须在充分理解近似算法优劣性的基础上，设计合理的数据测试两种算法的最好情况和最坏情况。例如设计迫使基于贪心策略的算法达到最差近似比的数据，观察基于动态规划的算法在这组数据上的表现等。

需要注意的问题有两个：

① 只有当物品的重量和价值均为实数，且值域充分大、物品数量充分多的时候，近似算法才有意义。所以测试数据中必须包含大规模、大值域范围的实数测试。

② 要分析近似比，必须知道精确解到底是多少。对于随机生成的大规模数据是不太可能做到的。解决这个问题可以从两方面入手：一是先定下一组解，再围绕这组解设计某种数据生成的规律，以保证这组解是最优解；二是尝试多种不同算法（不限于题目要求的两种算法）获得近似解，将其中最好的结果作为基准，这种方法虽然不够严谨，但却是比较简单可行的。

*实验 16-2　旅行商问题

1. 实验目的

理解并熟悉局部搜索算法的应用与分析。

2. 实验要求

试用模拟退火算法解决旅行商问题，分析算法中各参数对结果的影响。请自行设计测试数据和函数接口，并绘制图表展示不同参数的变化对结果的影响，以及时间、空间的变化曲线。

3. 实现要点

将模拟退火算法应用于解决旅行商问题，基本的算法思路并不复杂，即从任意一个可行解开始计算当前可行解的总旅费，然后进入降温退火循环。在每次循环中，将当前解做一个随机小扰动，计算扰动后的总旅费（即模拟退火中的能量值 E），如果总旅费降低了，则接受这个扰动后的解，否则计算概率值 pr，以概率值 pr 接受扰动后的解作为当前解。不断降温直到温度低于阈值，将当前解作为近似解。

实现时有三个比较困难的问题：

① 获得一个可行解。对于完全图，这个问题是简单的，因为任意两个顶点间都有边存在，所以可以将初始可行解取为顶点 1 到 n 的任意一个排列，再加最后一个顶点回到起点的边即可（一般就取 1, 2, …, n, 1）。但对于不完全图就会复杂一些，可以采用深度优先搜索获得，时间复杂度比较高。

② 扰动一个可行解。这里有很多种不同的扰动方法，即有多种"邻域"的定义。例如对于完全图，可以任选除起点外的两个顶点进行交换，也可以将两个顶点间所有顶点逆序，或者将一个顶点插到另一个顶点的前面或后面，等等。但如果不是完全图，问题就复杂了，因为随机改变两个顶点的访问顺序不一定还能获得一个可行解。所以如何获得一个"邻域"中的可行解是一个值得专门探讨的问题，读者可以尝试多种方法并进行比较。

③ 测试数据的设计。采用大规模随机完全图进行测试，会使得前面两个问题比较容易解决。如果读者设计了针对非完全图的扰动算法，还应该设计大规模非完全图、稀疏图的测试。

可以尝试用分支限界或回溯剪枝等算法求得精确解，并将不同参数、不同扰动下的解与之比对；或者在精确解无法在短时间内得到的情况下，单纯比较不同设置获得的总旅费值，其值越小肯定效果越好。

*实验 16-3 九宫数独

1. 实验目的
理解并熟悉启发式搜索的应用与分析。

2. 实验要求
九宫数独问题定义如下：根据 9×9 的格子中的已知数字，推理所有剩余空格中的数字，并且满足 1~9 每个数字在每一行、每一列和每一个 3×3 格子内的数字都只出现一次。

请设计启发式搜索算法解决这个问题，并分析算法的时间、空间效率。

3. 实现要点

在九宫数独问题中，决策树的根结点是9×9的格子上的初始布局，搜索的每一步即是向一个空格中填入一个满足约束条件的数字，产生的结果便是树中的一个结点。

启发式搜索的关键在于定义合适的启发函数h，这个函数决定了我们选择哪一个空格、填入哪个数字，即沿着决策树的哪个分支推进。一般而言，h应能对应当前状态到最终状态的最小步数。例如，记录当前每个空格中满足约束条件的候选数字的个数，将h定义为最小个数，从h对应的那个空格出发，填入一个候选数字，再进行搜索。

读者还可以尝试其他多种启发函数，同时尝试盲目搜索（深度优先搜索、广度优先搜索等），并比较它们的效率。

网络上有九宫数独的生成工具，也有一些数独题目，都可以直接拿来作为测试数据。

* 实验 16-4 五子棋

1. 实验目的
理解并熟悉启发式搜索在机器博弈中的应用。

2. 实验要求
五子棋是一种两人对弈的棋类游戏。双方分别使用黑白两色棋子，下在棋盘直线与横线的交叉点上，先形成五子连珠者获胜。

请设计启发式搜索算法，用两种不同的启发函数生成两个不同段位的五子棋机器人。

3. 实现要点
这是典型的博弈搜索问题，采用极大极小搜索及$\alpha-\beta$剪枝解决。五子棋机器人的段位主要受两个关键元素的影响：

① 评价函数f。该函数用于评估一个布局对我方（机器人）的有利程度。每次轮到我方下棋时，用这个评价函数对棋面上所有可能落子的点进行评估，根据评估值选择对我方最有利的点落子。在极大极小搜索中，一般定义f值为正表示对我方有利，为负则对对手有利。

五子棋的评价函数有很多种定义方法，读者可以充分发挥想象。比较常见的是利用对规则的理解，将布局分成若干种状态（如"眠二""活三""活四"等），直接为不同状态赋值（如"眠二"对应的f值为5，而"活三"对应的f值为1000，"活四"对应的f值为10000等）。

评价函数一方面要尽可能准确，另一方面又不能过于复杂，即计算一个布局的评价函数值不能耗费过多的时间。例如五子棋的棋盘比较大，但每次落子只会影响该子周围的4个子。"周围"指同行、同列、同对角线和反对角线等能够形成连珠的位置，所以其实没有必要在落子后更新整个棋盘的评价函数值。

② 搜索深度。所谓高手，一般在落子时不会只看眼前这一步的局势，而是会预判后面k步的局势变化，综合选择一个最有利的落子点。对应到博弈树，就是要生成深度为k的博弈树，从叶结点的f值反推根结点的落子位置。如果完整生成整棵深度为k的博弈树，时空复杂度可能超出实际可以接受的范围。α-β剪枝可以帮助我们避免部分不可能是最优的搜索方向，设计充分简单的评价函数也可以为我们赢得更多时间。读者需要在评价函数的质量和搜索深度之间做出平衡，获得整体效果比较好的算法。

*实验 16-5　最小生成树

1. 实验目的
了解经典随机算法的应用。

2. 实验要求
请实现期望时间为线性的随机算法，求给定无向图的最小生成树。通过大规模测试数据观察算法的表现。

3. 实现要点
1995年，David R. Karger、Philip N. Klein和Robert E. Tarjan发表了解决最小生成树问题的线性随机算法[1]。设无向有权图$G=(V,E)$有n个顶点和m条边，该算法是在Boruvka算法[3]的基础上进行随机采样，从而在一个较大概率下能以$O(m)$时间复杂度求得最小生成树。另一方面，这个算法的最坏时间复杂度是$O(\min\{n^2, m \log n\})$，并不比经典的最小生成树算法（如Prim、Kruskal、Boruvka算法）差。

这里简单描述最小生成树算法的执行步骤，其中涉及的正确性证明，读者可阅读参考文献进行了解。

首先介绍一下Boruvka算法。其思路与Kruskal算法比较相似，都是将n个顶点初始化为n棵树的森林，然后循环将森林中的树进行合并，直到最后剩下一棵树。每次循环用$O(m)$时间遍历每棵树，将每棵树缩为一个顶点，然后取从这个顶点延伸出去的最小权重的边。如此每次循环后树的数量都会减半，所以最多会执行$O(\log n)$次循环。

事实上，Boruvka算法发表于1926年，比发表于1956年的Kruskal算法和1957年的Prim算法早了30年，但其实际运行效率没有后两个算法高，所以少有提及。然而该算法每次循环都将森林中的树（即连通分量）的数量减半，这个特性成为Karger-Klein-Tarjan算法的灵感来源。

Karger-Klein-Tarjan算法的步骤是：

① 对原始 G 将 Boruvka 算法中的循环执行两次，缩点后得到有 $n/4$ 个顶点的图 G_1，同时得到部分收进最小生成树的边集 C。

② 以 0.5 的概率将 G_1 中的边收进 G_2，注意 G_2 中包含 G_1 的全部顶点，然后递归地用此算法求出 G_2 的最小生成森林 F_2（G_2 不一定连通，所以不一定能合并成最小生成树）。

③ 删去所有 F_2 重边，得到图 G_3。这里"F 重边"的定义是：记 $w_F(u, v)$ 为森林 F 中两个顶点 u 和 v 之间路径上的最大边权重，若 u 和 v 之间存在一条直连的边 (u, v)，且边权重比 $w_F(u, v)$ 大，则称 (u, v) 为一条"F 重边"，否则称为"F 轻边"。

④ 递归地用此算法求出 G_3 的最小生成森林 F_3。

⑤ C 与 F_3 中收集的边，共同构成了最小生成树的边集。

Karger-Klein-Tarjan 算法中的一个重要结论是，当以概率 p 将图 G 中的边收入图 $G(p)$ 后，$G(p)$ 中的边数的期望值是 mp，G 中的 F 轻边的数量不会超过 n/p，其中 F 是 $G(p)$ 的最小生成森林。于是，设算法的整体时间复杂度为 $T(n, m)$，则第②步递归的时间就是 $T(n/4, m/2)$；而第③步删去重边后，剩下的轻边数量不超过 $(n/4)/0.5$，即 $n/2$，所以第④步递归的时间是 $T(n/4, n/2)$。除此之外，其他步骤都可以在 $O(n+m)$ 时间内完成（Dixon-Rauch-Tarjan 算法[2]可以用线性时间完成第③步）。于是可以从时间复杂度的递推式中得到复杂度期望值为线性的结论。

参考文献

[1] KARGER DKR, KLEIN P N, Tarjan R E. A randomized linear-time algorithm to find minimum spanning trees [J]. Journal of the ACM (JACM), 1995, 42(2):321-328.

[2] DIXON B, Rauchm, Tarjan R E. Verification and sensitivity analysis of minimum spanning trees in linear time [J]. SIAM Journal on Computing, 1992, 21(6):1184-1192.

[3] Otakar Borůvka. O jistém problému minimálním. 1926.

郑重声明

高等教育出版社依法对本书享有专有出版权。任何未经许可的复制、销售行为均违反《中华人民共和国著作权法》，其行为人将承担相应的民事责任和行政责任；构成犯罪的，将被依法追究刑事责任。为了维护市场秩序，保护读者的合法权益，避免读者误用盗版书造成不良后果，我社将配合行政执法部门和司法机关对违法犯罪的单位和个人进行严厉打击。社会各界人士如发现上述侵权行为，希望及时举报，我社将奖励举报有功人员。

反盗版举报电话 （010）58581999　58582371
反盗版举报邮箱　dd@hep.com.cn
通信地址　北京市西城区德外大街4号
　　　　　　高等教育出版社知识产权与法律事务部
邮政编码　100120

防伪查询说明
用户购书后刮开封底防伪涂层，使用手机微信等软件扫描二维码，会跳转至防伪查询网页，获得所购图书详细信息。
防伪客服电话　（010）58582300

图书在版编目（CIP）数据

数据结构实验指导：C语言版 / 陈越编著. -- 北京：高等教育出版社，2025.9. -- ISBN 978-7-04-064856-0

Ⅰ．TP311.12；TP312.8

中国国家版本馆CIP数据核字第2025CS4568号

Shuju Jiegou Shiyan Zhidao——C Yuyan Ban

策划编辑	倪文慧	出版发行		高等教育出版社
责任编辑	倪文慧	社　　址		北京市西城区德外大街4号
封面设计	王凌波	邮政编码		100120
版式设计	李彩丽	购书热线		010-58581118
责任绘图	邓　超	咨询电话		400-810-0598
责任校对	张　薇	网　　址		http://www.hep.edu.cn
责任印制	张益豪			http://www.hep.com.cn
		网上订购		http://www.hepmall.com.cn
				http://www.hepmall.com
				http://www.hepmall.cn
		印　　刷		北京中科印刷有限公司
		开　　本		787 mm×1092 mm　1/16
		印　　张		33.75
		字　　数		680千字
		版　　次		2025年9月第1版
		印　　次		2025年9月第1次印刷
		定　　价		69.00元

本书如有缺页、倒页、脱页等质量问题，请到所购图书销售部门联系调换

版权所有　侵权必究
物　料　号　64856-00